江苏省第五期"333工程"科研资助立项项目"基于柔性边界特征的新型智库协同治理与质量提升"（编号：BRA2019035）研究成果
江苏省重点培育智库"高质量发展评价研究院"专项研究成果

Quality Improvement of New Think Tanks
and Modernization of National Governance

新型智库质量提升与国家治理现代化

刘西忠 著

江苏人民出版社

图书在版编目（CIP）数据

新型智库质量提升与国家治理现代化/刘西忠著
. 一南京：江苏人民出版社，2021.6（2024.6 重印）
ISBN 978 - 7 - 214 - 25474 - 0

Ⅰ. ①新… Ⅱ. ①刘… Ⅲ. ①咨询机构-研究-中国
②国家-行政管理-现代化管理-研究-中国 Ⅳ.
①C932.82②D630.1

中国版本图书馆 CIP 数据核字（2020）第 169464 号

书　　　名 新型智库质量提升与国家治理现代化
著　　　者 刘西忠
责 任 编 辑 薛耀华
装 帧 设 计 徐立权
责 任 监 制 王　娟
出 版 发 行 江苏人民出版社
地　　　址 南京市湖南路 1 号 A 楼，邮编：210009
制　　　版 江苏凤凰制版有限公司
印　　　刷 江苏凤凰通达印刷有限公司
开　　　本 718 毫米×1 000 毫米　1/16
印　　　张 29.75　插页 3
字　　　数 439 千字
版　　　次 2021 年 6 月第 1 版
印　　　次 2024 年 6 月第 2 次印刷
标 准 书 号 ISBN 978 - 7 - 214 - 25474 - 0
定　　　价 98.00 元

（江苏人民出版社图书凡印装错误可向承印厂调换）

目录

下编　新型智库外部治理：健康发展

引言：新型智库推动国家治理现代化的多重维度①

2013 年 11 月，党的十八届三中全会通过《中共中央关于全面深化改革若干重大问题的决定》，首次在党的全会决定中提出"国家治理体系和治理能力现代化"，首次强调"加强中国特色新型智库建设，建立健全决策咨询制度"。2015 年 1 月，中共中央办公厅、国务院办公厅《关于加强中国特色新型智库建设的意见》在媒体公开发布，强调"中国特色新型智库是国家治理体系和治理能力现代化的重要内容"。党的十九届四中全会把推进国家治理体系和治理能力现代化作为全党的一项重大战略任务，明确时间表和路线图，新型智库肩负着更好地参与和推动国家治理现代化的时代使命。

一、新型智库多重功能助力国家治理现代化

习近平总书记高度重视新型智库建设，多次强调新型智库的重要性，就新型智库更好地服务科学决策、推动国家治理现代化提出明确要求。党的十九届四中全会强调指出，我国国家治理体系和治理能力是中国特色社会主义制度及其执行能力的集中体现。其中，国家治理体系是在党领导下管理国家的制度体系，国家治理能力则是运用国家制度管理社会各方面事务的能力，两者相辅相成。治理体系现代化的过程，就是中国特色社会主义制度不断发展和完善的过程，主要包括制度设计、制度创新等，在这一过程中，智库主要发挥理论创新、咨政建言等功能，为治理体系现代化提

---

① 该文主要内容发表于《光明日报》2019 年 12 月 9 日，原标题为《新型智库推动国家治理现代化的多重维度》。

供理论滋养，为科学制度体系的建立提供理论和智力支撑；治理能力现代化的过程，也是中国特色社会主义制度的执行能力和执行效能不断提升的过程，在这一过程中，智库主要发挥舆论引导、社会服务等功能，通过政策和制度解读、阐释、宣讲、评估等，推动政策实施，成为宣传党委政府政策的"扩音器"、人民群众了解国家政策的"望远镜"、党委政府观察政策制度实施效果和社情民意的"显微镜"。

当前，新型智库既面临着难得的发展机遇，也面临着能力不足的严峻挑战，迫切需要加强智库内外部治理，通过完善组织形式和管理方式，推动智库与相关主体多维良性互动，促进智库功能更好地发挥，强化参与国家治理的内涵基础，提升推动国家治理的整体效能，以中国智库专家之"智"，完善中国现代化治理体系之"制"，推动中国国家和社会之"治"，形成从中国之"智"、中国之"制"到中国之"治"的螺旋上升，在推动国家治理体系和治理能力现代化进程中展现更大的担当作为。

二、精准定位新型智库组织形式和管理方式

在智库机构属性上，回答好虚体化还是实体化问题。部分智库的组织形式是小核心、大外围，智库运营机构实体化、研究机构虚体化，体制机制相对灵活，但若长期没有自己的核心研究团队，易于导致发展空心化、空壳化、空洞化。有些智库缺少专门专业研究力量，拿到政府资助经费后，只能通过课题招标方式来开展研究，成为课题研究的"二传手"，甚至成为"课题分包商"。《关于加强中国特色新型智库建设的意见》对智库基本标准的八条界定中，第一条就是"遵守国家法律法规、相对稳定、运作规范的实体性研究机构"。因此，推动新型智库实体化，培养自己的核心专家队伍、专业的研究力量、有竞争力的思想产品，打造自主性的思想品牌，是当前智库发展的重要方向。尤其是对一些职能多元的综合性智库机构而言，建议借鉴中国科学院组建中国科技战略咨询研究院经验，将智库功能从母体其他功能中剥离出来，在充分利用母体单位优势资源的基础上，将具有研究优势和潜质的智库专家相对集中，重点建设小而精、小而专、小而强，实体化、专业化、职业化的智库机构。

在智库管理模式上，回答好传统化还是现代化问题。在传统的哲学社会科学研究领域，有不少是学术"单干户"，成员之间缺少协作协同，存在着知识的傲慢和对"权力"的偏见。由于相当一部分智库由传统的科研院所改造而成，往往是一个机构两块牌子，没有建立起与智库特点相适应的高效的内部治理体制和管理运行机制，导致智库参与决策咨询服务存在明显短板和局限。新型智库迫切需要摆脱传统机构的思维和运作惯性，推动研究内容转变、研究范式转型、研究路径转换，形成以决策研究为导向、以研究人员为中心、以研究项目为纽带的管理方式，逐步建立符合决策咨询规律、体现新型智库特点的现代科研院所管理体制。

在智库产品生产上，回答好粗放化还是精细化问题。由于决策者有较多的行政事务需要处理，每天用来阅读的时间有限。这就要求智库报告短小精悍、直截了当，找准痛点和穴位，决策咨询类成果需要微型化、快捷化、网络化、信息化。应当说，智库呈现出的产品可能是薄薄几页纸，但背后一定要有厚重研究做基础、长篇论证做依据、深厚理论做支撑。智库生产要处理好短线与长线的关系，合理确定智库产品生产周期和"出厂日期"，不经过深入反复论证决不"出厂"。不同于学术产品与实践之间有较大缓冲地带，智库产品与政策和实践紧密相连，在很大程度上具有不可逆性，错误的建议一旦进入决策，造成的损失就难以挽回，政府公信力也将受到损害。因此，迫切需要新型智库树立质量导向，强化信用意识，进行智库领域的供给侧结构性改革，推动智库脱虚向实，去除低端产能和泡沫，供给高质量、有信用的思想产品。

在智库研究领域上，回答好全能化还是专业化问题。智库研究需要协同，不同学科、不同领域的专家围绕同一个问题进行"会诊"，力争得出客观结论，还原"大象"的真实面貌。但智库专家研究领域要聚焦，不断凝练研究方向，推动智库向专业化、职业化、品牌化方向发展。对研究不深入的领域和问题不盲目发声，不当"跨界歌王"。要有职业化的专家团队。注重智库专家来源的多元化，实行社科研究机构和智库双聘制度，培养一批"学院派"和"实践派"皆备的智库专家，造就一批政策分析师、政策工程师和政策科学家。要有品牌化的智库产品。弘扬智库专业伦理和职业文化精神，在自己擅长的专业领域做到第一、极致，形成有核心竞争力的自主品牌。

在智库运行动力上，回答好行政化、市场化还是社会化的问题。智库成果既不是纯公共物品，也不是完整意义上的商品。由于智库成果用户是相对固定甚至是特定的，产品具有定制性质，供方可以形成竞争，但基本上面临着相同的需方，只能形成有限竞争的思想品市场，缺乏正常的价格生成机制。因此，新型智库的发展动力，既不能是行政化，内化为政府内设研究机构，也不是市场化，外化为市场营利机构，而是要以有利于出成果、出人才为目标，以解决行政化、层级化管理为着力点，通过行政事业单位改革推动智库去行政化、趋市场化，在行政和市场之间找到一个平衡点，走社会化的发展道路。

三、多维互动，提升国家治理现代化整体效能

推动智库体系与党政部门的良性互动，提升新型智库参与国家治理的科学咨政能力。智库必须能够有效嵌入政策研究或决策系统，才能把握需求、掌握信息、更好地发挥作用。没有实际工作部门支持的智库研究、参与的智库研讨、主导的成果转化，多是空转、空谈、空文。智库专家不能躲在象牙塔里做研究，不能坐在办公室里写对策建议。要成为优秀的智库专家，更好地发挥智库功能，必须促进智库与政府多方面的链接。一是推动智库与参政议政机构的链接。引导人大代表、政协委员借鉴新型智库的研究理念、研究方法和研究成果，提高参与民主决策的科学化程度。推荐优秀的智库专家通过法定程序成为人大代表、政协委员、政府参事，注重发挥各民主党派智库类专家学者的作用。二是推动智库与政策研究机构的链接。党政部门政策研究机构与智库既是"政智关系"，又是"智智关系"，政策研究是内脑，对策研究是外脑，要通过内脑与外脑之间的密切合作，提升决策的科学化程度。党政政策研究机构作为政府的内脑，在智库对接党委政府和智库成果转化的过程中具有重要的枢纽作用。三是推动智库机构与决策机构的链接。党委政府要加大智库研究项目的供给力度，强化供

需对接和思想产品市场建设，完善政府购买决策咨询服务制度等，为智库嵌入政府治理提供制度化的接口。坚持党管智库，在确保智库发展政治方向的同时，能够以第三方的客观立场来观察分析问题，提出解决问题的方案。

推动智库研究与学术研究之间的良性互动，提升新型智库参与国家治理的理论创新能力。从某种程度上说，智库专家是在学术话语和政策话语之间充当桥梁（翻译）角色，把深奥的学术思想用政策化的话语表达出来。在研究内容上，推动智库专家走出象牙塔，走进社会，探下身子，脚踏实地，做与当下情况紧密相关、政策层面急需解决的问题研究。在研究方式上，要实现由以单干为主向协调研究转变，增强研究团队的理论根基、网络支撑和战略协同。在研究力量上，在推动政府与智库之间人才流动的同时，重点推动高校研究机构内部建立旋转门制度，引导高校部分有相关工作经历和实践经验的专家向智库研究转型。在成果表达形式上，要把学术思维转化为智库思维，把复杂的问题概括化，推动学术话语向智库话语转换。在研究成果评价上，促进学术成果与智库成果标准的贯通，重视智库成果的现实影响力、政策影响力，建立起与学术成果评价对等的智库成果评价认定机制。

推动新型智库与各类媒体之间的良性互动，提升新型智库参与国家治理的舆论引导能力。新型智库作为推进国家治理体系与治理能力现代化的重要机构，要为公共政策提供高质量服务，不但要有强大的思想生产能力，还要有强大的传播发声能力，推动研究成果的政策性转化和思想观点的社会化传播。思想生产和思想传播如同新型智库发展的两翼，共同对智库核心竞争力的形成与强化发挥作用。在当今传播格局发生重大变化、媒体融合发展不断深化的大背景下，以深度见长的智库与以速度见长的媒体之间有了紧密结合、良性互动的良好契机，有利于更好地实现智库成果的思想价值。

推动新型智库与社会民众之间的良性互动，提升新型智库参与国家治理的社会服务能力。人民群众既是智库思想的重要来源，又是智库机构服务的重要对象。对于人民群众来说，智库专家的责任就是：开展政策咨询，做服务民众的延伸手臂；开展政策提取，做集中民智的最强大脑；开展政策监督，做看护民利的火眼金睛；开展政策阐释，做启迪民思的良朋益友；开展政策试验，做测试民意的风筝路标；开展政策答疑，做疏解民虑的缓冲平台。美国布鲁金斯学会提出，在未来 100 年，要把主要精力由过去帮助政府制定决策转变到帮助社会改进治理上来。应充分发挥智库在社会治理方面的独特作用：一方面，各级各类智库为提升社会治理现代化水平贡献智慧；另一方面，规范引领社会智库，推动智库内化到社会组织，更加深入地参与国家社会治理，运用社会智库建设理念提升整个社会基层组织自我治理能力，形成自下而上与自上而下治理路径的融合。

推动新型智库与国际社会组织的良性互动，提升新型智库参与全球治理的公共外交能力。深入贯彻落实习近平总书记关于"建设有国际影响力的高端智库""智库是共建'一带一路'的重要力量""打造智库交流合作网络"等重要论述，在积极扩大对外交流合作的实践中深化完善智库的公共外交功能。坚持开门办智库、开放办智库，在加强与世界著名智库交流合作的同时，鼓励推动更多的智库和智库产品走出去，建设一批具有国际影响力的高端智库。作为"连通世界各国民心的纽带"，智库要在国际舞台上积极发声、善于发声，生产出更多不受西方理论左右、具有中国特色的理论和智力产品，实现由重引入、机械模仿到重输出、增强话语权的显著转变，促进中国软实力持续提升，为推动构建人类命运共同体贡献更多的中国话语、中国思想和中国价值。

上编

新型智库内部治理：质量提升

第一章　新型智库发展的价值取向

在新时代高质量发展大背景下，新型智库发展，在经历了以量的积累为主的阶段之后，更加关注研究质量的提升，逐步实现由以"建智库"为主向以"用智库"为主转变。与我国经济发展阶段一样，新型智库建设也需要由高速增长转向高质量发展阶段。要坚持和树立大质量观，准确把握新型智库发展的规律特征，搞清楚中国特色新型智库"特"在何处、"新"在哪里，重点解决如何塑"型"、聚"智"、成"库"问题，通过加强智库内部治理促进智库质量提升。

第一节　新型智库的时代内涵

新型智库与新时代相伴而生，肩负着时代赋予的重要使命，具有丰富的新时代内涵。特别是在推进国家治理体系和治理能力现代化进程中，新型智库既是重要组成部分，又是重要动力支撑，在多个维度发挥重要作用。

一、习近平总书记关于新型智库建设的重要论述

习近平总书记高度重视新型智库建设，多次强调新型智库的重要性，就如何发挥新型智库作用、更好地服务科学决策、推动国家治理现代化提出了明确要求。

强调新型智库建设在治国理政中的重要作用。2013 年 4 月，习近平总书记指出，智库作为国家软实力的重要组成部分，随着形势的发展，智库

的作用会越来越大。我国智库还相对滞后，应发挥更大的作用。2015 年 10 月，在党的十八届五中全会第二次全体会议上，习近平总书记指出，"我国发展领域不断拓宽、分工日趋复杂、形态更加高级、国际国内联动更加紧密，对党领导发展的能力和水平提出了更高要求。无论是分析形势还是作出决策，无论是破解发展难题还是解决涉及群众利益的问题，都需要专业思维、专业素养、专业方法。那种习惯于拍脑袋决策、靠行政命令或超越法律法规制定特殊政策的做法，已经很难适应新形势新任务的需要。要更加注重对国内外经济形势的分析和预判，完善决策机制，注重发挥智库和专业研究机构作用，提高科学决策能力，确保制定的重大战略、出台的重要政策措施符合客观规律"①。

强调新型智库建设的专业导向和质量取向。2013 年 4 月，习近平总书记指出，要积极探索中国特色新型智库的组织形式和管理方式，采取有效措施引导各类智库加强自身建设，积极为中央科学决策提供高质量智力支持。2014 年 10 月，习近平总书记主持召开中央深改组会议，讨论通过《关于加强中国特色新型智库建设的意见》，强调把中国特色新型智库建设作为一项重大而紧迫的任务切实抓好，统筹推进各类智库建设，形成中国特色新型智库体系，重点建设一批具有较大影响和国际影响力的高端智库，重视专业化智库建设。2016 年 5 月，在哲学社会科学工作座谈会上，习近平总书记强调，各级党委和政府要发挥哲学社会科学在治国理政中的重要作用，"近年来，哲学社会科学领域建设智库热情很高，成果也不少，为各级党政部门决策提供了有益帮助。同时，有的智库研究存在重数量、轻质量问题，有的存在重形式传播、轻内容创新问题，还有的流于搭台子、请名人、办论坛等形式主义的做法。智库建设要把重点放在提高研究质量、推动内容创新上。要加强决策部门同智库的信息共享和互动交流，把党政部门政策研究同智库对策研究紧密结合起来，引导和推动智库建设健康发展、更好发挥作用"②。2020 年 2 月，习近平总书记主持召开中央全面深化改革

---

① 《十八大以来重要文献选编》（中），中央文献出版社，第 835 页。
② 习近平：《在哲学社会科学工作座谈会上的讲话》，载《人民日报》2016 年 5 月 19 日。

委员会第十二次会议，审议通过《关于深入推进国家高端智库建设试点工作的意见》，强调"建设中国特色新型智库是党中央立足党和国家事业全局作出的重要部署，要精益求精、注重科学、讲求质量，切实提高服务决策的能力水平"。

强调智库的协商功能和统一战线大智库。2014年9月21日，习近平在庆祝中国人民政治协商会议成立65周年大会上的讲话中指出，要拓宽中国共产党、人民代表大会、人民政府、人民政协、民主党派、人民团体、基层组织、企事业单位、社会组织、各类智库等的协商渠道，深入开展政治协商、立法协商、行政协商、民主协商、社会协商、基层协商等多种协商，建立健全提案、会议、座谈、论证、听证、公示、评估、咨询、网络等多种协商方式，不断提高协商民主的科学性和实效性。2016年1月29日，习近平同党外人士共迎新春时发表重要讲话强调，统一战线人才荟萃、智力密集，可以说是一个大智库。习近平总书记希望党外人士着眼"十三五"时期发展，把握经济发展新常态这个大逻辑，就经济社会发展的重大问题、全面深化改革的难点问题、推动创新创造的关键问题，为中共中央决策和施政提供有价值的意见和建议。

强调加强各个专门领域的新型智库建设。2013年7月17日，习近平在中国科学院考察工作，要求率先建成国家高水平科技智库。2014年6月9日，习近平在两院院士大会讲话中强调指出，中国科学院、中国工程院是我国科学技术界和工程技术界最高学术机构，是国家科学技术思想库。2016年5月31日，习近平在全国科技创新大会上强调指出，中国科学院、中国工程院是我国科技大师荟萃之地，要发挥好国家高端科技智库功能，组织广大院士围绕事关科技创新发展全局和长远问题，善于把握世界科技发展大势、研判世界科技革命新方向，为国家科技决策提供准确、前瞻、及时的建议。2015年12月11日，习近平在全国党校工作会议讲话中指出，党校要成为党和国家的重要智库。2016年3月23日，习近平视察国防大学，强调要充分发挥高端智库作用。同一天，习近平向全国党建研究会第六次会员代表大会作出重要指示，希望全国党建研究会坚持正确政治方向，发挥党建高端智库作用。

强调新型智库在"一带一路"等国际交流交往中的重要作用。2016年6月，习近平出席丝路国际论坛暨中波地方与经贸合作论坛开幕式时强调，要智力先行，强化智库的支撑引领作用，要加强对"一带一路"建设方案和路径的研究，在规划对接、政策协调、机制设计上做好政府的参谋和助手，在理念传播、政策解读、民意通达上做好桥梁和纽带。2016年6月22日，习近平在乌兹别克斯坦最高会议立法院的演讲中指出，加强人文领域合作，深入开展教育、科技、文化、体育、旅游、卫生、考古等领域合作，建立大数据交流平台，共同打造"一带一路"智库合作网络。2016年9月，在G20杭州峰会上，习近平总书记指出，"国际社会期待着这次峰会，工商、智库、劳动、妇女、青年等社会各界也期待着这次峰会"。2017年5月，在"一带一路"国际合作高峰论坛开幕式上，习近平总书记强调，"开展智力丝绸之路、健康丝绸之路等建设"，"发挥智库作用，建设好智库联盟和合作网络"等。2019年4月，习近平总书记向"一带一路"国际智库合作委员会成立大会致贺信，强调"智库是共建'一带一路'的重要力量。开展智库交流合作，有助于深化互信、凝聚共识，推动共建'一带一路'向更高水平迈进"。

二、认识中国特色新型智库的时代坐标和多重维度

从十八届三中全会到十九届四中全会，中央从多个维度强调智库参与国家治理的重要性，为我们认识中国特色新型智库提供了多维视角。

党的十八届三中全会首次将中国特色新型智库建设写进党的全会决定，"加强中国特色新型智库建设，建立健全决策咨询制度"，主要是从促进民主科学依法决策、推动协商民主的角度强调加强新型智库建设，同时强调健全决策咨询制度的重要性。

党的十八届四中全会强调，健全依法决策机制，"把公众参与、专家论证、风险评估、合法性审查、集体讨论决定确定为重大行政决策法定程序"，其中，公众参与、专家论证、风险评估都是智库应当和能够发挥作用的环节。

党的十八届五中全会强调"实施哲学社会科学创新工程，建设中国特色新型智库"，主要从知识创新、文化发展和思想供给的视角强调加强新型智库建设。

党的十九大强调，"加快构建中国特色哲学社会科学，加强中国特色新型智库建设"，主要是从增强文化自信、牢牢把握意识形态领导权和增强国家软实力的视角强调加强新型智库建设。

党的十九届四中全会将坚持马克思主义在意识形态领域的指导地位确立为根本制度，强调"把坚持以马克思主义为指导全面落实到思想理论建设、哲学社会科学研究、教育教学各方面"，"加强制度理论研究和宣传教育，引导全党全社会充分认识中国特色社会主义制度的本质特征和优越性，坚定制度自信"，赋予新型智库更加重要的地位和作用。

三、从《关于加强中国特色新型智库建设的意见》看中国特色新型智库的时代内涵

2014 年 11 月，中办、国办印发《关于加强中国特色新型智库建设的意见》（中办发〔2014〕65 号，以下简称中办国办《意见》），并于 2015 年 1 月在媒体公开发布，成为指导我国新型智库建设的纲领性文件。从总体上看，中办国办《意见》主要包括六个方面的内容：

1. 阐明新型智库时代意义。中办国办《意见》出台的目的是"加强中国特色新型智库建设，建立健全决策咨询制度"，强调中国特色新型智库是党和政府科学民主依法决策的重要支撑、国家治理体系和治理能力现代化的重要内容、国家软实力的重要组成部分。中办国办《意见》坚持问题导向，强调"随着形势发展，智库建设跟不上、不适应的问题也越来越突出"，"必须从党和国家事业发展全局的战略高度，把中国特色新型智库建设作为一项重大而紧迫的任务，采取有力措施，切实抓紧抓好"。

2. 赋予新型智库时代内涵。中办国办《意见》指出，"中国特色新型智库是以战略问题和公共政策为主要研究对象、以服务党和政府科学民主依法决策为宗旨的非营利性研究咨询机构"。这一定义，在强调新型智库是研究咨询机构的同时，赋予三个方面特殊内涵：第一，在主要研究对象上，必须是战略问题和公共政策问题，政策和战略是智库研究的两个层面；第二，在服务宗旨上，必须"服务党和政府民主依法决策"，是否为党和政府决策服务是区分智库机构与一般的学术机构、商业咨询公司或其他研究机构的试金石；第三，在机构属性上，智库具有非营利性，智库的生产和经营活动不能以营利为目的，智库组织应当是公益性组织。

关于新型智库的基本标准，中办国办《意见》从研究机构、研究成果、研究人员、资金来源、平台渠道、信息采集、组织结构、国际合作等八个维度加以明确。这八个维度可以概括为三个大的方面。

组织机构人员层面，主要有三个维度："（1）遵守国家法律法规、相对稳定、运作规范的实体性研究机构"，强调的是智库机构的合法性、稳定性、规范性、实体性；"（3）具有一定影响的专业代表性人物和专职研究人员"，强调的是人员的专业性、代表性、专职性，领军人物和专门研究人员缺一不可；"（7）健全的治理结构及组织章程"，在第一条运作规范的基础上进一步强化组织架构和制度层面，"组织章程"意味着智库治理的规范化和制度化。

研究领域成果层面，主要有两个维度："（2）特色鲜明、长期关注的决策咨询研究领域及其研究成果"，强调的是智库的研究领域和研究成果要长期关注，要有积累，形成鲜明特色；"（5）多层次的学术交流平台和成果转化渠道"，强调的是智库要有平台可用来交流，有渠道可以用来成果转化，并且这个平台和渠道是多层次的。

运行保障层面，主要有三个维度："（4）有保障、可持续的资金来源"，主要强调智库要有资金保障，不管是财政拨款还是依靠智库经营或社会捐赠；"（6）功能完备的信息采集分析系统"，主要强调的是智库信息来源和研究方法，强调在智库研究的过程中信息采集分析的重要性。从某种程度上说，信息采集分析是智库最主要最基础性的工作，是一切智库成果的重要来源；"（8）开展国际合作交流的良好条件等"，则进一步从公共外交和对外交流方面对智库提出明确要求。

需要说明的是，这八个基本条件，主要是针对国家层面的智库而言。对于一般的地方性智库而言，有些条件必须具备，个别条件则可以有所放宽，比如"开展国际合作交流的良好条件"。

3. 提出新型智库时代目标。中办国办《意见》特别强调要建设新型智库体系。在指导思想部分，强调"以服务党和政府决策为宗旨，以政策研究咨询为主攻方向，以完善组织形式和管理方式为重点，以改革创新为动力，努力建设面向现代化、面向世界、面向未来的中国特色新型智库体系"；在总体目标部分，强调"到 2020 年，统筹推进党政部门、社科院、党校行政学院、高校、军队、科研院所和企业、社会智库协调发展，形成定位明晰、特色鲜明、规模适度、布局合理的中国特色新型智库体系"。同时，强调新型智库建设的三个"一"目标和五大功能，即"重点建设一批具有较大影响力和国际知名度的高端智库，造就一支坚持正确政治方向、德才兼备、富于创新精神的公共政策研究和决策咨询队伍，建立一套治理完善、充满活力、监管有力的智库管理体制和运行机制，充分发挥中国特色新型智库咨政建言、理论创新、舆论引导、社会服务、公共外交等重要功能"。

4. 构建新型智库时代格局。在基本原则部分，强调"加强顶层设计、统筹协调和分类指导，突出优势和特色，调整优化智库布局，促进各类智库有序发展"。在构建中国特色新型智库发展新格局部分，强调六个方面，前四个方面分别为：促进社科院和党校行政学院智库创新发展，推动高校智库发展完善，建设高水平科技创新智库和企业智库，规范和引导社会智库健康发展；后两个方面分别为：实施国家高端智库建设规划，增强中央和国家机关所属政策研究机构决策服务能力。需要指出的是，高端智库建设只是中国特色新型智库发展新格局的一个方面，同时还要统筹各个层次智库的发展，增强智库决策咨询服务的整体合力。

5. 强调新型智库时代创新。中办国办《意见》提出新型智库发展的基本原则：坚持党的领导，把握正确导向；坚持围绕大局，服务中心工作；坚持科学精神，鼓励大胆探索；坚持改革创新，规范有序发展。强调要深化组织管理体制、研究体制、经费管理制度、成果评价和应用转化机制、国际交流合作机制等 5 个方面的改革。特别强调要"按照公益服务导向和非营利机构属性的要求，积极推进不同类型、不同性质智库分类改革，科学界定各类智库的功能定位"。

6. 强化新型智库制度保障。中办国办《意见》强调要健全制度保障体系，主要包括落实政府信息公开制度、完善重大决策意见征集制度、建立健全政策评估制度、建立政府购买决策咨询服务制度、健全舆论引导机制等5个方面。在组织领导上，强调要高度重视智库建设、不断完善智库管理、加大资金投入保障力度、加强智库人才队伍建设。

第二节　新型智库的功能定位

根据中办国办《意见》，新型智库主要有五大功能。不同类型的智库，主要功能又各有侧重。

一、新型智库的主要类别

根据依托单位、认定主体、核心产品、研究领域、服务对象层级等不同标准，可以从不同的角度对智库进行分类。

1. 依据智库依托单位或者智库自身的单位属性，可以分为党政智库、社科院智库、党校行政学院智库、高校智库、军队智库、科技智库、社会智库和企业智库。中办国办《意见》就是主要根据这个分类标准，对各类智库建设提出明确要求。根据各类智库与决策者距离的远近，各类智库形成一个圈层结构，不同圈层的智库，功能定位的侧重点有所不同。

2. 依据认定主体，即智库是否经过智库管理部门的认定，可以分为具有法律属性的智库、政策属性的智库和具有功能属性的智库。法律属性的智库，是指由相关法律法规赋予行使决策咨询服务职能的智库。政策属性的智库，主要包括根据中央和省市有关政策由各级智库主管部门认定的智库。功能属性的智库，是指虽然没有法律和政策赋予的智库名分，但实际上在发挥智库的作用。比如，由于社会智库认定的机制尚未健全、制度化的入口尚未建立，导致部分带有一定智库性质的机构在工商部门以公司的形式注册，虽然实际上也行使着智库的职能，但没有经过智库主管部门的认定、没有合法的智库身份。

3. 依据核心产品，可以分为思想性智库、战略性智库、政策性智库等。思想性智库主要任务是提供具有原创性的思想产品，在思想市场上处于高位、高端，能够供给高端的思想产品是智库发展的最高境界；战略性智库主要提供战略层面的产品，具有一定的战略高度和前瞻性；政策性智库主要是提供政策改进所需要的具体的创新性手段、工具，主要着眼于政策落实和实际操作层面。

4. 依据认定和服务对象层级，即主要为中央、省市或基层党委政府服务，由党委政府有关部门认定的智库，可以分为国家高端智库、省级重点智库和县市级重点智库。不同层级的智库报告、风格和重点有所不同。处于较高层级的智库，所形成的智库报告，一般靠思想观点和战略高度取胜。处于较低层级的智库，所形成的智库报告，更多的是靠政策方案设计和案例细节取胜。

5. 依据智库研究的领域，可以分为综合性智库和专业性智库。从国家高端智库建设试点看，在首批命名的 25 家中，有综合性智库 10 家。从省级命名的智库情况来看，以专业智库为主，其中，湖南和浙江分别命名一批专业特色智库和重点专业智库。参见表 1.1。

表 1.1 省级重点智库建设情况

省份	设立时间	名称	数量	主管单位
江苏	2015	江苏省重点高端智库	10	江苏省哲学社会科学规划办公室
	2016	江苏省重点培育智库	16	
湖南	2015	湖南省级智库单位	7	湖南省哲学社会科学规划办公室
	2018	湖南省专业特色智库	12	
吉林	2015	吉林省级新型智库建设试点单位	8	吉林省委宣传部智库办
浙江	2016	浙江省高端智库建设试点单位	5	浙江省社会科学界联合会
	2018	浙江省新型重点专业智库	13	
		浙江省重点培育智库	8	
辽宁	2016	辽宁省级重点智库	5	中共辽宁省委、辽宁省人民政府决策咨询委员会
	2018	辽宁省首批重点新型智库	27	
河北	2016	河北省新型智库试点单位	9	河北省哲学科学规划办公室

续表

省份	设立时间	名称	数量	主管单位
山东	2016	山东省新型智库建设试点单位	15	山东省哲学科学规划办公室
湖北	2016	湖北省重点新型智库	11	湖北省委宣传部
安徽	2016	安徽省重点智库	10	安徽省委宣传部
		安徽省重点培育智库	5	
重庆	2016	重庆市综合高端智库建设试点单位	6	重庆市委宣传部
黑龙江	2017	黑龙江省级首批重点培育智库	20	黑龙江哲学社会科学规划办公室
广东	2017	广东省重点培育智库	15	广东省委宣传部
四川	2017	四川首批新型智库	22	四川新型智库建设领导小组办公室
云南	2017	云南省首批重点培育新型智库	30	云南哲学社会科学规划办公室
北京	2017	首都高端智库建设试点单位	14	首都高端智库理事会秘书处
内蒙古	2017	内蒙古自治区首批高端智库试点单位	6	内蒙古自治区社会科学界联合会
广西	2017	广西特色新型重点智库	22	广西壮族自治区决策咨询委员会
江西	2018	江西省级重点智库	17	江西省社会科学界联合会

注：本表转引自马雪雯、李刚，《迈向成熟的现代智库——省级重点智库建设的政策、体系和网络分析》，载《智库理论与实践》2020年第4期。

二、新型智库的主要功能

2014年6月，习近平总书记在中科院第十七次院士大会、工程院第十二次院士大会上的讲话中指出，长期以来，我国院士制度在推动科技界出思想、出谋略、出成果、出人才方面发挥了重大作用。中办国办《意见》提出，近年来，我国智库发展很快，在出思想、出成果、出人才方面取得很大成绩，为推动改革开放和社会主义现代化建设作出了重要贡献；要充分发挥中国特色新型智库咨政建言、理论创新、舆论引导、社会服务、公共外交等重要功能。概括而言，新型智库主要有以下功能。

1. 咨政建言。为党和国家的决策提供服务是中国特色新型智库的主要功能。咨政建言，就是根据党和政府的决策需求，突出专业特色，开展前瞻性、针对性、储备性政策研究，提供契合实际、切实管用的对策建议①。

新型智库建设，增加了政治精英与"智识精英"对话的一个渠道，是中国特色社会主义协商民主制度的重要内容。智库专家作为智识精英，在政治精英与知识精英之间发挥着重要的链接作用。一般来说，政治精英与知识精英之间，由于话语体系的不同，可能无法直接对话。建立新型智库服务决策制度，实际上是在政治精英和知识精英之间寻找一个可以沟通和对话的中间人，就是智库专家。这个智库专家，必须是一个"智识精英"，建立在对知识熟练掌握的基础之上，再加上智库专家的社会阅历、实践经验和不断地跟踪调查，把学术知识转化为一种对于解决现实问题有用的"智识"，成为比学术精英更靠近现实问题的"智识精英"，能够与决策者通过各种不同的形式开展对话，共同探讨现实问题的解决方案。这个"智识精英"，可以是知识精英的成功转型，也可以是知识精英的接力转换，通过培养熟知现实社会的人才担当起"翻译"的角色，把知识精英的知识消化吸收转换，形成新的"智识精英"。

2. 理论创新。智库是思想库，是生产思想的，思想产品是智库的核心产品。在中办国办《意见》中，与理论研究和理论创新相关的内容有"全国人大要加强智库建设，开展人民代表大会制度和中国特色社会主义法律体系理论研究""全国政协要推进智库建设，开展多党合作和政治协商制度、社会主义协商民主制度理论研究""重视决策理论和跨学科研究……为

---

① 温勇、赵晨伊：《为中华民族伟大复兴提供强大智力支持——学习习近平关于加强中国特色新型智库建设的重要论述》，载《党的文献》2018年第4期。

决策咨询提供学理支撑和方法论支持"。加强理论创新，就是要围绕改革发展稳定、治党治国治军面临的难点、重点问题，提出有价值、有影响的新理念、新论断、新思想、新观点，为研判形势、谋划战略、制定政策提供科学理论和方法。

3. 舆论引导。中国有句古话，"震天下者必震之于声，导人心者必导之于言"。智库专家在舆论引导方面肩负着重要责任。智库专家的"言"，与党委政府的"言"，在大部分情况下，应当是同义不同音、同向不同步，用各自的话语体系对公共政策进行解释、阐释和界定。智库专家要善于运用大众语言来阐释政策，在政策与公众之间进行传导，对社会公众进行引导。中办国办《意见》强调要健全舆论引导机制，"着眼于壮大主流舆论、凝聚社会共识，发挥智库阐释党的理论、解读公共政策、研判社会舆情、引导社会热点、疏导公众情绪、凝聚社会共识的积极作用。鼓励智库运用大众媒体等多种手段，传播主流思想价值，集聚社会正能量"。

4. 社会服务。智库履行社会服务功能，是相对于服务决策者而言。如果说，为含有一定的隶属关系的决策者服务，比如，被认定为省级重点智库的省属高校智库，为省委省政府提供决策咨询服务，是属于咨政建言功能的话，那么，如果该智库接受没有隶属关系的省直部门或有关地市，甚至是外省市委托，从事课题研究、承担各类咨询项目，或者就有关公共政策实施情况开展第三方评估，提供与思想战略政策相关的一些智力方面的服务，都属于社会服务的范畴。也就是说，党委政策决策者是智库的主要顾客，智库的首要任务是为应该服务的决策者服务，同时，还可以为其他机构或决策者提供横向的决策咨询类服务。与此同时，服务人民群众是新型智库的责任担当。新型智库，为决策者和社会公众建立了一种正常的沟通机制，或者说为决策者与社会公众沟通增加了一个渠道，人民群众的呼声向决策者反映又多了一个渠道。

需要说明的是，智库以服务党委政府决策为宗旨，可以面向企事业单位开展适当的经营性的有偿服务活动，增强智库发展的可持续性。如省级智库在重点履行为省级党委政府提供决策咨询服务职责的基础上，也可以提供更加广泛的社会服务，比如为各设区市党委政府和省直各部门提供决策咨询服务,包括跨地域提供决策咨询服务。智库的主业是服务党委政府决策,服务社会是有益补充。一方面能够弥补经费的不足,另一方面通过承担横向研究课题,熟悉情况,积累资料,锻炼队伍,从而更好地为党委政府决策服务。

5. 公共外交。智库是国家软实力的重要组成部分,是大国崛起的重要力量,是大国角逐的重要工具。强国必强智,大国崛起必须有大国智库支撑。孙子曰:"上兵伐谋、其次伐交,其次伐兵,其下攻城"。伟大的智库专家首先是思想家。智库专家在很大程度上,就是帮助决策者做好"伐谋"的工作,特别是在公共外交和国际交流领域。在党和政府领导下开展多种形式的对外交流活动,加强与国外智库和有关研究机构的合作交流,在国际舞台上提出中国方案,发出中国声音,讲好中国故事,推动中华文化走向世界。坚持以我为主、为我所用,学习借鉴国外智库的先进经验,建立与国际知名智库交流合作机制,开展国际合作项目研究,积极参与国际智库平台对话。坚持引进来与走出去相结合,吸纳海外智库专家、汉学家等优秀人才,支持我国高端智库设立海外分支机构,推荐知名智库专家到有关国际组织任职。重视智库外语人才培养、智库成果翻译出版和开办外文网站等工作。

6. 人才培养。中办国办《意见》强调,加强智库人才队伍建设,各级党委和政府要把人才队伍作为智库建设重点,实施中国特色新型智库高端人才培养规划。与此同时,智库是知识密集、人才密集的机构,汇聚大量高端人才,也可以说智库是人才库,人才培养也是智库的重要功能之一。智库出思想、出成果与出人才密不可分,相互促进、相辅相成。智库可以通过挂职交流等手段,为党政部门、企事业单位输送优秀人才,培养、造就具有智库理念和能力素养的治国理政人才;加强对青年智库人才培育,培养一批具有扎实智库知识和能力素养的青年学者和本科生、研究生,引导青年学者和研究生更加关注现实社会,推动中国特色新型智库事业的科学化和可持续发展。

三、中办国办《意见》涉及各类智库的功能定位

智库要在研究领域和功能定位上形成自己的特色。中办国办《意见》强调，按照公益服务导向和非营利机构属性的要求，积极推进不同类型、不同性质智库分类改革，科学界定各类智库的功能定位。在总体目标部分，"统筹推进党政部门、社科院、党校行政学院、高校、军队、科研院所和企业、社会智库协调发展"，在"构建中国特色新型智库发展新格局"部分，在强调"实施国家高端智库建设规划""增强中央和国家机关所属政策研究机构决策服务能力"的同时，分四个方面对六类智库（不包括军队智库）的职责功能任务进行界定。根据习近平总书记关于新型智库建设的重要讲话指示精神，中办国办《意见》和相关文件精神，对八类智库的主要功能进行如下梳理：

表 1.2　各类智库主要功能定位一览表

类别	主要功能定位
社科院智库	深化科研体制改革，调整优化学科布局，加强资源统筹整合，重点围绕提高国家治理能力和经济社会发展中的重大现实问题开展国情调研和决策咨询研究。
党校行政学院智库	聚焦党和国家中心工作、党委和政府重大决策部署、社会热点难点问题进行深入研究，及时反映重要思想理论动态，提出有价值的对策建议，推动教学培训、科学研究与决策咨询相互促进、协同发展。〔中国共产党党校（行政学院）工作条例〕
高校智库	发挥学科齐全、人才密集和对外交流广泛的优势，深入实施中国特色新型高校智库建设推进计划，创新组织形式，整合优质资源，着力打造一批党和政府信得过、用得上的新型智库，建设一批社会科学专题数据库和实验室、软科学研究基地。实施高校哲学社会科学走出去计划，重点建设一批全球和区域问题研究基地、海外中国学术研究中心。
军队智库	围绕党中央和中央军委决策需求，聚焦国家安全、国防和军队建设与改革等重大问题，开展政策研究，提出对策建议。（习近平总书记 2016 年 3 月视察国防大学时的讲话）
科研院所智库	围绕建设创新型国家和实施创新驱动发展战略，研究国内外科技发展趋势，提出咨询建议，开展科学评估，进行预测预判，促进科技创新与经济社会发展深度融合。

续表

类别	主要功能定位
企业智库	重点面向行业产业，围绕国有企业改革、产业结构调整、产业发展规划、产业技术方向、产业政策制定、重大工程项目等开展决策咨询研究。
社会智库	坚持将社会责任放在首位，始终以维护国家利益和人民利益为根本出发点，自觉践行社会主义核心价值观，紧紧围绕党和政府决策需要的重要课题，开展咨询研究。（民政部等九部门《关于社会智库健康发展的若干意见》）
中央和国家机关所属政策研究机构	围绕中心任务和重点工作，定期发布决策需求信息，通过项目招标、政府采购、直接委托、课题合作等方式，引导相关智库开展政策研究、决策评估、政策解读等工作。加强与智库的沟通联系，高度重视、充分运用智库的研究成果。

注：本表内容主要依据中办国办《意见》。凡中办国办《意见》中没有明确表述的，根据习近平总书记重要讲话或相关文件整理并标注出处。

在各类智库主体中，国家部委所属事业单位性质的研究机构，具有建设智库的良好基础。在认定为国家高端智库之后，这些机构的身份和定位要发生一些变化，服务对象也会发生一些变化：即以着重服务部委司局和部门自身，过渡到以服务国家战略为主，在研究视野上要跳出部门视野，在研究立场上要树立国家立场而不是部门、条线立场。

社科院智库要重点围绕提高国家治理能力和经济社会发展中的重大现实问题开展国情调研和决策咨询研究。由于社科院基本上属于全职的研究机构，在相关研究所的基础上成立智库，智库实体化相对比较容易。

党校行政学院智库，要推动教学培训、科学研究与决策咨询相互促进、协同发展。根据 2019 年 10 月 25 日中共中央发布的《中国共产党党校（行政学院）工作条例》，"党校（行政学院）是党和国家的哲学社会科学研究机构和重要智库"，"以多种方式开展同国（境）外学术研究机构、智库、政党、政府机构、国际组织等的学术交流与合作"，"建立健全与教学科研、智库建设、管理服务等岗位职责目标相适应的党校（行政学院）工作人员绩效工资分配办法"。在第五章"科研工作和决策咨询"部分，对党校的科研和决策咨询工作提出了明确要求，强调应当"密切关注国内外形势的发展变化，加强对重大理论和现实问题的研究，为提高党校（行政学院）教学质量服务，为推进党的理论创新服务，为党委和政府决策服务"；党校（行政学院）决策咨询工作，"应当聚焦党和国家中心工作、党委和政府重大决策部署、社会热点难点问题进行深入研究，及时反映重要思想理论动态，提出有价值的对策建议，推动教学培训、科学研究与决策咨询相互促进、协同发展"；党校（行政学院）科研工作和决策咨询工作"应当面向社会，加强与实际工作部门和政策研究部门、高等学校、科研院所之间的合作和交流"。党校、行政学院要扬长避短，处理好智库机构与智库母体即承建单位之间的关系，智库机构与其他研究机构之间的关系，智库职能与其他职能的关系，推动实体化建设步伐。至于具体路径，可以以专业学科优势为基础和后盾，建立相对独立于教学研究部室的决策咨询机构，或通过对原有智库类机构进行技术化改造和优化组合，打破机构和身份界限，集聚相关专业、相关领域高层次决策咨询研究人才，必要时可以注册为社会智库。

现代大学要充分发挥以学术咨询为导向的智库功能。2014年2月，教育部印发《中国特色新型高校智库建设推进计划》，强调要明确高校智库的功能定位，主要是发挥五个方面的优势：一是发挥基础研究实力雄厚的优势，着重开展事关国家长远发展的基础理论研究，为科学决策提供坚实的理论支撑。二是发挥学科门类齐全的优势，围绕重大现实问题，开展多学科的综合研究，提出具有针对性和操作性的政策建议。三是发挥人才培养的优势，努力培养复合型智库人才，为中国特色新型智库建设提供有力的人才保障。四是发挥高校学术优势，针对社会热点问题，积极释疑解惑，引导社会舆论。五是发挥对外交流广泛的优势，积极开展人文交流，推动公共外交。关于如何处理高校学科发展与智库建设的关系，上海财经大学经济学院院长田国强在首届珞珈智库论坛上强调：高校智库建设离不开学科发展，二者不能简单等同或完全对立，应是良性互动、相互促进、螺旋发展的关系。

企业智库，并非以企业形式存在的智库，也并非为企业服务的智库，而是指主要由企业组建经营的，在服务对象上能够超越企业自身，主要聚焦国家公共政策的智库。企业智库，也是为公共政策服务的，这是理解中国特色新型智库的重要前提和逻辑基础。目前，社会上出现智库的另类形态，本来就是咨询公司，却打着智库或者社会智库的旗号来运行。有关部门要出台认定和规范社会智库的具体办法，引导人们认清智库与咨询公司的区别，把以营利为目的、以企业等私人部门为主要服务对象的咨询公司排除在外，维持智库的公益性和纯洁性。

总之，宏观上，中国特色新型智库是党和政府科学民主依法决策的重要支撑，国家治理体系和治理能力现代化的重要内容，国家软实力的重要组成部分。在实际工作中，不同类型的智库，不同层级的智库，功能的侧重点又有所不同，各类智库能够发挥作用的战略空间不同。有的侧重于战略层面，有的侧重于战术层面。有的侧重于咨政建言，有的侧重于理论创新。比如，国家高端智库更多地侧重于理论创新和从战略层面为国家发展咨政建言，地方智库更多地侧重于从战术和落实方案层面咨政建言，体制内官方智库更多地侧重于对策研究，建立在高校的半官方智库更多地侧重于理论创新，媒体型和意识形态较强的智库侧重于舆论引导，国际关系型智库更多地侧重于对外交流和公共外交，社会智库更多地侧重于研究社会问题并提供相应的社会服务等。即使同一个智库，在不同时期，功能侧重点也有所不同。在认识和评价智库时，要树立全局和系统观念，坚持五个功能并重，避免狭隘意义上理解和认识智库，避免过于强化智库的咨政功能而忽略理论创新、服务社会等其他方面的功能。

第三节　新型智库的质量导向

在 2012 年 12 月召开的中央经济工作会议上，习近平总书记明确提出，要健全决策咨询机制，按照服务决策、适度超前原则，建设高质量智库。2016 年 5 月，在哲学社会科学工作座谈会上，习近平总书记强调，有的智库研究存在重数量、轻质量问题，智库建设要把重点放在提高研究质量、推动内容创新上。2020 年 2 月，习近平总书记主持召开中央全面深化改革委员会第十二次会议，审议通过《关于深入推进国家高端智库建设试点工作的意见》，强调"建设中国特色新型智库是党中央立足党和国家事业全局作出的重要部署，要精益求精、注重科学、讲求质量，切实提高服务决策的能力水平"。可以说，专家服务决策咨询，或者说研究机构参与决策咨询服务早已有之，中央之所以强调新型智库建设，目的就是提供高质量的决策咨询服务，以科学咨询支撑科学决策，以科学决策引领科学发展。

一、新型智库高质量发展的基础条件

1. 党委政府决策咨询和智库建设政策供给的高质量，是智库高质量发展的根本前提。新型智库是党委政府决策及其运行大系统中的一个子系统，需着眼于决策及其执行的大环境。决策咨询制度，包括决策制度、决策程序，又包括咨询制度、咨询方式，同时也包括决策过程如何与咨询服务对接的制度。在这一制度体系中，决策制度、协商制度、咨询制度、智库运行与管理制度共同构成新型智库生成和发展的生态链、制度链。其中，决策制度是置于链条最前端、起引领带动作用的环节，是新型智库发挥咨政作用的启动器、牵引机、动力源，是新型智库发展的外部动力，是决策咨询制度链的主动轮，通过决策咨询机制将动力输送给智库体系，推动新型智库健康发展。

2. 供给高质量的思想产品，是智库高质量发展的鲜明标志。智库要供给高质量的产品，一是提升对接需求质量。智库生产的产品是为决策者服务的，在生产之前，必须了解清楚决策者的现实需求或潜在需求，以便增强提供产品的针对性。如果智库生产的产品不能进入决策者的视野和政策议程，其存在的价值就要大打折扣。二是提升数据资料质量。信息数据是智库生产的"原料"，如果"原料"是虚假的或者是掺杂水分的，就无法生产出高质量的产品。比如，由于智库专家对信息了解得不全面，得到的是片面或者不准确的信息，就无法推导出正确的结论。三是提升人才结构质量。智库建设要以人才为中心，没有一流的智库人才，就没有一流的智库。智库发展，需要一流的智库专家作为掌门人、领航人，需要对理论和现实问题有深刻认知的专业研究人员，需要有合理的知识结构、学科结构、年龄结构等，需要有专业的科研辅助人员、管理人员和运营人员，形成支撑智库发展的人才矩阵。四是提升生产流程质量。智库生产，需要建立标准的生产流程，规范智库生产的各个程序，建立必要的质量控制程序，形成智库工作规范和质量标准。要建立以项目制为重点的组织形式，对智库的生产流程进行再造，建立更加有效高效的思想产品生产机制。

3. 实行高质量的内部治理，是智库高质量发展的根本动力。要以激发智库活力和创造力，出成果、出人才为目标，创新组织形式和内部治理方式，加快形成符合决策咨询规律、体现智库特点的现代科研院所管理制度。在智库内部，按照产品定制的要求进行精细化生产，解决智库的实体化及合法身份问题，把握智库发展规律，完善内部治理结构，优化智库研究方法，加强智库文化和职业伦理建设等，通过系统化、制度化的政策设计来促进智库整体供给质量的提升。以解决去行政化、去层级化管理问题为重点，加大机构改革力度，建立相对独立的实体化智库研究机构。突出结果和质量为导向，建立智库个体质量模型，形成更加灵活高效的激励机制，建立与智库柔性边界特征相适应的组织形式、管理方式和质量控制流程，不断提升智库集聚资源质量、团队建设质量、管理运行质量、产品品牌质量。

4. 形成运行高效的新型智库体系，是智库高质量发展的关键所在。建立完善新型智库体系，提高智库外部治理的质量，以增加政府管理制度供给为重点，推动方向型的政策细化落地。党委政府要加大智库研究项目的供给力度，强化供需对接和思想产品市场建设，完善政府购买决策咨询服务制度等，为智库嵌入政府治理提供制度化的接口。改变分条块治理的格局，加强对各类智库的统筹，建设纵向贯通、横向协作的新型智库体系。确立鲜明的质量导向，不断提高智政（智库与政府）、智知（智库与学术）、智智（智库与智库）、智媒（智库与媒体）和智社（智库与社会）互动质量，跨界协同、优势互借，在多维互动中打造新型智库发展共同体。

5. 建立优良包容的智库发展生态，是智库高质量发展的重要保障。要着力推进新型智库建设的实体化进展。从目前来看，大部分新型智库所依附的机构是实体的，但智库本身并非实体。作为高校或研究机构的一个实体性机构和组成部分，智库建设要坚持和遵从大质量观，形成从微观到宏观的智库产品质量提升价值链。从供给质量出发，新型智库高质量发展表现在：智库产品生产的高质量，智库个体建设的高质量，智库整体发展的高质量。这三个高质量，每个高质量都有一个质量控制环，环环相扣，共同形成一个促进智库健康发展的从低到高、从内到外的质量圈，不断提高新型智库服务经济社会发展的质效。

二、推动新型智库研究质量提升的主要路径

高质量智库产品的生产，要经过严格的生产流程，既有流水线上生产出来的标准配件，也有精雕细刻的手工产品。高质量的智库产品，有着鲜明的个性特征，甚至有着自己独特的标签，有着自己标志性和较高知名度的品牌。关于如何加强智库内部治理，促进智库研究、产品和运行质量提升，是本书上编的主要内容，具体主要围绕以下几个方面展开：

1. 推进新型智库研究质量提升，必须把握智库研究的鲜明特征。新型智库研究强调家国情怀、经世致用，有着自身的研究方法、研究逻辑和研究规律。在研究立场上，坚持政治性与客观性相结合；在研究对象上，坚持政策性与战略性相结合；在研究性质上，坚持应急性与储备性相结合；在研究方式上，坚持专业性与协同性相结合；在研究周期上，坚持短期性与长期性相结合；在研究态度上，坚持被动性与主动性相结合；在研究视域上，坚持地域性与全局性相结合；在研究议题上，坚持跟踪性与变化性相结合；在研究方法上，坚持证实性与证伪性相结合。要准确把握智库研究与学术研究、政策研究、商业咨询之间的联系和区别，善于高位贯通，打造既有学术研究的理性和深度、政策研究的务实和管用，又有企业咨询的专业和品质、新闻宣传的敏锐和快捷的智库产品，在务虚中务实，从悟实中悟虚。

2. 推进新型智库研究质量提升，必须把握智库研究的独特方法。智库研究需要提升五度、增强五性：提升思想高度、增强创新性，提升视野宽度、增强协同性，提升积淀厚度、增强专业性，提升问题锐度、增强穿透性，提升责任强度、增强支撑性。在研究方法上，坚持演绎法与归纳法相结合，强化辩证思维；坚持全面与重点相结合，强化系统思维；坚持定性与定量相结合，强化实证意识，做超越柏拉图的亚里士多德。智库研究要

适应信息时代的到来，加快形成与大数据时代要求相适应的智库研究的第四范式。要由传统文献研究、问卷调查向依靠互联网、云计算、大数据平台等新技术支撑转变，建立专业的调查机构和调查队伍，建立一批社会实验室和政策观测点，开展政策评估试点工作，运用专业工具箱对政策的效果进行检验，以专业化、职业化来保障战略对策、政策建议的科学化。

3. 推进新型智库研究质量提升，必须把握智库报告的生产逻辑。要注重研究内容创新，提升智库产品质量。智库报告的生产，要力争实现五个精准：熟悉客户，练好基本功，服务对象精准；瞄准问题，确立政策靶，研究对象精准；内容为王，增强说服力，研究内容精准；精心打磨，过好语言关，话语表达精准；抓住时机，增强命中率，报送时机精准。决策咨询报告可以分为趋势预测型、阐释事理型、辨析批驳型、未雨绸缪型、紧急呼吁型、事件回应型、推动实施型、他山之石型、政策评估（评价）型。在撰写智库报告的过程中，坚持处理好小众与大众、已知与未知、宏观与微观、兼职与专职、幕后与台前等五个方面的关系。

4. 推进新型智库研究质量提升，必须把握智库成果的转化规律。智库为公共政策服务，智库成果只有能够嵌入到公共政策链条之中，才能发挥作用。智库成果转化的形式，主要包括政策性转化和社会化传播，分别从不同的角度影响公共政策。虽然智库成果在诸多方面与学术成果有所不同，但两者之间并非存在不可逾越的鸿沟，在很多情况下，二者可以进行交互性转换，延伸产品价值链。智库的目标是影响公共政策，处于不同圈层的智库，由于产品转化的渠道和产品的性质不同，采取的策略也往往有所不同，对权力内层、夹层、外层施加影响。智库影响决策者的方式，一是直接为决策者提供决策咨询服务，对决策咨询成果进行政策性转化。二是通过决策的参与层和辅助层，提供决策咨询服务。三是通过影响社会公众特别是政策利益相关方，来影响公共政策的制定和实施。

5. 推进新型智库研究质量提升，必须培育集聚高素质智库人才队伍。中国特色新型智库质量提升，需要大量的智库人才支撑。由于目前高校和研究机构尚未建立针对智库人才的培养体系，再加上缺少专门的学科支撑，智库人才建设的任务就更加繁重。在素质结构上，新型智库需要复合型人才；在层级结构上，新型智库需要橄榄型人才；在处事风格上，新型智库需要兼有"刺猬"和"狐狸"特点的人才；在思维方式上，新型智库更需要中医型人才；在影响力结构上，新型智库需要权威型人才。智库专家要有顺风耳、千里眼、大象鼻、诚实口、五味舌，需要最强大脑、勤快的脚、勤劳的手、火热的心。智库专家要坚持中国特色社会主义方向，树立大坐标，保有大情怀，借力大数据，开展大协同，善出大招数，保持大定力，贡献大智慧。要构建与新型智库发展形势和要求相适应的人才导向机制、人才培育机制、人才使用机制、人才激励机制、人才流动机制，促进智库队伍的职业化。第一，引导一批社科专家向智库专家转型。实现由关注理论问题到关注现实问题的转变，培养具备较高理论学术素养的智库专家，逐步造就一支职业化的智库专家队伍。在高校和研究机构，社科研究力量要适时适当分化，合理分流，避免身兼多职，疲惫应对。在智库人才的评价标准上，要实现由重学历向重阅历经历转变。第二，加强智库专业人才的培养激励力度。适应新型智库发展的要求，推动建立智库学科体系、课程体系和人才培养体系。改变财务管理制度中重物轻人、见物不见人的思维模式，充分尊重智库专家的脑力劳动和智慧贡献，建立以增加知识价值为导向的分配政策。在智库人员出国交流方面，制定更加符合科研活动规律的管理办法。第三，建立专业化的智库团队。不仅要保证研究领域、研究团队、研究资料和研究方法等方面的专业水准，还要建立专门从事智库运营的职业化团队，负责智库内部运营、成果推广和市场拓展。第四，推动智库人才互动交流、多元发展。"推动党政机关与智库之间人才有序流动，推荐智库专家到党政部门挂职任职""推荐知名智库专家到有关国际组织任职"等。

6. 推进新型智库研究质量提升，必须创新组织形式和管理方式。从近年来的实践看，新型智库的治理困境主要表现在以下几个方面：从智库的边界范围看，是泛在化还是具象化；从智库的机构属性看，是虚体化还是实体化；从研究领域看，是全能化还是专业化；从智库的组织形态（活性）看，是固态化还是液态化；从智库的管理模式看，是传统化还是现代化；从智库的发展路径看，是粗放化还是精细化；从智库与政府的关系看，是从属化还是中立化；从智库的运行动力看，是行政化、市场化还是社会化；从智库的管理方式上看，是刚性化还是柔性化；从智库的整体推进看，是碎片化还是系统化。新型智库的组织形式创新，主要体现在智库组织机构的构成方式和人员课题等组织形式，其中，建立理事会制度，是新型智库组织形式创新的重要体现。新型智库的管理方式创新，主要是推进智库领域的供给侧结构性改革。要着力突破智库组织管理和体制机制堵点，逐步建立以问题为导向、以人才为中心、以项目为纽带的管理方式，推动形成符合智库运行规律、灵活高效的现代科研单位管理体制，充分激发智库活力、激发智库研究人员创造力。

7. 推进新型智库研究质量提升，必须弘扬智库专业伦理和职业文化精神。智库文化，即在智库建设的过程中所应当遵循和体现的基本原则和价值观。加强智库组织文化建设，形成支撑和引领智库长期健康发展的文化精神内核。智库文化具有价值导向功能、资源配置功能、精神激励功能和形象塑造功能。智库文化，具有政治性、引领性、复合性和标识性，是家国情怀的文化，是经世致用的文化，是求实求真的文化，是正气充盈的文化，是宽容包容的文化，是志愿奉献的文化。智库文化不能异化为依附文化、官僚文化、对立文化、街头文化、功利文化和拼凑文化。智库组织文化，是先内化再外化再内化的一个过程，把智库理念内化到经济社会组织领域，是推动国家治理体系治理能力现代化的重要途径。

第二章　新型智库研究的规律特征

新型智库强调家国情怀、经世致用，有着自身的研究方法、研究逻辑和研究规律。中国特色新型智库研究既不同于政策研究和学术研究，也不同于应用研究和咨询公司的商业咨询；既不同于中国古代的智囊、军师的"神机妙算"，也不同于西方国家智库的政治游说，而是有着独特的话语体系、鲜明的个性特征和自身的发展规律。

第一节　智库研究的一般特征

一、智库研究的概念界定

什么是决策，什么是咨询，什么是决策咨询？国家行政学院决策咨询部原主任慕海平曾经做过分析：决策是指为了到达一定目标，采用一定的科学方法和手段，在两个以上的方案中选择一个满意方案的分析判断过程。其内涵：把握方向、控制节奏、拿捏分寸。要求：科学化、民主化、法制化。咨询是指通过某些人头脑中所储备的知识经验和通过对各种信息资料的综合加工而进行的综合性研究开发，起着为决策者充当顾问、参谋和外脑的作用。其内涵：提出问题、分析问题、解决问题。要求：客观立场、专业视角、优质服务。决策咨询主要指咨询主体、决策主体、客观事物之间的相互关联，具有中介性、服务性、应用性。

决策咨询与智库研究的关系。决策咨询研究的主体可以是智库，也可以是决策咨询类研究机构、科研机构或专家学者个人。智库研究，指以智库为主体开展的研究，既包括以决策咨询为目的的研究，也包括以其他功能为目的的研究，比如理论创新。广义的智库研究，包括智库围绕五大功能开展的各方面的研究，其中部分研究本身就是学术研究。狭义的智库研究，是指以服务决策为主要目的决策咨询研究，以直接服务决策者为宗旨的研究。由于决策咨询研究既具有一般学术研究的特征，又具有鲜明的个性特征，由于智库专家大多是从传统的学术研究转型而来，迫切需要实现思维方式、研究范式和话语体系等方面的转变。对于从事智库研究的高校研究机构专家学者来说，提高研究能力是关键和重点。本书所指的智库研究，在大多数语境下指的是以智库为主体进行的决策咨询研究。

二、智库研究的主要类型

1. 从供给产品的内容看，智库研究主要包括三个层面。一是为党委政府的战术和政策制定服务。根据党委政府及其有关部门的要求，研究具体的政策和具体的政策方案。二是为党委政府的战略和思路形成服务。受党委政府决策及其职能部门的委托，就区域或某一领域的发展规划、发展战略进行研究，提出相应的思路。三是为党委政府的思想和理论创新服务。基于党委政府的需求，围绕重大理论和实践问题，进行理论提炼和思想提升，形成具有中国特色的原创性概念、经验或理论。

2. 从服务的对象看，智库研究主要包括三个层级。一般来说，智库服务的主要对象与智库所处的层级相对应，以服务本层级决策者为主，同时也有向上和向下的延伸。比如，省级智库主要为省级决策服务，同时也为中央和地市的决策服务。中办国办《意见》指出，地方社科院、党校行政学院要着力为地方党委和政府决策服务，有条件的要为中央有关部门提供决策咨询服务。对于智库服务本级党委政府决策来说，也有三个层级：一是为实际工作部门的职能处室服务，包括承担一些委托的课题和任务。二是为实际工作部门和决策辅助部门服务。实际工作部门是政府的组成部门，决策辅助部门指党委政府的研究室等部门。三是直接为决策者服务。决策者有时候会直接交办一些研究任务，或者直接向智库专家或者智库征询意见建议。

3. 从供给产品的形态看，或者说智库研究成果转化的载体看，主要有三种。一是书面成果。通过内刊、信函等方式，提交决策咨询报告，提供书面的决策咨询服务。二是具有一定法律地位的建言成果。部分智库专家，借助其人大代表、政协委员等身份，以人大代表建议或政协委员提案的方式，提出具有一定法律效力、需要有关部门给予答复的意见建议。三是座谈成果。参加有关实际工作部门或决策辅助部门的座谈，或者直接参加决策者主持召开的座谈会或咨询会，以专家身份、面对面提出口头的意见建议。

三、智库研究的主要特征

现代智库，以集体智慧影响和服务决策过程，具有功能专业化、综合化，研究实用化、时效化，类型多样化、多元化，视野国际化、超前化和运作机制化、法治化等品质特点①。智库研究，既要有学术研究的理性和深度、政策研究的务实和管用，又要有企业咨询的专业和灵动、新闻宣传的敏锐和快捷。智库研究，既务虚更务实，在务虚中务实，在悟实中悟虚，把思想产品转化为现实生产力。关于智库研究的主要特征，从辩证角度选取几个维度进行分析：

1. 在研究立场上，政治性与客观性相结合。中国特色新型智库建设，要旗帜鲜明坚持中国特色，贯彻党管智库原则，以服务党委政府决策为宗旨，以提供高质量的决策咨询服务为天职。但从另外一个方面讲，新型智库在机构和人员身份上又具有相对独立性，不能简单地附和决策者，不能只为政策做阐释性的工作，不能丧失自己的客观公正的立场。在服务党委政府决策时，应当站在第三方客观的立场上分析、研究和解决问题，给出建立在严格论证推理基础之上的意见建议。从第三方的研究立场，到第三方政策评估，智库都应当发挥重要作用。

需要说明的是，智库研究要坚持党的领导，智库成果要政治正确，要建立科学的质量标准控制体系，需要有同行审议和政治审核等环节。但要避免把智库报告当作代表主办方观点的正式公文，过分强调政治正确而忽

---

① 黄誌：《大国智库·智者的江湖》，中州古籍出版社 2016 年版，第 171 页。

视智库产品的创新性。智库类内参，应当是文责自负，主管和主办主要在政治和意识形态方面把关，对于智库的创新观点要多包容，不要把智库报告的创新点打磨得干干净净，成为干巴巴的"八股"。在编辑智库报告的过程中，在把握正确导向的前提下，可以对表达方式和话语体系做适当调整，即在不改变作者原意的前提下换一种表达方式，不做内容的修饰和观点的调整。

2. 在研究对象上，政策性与战略性相结合。中办国办《意见》明确指出，"中国特色新型智库是以战略问题和公共政策为主要研究对象"，新型智库不但应当关注眼前的政策问题，而且应当关注长远的战略问题。对政策的深入系统学习和对政策谱系认真细致梳理是做好智库研究的头道功。要对研究问题的政策线索、政策脉络、政策谱系和政策网络进行梳理，找出政策发展变化的经脉。要通过分析政策文本中关键词的频度和强度，来把握主要精神实质和走向，找到智库可以研究的线索和切入点。要梳理政策脉络，根据一段时期内相同或相近等级的重要会议、文件主要表述的变化，来分析研判事物发展的趋势。要梳理纵向政策谱系，把握政策从中央到地方的落实和演化过程，重点把握本区域的政策特征。要梳理横向政策谱系，在把握本地政策的基础上，全面了解掌握外地特别是先进地区、相近相似地区的做法经验，以便能够很好地对照和借鉴。要梳理政策网络，建立与所研究问题直接政策相关的政策坐标系和网络，确保提出的政策建议与已经出台的重要政策之间的互洽性。要研究问题本身与相关政策的现状及走向，分析研究政策演变的趋势和规律。同样的政策问题，在不同时期的表述，有一个清晰的演变轨迹，包含着事物发展的规律。公共政策具有渐变性，有时候也有一些突变。智库专家要善于梳理政策脉络，寻找政策的演变轨迹，分析政策的连续性和变化性，在政策的演变轨迹中把握规律，寻找出新的政策创新点。在政策推进的过程中，有的是方向性偏差，需要及时纠正；有的是政策力度不够，需要及时调整；有的是解决了目标问题，但又衍生出新的问题，有可能新的问题比原来的问题危害性更大，都需要及时解决。特别是避免智库提出的对策建议是有关部门已经出台的政策，或者与已经出台的重要政策相冲突。

智库作为思想库，其价值更多地体现在战略层面。从某种意义上说，谋划党委政府战略层面的问题，在思想性和方向性上发挥一定的引领和引导作用，比仅仅关注政策层面具有更加重要的意义。新型智库，特别是国家高端智库和各级党委政府命名的重点智库，应当更加关注战略问题，聚焦战略研究，体现战略价值，通过重大战略建议影响具体的政策问题，达到"四两拨千斤"的效果。战略问题与政策问题，既有比较紧密的联系，同时两者之间又有比较明显的区别（见表 2.1）。

表 2.1　战略与政策的主要区别

	战略	政策
稳定性	框架：原则体系，相对稳定	文件：操作规范，变化较快
开放性	开放：时间和空间延展性	封闭：具有程序收敛性
复杂性	简洁：做减法，原则性	具体：做加法，细则化
执行性	推销：资源计划，系统性	执行：约束性，强制性
作用周期	长远性：中长期问题	短视性：眼前问题
产生过程	信息分析：专家和社会参与	开会决定：决策者决定

注：本表根据陈功《信息分析的核心》整理。

3. 在研究性质上，应急性与储备性相结合。新型智库，要加强基于系统性和战略性的超前研究。新型智库不能仅仅成为党委政府决策的"急诊室""应急部"，更应当成为党委政府决策的"参谋部""预警部"，成为党委政府决策的思想储备库、战略储备库、政策储备库，把决策咨询和政策论证的环节前置。坚持智库成果的多元性和智库产品的多样性，不但能够帮助决策者诊治急性病，而且还应当能够根治慢性病，更重要的，智库要为党委政府储备一些药品和药方，成为党委政府的保健医生，增强党委政府对错误观念和决策的抵抗力和免疫力。智库专家不但应当能够为党委政府解近忧，而且还能够为党委政府谋远虑。智库专家不仅能够提供短期方案和应急之策，而且能够为党委政府提供长期战略和长远之计。智库专家不但能够帮助决策者提高决策的科学化水平，而且还能够促进一个地方的思想软实力和综合影响力提升。

在布鲁金斯学会，学者们大概会用 60% 的时间从事长期战略研究，其余40％的时间从事应急课题研究。9·11事件发生后仅一个月的时间，布鲁金斯学会的保罗·皮勒（Paul Pllar）出版《恐怖组织与美国外交政策》一书。该书在对美国面临的困境进行了及时深入的分析后，给出应对策略，对美国政府来说，无疑是一场"及时雨"。该书被誉为"制定和实行反恐政策的指导手册"[①]。

在IDSA（国防分析研究院）成立42周年的庆祝仪式上，印度副总统哈米德·安萨里强调了系统性思考的重要性。他说："政府常常疲于应对眼前发生的事情，根本没有时间和精力去处理，去寻找方法解决一些可能、很可能甚至不太可能发生的事情。"他告诫战略集团要以国家安全需求为着眼点推动政策进程。智库机构是战略集团研究未来各种不确定因素的理想的工具，能够拟定各种紧密联系的政策选项，在深刻认知与英明决策之间搭建起了一座桥梁[②]。美国金融危机发生后，彼得森研究所经济学家西蒙·约翰逊（Simon Johnson）率先提出"银行太大不能破产"的问题，为美国政府提供了重要思路。"我们不能只看眼前，我们更要为一年、两年、三年后出现的主要问题进行预先的周密思考。"彼得森研究所在研究项目的规划上使用了"滚动议程"原则，他们会根据近期议程的执行与环境变化情况，修改或调整未来的议程。研究所在人才配置上同样费了一番心思，他们搭建了两支人才队伍：一支队伍长期对固定问题进行研究，另一支属于流动人才队伍，专门研究新问题。两支队伍巧妙搭配，在保证智库深入专业研究的同时，还能够及时抓住最新国际经济热点[③]。

4. 在研究方式上，专业性与协同性相结合。对于一家智库来说，关键是要在时代大背景下找到自己的强项，智库的定位需要专业和专注，需要有"智库的专业主义精神"[④]。关于专业性，就是智库的研究要有专业深度。在现代社会，所有的技术研究背后都有政策，所有与技术发现相关的问题

---

① 王莉丽：《智力资本——中国智库核心竞争力》，中国人民大学出版社2015年版，第77页。

② 印度有122个智库机构数量居世界第5，但水平一般。参见中国网，http：//www. china. com. cn/military/txt/2009-09/22/content_ 18576502. htm。

③ 苗绿、王辉耀：《全球智库》，人民出版社2018年版，第66—67页。

④ 王辉耀、苗绿：《大国背后的"第四力量"》，中信出版社2017年版，第123页。

都指向公共政策。技术问题背后隐含着政策问题，在开展技术研究的时候要有公共政策视角。智库研究，必须具有较强的专业性，让专业的人做专业的事。智库成果应当是厚积薄发，在长期的专业理论、专业数据、专业案例积累基础之上的厚积薄发。智库的研究定位应是时代背景与自身资源结合的产物，时代背景是智库选择研究方向的出发点，自身资源则是智库取舍研究方向的立足点①。专业智库，要建设本专业领域的数据库，要发布本专业领域的蓝皮书。要注重吸纳本专业领域的人才加盟，加强与相关研究机构的合作，打造研究高地。做智库要瞄准专业方向，有定力，有打造百年老店的志气和勇气。

智库研究的学术性专业性与智库研究成果表现形式的非学术性。智库的研究应当是专业的，但智库报告的表现形式，更多的情况下则是通俗的，因为无论面对决策者或者社会大众，都应避免使用过分学术化的语言。智库报告的目的不是构建学术体系，不是进行学术交流，而是探讨实际问题的解决方案。一方面，智库专家应当是专业的，对于研究问题既要有专业的理论认知，把提出的战略思想和解决问题的方案建立在坚实的理论基础之上。另一方面，智库专家又应该能够跳出专业的束缚来思考问题，有时候甚至要专门把专业化的语言剔除，把比较深奥的理论语言转化为宜于理解和转化的政策语言，能够在不同的角色和话语体系间进行转换。没有理论功底，难以成为优秀的智库专家，但仅仅有理论功底，没有对现实社会的深刻理解，不能把深奥的理论问题运用到实践中，不能找到两者之间逻辑上的关联与可以转换的话语体系，也不能成为优秀的智库专家。

智库研究，一个重要的特征，就是集成性和协同性，是智库成员分工协作的结果。智库生产要有流水线，要有质量监督机制和体系，出厂前要经过论证。智库研究，不同于智囊研究；智库成果不同于个人成果，是若干智库专家智慧的集成，并且智库管理者在智库成果形成过程中发挥重要作用，应当是一种带有鲜明的集体创作标识的产品。应当说，在某种程度

---

① 王辉耀、苗绿：《大国背后的"第四力量"》，中信出版社 2017 年版，第 122—123 页。

上说，智库对专家的研究成果，既拥有一定的知识产权，又对智库成果质量担负着一定责任，智库要对智库专家的成果负责。

布鲁金斯学会不断尝试着各种机制鼓励跨学科研究，比如学会曾专门设立了几个激励基金，用于为参与交叉项目合作的学者提供灵活的资源。2016年，布鲁金斯学会启动百年学者计划（Centennial Scholar Program），推动跨领域、交叉学科的研究发挥学者之间的协同作用，培养一种更加稳健的个人与研究团队之间的合作文化。纵观当今智库发展，跨学科研究已成为趋势，打破智库内部的"墙"，组织跨学科学术活动等创新对于国内智库具有很好的借鉴意义。

5. 在研究周期上，短期性与长期性相结合。由于智库课题的研究周期一般较短，不能在论证和申报时重视，"课题申报憋足气，课题拿到松口气"，而是尽可能将决策咨询研究程序前置，课题申报即开始研究，课题下达能拿出初步成果。智库类课题研究周期一般为半年左右。应急性课题在3个月左右或者更短，遇到突发问题，甚至要在两天或者几小时内拿出应对建议。智库类课题研究，与基础类研究课题不同，基础研究课题需要较长时间的学术积累，需要感悟。智库类课题确立之日，往往是成果最需要之时。半年或者一年以后，随着形势的变化，重要性就会大打折扣，甚至问题有可能已经被解决。比如，2018年，江苏省领导圈阅课题中，有一项是"高质量发展综合评价指标体系研究"。课题提出的时间是1月份，发布时间是3月份。由于这项工作是省委省政府亟须推进的一项工作，年底就要进行考核，在5月份，省委组织部、省统计局等拿出方案，课题研究和课题成果转化的最佳窗口期已过。与学术研究的研究方向一样，无论是专业性智库，还是智库专家，都应当确立自己的研究方向，长期关注，持续跟踪，把短期的应急性研究与长期的系统性研究结合起来，把短周期与长周期结合起来，这是保证成果质量的关键，也是与有关实际工作部门保持良性互动的重要前提。智库专家在观点上不做"墙头草"，在研究方向上不做"顺风飘"，在研究领域上不当"跨界歌王"，不能自恃是专家，不管是不是自己的研究领域和研究专长，什么话都敢讲，但往往讲的不着边际，讲不到点子上。

一流大学需要有一流智库支撑，一流智库是一流大学的重要组成和标配。高校学科建设要支持智库发展，智库研究要反哺高校学科建设，实现学科建设与智库发展的互促互进、共惠共赢。一方面，智库建设要立足当下，紧紧围绕党委政府关心的问题，集中优势力量撰写资政报告，争取更多的成果进入决策，急决策者之所急。另一方面，更要立足长远，围绕重大理论实践问题搞好思想理论储备，在重大理论创新上有所建树，在国家社科基金重大项目、教育部重大攻关项目等方面也要有所作为，为国家重大问题的解决提供战略理论和思想层面的储备。由于国家层面和大部分省市的社科基金管理和智库管理都是社科工作办（规划办），建议改革对重点智库进行整体性年度资助的形式，拿出一定的资金，设立与社科基金项目对等的智库类研究重大和一般项目，打通智库建设与学科建设之间的通道，更加有利于高校发展、人才培养和智库建设。

时间管理四象限法则与决策咨询工作。时间管理四象限法则，是著名管理学家史蒂芬·柯维提出的一个时间管理理论。按照该法则，对于决策者来说，每天面对的纷繁复杂的事务，均可按照重要和紧急两个不同的程度进行衡量，基本上可以将事务分为四个象限：重要又紧急、重要但不紧急、紧急但不重要、不紧急也不重要。一个非常形象的比喻，如何将碎石、石块、细沙和水最大限度地装入桶内。正确的顺序是：石块（重要但不紧急）—碎石（重要又紧急）—细沙（紧急但不重要）—水（不紧急也不重要），其中，碎石和细沙都是石头长期不处理清理累积风化形成的。如果我们换一个角度，作为智库，要辅助决策者，最重要的事情和优先顺序是什么？一般来说，决策者有燃眉之急，智库首先要帮助解决，但这并不是智库最主要的任务。智库专家最主要的责任，不仅仅是帮助，或者重点不是帮助决策者捡石子、扫沙子，而是用智力帮助决策者对前进道路中可能遇到的大的障碍及时进行预警，提出移除或者避开处于前进道路上较远处的巨石的方案，达到"四两拨千斤"效果。作为智库专家，如果能够以具有前瞻性的战略眼光，帮助决策者提前把前进道路上的大石头搬走，解决根本问题，在今后的发展道路上碎石和细沙就少许多，甚至基本消失，因为这个碎石和细沙都是大石头类型的问题长期得不到解决、拖延"风化"形成的。总之，智库不但要帮助决策者解决燃眉之急，更要帮助决策者未雨绸缪，把看起来不紧急但重要的事情超前或及时处理好，赢得战略上的主动。

6. 在研究态度上，被动性与主动性相结合。从很大意义上讲，智库要研究党委政府关注的问题，智库研究带有较强的被动性。一方面，要被动适应，关注党委政府关注的问题，研究党委政府需求的问题，把智库专家的智慧融入党委政府的政策举措和战略中。特别是对于决策者的点题和定制产品，要量体裁衣，在研究问题范围的界定等方面严格遵守要求，在提出对策建议时大胆假设、小心求证。另一方面，智库专家要主动出击，变被动为主动，智库专家也可以"报菜"，请决策者来选，或者做好菜品，请决策者来品鉴。要主动研究一些问题，推动问题进入政策研究议程。如果发现党委政府正在推动的工作有偏差或者有更好的方案，要及时提出合理化的建议，努力推动相关工作的改进。如果有些重要的问题，党委政府没有关注到，需要智库专家提醒的话，智库专家"该出手时就出手""该出手时快出手"，能够以快制胜、以专制胜、以深制胜。

7. 在研究视域上，地域性与全局性相结合。"近水楼台先得月、向阳花木易为春"，智库生长需要适宜的环境，智库分布具有较强的地域性，从事智库研究要把握区位优势。无论是传统社会，还是网络信息非常发达的现代社会，智库研究都要依托一定的区位优势，来集聚研究资源和专家力量。智库有级别，智库的级别与服务的对象具有一定的相关性。比如，省级党校社科院，服务对象的重点肯定是省委省政府和省级实际工作部门，为中央服务就会感觉到有些吃力，这是因为智库专家所掌握的信息是有地域性的。再比如，如果省级的课题交给一个设区市的研究机构来做，这个设区市在获得其他设区市数据和资料时就存在一定的难度，除非这个地方具有特别的典型性，不然的话，根据一个市域情形形成的智库报告，对于省级层面决策者的参考意义不大。这也是智库类机构主要集中在首都、省会城市和中心城市的重要原因之一，既具有地理上的便利条件，更是由于在身份和信息掌握的层面上等相对的对等。

在我国，2015年确定的25家国家高端智库建设试点单位，80％集中在北京，上海2家，广州、深圳和武汉各1家。在美国，顶尖智库大都集中在首都华盛顿特区。根据美国宾夕法尼亚大学课题组《2019全球智库报告》显示，全球8248家智库中，美国有1871家。如果说聚集在首都华盛顿特区的400家左右的智库组成了美国政府的"大脑"，那么素有"美国智库一条街"之称的马萨诸塞大道，则可以被视为"大脑中枢"。1789号是美国企业研究所，1779号是卡内基国际和平基金会（亚洲协会华盛顿中心也在这里），1775号是布鲁金斯学会，1750号是彼得森国际经济研究所……其他诸如传统基金会、卡托研究所、阿斯彭研究所等顶级智库也均坐落于这条街。这里有任何风吹草动，都可能直接或间接地影响美国政策走向乃至国际局势，外界将其视为华盛顿行政、立法及司法之外的"第四种权力"，又称之为"影子内阁"①。

8. 在研究议题上，跟踪性与前瞻性相结合。智库研究要长期动态的跟踪，善于根据形势的变化提出独到的见解和有针对性的建议。智库报告，解决的是现实问题，甚至是即时问题。其中，既有长期以来的积累，又有最新因素的影响。特别是在形势发生变化，政策需要调整时，需要智库专家帮助党委政府提供相应的政策建议。因此，智库专家面临的环境，一直是在不断变化的政策环境。如果政策环境不发生变化，既有的政策就不需要大的调整，智库专家的重要性就不易体现。因此，智库专家一定要站在时代的最前沿，既要善于打固定靶，又要善于打移动靶，能够根据形势的变化和党委政府政策议程的调整迅速推出应急产品。

现代社会是一个迅速变化的社会，决策议程既有相对稳定的一面，又要快速变化的一面。一方面，智库要善于应变，只要是研究领域相关的问题，智库都要及时地跟进研究；另一方面，智库又要以不变应万变，始终牢牢坚守自己的研究领域，不断地向专业化职业化高端化的方向迈进。如果因为政策议程问题，有一段时间难以嵌入政府的决策，智库也要能够甘于寂寞，做好学术和政策层面的积累工作，厚积薄发、以静制动。

----

① 邢晓婧：《探访华盛顿"智库街"揭秘美政府"大脑中枢"》，载《环球时报》2019年1月3日。

　　智库研究，无论是跟踪性，还是变化性，都要围绕智库研究的主要方向和核心领域，都是在不同的维度上把研究进一步引向深入。智库研究，要像打井挖井一样，不断向纵深处挖掘，这样才能找到我们需要的活水，切忌像耕田一样破皮为止，也不能挖一段时间就换一个地方，"这下面没有水，再换个地方挖"①。做智库研究，要有专业精神、韧劲，要深耕自己的专业研究领域，不能浅尝辄止、半途而废。

　　在社会转型时期，党委政府需要处理的事情更加复杂，面临着更多的不确定性。如果说正常的事务还可以按部就班推动的话，一些创新性、突发性工作则没有规律和惯例可以遵循，更加需要智库的参与。在很大程度上，现代社会充满了不确定性，决策者需要在各种不确定性的前提下进行决策，有的政府在相当一部分境况下是处于应急状态。在应急性的政府面前，智库研究应该主要急决策者所急；在一个不需要应急而是以战略为主的政府面前，智库研究应该重点谋决策者所谋。智库研究，应该长线与短线相结合，固定靶和移动靶相结合，实现智库成果的时效性与过程性相统一。要善于以灵活的政策研究服务党委政府相关领域决策进程中的每一个点，尽可能精准，这个靶位是随着政策议程的不断变化而变化的。智库关注的热门问题，到了一定的阶段会变"冷"，党委政府一时关注不到的冷门问题，到了一定的阶段，也可能会变成热门问题。对于一些重要但决策者尚没有关注到但需要高度重视的问题，智库专家的一个重要责任，就是把冷门问题变成热门问题，推动问题进入政策议程变成党委政府需要解决的热门问题。

　　智库要开展前瞻性、针对性、储备性政策研究。智库研究，作为领导决策辅助系统，在决策链条中，智库介入的时机不同，产生的效果也就有所不同。智库全流程全链条参与公共政策，进行多角度、全方位、立体式透视。一方面，是领导决策"护航"系统，推动决策的实施。在决策前、决策中和决策后整个链条上，智库研究都发挥着重要作用，为党委政府决

----

　　① 1983年全国高考作文，是根据一幅题为《这下面没有水，再换个地方挖》的漫画，写说明文和议论文。

策的科学化制定和有效化实施保驾护航。在决策的前端，智库可以开展论证性研究，提供多种解决问题的方案供决策者参考，也可提供给党委政府的政策研究部门。在决策的中端，智库可以根据自身的选题或者决策者的安排，围绕相关问题，重点就可行性和可操作性开展更深层次的研究。在决策的后端，把研究成果与实际情况，包括相关领域政策的一些情况进行匹配，形成起草政策的框架，进入文件起草程序。在起草和形成的过程中，需要智库专家的动态参与和跟进。智库要跟踪政策，对实施的结果进行评估，对于政策评估过程中发现的问题及时反馈。另一方面，还是决策出现偏差时的"拦截"系统，对于所发现的政策制定或者实施过程中的偏差，特别是与人民群众利益冲突的，要及时提出矫正方案，进行适时的拦截，通过智库专家的深刻论证，避免政策走偏，最大限度地避免错误政策实施带来的经济损失。因此，对于公共政策问题，有些智库是追赶式，只能亡羊补牢，而理想的方案却是拦截式，在问题还在形成的过程中拦截下来，避免对政府公信力形成损害。

9. 在研究方法上，证实性与证伪性相结合。智库专家既要善于证实，也要敢于证伪。智库专家应当具有批判精神，提出具有支撑性、创新性、建设性的对策建议。全国人大常委会前副委员长成思危曾经指出，在现在真正做可行性研究的单位实际不是做可行性，是做可批性研究，就是说怎么能够让中央批。结果所有可行性报告都是可行的，这就非常危险。所以我们智库的一个很重要的任务就是不光只会说 yes，也要会说 no，这就需要有勇气了。可行性研究的六个维度：1. 技术上是可能的；2. 经济上是合理的；3. 法律上是允许的；4. 操作上是可以执行的；5. 进度上是可以实现的；6. 政治上可以为大多数人所接受的[①]。智囊的作用绝不仅仅是附和，也不应该单纯解释政策，而是树立一个研究的基本规范，然后以其良心，按照学术的规范方法进行研究。至于研究结果，跟传统的、普遍的认识一致或不一致，只要是对国家有利的，都应该将其发表[②]。

① 成思危：《中国智库的素质和责任》，载《中国智库》2013 年第 3 期。
② 郭晋晖、王羚、王子约：《蔡昉：乐观的预警者》，载《党政论坛（干部文摘）》2014 年第 11 期。

第二节　智库研究与学术研究

严格意义上讲，智库研究是学术研究的一个类型，属于广义的学术研究。只是由于研究对象和服务对象的不同，智库研究与传统的学术研究有所不同。根据研究的对象，可以将研究分为理论研究与实践研究。根据研究的性质和层级，可以将研究分为基础研究与应用研究。智库研究是基于实践的应用研究，是基于实践的以服务党委政府决策为宗旨的研究。要避免把智库研究与学术研究对立起来。为了把智库研究与传统的学术研究区分开来，更好地把握智库研究的特征，在这里，我们还是将智库研究与学术研究做一个相对的区分，在探讨两者之间的紧密联系的基础上，分析两者之间的区别。

一、智库研究必须深深根植于学术研究

《中华人民共和国国家标准：科学技术报告、学位论文和学术论文的编写格式（UDC001.81，GB7713—87）》中规定："学术论文是某一学术课题在实验性、理论性或观测性上具有新的科学研究成果或创新见解和知识的科学记录；或是某种已知原理应用于实际中取得新进展的科学总结，用以提供学术会议上宣读、交流或讨论；或在学术刊物上发表；或作其他用途的书面文件。"同时规定："学术论文应提供新的科技信息，其内容应有所发现、有所发明、有所创造、有所前进，而不是重复、模仿、抄袭前人的工作。"可见，学术论文要具备"新"或"创新"的性质。彭加勒曾形象地比喻："科学是由事实组成的，就像房屋是石头砌成的；但是事实的累积并不等于科学，就像一堆石头，不等于房屋一样"[①]。

在学术与政策之间，需要有一个桥梁来连接。如果学术专家能够转化，这是链条的延伸，如果不能转化，需要增加一个环节和中间机构，这个机

---

① 彭玉生：《"洋八股"与社会科学规范》，载《社会学研究》2010年第2期。

构，就是智库。智库机构虽然是独立的，但智库的运行离不开学术的支撑，学术理论研究是智库的源头活水。没有学术研究支撑的智库是走不远的。从某种意义上来说，学术研究与智库研究是源与流的关系，做智库研究不是另起炉灶，不是另搞一套，而是在学术研究的基础上来进一步加深，是基础与支撑的关系，是上游与下游的关系，是理论与应用的关系。智库研究并不是为研究而研究，更重要的是为了能够转化，能够应国家所需、被社会所用。

智库研究与学术研究不是断裂的，智库研究的兴起，为学术研究回归现实、回归实践开辟了一条制度化的路径。让学术回归，回归到政策中，回归到实践中，回归到现实社会中。我们既要不断跟踪追踪学术研究前沿，做精深的学术研究，也要关注现实社会中的战略和政策问题，寻找双方恰当的切合点，用合适的表达方式将自己的学术成果智库化，并加以准确的通俗化表达，能够为决策者和人民群众所理解、所接受。

智库研究要有学术支撑、学术底色，并且在一定程度上发挥学术功能。智库与学术研究是并列关系，还是说智库研究是学术研究的一个分支、学术研究的一个范式？其实，两者背后都是相同或者相近的研究机理，只是表达的方式不同。正如哲学社会科学与智库不能并列一样，学术研究与智库研究也不能完全并列，智库研究必须以学术研究为基础和支撑。学术研究包括自然科学的学术研究，发展到一定程度必须蕴含智库理念，体现智库导向，反映智库价值。

一流的高校智库，必须要有一流的学科作为支撑。以学科为核心的院系是高校的基本组成单位，掌握着经费分配、教研考核、职称评聘、导师遴选、绩效奖励等多种资源。学科建设和智库建设不能对立起来。高校既不能混淆学科与智库的区别，也不能割裂二者之间的有机联系，必须形成学科建设和新型智库建设互相补充、良性互动的新格局①，找到学科建设和智库建设的平衡点。没有一流学科的支持，高校智库往往成为无源之水、

---

① 洪银兴：《立足基础，发挥优势，顶天立地，释放活力——关于高校新型智库建设的思考和建议》，载《智库理论与实践》2016 年第 1 期。

无本之木。学术研究注重发现事物的普遍规律，注重理论创新以解释世界，而咨政研究注重解决实际问题，注重提出对策以改造世界。没有深厚的学术底蕴，智库研究无法达到很高的水准；而优秀的学者，一定是对现实问题保持长期的兴趣与关注（哪怕是做理论研究的），因为只有对现实问题保持敏感，才能不断地刺激学者在学术问题上的思考，从而实现理论创新①。

最高层面的学术研究与最高境界的智库研究是统一的，学术研究与智库研究在顶层是贯通的，没有脱离学术的智库研究，也没有脱离现实的学术研究。中国社会科学院副院长高培勇在谈学术机构的转型时，认为智库研究是学术发展的最高阶段，智库成果是学术研究的最高境界②。

哲学社会科学评价体系由单一的学术导向向学术导向和智库导向并重转变。长期以来，学术研究与智库研究在一定程度上呈现水火不容的状态。特别是部分期刊以追求学术品位为名，片面强调定量研究、数学模型，忽视论文的现实问题导向和实际价值，对智库类研究成果采取明显的排斥态度。针对这种情况，2020年以来，《经济研究》和《管理世界》两大期刊，通过发布稿件说明和阐述办刊主张等方式，表达出对现实问题的特别关切，在期刊界具有风向标作用。

《经济研究》高度重视学术规范与中国背景完美结合的优秀研究成果。优秀成果应当具备思想启迪性、理论创造性与政策参考性。思想启迪性表现于，对我国重大现实问题进行深刻思考，开启与拓展未来的研究；理论创造性表现于，将中国元素融入规范的理论分析，探索新的、更严谨的、更有解释力的理论体系；政策参考性表现于，提出基于我国具体国情、具有可操作性、能切实解决当前现实问题的政策建议。本刊反对脱离于实践、片面追求研究方法的新颖与复杂的"唯定量倾向"。

投稿作者的新问题意识、新思想意识、新理论意识，不仅仅是新方法意识、新数据意识，是把握稿件的关键标准。研究方法的规范性与恰当性，

---

① 沈国麟：《中国新型高校智库建设的3个矛盾》，载《智库理论与实践》2018年第2期。

② 毅鸥：《做智库，要把人才捧在手心里》，参见中国网，http://www.china.com.cn/opinion/think/2017-01/17/content_40120931.htm。

数据等研究依据的可靠性和代表性，是基本判断标准，但不是唯一标准。在写作中，请作者在遵循刊物指导思想与原则，以及学术规范性的基础上，注意避免以下情形：

（1）思想启迪性、理论创造性、政策参考性方面的独有学术贡献不足；

（2）片面追求数理模型应用，而不能理解与阐释模型的经济学意义及对应的现实经济现象，亦不能给出具有原创性、针对性、可操作性的政策建议；

（3）"简单问题复杂化"，用复杂的模型及各类方法讨论具有简单直观关系的各种经济现象，而理论创造及政策建议方面贡献微薄；

（4）所讨论的经济现象之间的关系缺乏严谨的理论梳理，其间逻辑链条不完整或存在缺陷，在内容上忽视可靠的机制分析，而仅在形式上作实证分析①。

《管理世界》杂志社社长李志军等在中国社会科学报刊文，宣告《管理世界》十个方面的办刊理念和主张，其中至少有5条是强化现实问题导向方面的内容②：

一、倡导研究中国问题、讲好中国故事。从我国改革发展的实践中挖掘新材料、发现新问题、提出新观点、构建新理论。把论文写在祖国大地上，着力提出主体性、原创性的理论观点，提炼出有学理的新理论。

……

三、倡导负责任的学术研究。学术研究的目的不是自娱自乐，要有社会责任感和时代感，要为国家经济社会发展服务。须研究方法科学、数据可靠，研究结果可重复、经得起检验。

四、倡导研究范式规范化，研究方法多样化。根据所研究问题的实际需要，实事求是地使用数学方法，不崇拜数学模型。学术研究以问题为导

---

①　参见《经济研究》编辑部：《破除"唯定量倾向"为构建中国特色经济学而共同努力——〈经济研究〉关于稿件写作要求的几点说明》，《经济研究》官网，http://www.cesgw.cn/cn/NewsInfo.aspx? m = 201407241816107333356&n = 20200326155432-530156。

②　李志军、尚增健：《纠正学术研究和论文写作中的"数学化""模型化"倾向》，载《中国社会科学报》2020年3月24日。

向，而不是以技术为导向，数学方法只是工具和手段，不是目的。要做有思想的学术，有学术的思想。

……

七、倡导学术论文要深入浅出，坚持简单性原则。把复杂问题简单化，反对把简单问题复杂化，把明白的东西神秘化。文章要让读者看懂、看明白，反对卖弄博学、故作高深。

……

十、倡导发挥学术期刊的引领作用。对我国经济学管理学研究进行选题引领、研究范式引领。坚持以原创性、思想性、科学性为选稿标准，破除"重模型、轻思想""重技术、轻问题""重国外、轻国内"的倾向。

北京大学光华管理学院在成立 35 周年之际，学院在官网以"研究不是'故事会'：用科学理性的方法研究中国问题"为题进行回顾和展望。文章强调，学院一直坚持以通行的学术规范和科学理性的研究方法，做具有国际水准的中国学问，形成了"以学术为本"的价值取向。我们反对在研究中炫技式地过度运用"数学和各类模型"：因为数学和模型只是工具，不是学问的目的。与此同时，我们也在不断追问和反思："何为研究""如何研究"和"为谁研究"等根本性问题。站在 35 岁的新起点，我们的答案从未如此清晰：基于科学的范式和方法，发现和揭示科学且有用的经济与管理知识，做服务社会的经济管理研究。为此，我们将遵循以下原则：第一，探索基本规律。研究的目的，不在于迎合，也不在于提出耸人听闻、貌似自洽的观点，而在于怀着敬畏之心去探索人类对基本规律的认识，以推动认知的边界。研究从来都不应该是打着"有个性、有特点"的旗号去生产形形色色、蛊惑人心的"屠龙术""炼金术"，更不是去制造毫无实证依据的管理学"故事会"。第二，遵循科学方法。在科学理性的框架下，遵循建立在逻辑推理和实证分析基础上的科学研究范式，建立穿透时间、具有普适性的商业规律和经济规律的基本认知。我们将坚持"以国际通行的学术规范和学术方法，做具有国际水准的中国学问"的独特定位。第三，服务社会需求。扎根中国问题，做真学问。面对中国改革开放 40 余年积累而来的学术富矿，认清中国管理和经济研究遇到的真正挑战，并非研究范式问题，而是如何用科学理性的方法，去研究真正有价值的问题。我们鼓励理论领域前沿性探索与应用领域重大问题解决，创造有益于中国当下乃至未来经济社会发展的商业与社会知识，推动中国管理科学的发展，服务国家发展与商业实践。

光华管理学院和《经济研究》《管理世界》宣告的原则，都体现出对近年来过分注重数学模型的学术研究趋势进行了理性反思，使学术研究回归到现实问题导向。这是学术研究的返璞归真和理性回归，也是学术研究与智库研究从分离走向融合的标志。从这个意义上讲，学术研究与智库研究并没有太大的区别。在此，需要说明的是，以下从几个方面分析两者之间的区别，这里所谓的学术研究，是近年来学术界曾一味追求并遵循着传统范式的学术研究。

二、智库研究与学术研究的区别

之所以讲二者之间的区别，实质是在大部分情况下，智库研究除了具备学术研究的一般特点外，还要具备智库研究的特点。关于一般学术研究与智库研究的区别，主要表现在以下若干方面（见表2.2），并重点就其中5个方面做重点分析。

表 2.2　学术研究与智库研究的区别

	学术研究	智库研究
研究焦点	共性问题，找事物发展的普遍规律，务虚的成分多	个性问题，找独特规律和解决问题的方案，务实的成分多
专家特征	象牙塔图书馆学者，主要依靠知网和百度的学者	田间地头学者，经常进政府大院的学者
资料来源	文献和统计数据，历史数据	最新的调查数据和大数据
创新指向	追求从0到1的原始创新	追求1＋1式的集成创新
时空维度	历史静态分析，大多关注已然	现实动态分析，更多关注当下和未来
研究人员	学术单干户，跑单帮	团队协同研究，跑马帮
研究风格	李白的浪漫主义，阐释问题	杜甫的现实主义，解决问题
写作风格	简单问题复杂化，学术规范	复杂问题简单化，大道至简
追求境界	形而上的道层面，务虚	形而下的器层面，务实

续表

	学术研究	智库研究
成果转化	把论文写在纸上，发表期刊论文，撰写专著	把论文写在大地上，把思考变成思路，对策变成政策，文章变成文件，思路变为出路，软实力变为硬实力和现实社会生产力
读者对象	非定向，学生、同行	定向定制，决策者和大众
评价标准	学术圈内循环，同行评议	智库圈外循环，决策者和政策相关方评价

1. 研究视角：象牙塔的内与外

学术圈学术研究大多鼓励高高在上、眼睛向内，在象牙塔里做研究，做一些看起来高大上的理论研究；学术研究往往自由度较大，可以凭借个人兴趣和个性，环境相对宽松、单纯，有些学术研究甚至自圆其说、"自娱自乐"。做学术研究讲究"静"，要能够静下心来，沉得住气，要少受外界干扰和世俗影响，可以"躲进小楼成一统、管他春夏与秋冬"，鼓励"两耳不闻窗外事、一心只读圣贤书"。

智库界智库研究要放下学者的身段、探下身子、眼睛向外，走出象牙塔、走出高校和研究院所的围墙，走进社会，做与当下情况紧密相关的研究。好的智库专家都是整天跑调研跑出来的，不是整天在图书馆或者窝在家里读文献读出来的。凡是真正强化智库研究导向的机构，都不能是严格意义上的坐班制，都是想方设法把智库专家"赶"出去，赶到基层，赶到社会，赶到政策现场。

如果说，做学术研究要多读有字之书，把阅读文献当作学术研究的首要任务的话，那么做智库研究，就要多读无字天书，多读社会实践这本无字天书。有人说，读书有两种，一种是坐着读书，静下来坐下来在书斋里，读自己喜欢的书；另一种是走着读书，走着读书对智库专家来说就是调研，就是阅读现实社会这本无字天书，在行现实万里路的过程中阅读大千社会这部万卷书。

智库报告不是在办公室里苦思冥想出来的，不是关上门在办公室里写（憋）出来的，更多的是在走基层中走出来的，在与实际工作部门打交道的过程中顿悟出来的。智库专家不能躲在象牙塔里"指点江山"，不能坐在办公室里提政策建议。有一句话说鞋不沾土不像官，说的是领导干部要多到基层调查研究，如果说智库专家脚不沾地、鞋不沾土，也就是说不做任何调查的话，写出来的报告就不会有针对性，研究成果就不会接地气，就难以发挥咨政作用。智库专家的基本功，是通过调查研究熟悉政策和政策环境，增强对决策主体客体和政策本身的准确和深刻认知。从某种意义上说，智库报告是从现实的土壤中、人民的实践里生长出来的。

智库人才不能从零开始培养，更多的是靠比较优秀的学术专家跨界发展、转行，先把基础研究做扎实。在此前提下，从实践的角度看，要成为优秀智库专家，需要有三个要素：

第一，拥有相关的实际工作经历。智库研究需要对研究领域的政策实践有着深刻的认知。有些通过旋转门，从政府部门旋转出来的智库专家，或者是通过干部交流机制交流的，或者是从政府部门退休后到智库工作的，或者是从政府部门下海创办智库或者从事智库研究的，在从事智库研究方面都有一定的优势。一方面，有实际工作经历，对于相关的政策问题有着深刻的感知。另一面，原来由于行政事务多，没有时间静下心来思考，或者屁股决定脑袋，受当事人的局限，或者在寻找解决方案时顾虑太多，放不开手脚，或者只缘身在此山中而不识庐山真面目。实际工作部门的专家旋转到智库后，由于角色和思考问题的立场发生了变化，往往能够把实践优势和智库专家的专业精神结合起来，通过具有专业基础的专门研究，在认知上克服当时的局限，想清楚原来在实践中想不清楚的问题，把对政策问题的研究上升到一种新的境界。

第二，与实际工作部门合作紧密程度。对于大多数智库专家来说，不是从实践领域来的，而是从学术研究转型来的，没有实际工作部门的经历，对实际工作部门和政策问题的感性认知和感悟不多。在这种情况下，就要与实际工作部门开展紧密的合作，把实际工作部门作为重要的信息源：决策咨询需求信息、职能部门统计数据、政策问题进展情况等等。与实际工作部门要有联系，同时也要保持一定的距离，保持研究的客观性，处于若即若离、若离若即的状态。

第三，基层实际调研时间占比。智库报告的数据，不但要依靠官方公布的统计数据，更要依靠智库调查得来的数据。一篇研究报告的问世必须经过一定时间的调研与一定人群的访谈，这就需要智库学者拥有足够多的社会人脉与政府关系，还需要学会整合各类资源。从某种意义上说，无调研不智库，撰写智库报告，主要是"脚底板"的功夫。对于第一种情况，由于实践是不断变化的，过去对于实践的认知可能是一笔财富，但也有可能成为一种思维的惯性和包袱，拘泥和受制于此前的认知，在视野上打不开，在思维上跳不出来，上升不到理论的高度。这种情况，仍然需要多到基层调研。对于第二种情况，与实际工作部门的合作得到的情况，毕竟是从上向下俯视得来的情况，偏宏观和面上的内容多、点上的内容少，从政府部门了解的信息与实际状况还是有一定的差别的，不然就不一定需要智库专家参与了。因此，需要智库专家多调研，特别是对政府部门掌握的情况进行补充调研，把政府层面掌握的中观层面上的统计数据，与自己实地实证调研的小数据，和借助于现代技术手段得来的大数据有机结合起来，在小数据里挖掘大道理，在大数据里提炼大逻辑，通过大小数据对比探求事物的大趋势，通过各个方面数据和信息的整合体现智库专家的大智慧。

2. 创新指向："1"与"2"

智库研究与学术研究的创新指向不同。学术圈鼓励知识创新、理论创新，要把现有知识边界一点一点往前推进。学术研究指向的是原始创新，理想的学术研究是实现从 0 到 1 的变化，从无到有的转化，是带有原始创新性质的发明创造，是知识边界的突破。目前有些所谓的学术创新，往往是 0 到 0 的创新，既没有理论价值更没有实际价值的创新。

智库研究，是建立在理论创新基础之上的实践创新，生产思想、生产战略、生产方案，是把理论知识转化为实践政策的创新，产品表现形式更多是一些思想、理论、政策和方案。智库专家研究的问题是真问题，不是假问题。研究问题的目的是解决问题，而不是问题本身，智库要以党委政府正在关注的问题为关注，以党委政府需要关注的问题为关注。因此，智库研究是一种集成创新，是"1＋1"式的创新，前面的一个"1"是理论，这个理论创新可以来源于自己，也可以来源于他人，后面的这个"1"，可以是理论也可以是实践，一定是来源于自己。如果能够把先进的理论、率先的实践嫁接到现实的土壤，就是一个创新。将外地的成功经验运用到本地的实践，在借鉴的过程中要做深入的研究，要有所取舍，要特别注意避免盲目地复制引起的水土不服。

智库研究的创新，是源于实践的理论创新，是建立在理论创新基础之上的实践创新，是经过借鉴和比较等分析之后建立在理论和实践基础之上的二次创新。智库专家的责任是寻找从实然到应然的现实政策路径。相对于知识分子的"完美主义""理想主义"，智库专家更多的是"实用主义""现实主义"。

与创新指向相关，智库成果的形成具有二次性。相对于公开发表的冗长的学术论文和课题研究报告，智库成果具有概括性和简洁性的特征，智库成果在形式上具有内部性。智库成果经过对冗余信息的精简，需要经过一定的转化与加工，并且有时候需要加工的幅度，比正常的学术论文加工的幅度更大。正是由于智库研究报告信息的简洁性，作者信息往往是简化的，一些重要数据的来源和引用的参考文献一般是不标注出处的。智库专家要有道德情怀，崇尚伦理精神，科学严谨对待智库成果的知识产权问题，引用的重点信息数据和观点要在正文行文中简要说明。如果把内部报告转化为公开发表的论文，则需要把注释和参考文献等要素补齐。学术研究有学术研究的规范，智库研究也有智库研究的规范。智库研究要把握"五当"：

在立场上站稳正当。这个正当，首先表现为政治立场的正当性，坚持党的领导，坚持正确的政治方向。其次表现在法律法规上的正当性，智库研究必须在法律框架内。对策建议要有所创新，但必须在法律框架内。智库专家要有较高的法律和政策素养，所提的对策建议，必须建立在熟知现有的法律法规和政策基础之上。智库专家不能讲外行话，更不能讲有悖于国家法律法规和上级政策的话。再次表现为利益上的正当性。智库研究的对象重点是公共政策，智库研究姓"公"，谋求国家利益，为人民群众谋利益。智库研究不能谋取自身利益，智库机构不同于西方的游说集团，不能为特殊利益群体"代言"。

在趋势上找到应当。智库专家不但要能够熟知过去，更重要的是能够把握未来，在实然中把握应然，找出事物发展的必然。政策研究是面向未来的研究，即使研究眼下的政策问题，也必须充分考虑未来，把未来作为分析研究问题的时空坐标，开展一些带有前瞻性的研究。

在方案上找准适当。智库研究是问题源流、政策源流、政治源流的汇集，把学术研究的理想方案与现实的可行方案有机结合起来。对于决策者来说，最后的方案往往是理想条件与现实条件之间充分纠缠、各方面的利益充分博弈之后形成的结果。智库提出的对策建议，是用来实施的，要充分考虑政策实施所处的具体环境，不可能是完全理想化的，必须坚持有限理性，通过适当的创新促进政策方案的可实施、可落实、可操作。

在表达上注重精当。智库观点的表达和智库报告的风格要精准、恰当，包括内容的准确性、表达的概括性、语言的得体性、拿捏的分寸性。涉及政策问题，要仔细去"拿捏"，用最恰当的词表达最准确的意思，避免言过其实、词不达意。

在窗口上把握恰当。在智库报告形成之后，寻找最佳的时间窗口。重大战略建议报送的窗口，往往在党委政府拟召开的重要会议、拟出台的重要文件的前半年到一个月左右。针对国家重大战略、国内重要焦点事件和重大危机爆发等重大问题事件的解读剖析，时间窗口一般在一周之内，越快越好。把研究当下与研究未来结合起来，不但能够针对当下开展有针对性的研究，同时，又能够着眼于未来，开展具有前瞻性的研究，部分具有超前性的智库报告可以先储备起来，政策窗口一旦打开可以随时启用。

3. 追求境界：入世与出世

学术研究，往往以出世的心态，追求形而上的道层面，讲求著书立说，探究事理，往往专注于对现实世界的认知，侧重于思想和认识层面。学术大多鼓励坐"冷板凳"，追求"十年磨一剑"，写一本专著可能要花几年甚至十几年的时间，写专著的时间一般是以年为单位来计算的。

智库研究，往往以入世的心态，追求形而下的"器"层面，讲求家国情怀，经世致用，往往专注于现实世界的改造，侧重于政策和行动层面。智库界必须追求热点，及时迅速地做出反应，把握好时间窗口，做政策层面急需解决的问题研究。研究周期一般是以月和周为单位来计算的，甚至有些智库报告的生产周期要精确到天，特别紧急重要的，国家有关部门甚至让智库专家在几个小时内拿出应对建议来。政策层面往往带有即时性，最忌延误时机，但是在这里急需不等于急躁，快速反应需要长期积淀。也就是说，不能够因为说政府急需我就可以不调查研究，就直接提出来一个建议来，这样是不行的。因为智库的对策研究一旦进入政府决策议程，就很难改变了，在很大程度上具有不可逆性。如果因智库研究的质量不高导致公共政策的朝令夕改，无论对于政府还是对于智库来说，公信力都会大打折扣。因此，智库研究一方面要讲究时间、讲究效率，更重要的还是讲究质量，把质量放在第一位。

智库研究与学术研究的不同视角。学术研究更多的是在特殊性中寻找普遍性，寻找发展的普遍规律；智库研究更多的时候是在普遍性中寻找特殊性，把研究问题放在一个大的坐标系内，在研究中引入的其他因素都是为需要解决的问题服务的。

有时候，某项成果，对于智库和决策者来说，今天是一块金砖，明天有可能就是一块砖头，因为决策咨询成果的保鲜度，其价值跟政策议程有关。一个问题，一旦进入政策议程形成决策，再提政策建议的价值不大了。如果报送的时机错过了，一方面有可能决策议程开放的大门已经关闭，外部建议无法影响政策本身，还有一种可能是，由于英雄所见略同，有观点相似的智库报告抢占了先机，进入决策者的视野，再报送观点相似的智库报告，就没有多大意义了。因此，智库专家既要有定力，不断凝练研究方向和领域，又要有应变能力，能够在自己的专业领域内根据形势的变化调整研究重点。从投领导所偏好到投领导所需要，智库专家要研究、揣摩决策者的意图，但不是通过迎合意图投决策者所好，而是在熟知决策者意图的基础上，确立自己的研究重点和智库报告的风格，精准供给思想产品，精准提出建议方案，增强决策咨询服务的目的性、针对性和有效性。

"道器相济，兼有天下"，是南京大学政府管理学院的院训，强调每个政管人以此为训，崇尚公共精神，坚守形而上之道，践行形而下之器，做最好的自己，以求实的态度、卓越的能力、昂扬的斗志开创新的辉煌。作为南京大学政府管理学院培养出来的博士，在从事社科研究和智库工作的过程中，笔者也一直用"坚守形而上之道，践行形而下之器"来要求自己，努力实现道器相济，理论和实践的贯通。

4. 写作风格：繁与简

传统的学术研究，经常是把简单的问题复杂化。学术研究讲究学术规范，要从某一件综述开始做一个很详尽的分析，把简单的问题做一个复杂化的处理，最后得出一个比较简要的结论，这个结论往往是点到为止的。在很多情况下就是把简单的问题做一个复杂化的处理。逻辑结构往往是文献综述—过程分析—简要结论。从前些年的情况看，论文的标题和篇幅越来越长，结构越来越庞杂，往往先是概念辨析和问题界定，大概念、中概念、小概念层出不穷，需要研究的核心概念"千呼万唤始出来"；然后是文献综述，国外研究，国内研究，研究的创新之处。在过程上，往往是建立模型、实证调研、数据分析、研究结论，整个研究过程就是一个证明的过程，一个介绍和说明的过程，最后的结论往往比较简明扼要，在立场上模棱两可，解决问题的方案"犹抱琵琶半遮面"。

有效的智库研究，往往是把复杂的问题简单化。智库研究，需要首先在总结现状的基础上界定和发现问题：问题在哪里，是什么？然后从现状和问题出发，提出相应的对策建议，这个对策建议是比较详细的。整个智库研究的过程，就是把复杂的问题简单化的过程，逻辑结构往往是现状—问题—对策建议。很多智库报告就没有注释、没有参考文献、没有文献综述，但是这并不是说做智库研究不需要这些，这些工作在正式形成的智库报告中都隐去了。我们一般来说有这样的一个标准，前面提交一个小报告，提交给决策者的报告一般情况下两千字，但是你这个小报告后面要有大支撑，有两万字、甚至二十万字。如果说你这个小报告不是建立在厚重的大报告之上，不是建立在一些详尽的数据分析基础之上，是凭借自己简单的想象创作出来的，那么这个小报告的价值是不大的。

学术论文，观点包含在论证中，注重的是过程。智库报告，观点放在显眼处，注重的是观点和结论。但这并不是说，智库研究不需要过程。相反，相对于学术研究，由于智库成果转化的直接性和不可逆性，智库研究的过程需要更加细致严谨，需要比学术研究做更多的调研和实验，付出更多更大的努力。

总之，学术研究往往是转弯抹角，曲径通幽，就像剥洋葱；智库报告往往单刀直入，直击要害，就像切西瓜一样。从学术研究向智库研究转型，需要把文献综述转化为情况综述，把构建模型转化为方案设计，把研究的重点放到如何解决、谁来解决，拿出能够解决问题的思路和方案上来。

5. 评价标准：我与他

学术研究更多的是同行评议，看重的是学术标准、学术规范和学术影响力，主要目的是服务同行、服务学生、服务社会，传递的是知识，注重积累与传承，学术成果的循环以学术系统内的内循环、自我循环为主。

智库成果更多的是要由决策者来评价，看重的是现实影响力和决策影响力或者是政策影响力。新型智库以服务党委政府决策为宗旨，传递的是方案和思想，生产具有鲜明的导向性，属于智力服务性行业。智库服务往往具有被动性、依赖性，小众性、高端的咨询报告顾客群体小，甚至是单一的。在主要服务决策的同时，既服务小众决策者，也服务大众，注重的是转化，注重能否对决策形成支撑，推动社会进步，以智库与政府社会之间的外循环为主。

如果用学术研究的标准来评价智库成果，往往会产生一个偏向、错位，因此，要建立适合智库特点的评价标准。智库研究成果在评价体系上，除了有一定比例的同行专家评议外，更重要的是需要政府实际工作部门和政策研究部门专家的参与，如果仅仅是高校里搞纯理论性的学术研究专家来评价智库成果的话，评出的成果与党委政府的决策需求很可能就有一定的错位。

随着新型智库建设的推进，学术研究与智库研究大部分情况下能够"和平相处"，但有时候也存在着对立和冲突，甚至存在着"两个互相不以为然、两个什么都不是"的现象。部分学术研究人员对智库研究不以为然，在他们眼里，智库专家的成果什么都不是，只有2000—3000字，没有什么理论性和深度，没有学术含量和学术味道，甚至不符合最基本的学术标准和学术规范。这样的成果什么都不是，做时间长了把学术都荒废了。部分智库专家对学术研究不以为然，在他们眼里，有些学术成果什么也不是，又臭又长，自己都读不下去还让别人读，绕来绕去又回到原点，有时把自已绕糊涂了。生产的纯粹是文字垃圾，除了可以用来发论文和评职称，没有任何实用和转化价值。

南京大学教授朱锋曾经结合国际关系问题，谈学界对智库研究和政策问题的偏见：似乎只有从事国际关系理论介绍和总结的研究，才是学术性研究；理论研究成了国际关系学中的"高位政治"，而相关的"政策研究"成了国际关系研究中的"低位政治"。学者往往认为政策部门不易接触，或者有过多的"政治性"，因而可能削弱学术研究应该具有的"学术自由"，常常自觉地与政策问题保持距离。甚至有这样的偏见：政策问题的讨论是"小学"，而只有理论和纯学术的讨论才是"大学"①。

> 智言智语：当今时代、当今世界，我多么希望更多地看到我们的学者，特别是年轻学者，能做时代的学问，能为国家为人民做学问，而不是躲在象牙塔里翻书本。我多么希望年轻学者们趁着年轻，去行万里路读万卷书，读大地之书、读社会之书、读人性之书。总之是读社会实践这本"无字天书"，多"写生"，少"临摹"。我们的生活在迅速变化，我们的国家日新月异，外面的世界风起云涌。难道这些不值得以认识世界、探求真理为业的学者们去关注、去研究、去发现吗？难道当今世界不精彩吗？难道身处当今时代"临摹"比"写生"更有意思吗？（房宁：社科学者应多"写生"少"临摹"，载《环球时报》2019年4月26日）

第三节　智库研究与政策研究

习近平总书记在哲学社会科学工作座谈会上强调："智库建设要把重点放在提高研究质量、推动内容创新上。要加强决策部门同智库的信息共享和互动交流，把党政部门政策研究同智库对策研究紧密结合起来，引导和推动智库建设健康发展、更好发挥作用。"这一重要论述深刻阐明了智

---

① 朱锋：《学术性的政策研究：路径与方法》，载《国际政治研究》2009年第3期。

库建设的努力方向和重点路径。为什么要把政策研究与对策研究紧密结合起来？推动政策研究与对策研究的主要是决策者还是智库？首先，习近平总书记这段话，是针对各级党委政府提出的要求，"各级党委和政府要发挥哲学社会科学在治国理政中的重要作用"，在推动政策研究与对策研究紧密结合的过程中，党委政府政策研究部门要发挥重要作用。中办国办《意见》强调：各级党委和政府要充分认识中国特色新型智库的地位和作用，把智库建设作为推进科学执政、依法行政、增强政府公信力的重要内容，列入重要议事日程。落实政府信息公开制度，完善重大决策意见征集制度，建立健全政策评估制度。建立政府购买决策咨询服务制度。其次，中办国办《意见》强调，中央和国家机关所属政策研究机构要围绕中心任务和重点工作，定期发布决策需求信息，通过项目招标、政府采购、直接委托、课题合作等方式，引导相关智库开展政策研究、决策评估、政策解读等工作。中央政研室、中央财办、中央外办、国务院研究室、国务院发展研究中心等机构要加强与智库的沟通联系，高度重视、充分运用智库的研究成果。这就涉及一个问题，党委政府的政策研究机构究竟是不是智库呢？回答是既是又不是。在中办国办《意见》中提到新型智库体系，是把党政智库作为一个方面、并且放在第一位提出来的，可见党政智库在新型智库体系中扮演着重要角色。但在构建新型智库格局的时候，并没有把党政智库作为一个主体。实际上政府部门的研究机构和智库的关系是"内脑"和"外脑"的关系，党政智库既是新型智库的一种类型，又不是真正独立意义上的智库，它所从事的研究主要是政策研究，智库的对策研究是党政智库从事政策研究的一个重要基础。智库必须能够有效地嵌入政策研究，或者说决策系统才能把握需求，才能掌握信息，才能更好地发挥作用。从党政智库的角度说，智库研究是从政策研究中分化出来的，是政策研究的前置环节。目前，在一些地方，政府部门内部的专业研究机构，逐渐与政策研究机构形成更加明确的分工，建立具有更加鲜明特色的专业智库。

一、从一则故事说起：从政与建智库，哪种方式更能影响政治

被人崇拜又备受争议的哈耶克，一生质疑别人，也被别人质疑，却成

为 20 世纪 80 年代创造了英美两国经济繁荣的撒切尔夫人和里根总统的思想导师。第二次世界大战后的某一天，英国皇家空军军官安东尼·费雪拜访哈耶克。当哈耶克听到费雪退役后想从政时就断然说："从政不如建智库，用思想打败思想，更能改造社会、改变世界。"后来，费雪在英国养鸡致富，在伦敦创立经济事务研究所，成为"撒切尔"的第一智囊，而后到美国创办阿特拉斯基金会，接着又照此模式复制到拉美国家，如同开智库连锁店①。

政策研究与社会现实深度融合，思想产品与政策实践互动转换。在研究与决策之间链接，在政策与公众之间传导，从而影响公共政策进程。"我们把新观念很自然地建立在总统脑海中，很自然地让他发生兴趣并经常想到它"②。

二、政策研究与对策研究的主要区别

党政部门政策研究机构从事的政策研究，与智库所从事的对策研究，具有诸多方面的不同。对策研究充满着不确定性，可以围绕多个可能的政策方案进行论证。政策研究的对象相对确定，可能是一个方案，也可能是不同方案之间的比较。智库专家要为决策者提供上中下策，穷尽一切可能，让决策者有较大的选择空间。政策研究机构，要直接对决策者负责。智库等专业性的对策研究机构，从目前的体制上讲，往往并不直接对决策者负责。智库报告不是写给同行看的，更不是讲课讲给学生听的，对学生提要求。智库报告可以借鉴政策文件和领导讲话的话语表达方式，但表达语气不同。领导讲话和政策文件带有很强的祈使和命令语气，是安排部署工作、推动落实的一种重要形式，但智库报告是智库专家给决策者提供的意见和建议，为决策者提供一种理论和现实上的可能性以供决策者选择，是进谏、建议、协商的语气。学术论文是写给同行看的，有可能越看不懂越佩服。研究报告是写给决策者看的，要多用大白话。决策者的政策素养和功底都非常到家，不需要专家啰啰唆唆。两者的区别主要表现在以下几个方面：

---

① 黄誌：《大国智库·智者的江湖》，中州古籍出版社 2016 年版，前言第 3—4 页。
② 同上，第 90 页。

表 2.3　政策研究与对策研究的区别

	政策研究	对策研究
从事部门	党政部门研究机构，与决策者的关系具有从属性	智库，与决策者的关系具有非从属性
服务性质	内脑，直接服务（雇佣型，对决策者负责）	外脑，间接服务（合作型，不直接对决策者负责）
信息沟通	直接沟通，信息相对对称	一般不直接沟通，信息不对称
问题属性	进入议程的显性问题	潜在的隐性的政策问题
思维方式	收敛式、聚焦政策问题	发散式、跳出具体的政策问题
创新程度	受制决策者，创新并妥协有限创新，可执行，次优解	生产 IDEA，大胆创新，颠覆性，理论上的最优解
生产产品	政策文本或实施方案	研究报告或备选方案
生产周期	一般较短，倒计时	长短不一，有的有较大弹性
风格要求	准确严谨、能执行	思路开阔、有启发
分析类型	研究性分析	一般分析

这里重点介绍下研究性分析与一般分析。美国知名政策分析专家帕顿（Carl V. Patton）和沙维奇（David S. Sawichi）把政策分析分为两种基本类型：研究型分析（researched analysis）和一般分析（basic analysis）。研究型分析是运用比较程式化的研究方法，对有关政策问题进行专门研究，以"寻求问题背后的真相和非直觉的甚至反直觉的解决方案"。一般分析则是在短时间内、在资料不充分的情况下对政策的简单建议，以便在主要问题上不会发生错误。决策者不可能像专门研究人员那样进行仔细、周详、高度量化的研究，他们只能用有限的时间，在资料不充分的情况下，作出决策的框架。从这个意义上说，研究型分析更适合于专门研究人员，一般分析更适合于决策者。由于教育决策环境与决策因素越来越复杂，决策的难度也就越来越高，为了使我们的决策更科学、更民主、更有效，我们有理由提出决策者应该是研究者的要求，决策者应该努力使自己成为"研究型决策者"；由于社会科学研究所具有的社会功能越来越重要，所承担的社会责任越来越重大，为了使学术研究的成果发挥更大的社会效益，我们有理

由提出研究者应该是政策参与者的要求，研究者应该努力使自己成为"政策型研究者"。随着政策问题越来越重要和越来越复杂，对政策的专门研究也越来越受重视，现在，政策分析者和政策规划者在西方国家已经成为一种专门职业，而且这支队伍在不断扩大之中。这一人群无疑是政策型研究者的典型，他们被冠以一个专门的称呼，叫"政策知识分子"①。

三、智库专家与决策者的逻辑关系分析

如果把国家决策比喻作大脑，政府就是左脑，主决策的情商与灵感，重在掌控力与决断力；智库则是右脑，主决策的智商与理性，重在想象力与创造力②。智库服务政府，但不依附于政府。从智库研究到政策研究再到决策者决策，可以理解为政策形成和发展的一个完整链条。智库专家的责任：推动问题进入政策议程，提出可能的问题解决方案。如果提出的政策问题一时难以进入政策议程，智库专家要进一步论证其可行性，对于认定的事情要积极呼吁，持续推动。至于建议被采纳后如何进一步完善问题的解决方案，那是决策者和实际工作部门的事，或者是智库专家研究的下一站。

党委政府运行是一个复杂的系统，政策问题的解决面临着诸多约束条件，其中有一些是智库专家不了解或者考虑不到的。一些专家的决策咨询报告，受公务员考试申论模板影响，解决问题的方案，动不动就是加强领导、成立领导小组、配备专门人员、加大经费投入。殊不知，政府资源是有限的，特别机构、编制、经费等问题都有着严格的约束；与此同时，政府资源的分配是有原则的，政府的资源利用是需要统筹并且有优先顺序的，有些问题虽然应当解决，但受政策资源的限制，还无法提上重要的议事日程。在更多的时候，智库专家是就事论事，研究什么问题就强调什么问题的重要性。实际上，智库专家大多是在解一元一次方程，最多是一元多次方程，通过因式分解等，把 X 的值算出来就可以。而实际上，决策者决策面临的环境是非常复杂的，特别是综合决策者，在做出某一项决策时，需

---

① 袁振国：《政策型研究者和研究型决策》，载《教育研究》2002 年第 11 期。
② 黄誌：《推开已知与未知的双重门》，载《海峡通讯》2016 年第 6 期。

要综合权衡考虑多种因素，是在解多元多次方程，既需要求出 X 的最优值，同时还要考虑 Y、Z 和 A、B、C 等多种因素，汇集最大公约数，实现帕累托最优。完全可以说，任何一项科学决策，单就需要解决的问题本身而言，肯定不是最优解，但如果把它放在更加宏大的背景上来看，在综合各方面的因素之后，复合政策效应或者说整体政策效应一定是最大的。总之，智库专家提出的往往是解决问题的理想方案，但受客观条件的限制，决策者给出的答案往往是在权衡各个方面之后的最优解，但对于解决这个问题的理想方案本身来说，是次优解。决策者很重要的责任，就是在坚持自己主心骨的基础上，综合各个方面的意见拍板。

理想的政策，是成本投入最小化综合收益最大化。决策者决策，要趋利避害，规避风险。决策者考虑最多的，可能是：我也认为单纯从你提出的建议本身看，这是个好建议，但这个建议采纳后，一旦出现新的问题怎么办？会不会政策的成本大于成本的收益，或者政策的实施，有可能带来比较大的社会或政治风险，这些都是决策者需要考虑的。

决策者有些时候只需要你告诉他什么是正确的，至于如何选择是决策者的事情。这里面就需要处理好谋和断之间的关系。智库与决策者最理想的一个距离是什么距离呢？我觉得是保持一臂之遥。也就是说，你既不能跟政府不打交道，也不能跟政府走得太远。如果说政府关心的问题你不关心，那么你就没有办法做智库。如果说你跟政府走得太近，政府说什么你就做什么，或者整天揣摩决策者的心思、只是考虑如何迎合，做一些浅层次或者低层次解释或阐释，也没有多少意义。所以说，我们比较关心的是政府在关心什么问题，而不是政府的答案，政府有标准答案的问题不需要智库专家去研究。我们在做决策咨询的时候，如果说知道这个问题的答案那也就没有多少意义了。你要知道他关心什么问题，然后在这个前提下自己做一些独立的思考。那么至于说智库要影响一些什么样的人，有一句话就是智库要影响有影响的人。有影响的人首先是决策者，所以说很多智库专家都把影响力主要对象确立为决策者。如果说影响不了决策者的话，影响决策的参与者，人大代表、政协委员；影响辅助决策者，主要包括党委政府及其部门的一些政策研究机构；如果上述几个方面都影响不了，就影响决策的一些相关方，通过影响社会、影响民众等政策相关方间接影响政策。

　　智库报告与人大建议、政协提案也有着诸多的相同点，但也有着明显的不同。人大建议、政协提案有一整套交办的制度，需要党委政府有关部门做出答复。也就是说，人大、政协的建议提案是经过法定程序的，具有法律效力的，有关部门采纳还是不能采纳，要给出解决的途径和问题答案，并且与提案人沟通是否对办理结果满意。从目前看，智库决策咨询报告，特别是各智库主动报送的报告，不具备法律效力，党委政府决策者没有回复的义务。是否阅读，是否批示，包括批示后是否告知，都有很大的弹性空间。为促进智库研究质量的提升，增强智库研究的有效性和针对性，需要按照中办国办《意见》中的要求，"探索建立决策部门对智库咨询意见的回应和反馈机制，促进政府决策与智库建议之间良性互动"。针对智库的建议，政府是否需要回应，建议进行分类处理。一是以是否涉密为标准。如果智库成果涉密，在一定范围内公开，即使是题目公开，也有可能造成泄密的，在保密期内，可以不给作者或作者所在部门直接反馈。二是成果的性质。如果成果是决策部门直接委托智库完成的，双方签订有保密协议或智库产权协议，或者要严格保密，或者决策部门已经支付了相应的研究经费和劳动报酬，知识产权已经发生了转移，研究成果已经归党委政府或所属的实际工作部门所有，可以不给智库专家反馈是否批示、是否采纳。其他情况，特别是智库自主研究、投入了大量人力物力的课题报告，建议决策部门在采纳后给智库专家一定的反馈。第一，尊重智库专家的脑力劳动和智力付出，这是尊重知识、尊重人才、尊重劳动的具体体现。第二，从促进决策的角度看，智库专家提出的建议，采纳了多少，还有多少与实际情况有偏差，反馈了结果之后，不但对于智库专家是一种认可和鼓励，更重要的是，智库专家可以根据决策者和实际工作部门的要求，继续有针对性地推进研究，形成更加接近事实真相、更加有利于问题解决的方案。

第四节　智库研究与商业咨询

咨询公司是指从事软科学研究开发、并出售"智慧"的公司，又称"顾问公司"。这类公司属于商业性公司，接受委托者的意向和要求，运用专门的知识和经验，用脑力劳动提供具体服务。咨询公司的服务对象更多的是企业，主要是帮助企业和企业家，通过解决管理和经营问题，鉴别和抓住新机会，强化学习和实施变革以实现企业目标的一种独立的、专业性咨询服务机构，同时也包括一定的公共或政府机构，服务的方式往往是合同式的。

一、智库机构与咨询公司的主要区别

智库机构，以公益性和非营利为特征，以政策为重点，在研究基础上提出政策建议；智库不仅在于规范化、制度化和科学化的咨询服务，还在于以服务党和政府决策为宗旨。智库研究是政策咨询，是为党委政府决策服务的，具有公益性非营利性。相对于企业咨询公司以私人企业为主要服务对象，智库以公共政策为主的政府作为最主要的服务对象。在很多情况下，决策者与智库不直接发生关系，往往是由智库的代理或者管理机构，通过招标课题或委托课题等方式进行。咨询公司是企业咨询，是为企业发展和企业战略服务的，往往是以合同的方式约定双方责任。咨询公司为企业发展的战略服务，一般只把国家宏观政策或者产业政策作为分析的一个重要基点，重点分析在相对明确的基点之上企业的选择。

智库与咨询公司最大的不同，就在于研究领域、服务对象、经营目的的不同。从某种意义上说，智库姓"公"，所有的工作都是围绕公共政策展开的，追求公共利益最大化，属于非营利组织。咨询公司姓"私"，所有的工作都是围绕客户（主要是企业和社会，很少有政府部门，即使服务对象是政府部门，双方之间的关系更多的是合同关系）的需求进行的，在法律法规的框架内追求客户最大化，从总体上说属于商业组织。区别智库成果与学术成果的试金石：研究目标是否指向公共政策和政府决策，研究的内容是否涉及宏观政策层面，服务对象是不是与公共政策密切相关。

智库与商业咨询公司有所区别，商业咨询公司只专注于商业策略研究，而智库的商业策略研究只占它业务的很小部分，即使是商业策略研究，智库的策略咨询也不同于商业咨询公司的具体策略，它的策略相当宏观，体现的是大时代背景下全行业的嬗变与利益格局的重新划分。智库也不等同于"点子大王"式的策划人，它不担负将某个人或某种产品脱胎换骨的责任，它需要做的是比较各种决策的可能利弊，提供操作方案以备选①。

目前，有两种现象值得重视。第一种现象，有些咨询公司，蹭新型智库的热度，往往以智库之名，行咨询公司之实，服务对象和业务领域仍然在企业，在内容上基本上与公共政策和决策咨询关系不大。第二种现象，随着新型智库建设热潮的兴起，一些热心人士在积极组建智库，但由于社会智库注册认证等程序和办法尚未形成和成熟，便以公司的形式注册智库，研究的领域聚焦公共政策，实际上在发挥着智库的作用，但缺少智库的合法身份。也就是说，由于社会智库的注册难、准入难，部分智库不得不以公司的形式注册和生存。这两种现象都应当尽快解决，以形成新型智库良好的发展秩序，优化智库发展环境，净化智库队伍。

在政府、市场、社会相互作用的大背景下，由于智库的思想产品带有一定的市场属性，但又不是完全意义上的市场产品，智库需要借鉴学习咨询公司的方法，但不能复制咨询公司的模式或者走咨询公司的路子。在新形势下，部分智库可以探索专业智库＋咨询公司模式，在专业智库下建立市场化的咨询组织作为"副业"，促进智库的自我发展和可持续发展。

二、新型智库向咨询公司学什么？

咨询公司相对比较成熟，咨询公司生存采取市场法则，服务采用市场化。智库因公益性和公共政策研究的特色而与咨询公司边界分明、不可混

---

① 于今：《智库与研究机构商业咨询公司策划人的区别》，载《中国智库发展报告（2011）》，国家行政学院出版社 2011 年版。

同，但商业咨询公司在长期激烈的市场竞争中，逐渐倒逼出一整套先进的运营体系，对我国智库运营具有一定的借鉴意义。智库是咨询机构，但不是咨询公司。智库应当向咨询公司学习什么？根据湖南省社科院周湘智的研究，咨询公司有以下几个方面可供智库学习借鉴[①]：

学习高效精干的运行机制。智刃无锋，何以争锋。好的运营机制就是智库的"锋"，是智库从价值链低端走向高端的利器。世界头号咨询公司麦肯锡的一个重要文化就是"以最快捷的方式，以最少的时间和资源解决工作中遇到的问题"，尽力把客户付费时间效率最大化。众多咨询企业就像蜂巢一样各安其位，在细分领域各自深耕，"功能专业化、行业专业化与区域专业化"有力支撑了咨询业开展。对于智库来说，要进一步强化功能的主线意识、生存的危机意识、运作的市场意识，尽可能压缩行政人员编制，切实建立能上能下机制，不断优化分工协作体系，有力杜绝管理中的"懒、散、弱、穷、乱"。

学习内容为王的质量坚守。咨询界有一句名言："做出一个咨询品牌需要一群天才踏踏实实地干上至少20年。"从1998年开始，国际咨询公司不断自我加压，深度践行"质量管理"，既重视任务合同的获取，更重视项目实施流程的质量控制，将"自检、互检、抽检"贯穿于服务全过程。智库要"把重点放在提高研究质量、推动内容创新上"，必须牢固树立质量意识，集中兵力进行内容建设，以成果导向规范行为与规程，在不断预测需求、满足需求、引领需求中凸显价值。

学习客户至上的服务意识。把服务做到极致，给用户带来最大价值是贝恩、普华永道等国际一流咨询公司坚守的价值观。贝恩把提高客户经济价值作为自己的使命，致力于为客户击败竞争对手和争取更多的回报率。不少咨询公司不但能很好地满足客户的当务之急，还尽力满足客户尚未想到的潜在需求。我国智库尤其是体制内智库，要进一步克服身上的"官气"与"娇气"，以为人民做智库的使命担当，自觉在提供优质真诚的服务中赢得声誉，坚决杜绝"忽悠式"承诺、"视

---

① 周湘智：《智库运营应向咨询公司学什么》，载《光明日报》2017年2月16日。

察式"调研、"拍脑袋式"研究。

学习新锐专业的技术手段。在130多年发展历程中，世界咨询行业通过细致的经验总结与技术开发，已在咨询理论、咨询工具与咨询技术等方面形成了一系列专业架构，并且持续完善。如麦肯锡创造了著名的"三层面理论"和"7S模型"，波士顿公司成为价格战、广告战、倾销与反倾销等商业手法的重要推手。强大的技术手段在知识服务中能发挥事半功倍的作用，国外很多公司能够熟练地使用直观投影、3D影像甚至VR技术，植入多种语言，在服务营销与传播方面拥有非常完整、成熟的手段。我国智库研究尚处于初步阶段，专业技术手段、分析工具的掌握运用尚未深入，急需着力发展中国的"智库学"，尽快推出中国的"智库操作手册"。

学习务实管用的员工培训。咨询界深谙员工培训的价值，倾力推进学习型组织建设。麦肯锡员工必须参加每年一次的全球培训、各大区的四次培训和每月一次以上的专题培训，对于新员工则有专门的基础培训。许多咨询公司的培训会依照咨询师的标准，首先对员工能力进行"体检"，然后对症下药，力求尽快达到职业化。在项目执行中实施"手把手教"的"教导型学习"也是各咨询公司普遍采用的方式。智库要建立智库技能标准化体系，注重员工一岗多能、一岗多用能力培养，能有效缩短智库能力与发展需求之间的落差。

学习智库共享的内部激励。贝恩、波士顿、邓白氏等著名机构都建有完整而庞大的数据库、方法库，依靠现代通信手段联结和传播员工的个人知识，"并将个人专长融入分享信息的集体实践中"，随时为所有咨询顾问提供各方面的支持信息。麦肯锡公司鼓励所有完成项目的员工写出心得体会并系统地储存起来，方便其他员工到知识库中找"锦囊"。目前我国智库的知识管理，除了档案整理相对规范外，数据库、知识库建设均严重滞后，一些掌握了专业技能的人对同仁往往也是讳莫如深。要加快建立智库的知识管理体系，强化组织内知识共享的内部激励，打破壁垒，鼓励创新性设想与方案。

第三章　新型智库研究的范式变革

范式（paradigm）的概念和理论是美国著名科学哲学家托马斯·库恩（Thomas S. Kuhn）提出并在《科学革命的结构》（1962）中系统阐述的，指的是一个共同体成员所共享的信仰、价值、技术等的集合。范式是常规科学所赖以运作的理论基础和实践规范，是研究共同体进行科学研究时所遵循的模式与框架。研究范式主要包括研究方法、方法论、研究对象的设定及研究程序、实验手段、仪器等组成的操作性规范。中国特色新型智库发展，既需要在思想理论认识上进行革新，更需要在发展路径和产品生产等方面进行一场方法论革命，一场针对长期以来学术研究范式的大变革。

第一节　智库研究的"五度"标准

智库，需要有以知识作为基础的智识，需要有以智识为基础的智慧。智库的"智"，是建立在知识和智慧之上的智识智思，建立在智慧和谋略之上的智谋智策。智库的"库"，是知识的宝库，智慧的宝藏，智策的储存；是思想库、人才库、成果库；是党委政府攻坚克难的智力弹药库、战略储备库。智库应当预先有很多的知识、政策和战略储备，一旦党委政府有需要就可以供给，招之即来，来则能战，战则能胜。要实现这一个智库研究目标，需要提升五度、增强五性：提升思想高度、增强创新性，提升视野宽度、增强协同性，提升积淀厚度、增强专业性，提升问题锐度、增强穿透性，提升责任强度、增强支撑性。

一、提升思想高度，增强创新性

咨询研究要有理论高度、理论支撑，没有坚实理论支撑的智库专家走不远。可以说理论基础是树根，智库报告是树干，高深的理论隐含在浅显的表达之中。

智库研究的主要功能是弥补两个鸿沟，一个是理论和实践之间的鸿沟，就是把创新的理论转化为创新的实践；再一个是弥补知识与政策之间的鸿沟，把前沿的知识转化为具体的可以实施的政策。智库要承担起弥补这两个鸿沟的重任，必须对于处于鸿沟两端的理论、知识和实践、政策都有比较充分的了解，能够把处于前端的理论、知识和处于后端的实践、政策有机地贯通起来。智库研究要有理论高度，主要包括三个方面的内容：其一，这个理论不是抽象的理论，而是具体的对实践有指导意义的理论。最需要掌握的就是习近平新时代中国特色社会主义思想这一理论武器，能够站在理论前沿和时代前沿，这是开展智库研究必须遵循的原则。其二，这个理论，是与智库研究领域方向相关的专业理论，如果不能熟练掌握和应用这个理论，就无法提出具有创新精神和引领作用的实践方案。一流的智库研究，必须以一流的理论研究作为基础，必须在所研究方向和领域的理论研究中占据领先地位和一席之地，否则，就是无源之水、无本之木，是流不远、长不高的。其三，这个理论，是智库发展的规律、智库研究的规律，也包括智库研究方法层面的理论。

思想性是智库产品的根本属性，创新性是智库产品的生命所在，智库报告要以思想性见长，以创新性取胜。在单篇的智库报告中，要有一定的创新浓度，通过创新点、闪光点引人入胜；同时，又要防止加载的目标过多，因主题过于分散而影响作者最想要表达的核心要义。从某种意义上说，智库报告具有很强的指向性和目的性，一般是一事一议，集中笔墨把一件事说清楚、讲明白。与此同时，智库报告的创新，应当是基于问题导向的创新，不是为创新而创新，要避免一味追求新奇，通过哗众取宠或者小题大做来吸引顾客注意力，甚至通过专门与党委政府唱对台戏的做法吸引人们的眼球。

　　智言智语："信得过"很核心的思想在于我们要有一个坚定的立场，有一个明确的价值导向，这个立场很重要的就是服务国家，要能够为中华民族的复兴提供有用的思想和养分，提供一系列有建设性的意见，而不是简单地无价值方向、无信念标准的这样一种批判性的定位，有明确的服务国家、服务政府、服务民族复兴大业的价值取向。因此这样就能够让政府和国家大胆地采纳我们所提供的各种有建设性的意见和各种政策方案。"用得上"很重要的是，我们所提供的资政启民的思想、政策方案，必须要经过大量的学术积淀、实践总结和大量的思想讨论，而产生的高质量的思想和政策建议，和一些有建设性的批评性意见①。

二、提升视野宽度，增强协同性

　　智库的英文名称为 Think Tank，一说，思想的坦克。这表明思想性是智库的一个很重要的本质，思想的力量是很强大的，智库实际上靠思想的力量来影响社会、来影响政策的；另外一个说法是思想的密室，一些专家在一个小屋子里面进行头脑风暴、思维碰撞形成的一些成果。如果说，理论研究可以单兵作战，政策研究则强调团队的力量，议政咨政需要在尽可能广泛和专深的范围内协同研究，实现由跑单帮到跑马帮，由单兵作战到协同攻关的转变。学术研究，特别是社科类的学术研究，以单干户居多，从署名中可以看出来，大多是独立作者，合作研究的以两人居多，很少超过 3 人。即使协同，更多的是学科和学校内部的协同，带有一定的封闭性。智库研究的成果，往往是课题组署名，有很多课题组成员参与。

　　党委政府的一些决策是很多复杂因素的综合，不能只关注某一个领域、某一个群体而据此提出一些政策和建议来，必须得具有一个更宏观的视野。智库研究，更多的要求协作、协同，而且这种协同，是开放式、动态的协同。这个协同，既包括学科之间的协同，现实问题的复杂性往往需要多学科联合攻关，更包括与实际工作部门之间的协同。政策层面的问题需要发

---

① 参见刘元春：《智库要有自己的独立价值和社会责任》，http：//nads. ruc. edu. cn/displaynews. php? id＝4348。

挥理论研究和实践研究的双重优势，共同破解。

智库研究要突破隧道视野。智库研究不能坐井观天，必须能够看到所研究问题理论和实践的地平线，能够把所有的情况一览无余，了然在胸。要充分掌握国际国内、省外省内、该领域和相关领域的信息，实现研究信息资源的全覆盖。智库专家开展研究，不能就事论事，不能头痛医头、脚痛医脚。智库专家具备宽广视野，善于借鉴和对比，能够站位更高，看得更远，通过多学科视野、全方位观察思考，得出更加符合实际的结论。智库研究要注重多学科之间的协同，多领域之间的协同，多界域之间的协同，聚焦关键问题，组织多方力量开展跨界研究。

> 智论链接：实事求是的科学研究不等于消除了可能有的片面性，每一门学科的研究，其片面性都是难以避免的。越是专家，其片面性或许会越大。为了不使决策陷入片面性，在决策和科研之间应当有一个中间环节。这个中间环节就是综合各个学科对某一事物的认识，进行"会诊"，然后才向决策机构提出若干建议及论证。至于怎样组织这类咨询工作，我们现在还没有经验。我建议不妨作一个试验，由人大代表、政协委员以及其他有关专家对一定的事关重大的建设问题组成咨询小组。这个咨询小组应当联系群众，联系各个学科，发挥其综合性的特点，向党的领导机构提出建议，反映群众的要求和意见，以备党作决策时参考。在党的领导依据建议、资料制定决策以后，由行政机构付诸实践。政策在实践中起到了什么作用，客观事物发生了哪些变化，这又给研究部门提出了新的课题，于是上述过程又重复进行。实践、科研、咨询和决策四个环节的循环往复体现了"从群众中来，到群众中去"的领导方法。（参见费孝通《小城镇　大问题》）

这一段话说明了智库在决策和科研之间起到桥梁和纽带、中间环节这样的一个作用。智库研究具有介质性，智库专家是连接理论与实践之间的桥梁，智库报告是促进理论向实践转化的介质。再就是需要综合各个学科对某一事物进行认识，它是一个聚焦的过程，要用不同的学科、不同的视角来观察同一个问题，来进行会诊才能提出一个建议来。在这篇文章中，费老提出了一个实践、科研、咨询和决策四环节循环模型，具有重要的方法论意义。

智库研究必须注重与实际工作部门的对接。智库研究，如果不知道政府在做什么、想什么、需要什么，不能够从政府手里面拿到一些重要的数据等信息，是难以写出有针对性的决策咨询报告的。2011年以来，江苏省社科联先后组建48家省决策咨询研究基地，特别强调研究机构与实际工作部门的协同创新。研究基地的方向都是根据省委省政府的中心工作来命名的，像民营经济研究基地、经济国际化研究基地、绿色发展研究基地等。研究基地的方向本身就是省委省政府的中心工作，在运作的过程中非常强调协同创新，每一个研究基地都有一个实际的政府工作部门参与。比如，经济国际化研究基地与省商务厅合作，民营经济研究基地与省工商联合作，实现了一种理论与实践的互补和强强联合。

三、提升积淀厚度，增强专业性

智库不是万能的，不是什么问题都可以研究，要往专业化方向发展，智库发展大而全不如小而精。除国家高端智库中的省部级单位和地方社科院成建制智库，要重点往综合性智库的方向发展外，其他领域的智库，特别是高校智库，应当走专业化的发展道路。主要包括智库研究方向的专业化、智库专家的职业化和智库产品的精细化。

第一，专业化的数据库。现代社会，谁拥有了信息和大数据，谁就拥有了话语权。特别是在研究和政策界，大数据更是成为研究的金矿。没有坚实的大数据支撑，单靠专家的智慧，形成的智库报告很可能会显得苍白无力。智库的竞争，主要体现在两个方面，一是有没有数据，二是有没有智慧，有数据没有智慧成为数据公司，有智慧没有数据有可能成为空壳公司。智库研究需要有长期的积淀，需要形成与自身研究方向密切相关的知识库、数据库、案例库、方法库，运用现代技术手段建设政策模拟推演平台，条件成熟者可以加强与地方政府合作，建设一批政策观测点、跟踪调查点或政策实践实验室。从数据使用的方面看，如果学术研究的数据可以用一些陈旧数据、模糊数据或者小型的访谈数据，智库研究则更强调数据的准、新、全和大。在九号院（农研中心）成立之初，杜润生提出，农研室"是中央的知识库，也可以说是智力机构"，"我们要注意知识积累，建立'知识库',多储藏点东西。而不要办成简单的'货栈',今天进货,明天批发。这个机构应该是一个知识的仓库,保存各种材料,随时备用。"①

第二,职业化的专家团队。与技术研究一样,智库研究也需要分析师,运用现代技术和大数据等现代手段对政策进行专业化的分析;智库研究需要政策工程师,擅长对公共政策进行技术层面和战略层面的设计,注重政策之间的机理与协同;智库研究更需要政策科学家,能够熟知政策领域,善于把握政策规律,善于进行政策创新,把理论研究、政策研究和实践研究有机地结合起来。与学术研究对学历有着更高的要求不同,智库研究需要一定的学历背景,但更加看重的是阅历和经历,没有见过世面的智库专家,难以面对复杂的决策环境。智库专家是不能仅仅会纸上谈兵,更重要的是能否谈到关键和要害处。智库不需要书呆子和老学究,智库专家要站在时代的最前沿,要有时代范儿。要建立职业化的智库专家团队,对智库人才进行合理的梯次布局,形成富有层次性的人才梯队,加大智库专业人才的培养激励力度,能够把智库生产链条中不同环节的任务都承担起来。要注重智库专家来源的多元化,实行社科研究机构和智库双聘制度,形成"学院派"和"实践派"皆备的智库专家队伍。目前很多智库生产的原料不足(信息渠道不多,缺少专业细致的信息分析),智库生产的过程简化(以直观判断代替调查研究,以调查问卷代替基层调研),智库专家整天浮在上面,都是一些大家在高谈阔论,输出终端产品,却没有组织精细化生产的智库生产车间,智库产品成为"夹生饭"的现象也就在所难免。

第三,精细化的智库产品。弘扬智库专业伦理和职业文化精神,智库提供的产品必须是经过充分论证的、精细化的,智库专家服务决策不能靠拍脑袋,不能用专家拍脑袋来代替领导拍脑袋。智库专家需要凝练研究方向,对于跨界的领域,不要轻易涉猎,不当"跨界歌王"。就是说,智库专家如果对于非专业研究领域擅自发表意见和看法,并且智库专家的知名度高、影响力大,就有可能会误导领导,因此说智库专家不是万能的,要恪守职业道德,恪守自己的专业领域,朝专业化、职业化的方向发展。不要

① 赵树凯:《杜润生怎样做政策研究?》,载《财新周刊》2015年11月19日。

拿自己的业余与别人的专业去比，而是要努力把自己擅长的专业领域做到第一、极致。

智库专家要有专业积淀、信息积累和政策积淀，智库专家积累的专、精、深，决定着智库反应的快、准、狠。智库服务决策的特征，决定了智库服务的时效性。决策咨询服务是个急活，在重要的节点事件上，决策者甚至有可能等米下锅，需要根据智库研究的成果来进行果断决策。有人说，几天的时间就写一篇智库报告，没有什么价值。的确，如果没有积淀的智库专家，不经过调研，短时间内急就的成果，很难有什么价值，但是，如果是基于长期的研究和积淀，在短时间内形成高质量的成果是完全有可能的。比如，长期呼吁开放二胎的智库专家，在国家相关政策出台后第一时间就可以推出解读文章；长期研究大运河的专家，在国家大运河文化带建设的相关意见出台后，在第一时间就可以围绕贯彻落实中央文件提出符合地方实际的建议方案。智库专家要出高质量的成果，积累在平时，功夫在"诗"外。

四、提升问题锐度，增强穿透性

智库专家观察问题要有一定的穿透性，要有 X 光透视的本领，看问题能够入木三分，能够透过现象看到本质，能够通过今天看到明天，能够从纷繁复杂的现象当中找到最关键、最核心、最本质的问题，提出有针对性的解决问题的举措。智库专家，如果关注的是热点问题，出成果要有速度；如果关注的是冷点问题，虽然非常重要但却被决策者忽略，智库专家要通过深度的分析，把冷点问题炒"热"。如果说是盲点问题，决策者和社会没有关注到的，就要有分析问题的独到锐度，能够有这种勇气把这个问题拿出来，通过引起决策者的关注和社会的重视，推动问题进入政策议程。不论是什么问题，都需要智库专家基于系统思考和周密逻辑推演，提出具有创新性、创造性的解决方案。

要聚焦党委政府关注的重点问题、焦点问题，精准聚焦党委政府的决策需求。政策链条不同的环节，聚焦的重点不同，要防止聚焦的层面过于宏观，面面俱到，大而无当。特别是要考虑以什么样的角度切入，切口的大与小，防止过于宏观或者过于微观。有些智库专家喜欢大而全，实际上，智库报告更强调适度，与决策咨询服务对象思考的问题的契合度。怎样把自己关心的问题变成编辑和读者关心的问题？怎样把自己关心的问题变成领导和社会关心的问题？如何将智库的建议嵌入政府的政策议程？不同层面的智库聚焦不同的问题。国家高端智库，更多地聚焦战略问题；省级专业智库，更多地聚焦战术层面；市县基层智库，则更多地关心落实层面。即使同一个层面，党委政府决策的需求也会有所不同，党委管宏观管全局，更多地关心宏观层面的思路和政策，作为以执行为主的政府，更加关注的是政策方案可操作和政策举措的可落地。

五、提升责任强度，增强支撑性

智库专家要有责任心，要有良心、有良知。在很多情况下，决策者要的是结果、结论，给出负责任的结果、结论是智库专家的良心。做智库研究不能剑走偏锋，以过激的观点哗众取宠，"语不惊人死不休"。不能以专家拍脑袋代替领导拍脑袋，胡乱地"参谋"一通，给领导出"馊主意""歪点子"，结果帮了倒忙、添了乱，损害了领导的威信，造成工作被动甚至带来不良后果。特别是战略性和方向性的建议，要慎之又慎，反复推演，确保准确性、科学性。

智库是非营利组织，智库专家是政策科学家、社会公众的代言人，智库专家绝对不能成为精致的利己主义者。智库专家上接天庭，下连百姓，政策问题关乎人民利益，关乎政府形象，甚至人命关天的大事，有可能关乎江山社稷，智库成果一旦进入政策议程和决策，就具有不可逆性。智库专家要有敬畏之心，敬畏客观规律、敬畏自然规律，敬畏内心和敬畏人民。

智库成果出来管用不管用，决策咨询建议实用不实用，对于要解决的问题来说，能否支撑、能支撑多长时间，是非常关键的。如果智库成果不能支撑，智库研究就失去了价值和意义；如果只能支撑一时、不能支撑长久，智库研究的价值和意义就难以充分体现。智库专家要为党委政府提供宏伟谋略，从长计议，不能给领导提权宜之计，就是说今天看来这个办法管用，但是随着形势的发展或者说一旦有其他的因素介入就不行了。智库专家，特别是国家层面的智库专家要更多地为党委政府提供一些宏观方面的谋论。所以说能不能转化、能不能落地是判断智库成果的一个很重要的标准，要有支撑强度，要能够实用适用，要经得起时间和历史检验。

毛羽健建言驿站改革①

毛羽健，明代公安（今属湖北荆州）人。天启二年（1622年）进士，先后担任四川万县和巴县知县，云南道监察御史。毛羽健弹劾"阉党"魏忠贤的亲信杨维垣和阮大铖，为清除逆案余孽作出贡献。毛羽健为平定"奢安之乱"建言献策，举荐名将，立下功劳。毛羽健建议裁撤驿站，理由是"兵部调军征用驿车发送文书，有的发出，有的没有如期发出。官员私坐驿车，一张文书多次借用、多次涂改。驿站当差的威势如虎，百姓性命像丝。"毛羽健这个提议得到兵部给事科刘懋支持（清朝人汪景祺所写的《西征随笔》给出另一个裁撤驿卒的原因："健官京师，娶妾甚嬖之，其妻乘传至，立遣去，迅雷不及掩耳。羽健恨甚，遂迁怒于驿递，倡为裁驿卒之说，而懋附和成之。"），崇祯下旨革除驿站之弊，裁撤驿卒。当时全国各地被裁撤的驿卒很多，不下几十万人。李自成本就贫困，又下岗失业，而且明政府不发安家费，这下没吃没住难以糊口。裁撤驿站节省下的费用对于东北用兵来说是杯水车薪，而且又被腐败官员中饱私囊了不少。那些被裁撤的数十万驿卒失去了经济来源，流落于社会，成为流民，加剧了明朝社会的动荡。后来这些流民又纷纷加入高迎祥、李自成等人的起义队伍，成为埋葬明王朝的祸根。梁启超认定毛羽健是导致"明朝灭亡的关键人物"。

第二节　智库研究的主要方法

一、智库研究与信息分析

智库思维是一种系统思维、辩证思维、批判思维。与学术思维的线性

---

① 据余大中《荆州散记》（一百二十八）、《明代监察御史毛羽健》等整理，https：//www. sohu. com/a/336109290 _ 99941685。

思维、学术导向思维相比，智库思维是立体思维、系统思维、问题导向思维。学科思维往往是局部思维，受到学科知识、专业知识的局限。实际工作部门的思维：一是具象思维，往往不能把问题抽象出来，难以达到一个理性认知高度。二是隧道思维，实际工作部门的思维，往往受制于所处的领域。三是经济人立场，实际工作部门的思维，无形中会有这方面的痕迹存在。智库专家，应当能够克服学术思维和实际部门思维的局限，能够运用精湛的专业知识、宽广的知识领域和科学的思维方法，发现政策问题并提出解决的路径。

智库思维的系统性。世界万物皆系统，有了系统就有系统思维。为了形成和利用好系统思维，需要从四个角度来做系统观察[1]：

1. 整体角度。我们在分析和处理问题的过程中，始终从整体来考虑，把整体放在第一位，而不是让任何部分的东西凌驾于整体之上。这个观察角度，其实要求我们把思考问题的方向对准全局和整体，从全局和整体出发，也就是从系统出发去考虑和解决问题。

2. 结构角度。进行系统思维时，注意系统内部结构的合理性。系统的组成，节点与节点之间的组合是否合理，对系统有很大影响。这就是系统中的结构问题。好的结构，指的是组成系统的各个节点组织合理，存在着有机联系。

3. 节点角度。系统总是由各种各样的因素构成，其中相对具有最重要意义的因素称之为构成要素。要使整个系统正常运转并发挥最好的作用或处于最佳状态，必须对各节点考察周全和充分，以便全面考察各节点的作用。

4. 功能角度。系统总是有功效的，所以可以从一个系统的最佳态势，从大局出发来考察系统内部的各功能与作用。在此过程中，可能是使所有中点都向效能更好的方面改变，从而使系统状态更佳，也可能为了求得系统的整体利益，降低系统某些节点的功效。

智库思维的批判性。批判思维是辩证的，建立在建设性地解决问题的

---

① 陈功：《信息分析的核心》，新星出版社 2010 年版，第 25—26 页。

基础之上。但智库专家不是为批判而批判，不是势不两立、你死我活、置对方于死地的批判。这个批判，也不是鸡蛋里面挑骨头，故意挑刺。这个批判，可以理解为善意的批判、善意的提醒，是为了公共利益而优化公共政策、使公共政策臻善臻美的批判。这个批判，应该是能够解决的批判，在否定旧的方案之后，可以提出一种更好的新方案。批判思维的目的是通过改造解决问题，包括颠覆性的改造，从而以一种新的状态呈现。总之，智库专家对问题要有敏锐性，并且能够以批判的思维寻求解决问题的方案；智库专家能够看到阴影但内心向着光明，通过建设性的方案积极推动问题的解决、推动事情向好的方向发展，传递满满的正能量。

智库研究的信息网络和信息分析方法。智库和智库专家要建立富有竞争力的信息网络。哈佛大学肯尼迪政府学院的江濡山认为，每个知名的智库机构都精心编制了三张网络，包括全球同行研究网络、特殊的人际关系网络（其中不乏政府高官、议员、财富大亨、公关代表等）和自成体系的情报信息网络。如果说，学术研究需要较高的信息素养，那么，智库研究需要更高的信息素养。智库研究专家，在很大程度上说是信息分析师，信息分析是智库研究链条上重中之重的环节。智库专家要善于分析信息，发现问题有前瞻力，信息整合有鉴别力，分析问题有穿透力，思路建议有统摄力。

渔网模型，是安邦智库提出的有关系统论的概念模型，用来解释系统形态和系统思想。渔网有大片的节点，节点是局部，渔网是整体。节点之间的有序排列，代表着系统的有序和结构。每个节点向四周延伸，都能形成一个微系统。在任意一个系统中，任意一个节点都与其他节点发生关系，都处于一种动态的稳定状态。在信息分析和决策的渔网模型中，信息的节点往外延伸，决策的条件就会发生变化。现代社会的决策，是在复杂环境下综合权衡多种因素做出的。

四种信息分析模式

在与信息分析相关的研究领域，安邦智库总结了四种工作模式，分别是机关工作、个体工作、咨询公司和智库模式。

1. 信息分析的机关工作模式。在很多时候，机关工作以"写材料"和决策辅助性的资料搜集为重点。在这些机构链条中最为重要的决策与分析节点往往由领导人亲自担当，作为低级别的信息分析人员，只能处于一种辅助性的角色，并未真正参与到信息分析以及决策中，同样的情况也存在于中国国企和大型科研院所中。

2. 信息分析的个体工作模式。个体工作模式则经常存在于学院和学者群体之中，很多学者，无论是学院中的学者还是社会上的学者，经常独立参与项目，但仅凭个人之力又难以完成，因此常常会搞些"一人公司"，或是"一人研究所"，有项目的时候，集合学生或是其他一些行业内人士来帮忙，在无项目可做的时候则各奔东西。所谓"有戏搭班子，无戏各走各"说的就是这种研究模式。在这种个体工作模式中，学院派的情况比较特殊，学院派的老师具有一定的知名度，有一定诱惑力，但究其根本还是个体工作模式，老师依靠名声去拿项目，然后集合学生来做项目。而个体工作模式与机关工作模式相比，最大的缺陷在于流程和资源的缺乏，质量根本无法保证。

3. 信息分析的咨询公司模式。在传统咨询公司，出于对成本和利润的考虑，大量的研究人员由成本较低的学者组成，只有少数的骨干研究人员是较高水平专家学者。在这种情况下，咨询公司的工作模式主要是利用系统工具获得信息和模板，在大量参照研究样本和模板的情况下，由高水平专家或者头脑风暴法来确定基本的核心观点，然后由年轻学者采集大量的信息，在核心观点的框架基础上，通过装配的方式构建研究报告或研究产品。咨询公司最大的特点是效率高，因而最具市场价值，但要注意，咨询公司这种工作模式，有的时候形成的所谓观点相当有限，对高水平专家的需求比较大，所以依然无法摆脱对专家的依赖。

4. 信息分析的智库模式。中国的智库模式有点类似总公司与项目公司的关系。资源和项目通常集中在总部，但具体的项目操作层面则在智库管理的大体制下，由项目小组甚至项目公司的名义来完成运作。在智库模式中大量资源是可以共享的，但就项目的实际操作来看，工作模式又有些类似于个体工作模式，也是由主要研究员带领一批年轻的学者和助手来完成研究项目。因此，有集中控制，也有分散运作，这种研究模式比较好地兼顾了流程、标准和效率，既最大限度地发挥了专家的作用，同时又给予了专家以相当大的自由空间。（资料来源：陈功：《信息分析的核心》，新星出版社 2010 年版，第 223—224 页）

安邦智库信息研究人员的"三位一体"：大数据库＋信息分析方法＋在线咨询：依托于政府大数据库，成为"四手联弹"的"键盘侠"，面对着不同地方在线咨询的各种现实问题，密切关注和跟踪各界各领域发生的一切，不断地利用信息分析的方法透视和分析所观察到的一切，开展追踪式研究。一是拥有信息界的"航空母舰"——政府大数据信息库：作为国内仅有的围绕政府工作而搭建的数据库系统，《ANBOUND 政府大数据信息库》采用安邦智库独特的"动态信息追踪方法"，利用"公共政策文献计量与内容分析"工具，通过对数据库后台分析系统产生的实时数据综合分析，为大家绘制出一系列客观反映中国政府公务人员"信息素质"和对政策问题"关注轨迹"的生动图像。它同时作为研究人员开展追踪研究的工具库，为追踪、收集、整理、分析各类重要信息提供一个坚实的平台。二是拥有信息界的"宝典"——信息分析的方法。在信息资源的基础上，进行检索、整合与分析，利用各种信息工具快速地做出可验证的分析反应过程，它由两部分构成：一部分是一系列完善的系统工具和信息工具，另一部分是信息的检索、整合以及快速分析方法。它成为信息研究人员追踪研究的方法库，为研究人员提供分析问题的多种思路和方法。三是拥有畅通的"信息管道"——"上接天线，下接地气"的咨询平台。咨询平台是客户与研究人员进行双向沟通、交流的平台，它不仅可以帮助客户开展在线提问、求答解疑，而且也是研究人员深入了解客户需求，打磨研究素质，完善咨询服务的有效渠道。信息分析就像盲人摸象或信息拼图，把一块块信息碎片拼接出来，形成一幅清晰的图画，帮助地方较全面的掌握各方信息，以形成系统化的应对风险的方案，提升风险管理水平。[①]

---

①　参见《信息分析的"工匠精神"》，https：//kuaibao.qq.com/s/20190828A0M3D-O00？refer＝cp_1026。

二、智库研究的方法特点

中国科学技术信息研究所郭铁成认为，在当前的智库研究中，一个突出的现象是很多战略研究报告没能抓住现实问题，伪问题、分析缺失及无效建议等智库研究三大短板亟待补齐。一是问题的缺失。有的智库把"伪问题"作为问题研究。例如，把某个选题范围当问题，把表面现象当问题，把领导批示当问题，把不言自明的公理当问题，把理论套在现实上当问题。二是问题分析方法的缺失。最常见的就是不经过分析与综合、归纳与演绎，由问题直接得出结论。结论不是来自对问题的研究，不反映事物固有的本质联系，而是停留在简单的直觉或常识上，甚至根据臆想的、强加的联系得出不正确的结论。三是无效建议。如政策对象不明确，政策不能落实到实践主体；政策工具不明确，只能一般号召，没有具体办法；政策目标不明确，效果不可测，过程不可控；政策基础不明确，甚至政策基础于理不公正、于法不周延。如何补齐上述三个短板？郭铁成认为，进行战略研究首先要通过快速搜索、实地考察、矛盾发现、问题表述等步骤提出问题；其次要通过信息加工、结论假设、建模分析、结论还原等步骤分析问题；最后要通过政策设计提出政策目标、明晰政策对象、确定政策工具、制定实施方案、寻求政策基础，从而解决问题[①]。因此，智库研究要注重研究方法的综合与协同，从多学科、多视角的角度来研究。

归纳法与演绎法相结合，强化辩证思维。杜润生反复告诫大家要多用"归纳法"。1984年2月，在中国农业发展战略讨论会上，杜润生在讲话中重点讨论了研究方法问题，他强调政策研究要"多用归纳法，少用演绎法"。所以要强调归纳法，是因为"新事物层出不穷，有了归纳法，就可以随时把新事物的发展变化，纳入我们的视野之内，避免犯教条主义错误，对广大中国土地上发生的新事物给以确切评价，用大量经验丰富我们的理论。实践永远是生动的、常青的，永远是走在理论前面的。有些新事物虽然本身没有多大力量，还不普遍，还没有起到左右全局的作用，但它有一

---

① 李晨阳：《智库研究三大短板亟待补齐》，载《中国科学报》2016年5月25日。有关内容综述为中国科学技术信息研究所副所长郭铁成的观点。

种指路的作用"。是因为"我们过去分析问题时沿用演绎法，有不甚妥当的地方。把固定于自己头脑中的个别结论当作指导一切的原则前提，用于推断一切。在前提不定的条件下，应用演绎法代替了真正的综合"。注意避免政策意见先入为主、一成不变。他告诫大家，政策观点的形成，对于问题的认识，是个不断修正的过程，不要被第一次的认识所束缚。他反复提醒说："千万不要固定第一次对于事务的认识，那往往是错误的，一定要在不断地学习实践，听取不同意见中进行修正，最后的结论往往和你第一次的认识完全不同。"①

案例法，是一种特殊的归纳法，带有一种典型的实证性质。案例法的质量关键是要在于样本的信度、效度和可推广性，在某些时候，好的样本选择就决定了案例法成功的一半。在选择好样本之后，要围绕样本展开全面的追踪性研究，搞清楚样本对象产生形成的背景、发展的过程、运行的规律以及样本对象的个性特征与普遍意义。

全面与重点相结合，强化系统思维。开展智库研究，需要运用系统思维，从不同层面、不同视角开展研究。

从观察事物的维度看，长城企业战略研究所原创的智库方法论体系，其中包括"三观"决策咨询方法。"三观"，即企业微观、产业中观和区域宏观。做企业研究要对产业中观和经济宏观有更多了解；做产业研究要对企业微观和宏观经济有更多了解；做区域研究要对企业微观商业模式和产业的变革规律有更多了解。新经济研究，只有打通了"三观"，才能涌现创新的思想。

从事物形成的趋势看，有力场分析法。任何变革中都会存在驱动力和遏制力两种对立的力量，如果要对组织进行变革，就要改变组织现状的力场平衡状态。开展智库研究，关键在于理顺关系，做好整序工作，找到事物发展的客观趋势和对客观事物进行变革的作用点。

从不同事件之间的关系看，可以采用逻辑关系法，展示事物演变的各个环节的相关性，比如，利用若干方向箭头找到事物之间的演变或循环关

---

① 赵树凯：《杜润生怎样做政策研究?》，载《财新周刊》2015年11月19日。

系，形成科学结论，获得逻辑模型①。

内容分析法，是从公开信息资料中萃取隐蔽信息的方法，对信息交流媒体的内容进行系统、客观、定量分析的专门分析方法。分为六个步骤：确定目标、选择样本、定义分析单元、制定分析框架、频数统计和结论汇总②。

拼图法是追溯学以及系统辨识的一种称谓，信息分析人员应该可以将零碎的信息拼合成事实的全貌。1935年，英国记者雅各布发表了一本揭露德军内幕的小册子，轰动了当时的整个军事情报界。在这本小册子中，雅各布不仅详尽地描绘了德军组织机构、各军区和参谋部人员配置，而且介绍了160多名指挥官的姓名和建制，披露了当年刚成立的装甲师步兵小队。希特勒闻讯大怒，认为这是严重的泄密事件。后来，雅各布被绑架到柏林，经审问才知道，原来他的材料全部来自德国报刊上的零星消息，他只是对零碎材料汇集分类、分析综合、追根溯源，从而探索到了德军的机密。雅各布事件给信息分析学界的重要启示就是，不要小看零碎的信息，这些看似零碎的信息如果落在专业的信息分析人员手里，就可以像拼图那样拼合成为事实的全貌。正是因为这样的原因，有人将这种见微知著、窥斑见豹、由此及彼的研究方法叫作追溯学③。

北京长城企业战略研究所创新驱动"三方法"，即80/20/4法则，实现创意，必须从抓重点的20％到抓关键的4％，抓住关键少数；东方头脑风暴法，要通过融合东西方思维优势，激发创造性的思维；长板理论，新经济条件下，长板决定企业及一个区域的核心竞争力，决定其能够整合资源的数量。创新驱动三方法，对于开展智库研究，有一定的启发和借鉴意义。关键少数方法，启示我们在进行海量信息的分析过程中，要抓重点，将解决问题的思路聚焦到重点问题和重点领域；东方头脑风暴法，启示我们在讨论问题和进行创新思维的时候，不能移植或嫁接西方理论，要充分考虑国情省情地情；长板理论启示我们在提出问题解决方案的时候，既要关注如何补齐短板，又要关注如何拉长长板。

---

① 陈功：《信息分析的核心》，新星出版社2010年版，第161页。
② 周九常：《三个层次的信息预测》，载《现代情报》2004年第10期。
③ 陈功：《信息分析的核心》，新星出版社2010年版，第169—170页。

智库研究的双螺旋结构①

中国科学院科技战略咨询研究院潘教峰在 DIIS 方法的基础上，提出智库研究的双螺旋结构。该方法强调智库研究的问题导向、证据导向和科学导向，包含"过程融合法"和"逻辑层次法"2 个循环迭代的螺旋结构，该双螺旋均始于研究问题，终于解决方案，形成外循环和内循环的整体体系。其中，外循环是指从整体角度分析智库研究的"解析—融合—还原"过程，以及智库研究的知识层根基；内循环包括基于"收集数据—揭示信息—综合研判—形成方案"（DIIS）的过程融合法和基于"机理分析—影响分析—政策分析—形成方案"（MIPS）的逻辑层次法，由此构成"双螺旋"，分别从研究环节和研究逻辑角度描述智库研究的循环迭代、螺旋上升过程。

定性与定量相结合，强化实证意识。定量的方法，主要包括数学法，常用的有多元分析法、回归分析、聚类分析、判别分析等。一方面，要注重通过数学模型解决复杂的问题；另一方面，又要从复杂的数学模型中解脱出来，避免把简单的问题复杂化，用复杂的数学模型验证简单易懂的道理。实证考察法，资料分析和调查思考是信息证据搜集过程中存在的两个互为支持的重要路径，一方面，要掌握大量的背景资料，做关系分析；另一方面，要深入问题发生的现实场景，做深入细致的调研，通过掌握资料的大数据分析与深入现场的大调查结论相结合，相互验证，相互支持，找到事物发展的本源和规律。还有一种实证法是试错法，通过大胆提出假说和猜测，然后去寻找和这一假说不符合的事例，再根据事例对假说进行修正，不断重复这一过程，乃至将最初的假说全盘否定。还有一种方式，专家调查法，就是以专家作为索取信息的对象，依靠专家的知识和经验，由专家通过调查研究对问题作出判断、评估和预测的一种方法。在数据缺乏、新情况或新技术评价、非技术性因素或宏观因素起决定性作用的情况下，必须利用专家调查法来处理。

要注重定量研究。智库报告并不是说纯粹的都是一些理论方面的演绎，

---

① 潘教峰：《智库研究的双螺旋结构》，载《中国科学院院刊》2020 第 7 期。

或者说空口说白话，没有数据、没有事例的支撑。虽然最后提交上去的报告数据并不是那么翔实，过程并不是那么详细，但是，背后一定要有一些定量研究作为支撑，有模型推演、有大数据，这样才能够得出一些比较客观的结论。

要注重实证调查、实证研究。在写智库报告的时候，既要注意运用政府发布的统计数据，同时也要注意运用自己调查得来的一手数据，这两个数据如果说能够互相印证，那么得出来的结论应该说更接近于现实。如果说纯粹地用政府的统计数据来进行写作，那么党委政府的领导是不感兴趣的，因为他得到这方面的信息要比你得到的更多。在高校里做学术研究，要学柏拉图，在智库里做决策咨询研究，要在具有思辨性的基础上，多学习借鉴亚里士多德的实证研究方法。

做超越柏拉图的亚里士多德

亚里士多德师从柏拉图 20 来年，学到了许多知识，但有一些学术思想和观点不同，研究风格上有很大差异。柏拉图偏重于学术思辨，习惯于书斋里的"冥思苦想"，习惯于多角度多维度的思考。但亚里士多德不一样，他偏重于调查研究，在获取国王赠予他的一笔巨大研究经费后，他聘请了 1500 多人的"学术团队"，由这些人负责搜集各种资料，供他进行学术研究。按照现代研究方法分类，柏拉图偏重于价值研究方法，亚里士多德偏重于实证研究方法。柏拉图让后世学者认识到学术思辨的重要性，亚里士多德让后世学者认识到实证研究的不可或缺性；柏拉图让后世学者认识到事物都有多面性，不能只从一个维度看问题，应该从多个维度看问题，这样才会看得全面客观。亚里士多德让后世学者认识到如何在事物的多面性中进行选择，即通过比较、通过实证研究后再作出判断。遵循这一研究方法，亚里士多德在学术上取得了巨大成就，被恩格斯称之为"古希腊百科全书式的人物"[1]。

---

[1] 吴传毅：《做超越柏拉图的亚里士多德——谈如何做好决策咨询工作》，载《学习时报》2015 年 1 月 12 日。

三、全息信息网络是智库核心竞争力，新型智库信息渠道要"五线贯通"

智库是一个信息工厂，信息是智库研究的核心资源，智库研究报告离不开数据的支撑和信息的研判。智库大师一定是信息分析高手。智库生产的原料是信息，智库的终端产品，一般以智库报告的形式来体现，这个智库报告最大的价值，在于能够提供重要的信息点。对于篇幅不长的智库报告来说，创新点、突破点、闪光点的选取非常重要，从某种程度上决定着智库报告是否能转化，找到一个好的归宿。在智库发展的过程中，要"五线贯通"，为智库研究提供稳定的制度化信息渠道。

接通"天线"。智库专家应当能够看到这个问题的天际线，能够熟练掌握中央和上级对这个问题的要求和有关政策，把握世界研究的最前沿和理论研究的最高点，作为智库研究的基本出发点。天线接不通，智库研究就缺少政策和理论支撑，就没有方向感和目的性。

接通"地线"。对研究问题的深入调查和深刻感悟，对有关情况的全面动态掌握，充分汲取人民群众的智慧和营养，这是智库研究成果能够落地的重要前提。现在不少智库研究都是浮在中间，对于基层情况一知半解，支离破碎，无法得出真正的结论。要想决策咨询成果合实情，接地气，必须把地线接好。

接通"内线"。相对于实际工作部门和服务对象决策者来说，智库是外，决策机构是内。智库需求信息需要从内到外，智库成果需要从外到内。智库研究要在实际工作部门布内线，"内部消息"要灵通。当然，这个消息的获取，是通过正常正当的途径，而不能通过不正常的方式获取，更不能违反保密等方面的纪律。一方面是深入实际工作部门内部，了解决策者的实际需求和可以用来研究的重要信息；另一方面，智库内部不同部门、不同专家的资源共享机制要联通，横向协同机制要畅通，形成研究的合力。内线，还是智库专家成员之间的连接线，用项目把智库专家链接起来，智库作为一个人才库，不能是散装的，不能是智库研究个体户的简单相加，必须形成一个富有凝聚力战斗力的有机体。智库内部的结构，一定是有机的，富有生机和活力的。

接通"外线"。这个外线，是智库研究的射线。智库专家，要能够把握与研究问题相关的信息，把问题放在一个更大的范围来参照界定分析，包括国内国外、省内省外的相关情况，可以借鉴的经验、能够吸引的教训、可以获得的启示，等等。这个外线，是小核心，大外围，是智库发展的延长线。新型智库组织应当是一个开放型组织，带有一定的众筹性质。这个众筹，筹划的不是资金，而是智慧，使用的不是加法，而是乘法。智库要聚集不同的专家资源，围绕一个观点充分地展开讨论，甚至进行辩论、争论，形成一个不同思想交汇并且能够发生化学反应的场域。

接通"网线"（数据线）。现代信息社会，信息呈现方式发生重大变革。连通网线，基础层次是信息资料的搜集与整合，能够接近甚至穷尽互联网的相关材料，辨别吸收，去伪存真，集成创新。连通网线，更高的层面，是运用互联网技术，生成大数据，特别是拥有自主知识产权的大数据，为我所用，形成智库的核心竞争力。有专家概括兰德的成功奥秘，那就是：兰德人＋兰德的信息资料＋广泛的关系网络＋人与计算机相结合的分析方法＝多用途政策研究"机器"①。

第三节　智库研究的第四范式

2017年12月8日，习近平总书记在主持中共中央政治局第二次集体学习时强调，要建立健全大数据辅助科学决策和社会治理的机制，推进政府管理和社会治理模式创新，提升国家治理现代化水平。数据和信息，是智库生产的原料。随着社会的发展，获取信息的渠道在不断地拓展，决策对信息和数据依赖的程度在增加。

2020年3月30日，中共中央、国务院出台《关于构建更加完善的要素市场化配置体制机制的意见》，强调要加快培育数据要素市场，主要包括推

---

① 王继承：《兰德公司的成功奥秘》，载《中国经济时报》2012年9月21日。

进政府数据开放共享，提升社会数据资源价值，加强数据资源整合和安全保护。这是中央关于要素市场化配置的第一份文件，强调数据资源与土地、劳动力、资本、技术等一样，都是可市场化配置的生产要素。有分析认为，大数据是新的石油，不但在市场要素配置中发挥着不可替代的作用，特别是在智库研究中，更发挥着举足轻重的作用，大数据在推动着智库研究范式的变革。智库研究的第四范式就是大数据范式。

一、社科研究的范式变迁

图灵奖得主、关系型数据库的鼻祖吉姆·格雷（Jim Gray）将科学研究分为四类范式，依次为实验归纳、模型推演、仿真模拟和数据密集型科学发现。其中，最后的"数据密集型"，也就是现在我们所称的"科学大数据"。《大数据时代》一书的作者维克托·迈尔舍恩伯格博士认为，在生活中的很多部分都能变成数据格式，也就是数据化。当我们数据化这个世界的时候，可以使用流程把数据进行存储、分析，能够从中获得价值。大数据公司的生态系统会形成一个大数据的价值链，包括三种类型的企业，即有技术的企业、有思维的企业和有数据的企业。

传统的智囊更多地凭借自己的经验做出判断和预测，现代智库专家在拥有经验和判断力的同时，更多地依赖各种各样的信息。正是由于信息数量的庞大与繁杂，对党委政府的决策会形成一定干扰。智库专家，在很大程度上帮助决策者对信息进行梳理分析，得出科学的结论，供决策者参考。随着哲学社会科学研究方法的迭代，作为与现实实践紧密联系的智库研究，更应该充分吸收大数据等前沿的研究方法，大数据时代为智库研究范式带来了深刻的变革。从工业时代到信息时代，从 IT 时代再到 DT 时代，不只是单个点上的技术突破、模式创新，而是已经发生了数轮包括"基础设施＋生产要素＋支柱产业＋分工协作网络（商业模式＋组织模式）＋制度与文化"的"技术—经济"范式转移①，这里发生的是模式创新，是范式转移，更是时代变迁。

---

① 阿里研究院：《人类社会正进入 DT 时代 如何激活生产力?》，https：//yq. aliyun. com/articles/33615。

　　传统的智库生产是建立在小数据基础之上的手工作坊，生产的是低端智库产品。现代的智库生产是建立在大数据基础之上的大生产，需要现代化的生产车间、现代化的工艺流程、现代化的品牌包装、现代化的销售渠道。在大数据时代，善于运用大数据成为智库的必修课。智库要建立专业化的数据库，建立跟踪调查点、政策实验室，经过长期积淀，形成自己的知识库、数据库、案例库。

　　智库研究方法和智库专业工具的更新换代，决定着智库专家的迭代。传统的智库专家，在复杂的形势面前显得有些力不从心，智库专家依据经验和观察得出的判断，相对于大数据推导演算出来的结论，显得有些苍白无力。智库研究方法研究范式转型升级已经成为必然，智库专家如果不能适应新的形势掌握新的研究工具，就会被这个时代无情地淘汰。

　　在数据使用上，学术研究使用的数据可以具有一定的滞后性，甚至可以使用若干年前的数据。智库研究必须善于捕捉最新形势的变化，对于数据的使用有更高要求，主要表现为准、新、全、大。一是准，数据要准确，只有准确的数据才能推导出正确的结果。必要的时候，要掌握一手的调研统计数据资料，建立监测点、观察点和政策实践实验室，形成动态的跟踪数据，在决策前、决策中和决策后全程发挥作用。智库要建立自己的数据库，包括外部采集的数据和自身积累的数据。二是新，要使用新数据。决策咨询要解决的是当下的问题，需要采集当下的最新数据，因为当今时代瞬息万变，智库研究要跟上时代。因此，智库报告一般使用本年度、半年或季度数据，至少要使用上年底的数据，一般不能单独使用一年前或者更早的数据（比较和趋势研究，可以进行数据对比）。三是全，开展智库研究，首先要开展稠密的线上线下调研，能够基本穷尽相关的资料数据，并通过不同资料之间的相关性进行相互验证，萃取最重要最核心的数据为研究所用。四是大，要充分运用大数据来开展研究，在海量的数据中总结规律、把握特点、接近本原，充分体现智库研究的时代性特征。

　　大调查与大数据是智库的核心竞争力。大数据时代，抓取大数据的能力和人工智能，能否代替基层调研，是否能够取代智库专家的实践和政策认知？应该是不能。智库研究不但具有工具理性，同时具有更重要的价值理性，需要智库专家的价值判断，需要智库专家对政府工作的熟悉程度、对政策问题的敏感程度、对解决政策问题的悟性程度作为基础。

目前，在重要时间节点、重大公共政策事件的过程中，各类研究主体积极发声，总体上可以分为两类声音：一类是以传统的社科智库专家为主的理性型，基于理论模型和经验经历作出重要判断，提出解决问题的方案；另一类以日益活跃的企业智库为代表，运用基于系统优势的大型调查或者大数据，作图文并茂的实证分析，受到了更多的关注。人们对于权威的认识，在逐渐地由传统专家的理性权威向现代信息分析高手的大数据权威转变。相比较而言，人们更加容易相信大数据得出来的结论。因此，智库研究更加需要大数据、更加依赖大数据，我们正在经历从让事实说话到让大数据说话的新时期。

2020 年 1 月 30 日，由美国宾夕法尼亚大学"智库研究项目"（TTCSP）研究编写的《全球智库报告 2019》（2019 Global Go To Think Tank Index Report）发布。《报告》重点关注"人工智能"和"新技术"对智库的影响，分析 AI 技术的开发和运用给智库所带来的本质性变化，并对此进行全面评估。《报告》认为，第四次技术革命已然来临，数字技术的爆发式增长推动世界进入前所未有之大变局中。传统理论受到质疑，技术发展改变全球秩序的现象不断涌现，这也意味着传统意义上的智库所发挥的效能正在减弱。因此，智库必须转型，紧跟技术进步、借助技术手段，才能提供与时俱进的政策建议，在公共部门决策中发挥卓有成效的贡献。《报告》提出，当前有效的智库应当能够：（1）提供对现代科学、技术进步和第四次工业革命所带来的重大变革的预测、推演；（2）在政策研究、公众事件乃至为机构募集资金时，充分利用"新技术"提升效率、准确性和综合能力；（3）帮助决策者和公众了解"新技术"将对经济、法律和政治制度以及生活方式产生的影响。基于此，智库转型的目标应当是：能够洞察人工智能对未来世界格局的影响，具备战略级别的沟通能力、深度分析能力和广泛的数据收集能力，能够防范"数字偏见"导致的新技术风险等。《报告》还推出新榜单"人工智能（AI）最强智库榜"。中国智库数量全球第三，阿里研究院为唯一上榜的中国企业智库。①

二、大数据时代智库研究范式的重构

智库研究要走出单凭感觉的时代，实行大数据＋方法模型＋理性思考，使决策咨询产品与问题的本源更近；模型分析＋沙盘推演，使决策咨询的方案更加接近问题的本质。

1. 信息分析与智库研究直接"牵手"。从传统的研究看，信息分析与智库研究往往不在一个层面上，需要学术研究之间的过渡。也就是说，首先需要对信息资料进行分析，形成学术层面的知识和理论，再经过智库专家的加工，转化为思想和战略。在现代分析手段和第四研究范式之下，信息分析与智库研究之间，可以突破传统的学术理论研究的过渡而直接"牵手"，把知识加工和思想生产合并在一起，进一步提升智库研究的效率，增强智库服务决策的效能。

2. 智库研究的小数据与大数据。在传统的图书时代，信息的搜集主要依靠图书馆，图书馆作为信息的集中地，是信息和知识的枢纽，更是开展学术研究的资源宝藏。在信息社会、大数据时代，智库研究既要依赖图书馆里故纸堆里的基本理论支撑，更需要通过现代信息手段形成的大数据的事实逻辑支撑。智库研究，要充分整合信息与知识，理论与数据，通过人文与科学的联姻，定性与定量的结合，实现大数据时代智库研究范式的根本性变革和战略性转换。对碎片化的信息进行整合，对各学科的知识进行融合，将知识优势、技术优势转化为智力优势、咨询优势。反对"拍脑袋"咨政，倡导大数据咨政（不能以专家拍脑袋代替领导拍脑袋），把大调研"爬山"与大数据"爬虫"有机结合起来，提升研究精度、纯度、感知度，产出更多精确、严谨、前瞻的决策咨询产品和思想成果。

3. 新型智库与人工智能和时代智商。随着人工智能的发展，机器能否代替人类做出决策，智库是不是会过时？应当说不会，将来的情形可能是，以自然科学驱动为主的人工智能与以社会科学驱动为主的新型智库的双智

---

① 阿里研究院：《中国智库数量全球第三，阿里研究院为唯一上榜的中国企业智库》，https：//www.sohu.com/a/370818605＿384789。

联动，促进人类社会技术和社会思想全面进步。智库需要自然科学参与，自然科学专家需要有智库专家的思维，在关注技术问题的同时，更加关注技术背后的实际问题，关注背后实际问题所关联的政策制度和法律。在人类社会进入双智时代的当下，人工智能主要推动技术层面的进步，新型智库主要推动治理层面的进步，两者共同推动建设一个高智商和现代治理的社会。

三、智库运用大数据研究的案例分析

大数据具有较强的可感性。智库研究的思维，要逐渐从用事实说话转换到用数据说话，到用大数据说话上来。智库专家不能仅仅"跟着感觉走"，需要基于大数据的判断、基于学术的理性和基于实践的感性。大数据中包括大逻辑，但大数据仍然是现象，当大数据还不够大的时候就面临着片面性的问题，大数据也会存在一些假象或表面现象，需要进行科学的大数据分析。

案例分析：江南大学食品安全风险治理研究院吴林海教授团队，2019年撰写的题为《十年来××省食品安全事件的基本特征与治理路径》的研究报告

报告导语和第一部分内容如下：

我们利用大数据挖掘工具，分析了在2009—2018年间由国内主流网络媒体报道的××省发生的食品安全事件的基本特征，剖析了主要成因，并提出建议。

一、十年来××省发生的食品安全事件的基本特征

1. 事件发生量较大且在全国排名靠前。2009—2018年××全省共发生食品安全事件19039起，平均每月发生量约158.7起，十年间食品安全事件发生量高居全国第三位。其中，2009年至2012年全省食品安全事件发生量呈上升趋势，并在2012年达到峰值。2018年，全年全省发生了793起事件，平均每月发生量约66.1起事件，每月发生量仅为十年间平均值的41.65％。

2. 食用农产品尤其是水果、蔬菜是最具风险的食品。十年间，全省食品安全事件发生量排名前五位的食品种类依次为食用农产品

（4785 起）、淀粉及淀粉制品（1562 起）、调味品（1245 起）、食糖（1225 起）、粮食加工品（1163 起），此五类食品安全事件累计发生量占全部事件量的 52.41%……

本报告报送后，得到省政府分管领导的关注和批示。本报告的主要说服力，就在于运用了十年来的大数据。因为相关的统计数字，省分管领导和有关部门会有固定的来源渠道，很难产生新意。本报告选取国内主流网络媒体的相关报道，时间跨度 10 年，既纵向分析演变的趋势，又横向上与全国和其他省份进行对比，具有较强的说服力和冲击力。

第四章　新型智库产品的加工创造

兰德公司创始人弗兰克·科尔博姆认为，智库就是一个"思想生产中心"，一个异想天开的"头脑风暴中心"，一个敢于超越一切现有智慧，敢于挑战和蔑视现有权威的"战略思想中心"。智库产品具有思想性和咨询性，智库产品的生产和创作，必须充分把握思想产品的特点，遵循思想生产的规律，不断探索思想产品生产的理论和方法。

第一节　智库产品的主要类型

一、智库报告的概念

1. 智库研究报告，不同于一般的调查研究报告和政策研究报告。人们说话写文章，主要有两个目的：说明和说服。智库报告的主要目的是说服。为了说服，需要必不可少的说明。但说明性的文字不宜过多，特别是要避免常识性的说明文字。

调查报告重点在调查，把调查的问题讲清楚就可以了。调查报告是以发现问题为导向的，找到问题，把问题清晰地描述出来。调查研究报告，不但要调查还要研究，在调查的基础上研究，比调查更进一步。调查研究报告以研究问题为导向。研究问题，把观点清晰地展示出来。调查研究问题，不一定是跟政策相关的，研究的目的，有可能是仅仅弄清楚问题的真相，并不一定指向公共政策本身。决策咨询报告，必须着眼于政策问题的解决，以解决问题为导向，向决策者提出可以解决的思路，把答案清晰地展示出来。总之，决策咨询报告，重点在于解决问题的方案，对于问题的分析仅仅是必要的前提和铺垫。

智库报告与政策研究部门研究报告的区别：前者主要聚焦于围绕党和政府决策亟待解决的重大课题，开展针对性、前瞻性和储备性政策研究，着力于提高综合研判和战略谋划能力；后者以服务于党和政府的日常工作为目标，主要着眼于提供具体的政策方案。前者与党政部门保持一定距离，相对超脱，可以相对客观、冷静、不受干扰地进行研究和判断，具有一定的独立性；后者系党政部门工作的组成部分，其研究工作难免与其所属党政部门的立场、观点"拴"在一起。

2. 智库研究报告，不同于领导讲话。领导讲话，往往是在比较严肃正式的场合对工作的安排与部署，具有较强的政治性、政策性、权威性。从语气上，更多的是以上对下的口气，是命令执行的口气，多用祈使句，主要是讲意义、提要求。智库研究报告要有一定的重点、棱角、个性，特别是内部的智库报告，在坚持政治原则的基础上，可以大胆创新，围绕一些重要前沿的问题进行探索。在内容上，不面面俱到，力求突出重点，大而全的智库报告一定不是好报告。在语气上，智库报告要避免过多地用祈使句式、命令口气，避免居高临下、颐指气使，多用委婉的语气提建议。

3. 智库研究报告，不同于出点子、上奏折。智库呈送决策咨询报告与古代智囊"进谏"和现代咨询公司"出点子"有着明显不同。前者的重点是围绕情况、事件和问题提出系统化的、有坚实的学理支撑和方法论支持的政策建议和战略建议；后者虽也可纳入智库工作的清单范围，但它往往是一事一议、就问题说问题。前者必须是建设性的，既不能满足于发现问题，也不能止步于批判现实，而要在发现问题、批判现实的基础上拿出解决问题的有效方案；后者可以是简单地摆出问题或提出批评性意见，可以仅仅是有创意的点或者条目。而且，新型智库作为一个社会机构以第三方的身份参与公共政策，与古代智囊的个人参与、咨询公司市场化参与的角色有所不同。

二、智库成果的种类

与智库功能相对应，智库成果形式也是多元多样的，体现为短期产品与长期产品相结合，理论产品与咨政产品相结合，短平快的决策咨询报告与具有长远战略意义厚重的"大部头"相结合。根据智库的五大功能，我们可以找到智库产品的主要表现形式和主要产品类型（见表4.1）。

表 4.1　智库产品类型与智库功能的对应性

	功能类型	主要表现形式	主要产品类型
1	咨政建言	内刊专报	内部咨询发言，决策咨询报告等建议类
2	理论创新	公开发表	与现实政策问题相关的理论文章和著作
3	舆论引导	公开发表	形势政策解读，公开演讲
4	社会服务	内部或公开	第三方评估报告，专业咨询报告
5	公共外交	内部或公开	国际问题研究报告，智库成果国际化传播

根据智库产品形态的层级，可以分为智库产品的初级形态、中级形态和高级形态。资料性的产品只是初级的智库产品，或者是智库的半成品。决策咨询报告是智库产品的中级形态，也是主要形态，在服务决策上具有短平快的特点，但具有较强的针对性和时效性，等时过境迁之后其意义和价值有可能会打一定的折扣，甚至是大打折扣。智库产品的高级形态，应该是能够引领时代的有思想含量、理论分量和过硬质量的原创性著作。智库研究要有深厚的积淀，在党委政府决策咨询需要时能够厚积薄发。智库成果要有一定的沉淀，既有短平快获得领导批示的应急性决策咨询成果，又有大部头的能够产生重要影响力和持续影响力的力作。作为依靠决策咨询影响决策的智库，真正能够影响人类社会思想进程和社会发展大势的产品，是多年来精心创作的具有颠覆性创新的著作。如罗马俱乐部于1972年发表的第一个研究报告《增长的极限》，它预言经济增长不可能无限持续下去，因为石油等自然资源的供给是有限的，设计了"零增长"的对策性方案，在全世界挑起了一场持续至今的大辩论。《增长的极限》成为有关环境问题最畅销的出版物，引起了公众的极大关注，卖出了三千万本，被翻译成三十多种语言。

根据智库研究问题的性质，智库研究成果可以分为思想层面、战略层面和政策层面。真正的高端智库，不是依靠应急研究，临时抱佛脚，而是着眼于发展战略，开展长期、持续、跟踪的研究，辅之以大量的数据、事例支撑，形成思想和战略层面的重要成果。

根据呈现途径不同，可以分为以报送决策者为主的内部报告，以面向社会公开发表为主的外部报告。其中，公开发表的又可分为公开出版的专著类成果，在宣传性报刊上发表的理论文章，在学术期刊上发表的学术论文，在多媒体和自媒体上发表的成果。当前，智库成果传播形式呈现多元化的态势，部分智库类研究机构通过自媒体推出的智库报告产生了广泛影响力。

根据决策需求的明确程度，有命题作文式，根据决策者的要求形成的研究成果；有自由投稿式，智库专家主动瞄准问题和需求形成的研究成果。决策咨询的方式是"询"，决策咨询研究的方式是"咨"，智库专家服务决策具有较高的热情，在很多情况下是主动服务，不"询"而"咨"。

根据报告详细程度和长度，可以分为智库报告的完整版与简版。智库报告的篇幅长短不限，科学的结论必须有翔实的数据资料和严密的逻辑支撑，建立在科学的论证过程之上。智库成果的转化，往往先是以简版的形式出现，是智库报告的高度浓缩，用2000字左右的篇幅，能够把问题说清楚，点明问题的实质，找到解决问题的方案。

根据智库参与公共政策链条的环节和智库专家的作用点，可以分为前端产品、中端产品和后端产品。政策形成前，专家对相关问题进行理性分析，提出问题解决的方向、思路和建议，供决策者参考；政策形成中，专家参与公共政策的讨论，提供相关的意见建议；政策形成后，对公共政策实施的效果进行第三方评估，是智库专家影响公共政策的重要方式。

另外，根据报告的内容，可以分为经济类、政治类、文化类、社会类、生态类等。根据报告涉及的领域和视域，可以分为研究宏观问题的智库报告、研究中观问题的智库报告和研究微观问题的智库报告。

需要说明的是，智库成果的种类有很多，以直接服务决策为主要目标的决策咨询报告只是智库系列产品中的一种，是智库产品的最主要和最直接形态。智库发展要走出仅仅依靠碎片化的决策咨询报告打天下的误区，形成更加多样丰富的决策咨询成果体系。

第二节　智库报告的精准生产

决策咨询报告具有特定的读者群体，决策咨询服务的指向鲜明，在研究问题的立场和态度上鲜明，影响决策和决策者的目标鲜明。决策咨询报告就是在把事情说明白的基础上，提出有针对性的解决方案，最终目的是完成思想的推销，说服决策者接受自己的思想、观点或方案。智库报告需要求实、求真、求善、求新，在生产的过程中，需要做到五个精准。

一、服务对象精准：熟悉客户，练好基本功

谁是我们的客户呢？智库是为公共政策服务的，党委政府的决策者就是智库最主要的客户。智库要增强顾客意识，要分析认识我们的客户。智库重要不重要，有没有价值，不取决于智库专家自身的感觉，而是主要取决于智库服务对象——决策者的认同。智库不能靠所谓的活动和曝光率来刷存在感，要有自己的拳头产品，有自己的品牌，有自己的核心竞争力。智库专家要增强政策素养、政策感觉、政策感悟和政策观察的直觉和敏锐性。智库的工作是主要为党委政府领导决策服务的，服务是否到位、是否做得好，很大程度上取决于能否把握决策部门的意图和决策者的思想，能否满足领导的决策需求。智库专家需要定时定期与党委政府所属的政策研究机构保持沟通联系，即时了解党委政府关心关注的中心任务和重点工作，熟悉了解重大决策部署和重要工作任务的实际落实情况，为承担政策研究、决策评估、政策解读等奠定基础。从某种意义上说，影响决策是智库报告的第一目标和价值追求，不能够转化的报告都不是好报告。当然，做决策咨询研究工作，应该做到科学研究、坚持真理、坚持客观公正、敢于直言，既要把握决策者的意图，也要坚决防止不顾客观规律一味迎合领导、投领导所好的错误做法。有些时候，甚至可能在多数情况下，智库专家跟领导

的观点并不一致，智库专家要根据有关部门提供的信息，对自己的观点进行再论证，看是不是由于信息不对称进行了误判。一旦确认自己的观点是正确的，不管决策者是否认可和接受，智库专家都要敢于亮出自己的观点并且能够坚持自己的观点。

智库专家应善于研读各类政策文本，要梳理清楚所研究领域在国家和省级层面的重要思路和决策，也就是要知道当前党政的主要工作方向、目标、任务和重点，然后结合现实问题，寻找到研究方向与解决方案。

智库专家有效服务决策的过程，就是与决策者开展心灵对话的过程。智库专家能否与决策者对上话，智库专家的话决策者能否听得进，取决于智库报告的质量。在做决策咨询报告时，通过书面的形式呈送智库报告，要想象成相当于有3分钟的当面汇报工作的时间，或者给智库专家5到10分钟的书面发言的机会。要认真地分析论证，需要汇报什么，什么内容不需要汇报，以什么样的语气汇报。还要想象到，就像在一个会议上发言，领导会听很多专家的意见，关于一个热点问题，会有许多建议送到领导案头，你的建议，让领导眼前一亮的点是什么？如何能够让领导尽快地"GET"到这个点？当然，这个发言机会，与当面座谈不同，如果题目、摘要和开头无法引起决策者的注意，可以直接忽略，也就是说，在经过了决策辅助部门把关，书面报告进入决策者视野之后，会获得发言机会。这个发言机会，如果质量过硬，可能是10分钟或更长；如果质量一般或较差，可能几秒钟就过去了。对于繁忙的决策者来说，与系统内运转的正式公文必须办理的要求不同，智库通过内刊呈送的研究报告，属于决策者的"课外作业"或者说是选修、选读课程，在时间和精力允许的情况下才会关注并认真阅读。特别是近年来，随着智库建设的兴起，各类智库报送的成果数量成倍增长，现在不少人讲，决策者每天收到的各类决策咨询资料可以用麻袋装。因此，决策者只有挤时间、有筛选地做一些浏览和研读。因此，智库类决策咨询报告要向微型化、网络化、信息化的方向发展。相较智库报送的决策咨询报告，办公厅信息部门编报的信息，更容易受到决策者关注并批示，一个重要的原因就是信息的时效强、篇幅短、聚焦准。

参照有关智库专家的观点，在此提出智库决策咨询成果的"3696"

标准。

3：3页纸，篇幅在2000字以内为宜。

6：6段话，现状、问题各一段，再加上4条左右的建议。

9：受过9年义务教育的人都能够看得懂。智库类决策咨询报告，不需要复杂的公式、定理、概念和模型，主要是说明并简要证明自己的观点。

6：6秒钟内能否让决策者把握主要观点并且产生阅读的兴趣，作出要不要继续看下去的决定。如果决策者对内容比较感兴趣，会认真阅读下去，并且就成果是否需要批示或转化做出决定。如果决策咨询报告不能在短时间内引起决策者的注意，成果转化的时间窗口可能就消失了。

平面媒体的信息容量和决策者关注决策咨询信息的精力，都决定了智库产品的形态的多样性，需要智库内容、风格和传播方式的创新。以书面报告为主的平面媒体传播信息，其生动性、直观性与面对面交流相比，具有较大的局限性。要处理好"中餐"与"西餐"的关系：一方面，要做成信息快餐，吸引眼球，通过花色品种吸引决策者注意力；另一方面，做成需要细嚼慢咽的中餐，开发一些具有技术含量的深度产品。做智库研究是需要靠实力说话的，不能摆花架子，不可过分追求新闻效应，不可过分地追求形式，需要形式上很美、骨子里更美。

智库服务公共政策，在公共政策的不同环节，服务的重点有所不同。决策前，服务的重点是决策者，主要产品形式是决策咨询建议。决策后，智库专家一方面可以对政策实施情况进行第三方评估，再就是服务的重点转向社会公众，通过智库专家的宣讲和解读，把党委政府的政策完整地准确地传递给公众。因此，智库要处理好服务小众与引导大众的关系，在智库研究中认真践行以人民为中心的发展思想，始终坚持以人民为中心的研究导向，强化以人民为中心的咨询取向。

二、研究对象精准：瞄准问题，确立政策靶

所谓问题，管理界普遍将之定义为"理想状态与现实状态之间的差距"。问题是研究的起点，要解决问题，首先需要对问题进行准确的界定，厘清问题的边界。智库专家研究的问题是真问题，不是假问题，不是拿假设的结论来验证。研究问题的目的是解决问题，而不是问题本身。在充分

占有资料的基础上，对各类信息进行全面深入多维的分析，对问题进行不断地提炼再提炼，成功地找到并且能够清晰地界定、准确地描述问题，智库报告的撰写也就成功了一半。

智库研究的问题从哪里来呢？首先要探求一下这个问题的来源渠道，问题主要是从理论与实践、应然与实然的差距当中来，从日常的观察思考当中来，从党委政府的一些讲话和政策文本中来，特别是其中提到的需要研究、创新和探索的问题，都值得智库专家更多关注。比如，江苏省决策咨询研究基地的选题指南，就是根据省委省政府年度工作要点提炼的，根据省里重要的会议和文件精神整理形成的，从实际工作部门征集过来的。所以说我们要精准地理解问题，以党委政府当前关注的问题为关注，以党委政府需要关注的问题为关注，善于把领导关心的问题变成自己研究的问题，把自己研究的问题变成需要领导决策的问题。

有些时候，提出问题比解决问题更重要。爱因斯坦说过，"提出一个问题往往比解决一个问题更重要，因为解决一个问题也许是一个数学上或实验上的技能而已。而提出新的问题、新的可能性，从新的角度去看旧的问题，都需要有创造性的想象力，而且标志着科学的真正起步。"陈功先生《信息分析的核心》封面上有这么几句话：一流学者"发现"问题，二流学者"解决"问题，三流学者"讨论"问题，四流和不入流的学者"研究"问题。大师们需要做的事情，就是发现、发现再发现。陈功先生结合哥德巴赫猜想进一步分析，如果哥德巴赫作为问题的发现者是"一流"学者，陈景润作为问题的解决者是"二流"学者，能够参与问题讨论的学者们是"三流"学者，而其他学者包括观众恐怕只是"四流"或是根本"不入流"。

优秀的智库专家进行决策咨询，实际上是与决策者进行心灵的对话。智库专家与决策者的关系：第一种情况，决策者提出问题，智库专家寻找解决问题的方案，供决策者参考，在决策者决策过程中发挥辅助作用；第二种情况，智库专家提出问题，通过引起决策者的注意而进入政策议程，从而推动决策者调动更多的研究资源解决问题，当然在这一过程中提出该问题的智库专家最好能够发挥引领作用。相比较而言，在第二种情况下，智库专家的意义更大。从这个意义上来说，智库专家更多的责任是帮助决策者发现问题，而不是帮助决策者解决问题，主要的是帮助决策者提出解决问题的理念和思路而不是解决问题的具体办法。

智库专家需要严谨。智库是带着挑剔和批判的眼光来看政府的，但智库专家不会为批判而批判，而是在批判的同时找到正确的方向或者解决问题的办法。如果没有更好的解决方案，智库专家就不要对公共政策妄加评论。正如毛泽东同志所讲的，"调查就像'十月怀胎'，解决问题就像'一朝分娩'"，只有深入挖掘问题，才能提出有效对策。给领导出主意、提建议，要着眼于事关大局的大事，着眼于"牵一发而动全身"的工作。问题范围的界定和标题的拟定，要聚焦决策最需要、发展最前沿。对于一个问题，从什么样的一个角度来观察、来切入，有纵向的视角、横向的视角，有宏观的视角、微观的视角。一篇咨询报告解决的问题是有限的，它不可能解决所有的问题。智库研究报告的选题更多的是着眼于中观偏微观层面，要能够接地气，要能够解决一些实际问题。随着我们国家治理的顶层设计越来越完善，在这种情况下，这些年的智库跟前几年的智库不一样，前几年的智库可能是出一些点子就行了，现在智库更多的责任是结合中央的政策，结合地方的实际处理好一域与全局的关系，拿出能够解决这个地方具体问题的一些实际方案。当然，不同的智库的视野是不一样的。国家智库还要研究国家层面的一些宏观问题，省级层面的智库更多关注具体政策层面的问题，市和县等基层智库，主要是关注政策落实层面的问题。再就是在写咨询报告的时候，你要考虑你这个咨询报告是交给谁的，如果说是写给省级领导的，那么你对一个市的数据的分析和得出来的一个结论意义并不是很大。如果说你深入到某一个领域，你说教育行业有哪些问题需要怎么来改进是可以的。但是如果说你写教育领域的某一个很小的具体问题，就可能难以得到省级决策者的关注。也就是说，智库专家研究问题要与领导站在同一个层面上来观察问题，所研究的问题是这个层面的领导能够关心到、关注到的问题。特别是决策者对一个决策咨询报告进行批示，一方面是对报告的观点是否认同，另一方面还取决于是不是自己分管的领域，很少有决策者会超越自己的分管领域和职权范围对智库成果做批示。

智库成果报送的最佳时间节点问题。围绕重大问题和重要政策进行的对策建议性报告：五年规划方面的建议，规划出台前半年左右；拟在重要会议上出台的相关政策问题，针对这类问题提出的政策建议，报送的最佳时间是会议召开前 1 个月左右的时间，这段时间是决策者到基层调研时间最集中、思考最集中的时期，是组织有关人员对文件初稿进行征询意见的时期，也是起草和修改决策者针对政策问题发表讲话的时期。总之，近期需要对问题拍板，需要集中思考，决策者的主要精力和注意力都在这个问题上，有新的观点比较容易引起决策者的注意。

要想把一个简单的问题搞复杂很容易，但要把一个很复杂的问题讲简单，用大众化的语言把它精准地表达出来，是需要一定功底的。作为智库专家，要清楚究竟谁比谁懂得更多，谁比谁知道得更多，谁比谁聪明，谁比谁更有智慧。如果能够通过自己的知识积累、信息搜集、实践观察和理性思考，与其他智库专家相比，与决策者相比，成为"前一个谁"，专家就是名副其实的专家；如果与其他智库专家和决策者相比，只能是"后一个谁"，那么，所谓的智库专家也就只能是"砖家"。

紧紧围绕"问题"展开，无论是问题的真相和全貌、问题的本质和规律，还是解决问题的思路和对策，都是以"问题"作为落脚点和出发点①。可以说，问题意识强否、能否抓住关键问题，将决定智库研究工作的成效。智库研究要聚焦问题，研究对象精准，研究内容聚焦，对策建议要有针对性，做到有用管用、精准精到。

智库专家在研究的过程中，不能"提前预设调子"，即带着自我观点，将导致调研者在调研过程中有意或无意地重视与自我观点相符合的信息，忽视与自我观点不一致的信息，调研结果必然会偏颇②。要根据掌握的论据确立观点，对原有的观点进行验证，用数据和事实说话；而不能根据观点去找论据，对党委政府的政策进行简单的诠释、印证。

德国数学家希尔伯特（David Hilbert）1900 年在国际数学大会上提出23 个数学问题，后来统称为"希尔伯特问题"。有人请教他提出数学问题的

---

① 郑传贵：《调查研究应注意的十个问题》，载《学习时报》2017 年 4 月 21 日。

② 同上。

秘诀，他回答说，他会在散步途中向遇见的路人解释他提出的问题，如果10分钟之内对方能听明白便是好问题。可见，一个好问题的提出过程同时也是一个不断提炼的过程。同样，如果智库专家撰写的智库报告，能够让一个外行人在1分钟之内能够看大概，3分钟之内能够看明白，就是一个好报告。智库报告不是故弄玄虚、故作高深，而应该是大道至简、一语中的。

智库专家，更重要的是发现问题，提出问题。其次才是分析问题、解决问题。在发现问题之后，以什么样的方式，在什么时间和场合，用什么样的话语，提出问题，让决策者能够关注和接受。一般来说，智库专家要围绕问题提出建议，提出思路和政策方向，把具体的实施方案和政策作为后话，或者交政策部门研究，或者智库专家继续开展后续研究。

智库研究要选择适合的切口。研究主题指的是社会研究所涉及的现象领域或问题领域。一般来说，一个研究主题中，可以包含许多个不同的研究问题。而选择研究问题的过程，则常常是从宽泛的研究主题开始，逐步缩小到更为集中的问题，是一个从一般到具体的过程。在界定问题的时候，一定要选择一个适合的切口，避免过于宏观或者过于微观。过于宏观，一个是地域过于宏观，给省领导讲国家层面的问题，向国家层面提建议，省领导如何批示？一个是问题的截面过于宏观，总以为领导什么都不知道，什么都想说。过于微观，主要是选择问题的地域过于微观，选择的问题的领域过于微观，选题问题的视域过于微观，这都不利于成果的转化。

三、研究内容精准：内容为王，增强说服力

智库研究要注重研究方法的综合与系统，注重实证调查，注重定量研究，逻辑清晰，方法科学。在内容上，决策咨询要站在客观的立场上，拉近决策主体与决策客体之间的距离，更好地为决策者服务，增强决策咨询研究的创新性、前瞻性、建设性、可操作性。

创新性。创新不是标新立异，不是与政府唱对台戏。智库专家要避免人云亦云，认识问题要有新视角，分析问题要有新工具，解决问题要有硬核举措。智库专家要为党委政府提供宏伟谋略，从长计议，而不是权宜之计。智库专家不但要帮助决策者解近忧，更要帮助决策者谋远虑，想决策者所未想、将想、应想，聚焦战略性、前瞻性问题。史学界泰斗茅家琦曾

经讲过做学问的三个层次"见所常见，思所常思；见所常见，思其思所未思；见所未见，思其思"。第一个层次，我观察的是大家经常观察的，我思考的是别人经常思考的；第二个层次，我观察的是大家经常观察的，我思考的却是别人虽然在思考但是没有思考到的；第三个层次，我观察的是别人尚未观察的，我思考的是别人尚未思考的。智库专家为决策者提供咨询服务，同样需要经历这样的三个阶段。

建设性。在解决问题这一终极目标上，智库专家与决策者应当是同向的，尽管智库专家在思维上可以与决策者同向也可以逆向，但与政府开展建设性的对话、共同寻找解决问题的方案是智库研究的基本前提和出发点。智库专家的创新，不能和政府唱反调，更不能发一番牢骚算完。智库专家在开展智库研究与撰写决策咨询报告的时候，要坚持不跨界、不跑调、不说外行话；不跟风、不摇摆、不唱对台戏。也就是说，智库专家提出来的对策建议应该是一个建设性的，站在政府立场上思考问题，用理论的武器和发展的眼光对公共政策问题进行批判和挑刺，从建设性的角度给政府提一些务实管用可操作的建议，供决策者参考。

前瞻性。智库主要帮助政府解决战略性、前瞻性问题。决策部门和决策者要作出正确的决策，必须有前瞻性和预见性。智库作为"参谋"部门，不但要为领导者"解近忧"，更要为领导者"谋远虑"，要做到超前思考、超前探索、超前研究、超前谋划，有预见性地研究问题，不能领导知道的你不知道，领导不知道的，一问你也三不知，当参谋就不合格。政策研究要聚焦当下，对策研究要着眼未来，这在很大程度上就是政策研究和对策研究的一个不同。政策研究是党委政府的政策研究部门在问题到达一定阶段之后要出台政策了，要把智库的观点、专家的观点、领导的观点综合起来形成一个政策文本，这是政策研究。政策研究要就事论事，要聚焦当下。而智库所从事的对策研究更多的要着眼于将来，要帮助政府来考虑明天和后天的一些事情，不仅仅是今天的一些事情。

可操作性。决策咨询成果的价值在于对问题解决的指导功能，而指导功能主要体现在决策咨询的对策方案是否具有实用性和可操作性。是否可转化、可应用，是否务实管用，是决策咨询成果与学术论文最大的差异。

学术论文可以包括抽象的理论分析框架，具体的原则和指导思想等，但决策咨询成果应更多体现在理论分析基础上提炼出对实际工作有指导意义的方案和思路①。对实际部门来说，决策咨询成果主要为其决策提供建议和指导，便于操作显得尤为重要，具有切实的操作性和实用性是决策咨询成果的生命力。做智库比较高的一个境界，就是把自己的文章变成政府的文件，把自己的对策变为政府的政策，把自己的观念变为政府的施政理念，把自己的一些思路变为当前政府解决问题的出路。特别是在提出对策建议时，要明确政策实施所面临的若干约束条件，不能动不动就采用行政的思维，加强组织领导，成立领导小组，建立办事机构，加大工作投入；要充分考虑到新成立机构的必要性、可行性和机构、编制、人员和经费等方面的约束条件。

四、语言表达要精准：精心打磨，过好转化关

决咨成果的语言要求简洁明了，观点突出，能将问题说明清楚和透彻，使对策方案通俗易懂、便于执行，达到决咨成果的基本要求②。在语言表述上，宜简不宜繁，宜实不宜虚，宜明不宜暗，宜委婉不宜过激。

第一，转化关。对于大多数长期从事学术研究的智库专家来说，存在着一个话语体系转换的问题，需要把学术语言转化为政策语言。学术研究有一些句子比较长，特别是从欧美翻译过来的一些语言，表达方式上会用很多概念，做咨询报告则要善于进行政策化的一些表达，把话语体系转换过来。要熟悉政策语言，尽量朴实而又生动，避免表达的学术化和复杂化。而且咨询报告要以党委政府决策者能够快速捕捉重要信息的语言风格进行书写，善于进行政策化的表达。决策咨询报告不应突出学术、理论的梳理，要突出问题的周延分析和解决方案。

第二，语气关。做智库报告不是教师给学生上课，写政策报告最忌讳的是摆教师的架子，动不动就是我给你解释一下，或是这件事情不能这样做，有什么毛病，你怎么知道他知道得不比你多③。做智库报告不等于领导

---

① 董幼鸿：《怎样写好决策咨询报告》，载《学习时报》2015 年 6 月 29 日。
② 同上。
③ 何帆：《如何提高政策研究水平？》，湖南智库网，https：//www.hnzk.gov.cn/zhikuyanjiu/3280.html。

讲话，不能四平八稳、大而化之，要拿捏分寸、恰到好处。有的政府研究机构说有些智库写出来的报告就像领导讲话一样，在语气上总是居高临下，完全用号召、祈使、命令的语气。如果说领导讲话比较注重全面的话，那么做智库报告就要更多突出一些重点。

智库报告的运转，具有一定的公文性质。从智库报告的属性看，智库报告不是下行文，应当介于上行文和平行文之间。既然是报告，就带有上行文性质；同时，又是专家平等参与有关决策、与决策者协商的一种方式，具有平行文的属性。在一般的公文中，比如指示、命令、决定、讲话、意见、通知等公文，提倡什么，反对什么，要怎么办，不该怎么办，多是使用指令性的语言。而调查报告这种文体多是用于个人向组织报告，用于下级向上级报告，用于部门向上级报告，提倡什么，反对什么，强调什么，注意什么，多是用探讨性的语气，很少用指令性的语气①。智库报告也是如此。

高校教师写决策咨询报告，要跳出四个惯性：一是跳出教师身份的思维惯性。在写决策咨询报告时，自己的身份已经由一名教师转变为一名决策咨询工作者，党委政府决策的参与者。而且特别需要注意的，对于决策咨询报告来说，阅读对象不是具有专业知识背景的学生和同行，而是对于专业知识可能有所了解但并不深入，而且不关心学术问题本身、主要关心的是学术能否解决现实问题，具有较强现实问题导向的决策者。二是跳出学术的思维惯性。不能运用写学术论文的思维去写决策咨询报告，必须在明确两者之间联系和区别的基础上，向着决策咨询报告的方向努力。三是跳出贪大求全的惯性。作为高校教师，很少有机会直接为党委政府决策服务，由于上报渠道的限制，能够进入决策者视野的机会和数量有限。高校教师在撰写决策咨询报告时，不要企图把所有的思想和观点都在一篇报告中表达出来，就像难得有机会见决策者一面，有机会了什么都想说。要知道，决策者的时间和精力有限，决策者获得信息的渠道有很多，要把自己的创新点，最有特色、最有价值的内容表达出来，把在当时场合和时空条

①　隋福军：《谈调查报告的写作及应注意的问题》，载《应用写作》2004 年第 2 期。

件下最需要表达的内容表达出来，做好观点内容筛选和决策咨询报告"瘦身"的工作。四是跳出一味批判的惯性。智库学者需要具有批判思维，但是中国特色新型智库不是党委政府的反对党，智库专家的天职不是批判而是建设。当然，既然智库专家要坚持问题导向，这个问题，可能是现实社会中存在的、需要决策者关注并解决的问题，在这种情况下，需要智库专家以批判的态度来看待政策和社会问题。这个问题，也可能是目前决策者已经解决或者正在解决、但解决的思路和方案存在偏差需要进一步矫正的问题，特别是由于政府的疏忽或者不作为所导致的问题，在这个时候，问题以及与问题相关的决策者也就成了智库专家"批判"的对象。但无论哪一种批判，都是建立在最终帮助党委政府解决问题的目的之上，建立在提出系统精准的建设性建议之上。一般来说，智库研究应当研究有解的问题，无解的问题不应当是智库研究的对象，不能乱批评一通却提不出解决问题的方法。

相对于一般智库专家现状、对策、建议的思路，智库大咖往往能够结合多年的理论研究成果，对于所研究的问题给出一个重要的判断，这个重要判断，是作为一种观念，智库专家向决策者表达的重点，也是作者提出解决问题方案的基本原因和逻辑出发点。智库专家要自信，但不是盲目自信，特别是要有理论上的自信。这个理论自信，是指专业知识、理论修养和学术积淀等方面的自信，智库研究必须建立在扎实的学术研究基础之上。智库专家在撰写智库报告时，语气应该是肯定的，不能含糊，己不信不能信人，自己都不能确定的事情，如何能说服决策者相信？以己昏昏不能使人昭昭。另一方面，鉴于决策条件的复杂性和事物发展的不确定性，对于预测未来的研究，智库专家研究不要用过激和过于肯定的判断。这也是分寸感的把握，要留有余地，很多时候没有办法铁板钉钉做出判断。另外，由于智库专家的报告以建设性为主，否定消极的句子一般不出现在段落的结尾，一般来说最后一句话用正面的句子收一下。比如："长此以往，政府的形象就会受到很大的伤害"，这样的句子就不能作为段落的结尾，可以增加一句，"需要引起我们的高度重视"。

第三关，精减关。文字简练，用最少的语言表达最多的信息。决策者案头积攒了太多各类报告，如果文字冗长将降低报告的被阅可能性。在撰写智库报告的过程中，要注意不断地精简，精简、精简再精简。比如，有些智库报告，可能来源于有着十几万甚至几十万字的重大课题结项报告，也可能是一本比较深奥的理论专著，要把决策者关心、能够为解决现实政策问题所用的元素提炼出来，用智库话语表达出来，而且要求表述高度概括和凝练，能够用两三千字的篇幅讲清楚说明白，达到言约意丰、言简意赅的效果。

智库专家要懂得取舍之道。郑板桥题书斋联："删繁就简三秋树，领异标新二月花。"上联主张以最简练的笔墨表现最丰富的内容，以少许胜多许。比如画兰竹易流于枝蔓，应删繁就简，使如三秋之树，瘦劲秀挺，没有细枝密叶。下联主张要"自出手眼，自树脊骨"，不可赶浪头、趋风气，必须自辟新路，似二月花，一花引来百花开，生机勃勃，也就是创造与众不同的新格调。大艺术家罗丹说："什么是雕塑？就是在石料上去掉那些不要的东西。"删除，就是当大数据这堆石料越来越多后，去掉那些不要的东西。去掉不要的，为的是让雕像留下来。雕像就是意义所在。简单地说，大数据的取舍之道，就是把有意义的留下来，把无意义的去掉①。

美国第 28 任总统威尔逊是著名的政治学学者和演说家，他曾经回答了一个关于演讲的提问："准备一个十分钟的演说得花多少时间？"答："两个礼拜。""一小时的演说呢？"答："一个礼拜。""如果两小时的演说呢？"答："不用准备。"

智库报告语言风格的把握。智库报告的主题鲜明，主线突出，主句分明，在行文的过程中要注意拿捏好分寸。智库报告的标题和题目多用些长句，能够从大小标题看出作者的主要观点，每一部分的小标题实际上就是这段的段意。报告的正文应该尽可能多用短句，简洁一些，能不要的虚词、连接词一律不用。比如，在党委政府的公文和智库报告中，要尽可能少用"的""了"之类的助词虚词。

---

① 姜奇平：《因意义而智慧——〈删除——大数据取舍之道〉序》，载《互联网周刊》2012 年第 24 期。

成果的物理厚度（篇幅）与思想深度之间的关系。智库报告往往是研究成果的二次提炼加工，通过高度概括和合理取舍，实现从厚到薄，一言千钧。智库专家向决策者展示的往往是冰山一角，但决策者自己必须充分了解和全面把握冰山的全貌。智库报告篇幅较短，并不意味着花费的时间更少、研究的过程更短，而是相反。决策咨询报告的形成往往需要一个较长的积累和积淀过程，并且需要更加细致的研究过程。如果说学术研究仅仅可以通过抽样调查和建立模型就可以得出结论的话，决策咨询报告还需要更加缜密的调研和论证过程。总之，决策咨询报告是智库产品形式的一种，往往是省略过程，突出结果。比如，据说朝鲜战争爆发后，兰德公司分析中国的动向，得出结论是中国将向朝鲜半岛派出军队，欲将一句话结论"中国将出兵朝鲜"提交给美国政府，并希望以数百万美元的报价出售全部报告内容，而美国军界对此不以为然。

智库报告要精简、精简再精简，要用最少的语言来表达最多的信息。那么，如何精简？

可能性之一：提纲式精减，只保留提纲。但是这个可能性应该是否定的，就是有些智库专家写的报告比较长，我们说把它压缩一下吧，压缩到3000字左右，他就压缩成一个提纲报过来了，实际上从里面看不出来什么"道道"来。

可能性之二：结构式精减，角度更加聚焦，选取一个更小的角度讲清楚。比如，原来5个要点，不是把每个要点都缩写的让人读不懂，而是只保留1—2个要点，把保留的要点讲清楚。也就是说我们如果写一篇报告太长了，是按照有关要求形成的2万字甚至是超过5万字的研究报告，甚至是20万字的书稿，要形成一篇决策咨询报告，并不是说把每一个部分都精简，需要从以下几个方面来思考。

第一，审视研究成果的现实和实践价值，研究的问题是不是对于决策者有启发和借鉴意义，这是成果是否需要转化的标准。

第二，审视研究成果的学术成分，并且按照智库研究报告的要求，决定如何进行取舍。比如，原来聚焦的是一个大问题，决策咨询报告是不是可以只聚焦其中的一个方面，原来聚焦的是一个理论问题，决策咨询报告需要淡化理论色彩，强化其现实和实践属性。

第三，由于学术报告与智库报告的不同，学术成果的文献综述和建模过程等内容，在决策咨询报告中一般都不需要，可以完全删除或者只做一个过渡性的交代。

第四，由于智库报告有特定的读者，要充分考虑决策者的需要，处理好已知与未知的关系，把领导已经知道的简化或全部删除。

第五，根据以上原则对智库报告进行重新布局和提炼。比如，原来的报告是五个部分，是不是有的部分可以整体删除或者只保留几句话作为过渡句，对策建议原来讲了八个方面，是不是可以归纳整合为不超过五个方面。

研究报告为什么要简明？因为，智库专家向决策者展示的是研究结论、主要观点而不是研究过程。但智库在研究中必须要有这样的过程，当决策者或者辅助决策部门需要更多详细的内容或者这个过程的话，智库专家应该能够把它科学地还原。因此，智库专家要把信息分析的过程"包揽"过来，既必须要有这样的一个过程，但不一定要向决策者直接展示这个过程。

智库报告是参与决策的，因此必须对信息产品进行高度的抽象，只有经过专家的高水平简化（抽象）之后，形成的真实信息，才会对决策有所帮助。因此，真正的研究成果，总是简明的，总是抽象的，抽象产生价值。事实上，决策层所能接受的研究成果，都被明确要求是简明的，这就是大道至简，返璞归真。

怎样的政策是好政策，怎样制定出好的政策

为政策的研究，对政策的研究。教育政策研究不仅仅是"为"教育政策的研究，而且是"对"教育政策的研究。前者侧重于政策制定的因素、内容、策略、方法等的研究，是制定出一项好政策的研究，从学界的角度说，政策咨询报告就是典型的为政策的研究。后者是把政策过程作为客观对象进行的科学分析，侧重于政策制定的程序、模式、特点、角色功能等的研究，是怎样制定出一项好政策的研究，它对于改进和完善政策过程，制定出一项更充分地反映社会各方面的要

求和更容易被社会接受的政策有很重要的意义①。

在生活中，我们常常听到这样的抱怨：学者常常认为自己辛辛苦苦研究出来的成果没有得到重视和应用；政府部门的官员和政策制定者又认为学者的研究不管用。这种"学术文化"和"决策文化"的分离状态，可谓由来已久。教育活动中"决策文化"与"学术文化"两分的状况，即教育政策的制定脱离研究背景、缺乏理论支撑，教育理论的研究脱离现实要求、缺乏应用价值的状况正在发生根本变化，这种变化是社会发展的客观要求，也是决策者和学者双方共同的主观意识。现在，在教育领域"没有研究的政策不可能成为好政策""不关心政策应用的研究不可能成为有价值的研究"的观念，正成为越来越多的人的深刻理念和价值追求②。

正如陈功在《信息分析的核心》所言：其实，无论中外，决策层对信息分析家们的要求，几乎都是相同的，政治家们、企业家们都是大忙人，每天要处理大量的文件，不可能阅读页数过多而形式烦琐的报告。我和我的同事们，曾经在相当长的时间里面，向中南海的高层决策机构以及数位国家领导人提供过信息分析报告，我记得有数次被中南海的高级领导人亲自要求，所有的报告都必须控制字数和页数，"小二黑"（指小二号字体及黑体）是经常被提及的版型要求。而我也亲自听到过一位主管金融事务副总理的秘书抱怨说，他感到不可思议的是，经常会有一些部门，甚至是一些大学的名教授们，提供给他和他的领导看一些数十页甚至几百页的报告，而他们完全没有时间去阅读这样的报告③。信息分析家（智库专家）与决策者形成合理的分工，让专业的人做专业的事，智库专家通过信息分析提出建议方案供决策者选择。

五、报送时机精准：抓住时机，增强命中率

约翰·W. 金登在《议程、备选方案与公共政策》一书中，提出并阐述公共政策的多源流框架。金登认为，在整个决策系统中存在着三种源流：

---

① 袁振国：《深化教育政策研究 加强两种文化交流》，载《中国教育政策评论(2001)》，教育科学出版社 2001 年版。

② 同上。

③ 陈功：《信息分析的核心》，新星出版社 2010 年版，第 83 页。

问题、政策和政治。在关键的时间点，三条源流汇聚在一起，问题就被提上议事日程。这个"关键的时间点"被金登称为"政策之窗"，这些"窗口"是由紧迫的问题或是政治源流中的重大事件"打开"的。"问题源流"是大学智库获取话语权的逻辑起点。"政策源流"是大学智库获取话语权的核心。对"政治源流"和"政策之窗"的把握是大学智库获取话语权的关键节点。在中国特色的语境下，大学智库尤其要主动追踪和高度关注"政治源流"的变化，洞察和把握"政策之窗"开启的时机，否则"政策之窗"可能"稍纵即逝"。同时，要发挥中国特色治理语境下，大学智库与政府机构制度化关联的优势，与政府部门维持特有的"均衡式"联络渠道并形成互动，确保在"政策之窗"开启时"政策源流"的高效传递和信息反馈①。从某种意义上说，围绕公共政策，原来可能只有两个方面的政策流：基于政治考量的政策制定流，基于行政考量的政策执行流，随着新型智库的兴起，还要有一种政策流汇入到整个公共政策的运行中，这就是政策咨询流。

有道是，天下武功，无坚不摧，唯快不破。智库专家要把握政策制定的关口，先入为主，新知新觉，先知先觉，先思先悟。从某种程度上说，在保证智库报告创新性和质量的基础上，反应速度快是决策咨询工作的制胜之道，要快思考、快成文、快报送，在特别关键的时候，甚至能够"一快遮百丑"。智库专家要以快制胜，跑在实践的最前沿，跑在决策者的前面。智库专家并非与决策者争夺什么，只是弥补一项政策进入议程之后决策者准备的不足或者忽视的某些方面，政策问题的把握和对策方案的设计应具有高度的时效性。伴随着经济社会快速发展的问题层出不穷，昨天大家关心的问题，今天可能已不是主要问题，这决定了决咨成果应具有较强时效性②。相应的对策方案必须随时空和环境的变化而变化，把握时代的节奏和脉搏，否则决策咨询成果也显得不合时宜而毫无价值。

党委政府的工作安排，带有明显的阶段性和节奏性，在不同时期有着

---

① 张宏宝：《"中国模式"新型大学智库话语权的建构与发展》，载《中国高教研究》2015 第 10 期。

② 董幼鸿：《怎样写好决策咨询报告》，载《学习时报》2015 年 6 月 29 日。

不同的关注点。政府关注关心的问题是有阶段性的，每一个阶段关心的问题是不一样的，这就像火箭发射一样，有一个最佳的时间窗口问题。一些决策咨询报告报送的时间窗口由于政策议程的转换稍纵即逝。政策议程的窗口既有必然性，也有偶然性，既可能是在一个较长的时间内都敞开的，也有可能是瞬时的，机会窗口有可能随时关闭。智库报告的推出和投放，要讲究时机和方式，把握窗口期和最佳时间窗口。时效性是智库的竞争力，时效性要求聚焦党委政府当前关注的热点难点问题，时间就是价值，必须紧跟党委政府的决策动向，把握舆情动态，及时提交研究报告①。做智库研究应该比领导的决策快半拍，如果慢半拍就成"马后炮"了，决策咨询建议就没有什么用了。所以智库专家要能够把握党委政府的工作节奏，在把握这个节奏的基础上要快半拍。要想决策者所想，想决策者所将想，想决策者所未想，决策者更多考虑的是如何处理今天的事，智库专家更多地考虑的是明天和后天的事。智库专家的研究，要从目前的普遍比决策议程慢一拍，过渡到基本同步，再到比政策议程快半拍的转变。要聚焦党委政府当前关注的热点难点问题特别是重大战略问题，开展前瞻性、针对性、储备性政策研究，提高快速反应能力，就要把功夫用在前头。要提高时效性，就要及时更新理念、更新知识、更新信息，时刻处在理论前沿、实践前线、发展一线，能够针对形势变化进行快速反应，这是智库竞争力的集中体现。

新型智库，既要能够在党委政府急需的时候百米冲刺，为决策者供给应急方案，更要能够针对党委政府思想和战略层面的需求持续长跑，为决策者供给具有前瞻性和战略性的思想产品。新型智库发展需要定力和耐力。要把媒体的速度和智库的深度有机地结合起来，智库专家要有新闻记者抓新闻的敏锐和速度，能够在第一时间，以第一视角，挖掘到第一深度。如果说一个媒体人转到智库之后，在保持快速反应的基础上，能够利用原来的积累，在每一个问题上再挖的很深，这样的话就可能会很快形成一篇高质量的智库报告。原来做新闻记者的做智库，往往是比较容易成功的，特别是写具有一定深度的评论性稿件的。从这个意义上说，智库发展需要与

---

① 罗明新：《把握智库建设的管理环节》，载《学习时报》2016 年 7 月 4 日。

多方面融合，智库发展需要多方面的人才，一方面是需要搞社会科学研究的，另一方面需要有政府部门实际工作经历的，再一个就是随着平面媒体受到一些挑战，越来越多的新闻媒体人也转入智库这样的行业，媒体和智库融合的趋势也是非常明显。

至于如何把握时间窗口，需要加强对公共政策议程相关信息的研究。比如，党委政府每年公布的工作要点、工作计划，是智库研究线索和选题的重要来源。比如，2016 年初，从江苏省委公布的年度工作要点中，江苏省社科联得知当年要召开全省教育工作会议，出台关于深入推进教育现代化建设、努力办好人民满意教育的意见，并对当年的教育工作提出了 8 个方面的要求。江苏省社科联为此组织江苏省决策咨询研究基地和省内顶尖教育专家，把这一段话分为 9 个题目，通过约稿的方式，组织专家在前期深厚积累的基础上开展研究，形成 9 份专题研究报告（见表 4.2），在全省教育工作会议召开前 1 个月左右，以教育现代化系列决策参阅的形式报送，受到省委省政府主要领导和有关部门的高度重视。围绕省委省政府中心工作、重要会议和重大战略等主题，组织一批研究机构和专家，从不同的视角开展研究，形成同 1 个专题的系列决策咨询报告，一般不少于 5 篇，不超过 10 篇。把握好该政策议程进入决策者关注热点阶段，比如重要会议举行前 1 个月左右（重大活动需要留出更多的时间提前量），这个时间是有关文件起草和修改的时间节点，是决策者围绕该主题开展广泛调研的时间，是党委政府政策研究部门撰写领导讲话稿的时间，一些主要的观点和重点的举措都要陆续敲定，此时决策者对相关问题的关注度也最高，如果能够有高质量的决策咨询成果，进入决策者视野并进而转化的可能性更大。

表 4.2　关于教育现代化工作要点与江苏省社科联决策参阅篇目对照

年初省委常委会关于 教育工作的总体部署	江苏省社科联教育现代化系列决策参阅（9 篇）
深入推动教育现代化试验区建设： （1）促进义务教育优质均衡发展 （2）大力发展普惠性学前教育 （3）积极构建现代职业教育体系	1. "十三五"时期江苏推进教育现代化研究 2. 努力实现义务教育从基本均衡向优质均衡跨越 3. 江苏发展普惠性学前教育的现状、问题和对策建议 4. 建设高水平大学重在创新体制机制

续表

年初省委常委会关于 教育工作的总体部署	江苏省社科联教育现代化系列决策参阅（9篇）
（6）启动实施高水平大学建设工程 （4）支持和规范民办教育分类发展 （5）完善终身教育体系 （7）（8）提升教育信息化水平 （9）制定出台关于深入推进教育现代化建设、努力办好人民满意教育的意见；召开全省教育工作会议	5. 江苏高校分类管理的对策建议 6. 江苏新型职业农民培育的调查思考 7. 江苏现代职业教育体系建设与改革创新的建议 8. 高等职业教育与区域经济协同发展的策略研究 9. 以信息化促进教育公平和教育现代化

智库报告报送时间节点的重要性，我们也可以从摩拜单车与 ofo 小黄车创始人的不同命运中受到启发。摩拜单车，是由胡玮炜 2015 年初创办的北京摩拜科技有限公司研发。2018 年 4 月 3 日，美团以 27 亿美元的作价全资收购摩拜。ofo 小黄车，由戴威 2015 年 8 月成立的北京拜克洛克科技有限公司研发，同样在 2018 年上半年传出版本不同的被收购信息。2018 年 9 月，ofo 小黄车被凤凰自行车起诉，陷入多重困境，欠下巨额债务，创始人收到多条"限制消费令"。在这里我们不研究两个企业的商业模式和经营管理，只是从时机把握的角度，共享单车作为中国"新四大发明"之一，短短几年迅猛发展中存在着无序，对于创始人来说，其发展既面临着巨大的风口也隐含着不小的危机，一个是把握时机，急流勇退，成功套现人民币十几亿元；一个是患得患失，错失良机，最后成为烫手山芋，欠下巨额债务。摩拜单车与 ofo 小黄车创始人的不同命运，根本在于是否把握住解决问题的时间窗口，对于智库专家服务党委决策，具有重要的启发意义。实际上，智库思想产品的转化和共享单车公司的命运有相似之处，在关键的节点上其价值变化具有瞬时性，最佳的时机有可能转瞬即逝，在适当的时候价值连城，在不适当的时候一文不值。

第三节　智库报告的撰写方法

关于如何撰写决策咨询报告，系统性的研究文章不多。从各地所举办的决策咨询方面的培训，可以发现一些专家从事决策咨询研究和撰写报告的"诀窍"。天津市委研究室决策咨询工作处处长李庆松认为，做好咨政研究的四个要点，即一手资料最重要；胸为帅谋高站位；解决问题是根本；把握时机很关键。撰写咨政报告有"四宜四不宜"：题目宜聚焦不宜宏观；组织材料宜摆事实不宜讲道理；观点宜直接亮明不宜散落在内容里；语言表述宜通俗生动不宜专业理论①。重庆市社科院彭国川认为，为政府决策提供有价值的建议，需要做到八个方面：一是要做到思维独立、思考客观、论证专业；二是要做到读者与决策者统一、创新性与实用性统一、分析透彻与言简意赅统一；三是要做到切入点要准、站位要正、创新点要高；四是要做到直击问题、先人一步、化繁为简；五是要符合咨政五大要素；六是要做到咨政立场稳定、目的清楚、手段有效、结果到位；七是要做到选题上紧扣发展的堵点、决策的盲点、公众的关注点；八是要做到立题有引领、能帮助、可提醒、要纠正②。四川省委党校决策咨询部副主任贾舒认为，决策咨询研究团队在选题方面要做到"在学习中领会精神、在调研中发现素材、在策划中找准时机、在比较中取长补短、在协作中共享资源"，在报告撰写方面要做到"标题引人注目、内容强调实效、措辞拿捏分寸、数据准确可靠、问题剖析深刻、文字简明扼要、语言通俗生动、对策行之有效"③。总之，与撰写学术论文一样，撰写智库报告，也要有一定的方法和章法。从标题到行文，从结构到布局，从思维到表达，从内容到形式，都需要掌握规律，探索方法，总结经验。

国家社科基金《成果要报》的定位是国家社科工作办为推动哲学社会科学更好地为党和人民的事业发挥思想库作用创办的一个内部刊物。征稿对象主要为国家社科基金各类项目的承担者。征稿要求：1. 针对当前和今

① 王晓真：《打造新型智库 提高咨政能力 天津智库联盟工作会议贡献天津智慧》，中国社会科学网，2018 年 06 月 19 日。

② 《学院邀请重庆市人民政府发展研究中心综合处彭国川副处长辅导咨政报告撰写》，https：//sc2014. ctbu. edu. cn/info/1035/3049. htm。

③ 《院校邀请省委党校专家开展决策咨询业务培训》，小平干部学院中共广安市委党校官网，http：//www. gadx. cn/go. htm? k＝ke _ yan _ dong _ tai&url＝qt _ xqone&id＝5439。

后一个时期党和国家工作中迫切需要重视和解决的重大现实问题，进行分析并提出对策建议；2. 选题要有思想性战略性，突出问题意识；3. 文风朴实，语言精练（2500字以内）；4. 不存在知识产权争议。为了便于专家撰写《成果要报》稿件，国家社科工作办先后多次发布样稿。从2010年到2015年，每年会从上一年度的《成果要报》稿件中选编部分稿件，汇编公开出版，以促进哲学社会科学研究成果的转化应用。本节重点结合《成果要报》样稿和《国家社会科学基金〈成果要报〉汇编（2013年）》《国家社会科学基金〈成果要报〉汇编（2014年）》（以下简称《〈成果要报〉汇编(2013)》《〈成果要报〉汇编（2014)》），从标题、摘要、结构、表达、版式和分类等方面进行梳理分析。

一、如何拟写智库报告的大小标题

智库报告的标题观点要鲜明，内涵要丰富，在文字表述上要有一定的新意，避免使用中性、平淡的标题。智库报告的标题，大致上可以分为七类：

1. 观点理念类：用判断句做标题，重点在阐明观点，在解决问题的理念和思路方面影响决策者。如：第二产业仍是中国经济发展的动力，我国宏观经济管理重点应由需要转向供给。

2. 概念范畴类：在标题中，提出一个或一组概念，主要涉及研究的对象和范畴，重点阐明问题的内涵、逻辑或者事物之间的辩证关系。如：关于我国金融改革次序的思考，新型工业化道路与第三次工业革命的战略选择。

3. 趋势行动类：针对某一问题的趋势做出分析并建议采取行动，强调采取必要的措施或行动，常用"迫切需要""势在必行""迫在眉睫"等词语。重点说服决策者要做某件事。如：我国城镇土地资源二次开发势在必行，构建新型主动的开放模式势在必行，迫切需要提高新农保养老金待遇，急需提高财政应急资金管理制度化水平。这类标题也包含对策建议的成分，但对策建议的最核心观点已经在题目中有所体现。

4. 否定批驳类：针对当前错误的观点进行批驳，或者对政策举措的实行或效果予以否定，重在提醒决策者注意。如："内科手术"式调控无助利率市场化改革，转变政府职能应防止形式主义和官僚主义。

5. 现象阐释类：重在对某一现象做出解释或阐释，有时会用设问句。如：怎样看 M2 过百万亿元，不稳固的反弹与可能的波动——当前宏观经济的特点及未来走势。

6. 路径目标类：路径＋目标，通过或者沿着某个路径，实现某一目标，把需要解决的问题与解决问题的主要路径结合起来。这类标题，有时会用含有并列、递进或因果关系的句式。如：推进新型城镇化改革实现城镇发展转型，借鉴明清"田面权"制度创新土地制度改革模式，以物联网技术实现"医疗城镇化"，"三管齐下"助推基本公共服务均等化。

7. 问题建议类：围绕某个问题提出解决问题的思想、对策建议或政策建议。与趋势行动类不同，这类标题一般包含政策建议、对策建议字样，单从题目本身看不出具体的建议。重点建议决策者如何做，找出解决问题的方案。如：推进信息化和工业化深度融合的思路建议，推动我国外贸长期持续发展的政策建议，当前我国城镇化面临的选择与建议，我国文化产业融资难问题与对策建议。

根据以上类型，可以把《〈成果要报〉汇编（2013）》中收录的 50 多篇报告的标题，大致上做如下归类（表 4.3）。

表 4.3　《〈成果要报〉汇编（2013)》题目分类表

观点理念类	第二产业仍旧是中国经济发展的动力 我国宏观经济管理重点应由需求转向供给 我国完全可以实施社会保险费改税 我国急需制定一部民法典 货币政策应从总量调控向利率调控转变 我国金融体制改革应与财政体制改革协调共进 收入分配制度改革应以初次分配改革为重点 重大公共投资项目预算绩效管理亟待改善 财政体制改革应保持财权稳定，适当上移事权
概念范畴类	关于我国金融改革次序的思考 新型工业化道路与第三次工业革命的战略选择 对我国债务风险前景的评估分析 高度重视农民"逆城镇化"倾向

趋势行动类	我国城镇土地资源二次开发势在必行 构建新型主动的开放模式势在必行 应当尽快划定草原保护红线 把加强法律制度建设作为新一轮改革的重要突破口 残疾人事业健康发展需要顶层设计 加快构建覆盖城乡的养老服务体系 落实文化强国战略急需完善文化产业立法 尽快引入人民币汇率宽幅区间波动机制 强化市场在质量治理中的基础性作用 注重加强对影子银行的监管 迫切需要提高新农保养老金待遇 急需提高财政应急资金管理制度化水平 建议设立专门行政法院 建议逐步放开家庭农场流转土地经营权抵押 建议划定"生态环境保护红线"
批驳否定类	"内科手术"式调控无助利率市场化改革 转变政府职能应防止形式主义和官僚主义
现象阐释类	怎样看 M2 过百万亿元 不稳固的反弹与可能的波动——当前宏观经济的特点及未来走势 2013 年下半年宏观经济形势分析与建议 重视我国工业产能过剩的新趋势新特点
路径目标类	利用区域接力 形成梯度推进 促进我国经济持续健康发展 实现网络反腐法制化 整体推进反腐战略 推进新型城镇化改革 实现城镇发展转型 借鉴明清"田面权"制度 创新土地制度改革模式 以物联网技术实现"医疗城镇化" "三管齐下"助推基本公共服务均等化 加大金融扶持力度 破解农民合作社融资困境 建立"小微企业拆借基金" 缓解小微企业融资难
问题建议类	推进信息化和工业化深度融合的思路建议 推动我国外贸长期持续发展的政策建议 当前我国城镇化面临的选择与建议 我国文化产业融资难问题与对策建议 金融支持新型城镇化的政策建议 建立"不敢失信、不能失信"的惩戒防范体系 完善城市轨道交通发展的建议 "营改增"试点中遇到的难题及对策 近期流动性逆转的冲击及化解之策 美联储量化宽松政策退出预期的影响和应对 解决城镇化土地供需矛盾的思路建议

续表

问题建议类	应对产业结构服务化趋势的政策建议 应对区际产业转移空间错位的建议 关于深化金融监管改革的政策建议

决策咨询报告标题的特点：少用虚词，一般不用或少用"关于"。在《〈成果要报〉汇编（2013）》中，57篇中只有2篇用了"关于"。智库专家的自信要在题目中体现出来，报告的观点要鲜明，要能够从题目中看到作者的底气和自信，如果自己将信将疑、半信半疑、模棱两可，你又怎能说服见多识广、处在信息中心的决策者呢？对于一些紧迫急迫的事情，可以使用相关词汇，如迫切需要提高新农保养老金待遇、构建新型主动的开放势在必行、急需提高财政应急资金管理制度化水平、我国急需制定一部民法典、应当尽快制定草原保护红线、重大公共投资项目预算绩效管理亟待改善、落实文化强国战略急需完善文化产业立法，等等。

关于智库研究报告的小标题。每个部分的大小标题，应不重形式重内涵。从国家社科基金成果要报看，有少部分采用句式整齐、排比式的小标题，以及短标题，比如对策建议等。大部分标题不拘泥于形式的对称和排比，而是根据内容的需要，在句式上，比较普遍的是使用较长的句子，有的甚至三四行、数十个字，表达的内涵比较丰富，观点比较鲜明。一般情况下，复合句式表达的意思更完整。比如，举措＋结果，目的＋手段，重点＋全面。有些智库报告，把各部分的标题接起来，就是一篇小短文，决策者只需要浏览标题，就能把握全文的中心思想和主要观点。比如，中国社会科学院刘树成研究员的《把加强法律制度建设作为新一轮改革的重要突破口》[①]，报告共四个部分：

1. 回顾我国30多年的改革历程，每一轮改革都会确定符合阶段性要求的突破口或重点任务，体现出一贯的历史逻辑性。

2. 现在社会上对新一轮改革突破口的选择，有许多不同的见解，归纳起来主要有七种。

---

① 全国哲学社会科学规划办公室：《国家社会科学基金〈成果要报〉汇编（2013年）》，学习出版社2014年版，第111—114页。

3. 综合判断当前我国社会基本矛盾的发展变化和改革所处的历史阶段，应该把加强法律制度建设作为新一轮改革的重要突破口。

4. 顺利推进新一轮改革，必须将法律制度建设贯穿于经济建设、政治建设、文化建设、社会建设、生态文明建设和党的建设等各方面以及其中的各领域、各环节。

决策咨询报告的标题要长，段落要短。比如，总结性的段落，要有措施和成效；问题性的段落，要有原因和表现；建议性的段落，标题中要有一些具体的动作，并且突出重点和要点。决策者需要得到的主要是观点和思考问题的视角，是解决问题的方向，而不是问题的完整答案。真正的解决方案，决策者需要辅助部门、职能部门深入研究，在综合权衡多种制约因素的基础上形成。

二、如何撰写智库报告的内容提要

根据《中华人民共和国国家标准——文摘编写规则（GB 6447—86）》，文摘是指以提供文摘内容梗概为目的，不加评价和补充解释，简明、确切地记述文献重要内容的短文。文摘包括报道性文摘，指明一次文献的主题范围及内容梗概的简明文摘，也称简介。报道指示性文摘，以报道性文摘的形式表述一次文献中信息价值较高的部分，而以指示性文摘的形式表述其余部分的文摘。智库报告的内容提要，介于标题和正文之间，要开门见山，直奔主题，简洁明了有新意。所谓"提"，即提出、提炼、提纯，所谓"要"，即重要、要点、要义。内容提要，即把报告最精华、最精要、最突出的观点和内容快速呈现给读者。决策咨询报告的内容提要主要分为以下几种类型。

1. 背景导语型：交代研究的背景或者成果的来源，研究成果是在什么样的背景下产生的，在做出相关铺垫之后，引起读者阅读正文的兴趣。有的智库报告，会采取编者按的形式，比如，会议观点综述性成果的摘要。

2. 全面概括型：与正文的结构相对应，主要保留每部分的标题，按照先后顺序，通过一些连接词或者连接句，组织成完整的一段话。在结构上，内容提要与正文是一种对称关系。

3. 提炼精华型：非对称性，内容提要的结构与层次并非与正文一一对应。有时候是通过长镜头观察事物的全貌，有时候是把镜头拉近，集中展示一个重要的局部。

4. 问题导入型：通过对问题性质和状况的描述，或者提出问题并界定问题，显示问题的重要性和解决问题的紧迫性，增强决策者进一步寻找解决问题方案的兴趣。

撰写内容提要最主要的目的，就是让决策者在看到的一瞬间能够找到关注点、兴奋点和共鸣点，有眼前一亮、"一见钟情"的感觉。内容提要的信息量不能过少，也不能过载。内容提要出自并尊重原文，在表达上要尽可能出新出彩，但并不是哗众取宠、夸大其词或者虚张声势。有些时候采取平均用力，每个部分、每个要点都兼顾到；有些时候是突出重点，避免用过多的排比句或相同句式给人以空洞之感。

2011 年 6 月，全国哲学社会科学工作办公室公布《成果要报》样稿，共 6 篇。从"要报要点"的内容和风格看，大都是三段论式。点题（现状、意义）＋问题（特征、原因）＋建议（思路、对策）。在建议部分，从语气词的使用来讲，更多的是建议，而不是指令或命令，一般情况下用"需要""要""应进一步"等，没有用"必须"等强语气词。智库报告用祈使句，但一般不用强烈语气的祈使句。

表 4.4　国家社科基金《成果要报》样稿要点一览表

标题	点题（现状、意义）	问题（特征、原因）	建议（思路、对策）
当前农民工随迁子女教育问题的新特征及相关对策建议	根据全国第五次人口普查数据推算，目前我国农民工随迁子女人数约有 1500 万。近年来，国家针对农民工随迁子女教育问题，制定了"以流入地政府为主"和"以公办学校为主"等政策措施，在实践中取得了明显效果。	伴随着我国城市化进程的深入推进，农民工随迁子女教育问题呈现出一系列新的特征。	需要在流动引导、资源整合、待遇保障、规范管理等方面采取有力措施，加以妥善解决。

标题	点题（现状、意义）	问题（特征、原因）	建议（思路、对策）
以调整社会结构为核心　深入推进新阶段我国社会建设	改革开放以来，我国社会发生了深刻变革，这在给我国发展进步带来巨大活力的同时，也不可避免地带来这样那样的矛盾和问题。	当前诸多社会矛盾和问题产生的根源，主要在于社会结构变动滞后于经济结构转型。	因此，今后我国改革发展中的一项关键性任务，就是要加快构建与经济结构相适应的现代社会结构，最大限度地实现资源和机会在社会成员中的合理公正配置，促进经济社会协调发展。
用工荒现象分析及应对建议	2010年春节后，沿海地区出现又一次用工荒高潮。	当前的用工荒是2004年以来劳动力短缺现象合乎规律的延续，总体上符合经济社会发展变化的规律，根本原因在于劳动年龄人口增长率的下降。	要积极创造政策条件，把用工荒转化为经济社会变革的新机遇，加快推进全面建设小康社会进程。
我国货币超发的真实内涵及其与CPI的关系	近期，由CPI快速上涨引出的货币超发问题引起人们的普遍关注。	货币超发只是一种货币存量状态和宏观经济现象，并不必然导致通货膨胀。过分夸大货币超发与通货膨胀的关系，不仅有悖历史事实，也脱离了我国国情。尽管货币超发不一定必然带来通货膨胀，但也不能完全排除其对物价的影响。	应进一步加大物价控制力度，尤其是加强对PPI的监控，防止PPI带动CPI上涨的问题进一步恶化。
以扩大"住、行、学"供给为抓手推进经济发展方式转变	扩大内需是我国经济发展的基本立足点和长期战略方针。	我国经济运行中的问题不是有效消费需求不足，而是有效消费供给不足，即"住、行、学"供给严重短缺，扩大内需的重心应是加大消费性投资力度。	解决"住、行、学"供需矛盾，需要加大城镇化建设投资力度，提高消费性投资增长率，加快城镇经济产业化，发展中心城市经济圈。

标题	点题（现状、意义）	问题（特征、原因）	建议（思路、对策）
我国基层乡村债务膨胀的潜在风险及应对建议		近年来，我国乡村债务问题越来越突出，特别是当前新的乡村债务时间集聚、地域集聚、领域集聚的特征日益凸显，成为影响我国基层经济社会发展的潜在威胁。	应在允许合理债务存量的基础上，通过改革财权事权制度、健全乡镇财政监管机制、完善干部激励和考核制度等举措，最大限度地消除乡村债务产生与积累的体制机制性因素，逐步以动态偿还方式使乡村债务得到有效化解。

三、如何进行智库报告的谋篇布局

要注重报告的内在逻辑和结构布局。智库报告，要有一个鲜明观点，所有材料围绕的中心点、聚焦点、闪亮点，更应当是党委政府决策者正在关注或者应当关注的点。整个材料都要围绕这个中心点来展开。要有能够支撑观点的材料，材料是否要用，用多少，用在什么位置，要全部根据观点的需要。凡是与观点不相称的材料，通通不能保留，避免出现信息孤岛或信息冗余。

要反复提炼各个段落的中心思想。智库报告各个部分的标题，可以适当长一些，把要表达的观点揭示出来。智库专家在撰写智库报告时，不妨运用一个在小学三四年级语文课上学到的概括段落大意方法。对于每一个段落，都要概括出大意来，作为这一部分的标题或者段首句。如果决策者时间有限，只浏览报告的大小标题和段首句，就能把握报告的核心观点和主要意图。如果有兴趣的话，再进一步看各个部分的具体论证。

要注重报告结构的整体逻辑，精心布局篇章结构，锤炼能够精准表达的题目和标题。文章题目，各个部分的标题，每段落的标题，形成一个完整的语意组合。标题多用句子，标题本身不只体现研究内容，更要体现作者的核心观点。要注重报告内容的前后照应逻辑。比如，问题与建议，如果是不能解决的问题，就不要提；既然有改进的建议，前面必然有问题作为伏笔。整个智库报告要一条线贯到底，前后要照应，避免出现前后矛盾、首尾分离。

整篇决策咨询报告，要有一个鲜明的中心思想，每个部分和段落都要围绕这个中心思想来展开。要注重每个段落的内在逻辑，处理好文章主旨句与段落内容之间的关系。每个部分的标题或者每段的第一句，一般来说都是这个段落的段意，论据是什么，数据是什么，运用的论据和观点之间一定要有逻辑关系。上一个自然段的大意和下一自然段的大意之间也必须有逻辑关系。

坚持问题导向，找准问题和症结是撰写决策咨询报告的前提。无问题不咨询，研究的最终目的是提出解决方案，促进问题的解决。问题＋对策是决策咨询报告最基本的结构模式。智库报告的基本逻辑，就是三段论，现状（规律）＋问题（原因或经验）＋对策建议。分析智库大家的决策咨询报告，除以上三个元素外，还有通过对问题或者形势的分析，做出重要判断。这个判断，以学术权威为基础，体现出智库大家观察问题的创新性与创造性。在分析问题和提出对策建议之间，做出一个重要的判断，并且对这个判断做简要的论证，实际上这是智库专家最希望决策者能够"GET"到的点。有时候，决策者认同一条理念比看几条对策建议更重要，能够影响决策者的思想观念和思考问题的角度和层次，是智库追求的更高境界。智库专家的一个重要责任，就是引导决策者去按照自己的逻辑思考问题。针对研究问题的性质，决定要不要讲意义，要不要围绕一个重要的判断做论证。如果研究的主要目的，是让决策者接受一个理念，并且这个理念对于决策者来说是全新的，那么需要一定的意义阐释。否则，没有必要讲过多的意义。

智库报告典型的结构为纵向递进结构、横向并列结构和纵横结合结构。

纵向递进结构：从问题发生到剖析原因到提出解决方案，按照层层递进的逻辑关系展开，各个部分之间环环相扣，步步深入。比如，《把加强法律制度建设作为新一轮改革的重要突破口》（作者：中国社会科学院刘树成研究员）一文，逻辑关系是每一轮改革都有突破口，新一轮改革突破口有多种见解，应该把加强法律制度建设作为重要突破口，进而提出要顺利推进新一轮改革，必须将法律制度建设贯穿五大建设和党的建设全过程。相比较而言，刘树成研究员在《财贸经济》2013 年第 6 期发表的《论新一轮改革的突破口》一文，包括五个部分：一、问题的提出，把七种意见放在这一部分；二、前四轮改革是怎样确定突破口的，对四轮改革的突破口逐一分析；三、第五轮改革突破口的选择；四、怎样展开改革；五、进一步的分析。有兴趣的读者可以比较两文的标题、内容和行文风格上的不同。

案例："三管齐下"助推基本公共服务均等化，作者：武汉大学卢洪友教授①

一、2020 年总体实现基本公共服务均等化面临三大制约因素

1. 财政吃紧

2. 制度缺失

3. 机制不活

二、只有"三管齐下"才能全面实现均等化

1. 三大制约因素具有内在联系，必须通盘考虑

2. 非均等程度严重且呈加剧态势

3. 时间紧，回旋余地小

三、"三管齐下"助推均等化之路怎么走

1. 以财政为突破口

2. 以制度建设为基础

3. 大力推进公共服务供给机制转换

该案例，整篇文章围绕三个方面展开，没有冗余信息。第一部分坚持问题导向，概括制约公共服务均等化的三大因素。第二部分标题采取"只有……才……"句式，重点分析三大制约因素之间的内在联系和问题的严重程度，单靠哪一项单一的举措都不能解决问题。第三部分，使用设问标题，"路怎么走"，运用形象化的语言提出三管齐下的具体思路。本部分三个小标题，将财政作为突破口，将制度建设作为基础，将机制转换作为重点。

横向并列结构：整篇报告按照总论或者导语＋主体的结构布局，主体部分以并列的方式（有时候可能会包含有递进关系）横向展开。前面一般

① 全国哲学社会科学规划办公室：《国家社会科学基金〈成果要报〉汇编（2013年）》，学习出版社 2014 年版，第 171—174 页。

有段总论或者导语性质的文字，甚至在导语中把主要问题交代清楚，然后再分几个方面提出思路和建议。还有一种横向并列结构，就是一个问题分解成几个方面，每个部分按照问题（分析）＋对策建议路径的方式。一般情况下是把提出问题作为导语，然后把对策建议部分，提升到第一个层次，形成一个并列结构。

　　案例：推进新型城镇化改革实现城镇发展转型，作者：合肥工业大学黄志斌教授①

　　一、扭转"造城运动"，推动城镇建设集约化

　　二、完善城镇基础设施，推动城市发展智能化

　　三、多管齐下治理污染，实现城镇绿色低碳化

　　四、多种制度改革联动，实现城镇服务均等化

　　本案例四个小标题，前后两个分句之间，是手段、举措与目标、目的的关系。即通过什么样的手段，实现什么样的目标或达到什么样的目的。

　　纵横结合性结构：把纵向与横向有机结合起来。又分两种情况：一是整体纵向、部分横向。实际上，在纵向结构中，每一个大的部分，比如问题的罗列，对策建议的展开，往往是采取横向的结构。二是整体横向、部分纵向。比如，对于一个研究命题，可以分解为四个维度，在每个维度，都从问题开始，分析问题产生的原因并提出对策建议。相当于采取夹叙夹议的方式。

　　国家社会科学基金《成果要报》样稿一：《当前农民工随迁子女教育问题的新特征及相关对策建议》，作者是中央教育科学研究所，正文 2800 多字，共两部分。第一部分梳理了当前农民工随迁子女教育问题呈现的五大新特征；第二部分，针对五大特征，提出进一步解决农民工随迁子女教育问题的对策建议。如果我们再进一步观察，发现在概括特征时，使用的基本上都是单句，在提对策建议的时候，一方面紧紧扣住特征，另一方面，小标题全部是两句话，包含了主要路径、重点举措、效果结果等方面的内

---

　　①　全国哲学社会科学规划办公室：《国家社会科学基金〈成果要报〉汇编（2013年）》，学习出版社 2014 年版，第 57—60 页。

容，具体见表4.5。

表 4.5 特征分析与对策建议对照表

五大新特征	五条对策建议
农民工随迁子女正逐渐向经济较发达的中小城市集中。	引导农民工随迁子女向中小城市合理有序流动，逐步减轻大城市负担。
在城市出生的农民工随迁子女新生代入学规模日趋增大。	高度关注农民工随迁子女新生代教育问题，推动农民工随迁子女享受同城待遇。
农民工随迁子女主体开始进入高中阶段。	逐步打破户籍地域限制，推行农民工随迁子女异地中考和高考。
对城市民办农民工随迁子女学校进行规范管理的要求更加紧迫。	制定民办农民工随迁子女学校的基本办学标准，规范办学行为。
农民工随迁子女流出地农村、乡镇校舍闲置率大幅增加。	合理调整农村学校布局，减少闲置教育资源浪费。

智库报告撰写，在结构布局上要坚持五项黄金法则：

问题导向原则。无问题不咨询，整个决策咨询报告都围绕问题来展开。需要选取什么样的材料，设计什么样的篇章结构和段落布局，都需要围绕所要解决的问题来进行，问题、观点和材料所运用的数据之间应当具有高度的相关性。提出的问题是不是真问题，提出的方案是不是真正能够推动问题的解决，是检验决策咨询报告质量的试金石。在分析问题时，坚持有限理性，不过于扩大问题的外延，要聚焦问题。所提对策建议不要面面俱到、浅尝辄止，而是要有限的集中，用有限的篇幅，选取有限的角度把问题讲清楚，提出对策建议。

开门见山原则。智库报告要开门见山，直接亮出观点，紧紧围绕观点组织材料。由于决策者可能掌握更多的信息，智库报告不需要过多的铺垫和过渡。最主要的核心观点，能在大标题中出现就不要放在小标题中，能出现在小标题中就不要放在段落中。智库报告不像小说和散文，把主要观点隐藏在文字之中让读者慢慢品味，不可藏宝于深山老林，千呼万唤不出来，千寻万觅才出现，出来后"犹抱琵琶半遮面"。

前后呼应原则。一份报告一般有一个主题，围绕这个主题开展各种推导、论证等。很多时候，需要注意前后呼应。比如，在论述主题的时候举了一个例子，在进行分项阐述的时候，仍可以用这个例子来进行说明。切忌在分析问题的时候与提出的对策前后不呼应，前面提出的问题，后面没有相应的解决方案，后面提出的解决思路，与前列分析的问题没有关联。智库报告要有一条鲜明的主线，要有一贯到底的一种气势，通过部分呼应整体、论据服务中心、前后相互呼应，使智库报告成为一个有机体。

没有孤岛原则。智库报告的写作，所有的内容都应当围绕中心，前后呼应，避免报告中出现信息孤岛现象。一份咨询报告中如果出现了一个孤岛论点，不包含在框架内，与任何其他部分都没有实质意义上的关系，那就要注意这个孤岛是否应该在报告中出现。举个例子，在一份传统企业转型的报告中，如果在框架中没有包含企业文化的转型，也没有文化转型的措施，那么关于文化的话题就不该占据任何一页来进行描述。

简洁第一原则。智库专家要语不惊人誓不休。但这个"语"，不是雷人雷语、不着边际，不是故作高深、哗众取宠，而是对所研究问题的精确描述和研究结论的精准表述。智库研究报告需要扣题，但不需要穿靴戴帽，在开头不需要过多的介绍性和铺垫性语言，在文中不需要过多的解释性语言，在结尾不需要使用领导讲话中的号召性或口号性语言。如果说写学术论文有时候要去简就繁、穿靴戴帽的话，写智库报告，就是删繁就简、脱靴摘帽。

四、如何创新智库报告的话语表达

从某种意义上说，新型智库的话语体系是借来的。从国家发展的需要看，新型智库必须建立起自己的话语体系。中国特色新型智库话语体系构建，有两个参照下的两层含义：第一，相对于学术研究、政策研究和媒体宣传等，智库要形成适合自身特点的表达方式和话语系统。智库专家要知道决策者在想什么，知道以什么样的表达方式和话语体系影响决策者。第二，相对于中国智库在国际上的后发和弱势地位，要在国际智库界和国际社会构建有影响力的表达方式，提升中国智库在国际上的话语权。本节内容，主要聚焦前一种含义，探索用什么样的话语和逻辑对智库成果进行表达，即智库成果的表达方式问题。

1. 智库话语与其他话语的区别

话语包括智库话语、学术话语、政治话语、政策话语、媒体和大众话语，不同话语之间的主要区别如下。

表 4.6　不同话语体系之间的区别

	智库话语	学术话语	政治话语	政策话语	媒体和大众话语
主要载体	智库报告	学术论文	领导讲话	政策文件	报刊媒体
主要目的	说服	说明	说服	动员执行	阐明动员
主要受众	决策者小众	同行学生	下属大众	政策受众	社会大众
表达风格	委婉建议	交流探讨	号召命令	强制执行	引导教化
话语特点	简洁明了	规范晦涩	简洁有力	准确无歧义	有磁力引力
思维特征	批判思维	逻辑思维	行动思维	直线思维	求同思维
篇幅容量	较短聚焦	论证较长	有弹性	有弹性	一般较短

智库话语体系缺位，学术话语与政策话语之间隔着一道鸿沟，需要通过智库话语承担起转化和翻译的角色。智库专家，要用接近政策话语的方式，表达学术研究成果，以便于能够更好地服务决策。换句话说，纯粹的学术研究成果，即使质量再高，一般也难以直接转化为政策。于是，需要建立一个在学术研究基础上以服务决策为主、专门从事话语体系转换和成果转化的机构，这个机构就是智库，这个机构的工作人员，就是智库工作者。从某种意义上说，智库研究是用政策话语表达学术研究成果，是学术成果的通俗化、简洁化表达。通俗化不是庸俗化，简洁化不是简单化，智库成果要避免空洞，要有干货。

学术研究的任务是认识世界，智库研究的目标是改造世界①。学术研究更多的是认识世界，如果不认识世界，就无法改变世界，改变世界需要建立在认识世界的基础之上。开展智库研究的目的，是通过智力优化公共政策，进而推动世界向更好的方向发展。学术话语多用实证分析，智库话语多用规范分析。比如，假设有两个人正在讨论最低工资法，这是你听到的

---

① 王善迈：《教育经济研究的价值》，载《教育经济评论》2016 年第 1 期。

两种表述：甲认为最低工资法引起了失业，乙认为应该提高最低工资。不管你是否同意这两种表述，应该注意的是，甲和乙想要做的事情是不同的。甲的说法像一个科学家，他作出了一种关于世界如何运行的表述。乙的说法像一个决策者，他作出了他想要如何改变世界的表述。一般说来，关于世界的表述有两种类型。一种类型，如甲的表述，是实证的。他们做出关于世界是什么的表述。第二种类型，如乙的表述，是规范的。规范表述是命令性的，他们作出关于世界应该是什么的表述。

表 4.7　高校智库与政府部门的话语体系比较

话语体系	高校智库	政府部门
话语表达	1. 语言表达具有专业性和理论性 2. 文本和案头研究较多 3. 已有数据梳理和提炼的"二次创作"	1. 语言表达具有实践性和可操作性 2. 行动研究，强调及时性、实践性和灵活性 3. 强调数据的更新和全面性，服务部门职能
话语风格	1. 应然性和批判性语言为主 2. 理论偏好的渐进性研究为主	1. 实然性和肯定性语言为主 2. 经验主义的行动性研究为主
话语偏好	1. 学科情结，基于兴趣的基础研究 2. 倾向于理论创新 3. 复杂问题概念化、抽象化	1. 目标导向，基于问题解决的应用研究 2. 确保政策的连续性 3. 考虑多重和突发性要素，强调应急管理

注：本表引自乔元正《高校智库建设内外部协同的原理、问题及其对策》，载《现代教育管理》2017 年第 7 期。

针对学术话语向智库话语的转换，江汉大学陈杰认为：中国特色的新型智库和学术话语体系是能够协同建构发展的，并尝试性地提出了一种将高校智库、话语体系协同建构发展的"四段三步"法。"四段"：第一阶段是指学术言说主体缺失及离散化阶段；第二阶段是指学术言说的实践性及其内涵阶段；第三阶段是指学术言说的社会历史实践性阶段；第四阶段是指学术言说的国家发展战略化阶段。四个阶段之间的转换，需要"三步"：第一步是指智库提升和协同方面的转型；第二步是指智库目标和功能方面的转型；第三步是指智库影响和战略方面的转型。

三种知识分子的话语政治

从黑格尔论述了现代社会的基本体系以后，就出现了一个问题：怎么理解社会？从现代社会确立的那一天起，就存在谁来领导社会、谁来主导社会的问题。知识分子由此分化为三种类型。第一种叫作普遍性知识分子，以康德和黑格尔为代表，主要生产看起来与现代社会没有直接关系的问题，诸如"物自体""精神现象学"等等。事实上，他们为社会提供"命题话语"。第二类知识分子叫专才知识分子，或者技术知识分子，是以医生、律师、法律的制作者以及大众媒体的从业人员为主体的一类知识分子。专才性知识分子主要为社会提供"问题话语"，主要解决一些专业的技术问题。第三种为有机知识分子，或者批判性知识分子，是由依托一定的学术和理论背景的知识分子和知识大众构成的一个群体。这一类知识分子在今天不断生产"话题话语"。简单来说，从命题到问题到话题，三个层面的知识分子分别形成了三种不同的话语政治。作为智库专家，更多的是扮演有机知识分子或批判知识分子的角色，主要职责是生产话题话语，通过自己的智慧和责任推动时代和社会的进步①。

2. 智库话语的主要特点

新型智库的研究报告，要灵活多样，语言要鲜活，不要写成学术论文的"洋八股"，也不能按照公务员考试申论式的"新八股"，更不要形成千篇一律的"智库八股"。智库报告的撰写，一方面要遵循一定的规律，另一方面又要不断地变化，在结构安排和语言运用方面更富灵活性、多样性。

学术研究使用学术语言和学术话语，多用长句和注释，往往理解起来有一定难度，其内涵需要仔细咀嚼才能体会出来。智库研究使用的是智库话语，多用短句，简洁明快，一般不用注释，易于理解和把握，能够让人一看就明白。

国家行政学院决策咨询部原主任慕海平表示，"准确、及时、有效"是

---

① 周志强：《智库要致力于话语场的构建与引导》，载《社会科学报》2018 年 11 月 1 日。

该院对决策咨询报告的要求。选题是第一要义，直接服务于中央的政策制定，为了"连通天地两头"，决策咨询强调时限，选题制定过迟或过早都可能影响决策的正确性和效果，不能引起决策者的重视，或者因为时过境迁而失去效果。对坐在办公室闭门造车、去网上浏览信息进行归纳完成的报告实行"零容忍"，每个人都必须去市里、县里、镇上、村里实地调查，只待在北京，以"空"对"空"完成的报告是不合格的。对决策咨询报告的基本要求是文风简洁，力求"短、实、新"，决不"长、空、假"。只要不是特别宏大的选题，原则上每篇决策咨询报告字数不超过 3000 字，其中送阅件的字数可以更短，可以是 1000 字，甚至是 500 字。必须讲管用的话，不讲虚话，讲反映自己判断的话，不讲照本宣科的话。"在我看来，凡把复杂的事物说得像小葱拌豆腐一样一清二白的，概不可信。作为智库，应多说一些启发建议，少下一些结论。"

要尽可能少用虚词、连接词，能不用的词坚决不用。智库报告，没有文献综述，没有脚注尾注，没有复杂的模型，也不列参考文献。智库报告，是省略了若干相关细节内容之后的精简版。对于决策咨询报告而言，对策建议大多数情况下不少于 3 条、不超过 5 条。

五、如何设计智库报告的版式格式

智库报告对于作者信息淡化处理，有意淡化著作权、版权等意识。很多决策咨询报告都不在标题下直接署名，往往在导语中体现，或者在文末注明。智库报告作者的署名方式一般比较简洁，只有作者的一级单位、姓名和职称等重要信息。国家社科基金和省社科基金会点明是课题成果，但大多数情况下也不体现出课题的名称。一切都是为了简洁，为了更加明确的表达观点，在决策咨询报告的第一页或者封面页上，没有一个字是多余的。

智库报告的"包装"很重要

报告的内容很重要，报告的形式和"包装"同样重要。因为智库产品要实现其自身的价值，也需要"包装"和"推销"。呈送给领导的版本与课题组形成的报告原文往往并不相同，而是经过专门的研究员字斟句酌地重新写作，成文更加精炼、可读性强。一位参与"包装"

的智库成员说，"跟记者写文章一样，讲究'倒金字塔'结构和新闻元素，得让领导看了有阅读欲"。比如，拟标题就是一门学问。这位人士认为，"'当下经济风险与应对'就比'当下经济形势与应对'更能引起领导的兴趣。"为了方便高层领导阅读，递送的报告字体要比较大，"一般规范是办公软件的'小三'号字"。智囊机构的专家如果想让自己的建议能更快速地被接受，还要用更简洁易懂的形式来表达。"你要让相关部门很快明白你的意思。"国家行政学院政治学教研部主任刘峰说："自己感觉很好，但上面根本不知道你说什么，中间环节就给刷下来了。"关于政策建议的采纳率，一位智库人士认为，"最重要的还是选题，看选题在当下是不是足够重要，是不是能有助于解决当下的主要矛盾和风险"①。

六、决策咨询报告的类别特征与结构示例

湖南省社科院周湘智根据决策需要与实践探索，将智库报告基本类型概括为以下六种：政策建议型，调研报告型，形势/信息/社情/舆情分析型，会议/活动综述型，经验借鉴型，事件回应型。学者陈安、贾传玲等按现代智库报告所要达到的目的，将智库报告分为回音壁式反馈报告、进行时式事件报告、解读型政策报告、示警型研究报告、描述型分析报告、内参式针砭报告、建议式评价报告、拼凑式行业报告、大百科式年度报告等九类②。在此，笔者将决策咨询类的智库成果，简称智库资政报告，分为趋势预测型、阐释事理型、问题应对型、批驳辨析型、未雨绸缪型、紧急呼吁型、事件回应型、推动实施型、他山之石型、政策评估（评价）型等十种类型，并且以近年来国家社科工作办（规划办）网站公布的《成果要报》样稿和公开出版的 2013 和 2014 年度《国家社会科学基金〈成果要报〉汇编》收录成果举例说明。

1. 趋势预测型。对重大内部和外部环境的变化，或国内外重要的经济

---

① 参见《揭秘官方智库：谁在直通中南海》，http：//politics. rmlt. com. cn/2013/1120/185364. shtml。

② 陈安、贾传玲、李鹏杰等：《智库报告类型和特征研究》，载《智库理论与实践》，2017 年第 2 期。

社会形势，或对公共政策有重大影响、足以能够引起公共政策变化的关键因素，进行分析。这种类型就像智库专家发出的有关经济和社会发展形势的"天气预报"。有的侧重于分析形势的有利方面，增强信心；有的侧重于分析潜在的风险和可能的困难，更多的带有预警性质；有的仅仅是形势的分析，有的在形势分析的基础上提出应对之策，具有前瞻性的思路建议。

案例：《2013年下半年宏观经济形势》，作者：中国人民大学刘元春、毛振华①

报告分为三个部分：

一、宏观经济并未触及底线，下半年经济形势基本安全

二、要更加重视宏观经济波动的性质变化

三、下半年宏观经济政策应由短期目标向中长期目标倾斜

案例：《推动我国外贸长期持续发展的政策建议》，作者为对外经济贸易大学李计广副研究员②。

报告分三个部分：

一、我国外贸增速持续下滑，国际竞争力相对下降

二、出口大国仍然是我国的长期发展目标

三、推动我国外贸长期持续发展的政策建议

2. 阐释事理型。一般情况下会和风细雨，润物无声，主要是向决策者介绍某种理念或者观点，通过耐心细致的说理，希望决策者能够接受；从正面阐释重要的观点或理念。或透过现象看本质，找到问题的根源所在。从《国家社科基金〈成果要报〉汇编》（2013年）看，很多决策咨询报告都以阐明事理为主或者包含阐明事理的内容，一些大家的决策咨询报告，主要以对形势的精确判断和重要观点的深刻阐释见长，以观点制胜而

---

① 全国哲学社会科学规划办公室：《国家社会科学基金〈成果要报〉汇编（2013年）》，学习出版社2014年版，第115—118页。

② 同上书，第7—11页。

不是以具体的建议制胜。中国社会科学院李钢研究员围绕我国的工业化及其与城镇化的关系撰写的 2 篇阐释性报告，分别发表在 2013 和 2014 年度的《成果要报》上。其一，题目为"第二产业仍旧是中国经济发展的动力"，包括三个方面的内容：第二产业始终是发展国家经济发展的关键，我国下一阶段经济发展尤其需要注重第二产业，第二产业在"转方式、调结构"上大有潜力。其二，题目为"城镇化并未滞后　工业化仍是重点"，共有四个部分：第一，不能拿不同发展阶段或不同发展路径去对比中国当前的城镇化水平；第二，与发达国家相同发展阶段比较，中国城市化进度并不存在所谓的"滞后"；第三，工业化快于城市化是世界工业化进程中的常态；第四，进一步推动工业化仍是我国促进四化融合发展的根本着力点。具体提出三条路径：依靠第二产业创造非农就业岗位仍旧是最可行的方式；必须有第二产业生产率的长期提升，才能支持农业劳动力向第三产业稳步转移；今后主要通过发展大、中型城市来促进我国城市化率的进一步提高。

　　案例：国家社科基金《成果要报》样稿《以调整社会结构为核心深入推进新阶段我国社会建设》，作者：中国社科院社会学研究所陆学艺研究员

　　正文 3500 多字，共分四个部分：

　　第 1 部分，作出"当前我国已进入以社会建设为重点的新阶段"的判断；

　　第 2 部分，从人口结构、家庭结构、社会组织结构、就业结构、收入分配结构、消费结构、城乡结构、区域结构、社会阶层结构等九个方面阐明"当代中国社会结构深刻变动及其积极的经济意义"；

　　第 3 部分，指出"当前诸多社会矛盾和问题的症结主要在于社会结构变动滞后"；

　　第 4 部分，提出"加快推进我国社会结构调整的建议"，主要包括四个重点和四条具体建议。就四个方面的重点而言，由于篇幅所限，并没有完全一一对应第二部分的九个方面，而是重点突出了城乡结构、就业结构、收入分配结构和现代社会阶层结构。

3. 问题应对型。直接点明问题的具体表现，分析问题产生的原因，提出具体的改进措施。

案例：《应对区域产业转移空间错位的建议》，作者：湖南科技大学刘友金教授[①]

一、我国区域产业转移空间错位的表现

1. 沿海地区推动比较优势的产业未能适时转出

2. 中、西部地区产业承接中忽视发挥比较优势

3. 符合中、西部地区比较优势的承接产业向沿海地区回迁

二、区域产业转移空间错位的主要原因

1. 沿海地区政府的阻碍，弱化了丧失比较优势产业的转出动机（三个担心：GDP，税收，就业）

2. 承接地政府间的过度竞争，助长了转移企业存在区位选择中的机会主义（追逐产业转移政策的游牧企业）

三、一些建议

1. 中央政府完善产业转移相关制度安排，加强跨区域政策协调

2. 沿海地区加快产业转型升级，促进丧失比较优势的产业向中西部地区有序转移

3. 中西部地区着力培育比较优势，增强产业承接能力

4. 批驳辨析型。对于现实政策问题进行分析，指出潜在的问题或者目前一些观点的错误之处，希望决策者能够不采取其他有缺陷的或者错误的观点，能够按照自己的思路推动政策问题的解决。

案例：《我国完全可以实施社会保险费改税》，作者：四川大学蒲晓红教授[②]

一、部分学者认为的社会保险费改税"障碍"并不成立

1. 费改税反而有利于提高社会保险统筹层次

---

① 全国哲学社会科学规划办公室：《国家社会科学基金〈成果要报〉汇编（2013年）》，学习出版社 2014 年 6 月，第 210—214 页。

② 同上书，第 33—37 页。

2. 费改税不会妨碍我国税收体制改革

3. 费改税并不影响政府对社会保险责任的承担

4. 费改税不会使我国被迫提前成为福利国家

二、社会保险费改税也存在一些现实障碍

1. 通过税收筹资与我国现行的社会保险制度不匹配

2. 费改税后社保部门和税务部门之间的利益难以协调

3. 费改税不能根除偷逃社会保险缴款的动机

三、社会保险费改税存在的障碍完全可以规避

1. 按照个人账户规模实施税收返还

2. 暂时不将城乡居民纳入征税对象

3. 暂时维持"二元征收"体制

4. 增强参保者对制度的预期

案例：国家社科基金《成果要报》样稿《我国基层乡村债务膨胀的潜在风险及应对建议》，作者：吉林大学王郅强副教授

一、我国乡村债务的基本情况

二、巨额乡村债务的成因及潜在风险

1. 规模庞大的乡村债务使部分乡镇政府难以正常运转

2. 过重的乡村债务使农民负担出现反弹空间，对基层稳定构成潜在危害

3. 规模庞大的乡村债务使得农村基层政权执政能力不断弱化，基层行政生态陷入尴尬境地

三、化解我国巨额乡村债务的对策建议

1. 遵循财权与事权相匹配的原则，对现有政府财权事权制度进行改革

2. 完善干部激励机制和考核制度，调动基层干部清偿债务的积极性和主动性

3. 强化对乡村债务的监督机制，实行乡镇主要领导化解乡镇债务任期责任制

4. 根据各地不同的负债因素及规模，采取区别对待的化解方式

5. 对乡村债务进行摸底细分和实时监控，全面落实工作责任

6. 测算各地适度的债务存量，对乡村债务实行动态偿还

7. 压缩乡镇行政开支，完善乡镇财政监督管理制度

5. 未雨绸缪型。针对可能发生或出现的问题进行预测性研究，提出解决的方案建议或进行预警，为决策者解决问题储备方案。

案例：《防止经济增速出现"台阶式"下滑》，作者：国家发改委经济研究所宋立、刘雪燕[①]

一、经济高速增长之后明显减速是世界性普遍现象

1. 90%以上经济体高速增长后出现减速，且绝大部分经济体减速发生在中等收入阶段

2. 大多数国家呈现波浪式而非台阶式减速

3. 台阶式减速比波浪式减速出现更早、幅度更大

二、"十三五"时期我国经济减速不可避免，但要努力避免"台阶式"减速

1. "十三五"时期我国即将进入经济增长速度明显下降的阶段

2. "双重二元"结构决定我国波浪式减速可能性较大，但台阶式减速可能性仍不能排除

3. 如果出现台阶式减速，将明显影响我国经济发展和现代化进程

三、提前采取稳定经济增长措施，为增长动力的平稳转换争取时间

1. 实施经济稳定增长战略

2. 有效挖掘要素供给潜力

3. 加大人力资本投资

案例：《警惕宏观经济运行出现变异》，作者：中国人民大学刘元

---

① 全国哲学社会科学规划办公室：《国家社会科学基金〈成果要报〉汇编（2014年）》，学习出版社 2015 年 5 月，第 287—291 页。

春教授[1]

首先分析宏观经济形势的主要特征。第一，第三产业的景气并不可靠。第二，对就业市场的判断可能失误。在此基础上提出建议，应及时在货币政策、财政政策和社会政策方面加大力度和灵活性。

1. 货币政策在保持定力、避免重返全面宽松的前提下，适当加大定向宽松的力度和广度，同时加强预期管理以提高政策有效性

2. 实施更为积极的财政政策，给全面深化改革营造更加宽松的环境

3. 做好社会政策托底，从根本上提高社会对经济增速下滑的容忍度，降低社会对刺激政策的依赖

6. 紧急呼吁型。问题导向，表明问题积累到一定程度、达到非解决不可的地步，通过对问题的分析表明问题极其严重，乌云压境，山雨欲来风满楼，呼吁决策者要采取某项重要的举措。

案例：《我国急需制定一部民法典》，作者：中国政法大学柳经纬教授[2]

一、现行民商事法律体系缺失问题十分突出

1. 立法杂乱无章

2. 法宝法规重复

3. 法律概念不统一

4. 法律规范不一致

5. 法律观念冲突

6. 法律制度无法衔接

二、《制定民法典的时机和条件成熟》，新一届全国人大常委会应将民法典列入立法规划

---

[1]　全国哲学社会科学规划办公室：《国家社会科学基金〈成果要报〉汇编（2014年)》，学习出版社 2015 年版，第 305—308 页。

[2]　全国哲学社会科学规划办公室：《国家社会科学基金〈成果要报〉汇编（2013年)》，学习出版社 2014 年版，第 61—64 页。

案例：迫切需要提高新农保养老金待遇，作者：西安交通大学张思锋教授①

一、现行新农保养老金待遇明显偏低

1. 新农保养老金远不能满足农村老年居民基本生活需要

2. 新农保养老金远低于农村老年居民期望值

3. 新农保与其他社会养老金保险的养老金待遇差距悬殊

二、新农保制度全覆盖后当务之急是提高养老金待遇

1. 逐步提高各级财政的补贴额度，增加新农保基础养老金

2. 逐步提高新农保个人参保缴费额，增加个人账户养老金

三、提高新农保养老金待遇不仅需要而且可行

1. 调整后的新农保财政负担系数可以适应各级政府财政承受能力

2. 调整后的参保者个人缴费负担系数可以适应农村居民个人承受能力

案例：《我国城镇土地资源二次开发势在必行》，作者：上海交通大学刘士林教授②

一、开发已超规划，发展仍缺空间，管控日渐紧张

二、实施城镇土地二次开发的建议

1. 大规模清理闲置土地

2. 整理低效工业用地

3. 整治农村住宅用地

4. 注重开发各种非农业、自然条件差的国土资源

7. 事件回应型。在问题发生之后，分析问题产生的原因，提出预防此类问题发生的对策建议，属于雨后送伞，亡羊补牢。针对突发事件、重大事件提出解决问题的方案和建议。这种类型的文本主要是智库对国内外发生的重

---

① 全国哲学社会科学规划办公室：《国家社会科学基金〈成果要报〉汇编（2013年）》，学习出版社 2014 年版，第 38—41 页。

② 同上书，第 73—75 页。

大突发、热点焦点性事件，从专业视角分析其历史脉络、事件成因、未来走势、潜在影响，科学提出应对措施。这种及时、深度、专业的分析产品，往往在关键时刻能够起到澄清模糊认识、辅助科学决策、扫除认知盲点的重要作用，一直受到领导同志和决策部门的高度关注。例如，2018CTTI来源智库年度优秀成果《由范冰冰"逃避税"事件看我国个人所得税制的优化》《美国近期发布的〈2017年航行自由报告〉需引起重视》等。

案例：国家社科基金《成果要报》样稿：《用工荒现象分析及应对建议》，作者：中国社会科学院人口与劳动经济研究所蔡昉教授

正文2600多字，共分三部分。

一、用工荒现象原因分析

1. 劳动年龄人口增长率下降使劳动力供给数量减少

2. 一揽子刺激方案及经济回暖增加了就业岗位

3. 制度性分割妨碍了劳动力市场发挥自发调节功能

二、用工荒现象预示着经济社会发展的新阶段

1. 收入分配状况明显好转，社会进一步和谐

2. 产业升级逐渐发生，经济增长更有可持续性

3. 新的制度需求进一步推动经济和社会政策改革

三、创造政策条件，把用工荒转化为经济社会发展的新机遇

1. 加快提高以农民工为重点的社会保障覆盖率

2. 运用法律手段和劳动力市场制度，形成正常的工资增长机制

3. 利用市场机制推动中西部地区承接劳动密集型产业转移

4. 通过加大教育和培训力度，解决技能型人才短缺问题

8. 推动实施型。智库专家希望达成的政策目标相对比较具体。在大的战略形成后，或者国家区域战略出台后，作为地方和区域如何对接，如何实施，推动国家政策和大的区域战略更好地落地，更加聚焦于实施层面，提出相应的政策建议。

案例：国家社科基金《成果要报》样稿《以扩大"住、行、学"供给为抓手推进经济发展方式转变》，作者：中国社会科学院王国刚研究员

全文 2800 字左右，共分三部分。

一、扩大内需的重心是加大消费性投资力度

二、经济发展方式转变的主战场是城镇化建设投资

三、缓解"住、行、学"供需矛盾的对策建议

1. 提高消费性投资增长率

2. 加快城镇经济产业化

3. 发展中心城市经济圈

4. 鼓励民营经济投资城镇化建设

5. 推动金融业转型升级

案例：《急需提高财政应急资金管理制度化水平》，作者：东北财经大学孙开教授[①]

一、财政应急资金管理存在一些比较突出的问题

二、构建财政应急资金长效保障机制势在必行

三、当务之急是优化财政应急资金分配使用方式

1. 设计、制定财政应急资金分配标准

2. 在制度化管理基础上尽快拨付财政应急资金

3. 协调好应急管理中的政府间财政关系

4. 强化对财政应急资金的使用监管

9. 他山之石型。主要通过比较研究来说明问题，同时借鉴古代或外地经验，为我所用。一般主要包括经验是什么，当前实际是什么，经验给我们的启示和我们可以借鉴的内容。

案例：《借鉴明清"田面权"制度创新土地制度改革模式》，作者：清华大学龙登高教授[②]

一、明清"田面权"制度曾经实现"一田二主"

---

① 全国哲学社会科学规划办公室：《国家社会科学基金〈成果要报〉汇编（2013年）》，学习出版社 2014 年版，第 49—52 页。

② 同上书，第 103—106 页。

1. 田面权的制度框架

2. 田面权制度的历史绩效

二、当前我国土地制度改革可以借鉴"田面权"制度

1. 田面权制度具有现代物权法的法理逻辑

2. 田面权制度具有土地权利分层上的合理性

3. 土地承包经营权能够借鉴田面权实施物权化

4. 物权化后的土地承包经营权与集体所有权相辅相成

5. 田面权模式实施成本小，能够稳妥推行

案例：《推进信息化和工业化深度融合的思路建议》，作者：浙江大学刘渊教授①

一、信息化已经成为全球新一轮工业化调整的核心推力

1. 信息技术获得群体性突破

2. 利用信息技术支持小规模和分散化生产

3. 借助信息技术打破传统产业垄断

二、发展国家利用信息技术进行工业化调整的新模式

1. 以信息技术改变全球能源格局，以能源工业推动工业化的模式

2. 以信息技术改变全球制造格局，以智能制造推动工业化的模式

3. 以信息技术改变全球服务格局，以大数据推动工业化的模式

三、推进我国信息化和工业化深度融合的思路建议

1. 紧紧围绕"两化融合"战略，加强系统布局和顶层设计

2. 紧紧围绕先进制造业和现代服务业，促进产业转型与生产方式变革

3. 紧紧围绕信息技术在产业链中的广泛应用，推动创新型企业健康成长

10. 政策评估（评价）型。对公共政策第三方评估，是智库的重要功

---

① 全国哲学社会科学规划办公室：《国家社会科学基金〈成果要报〉汇编（2013年）》，学习出版社2014年版，第1—6页。

能之一。第三方政策评估报告，也是智库成果的重要表现形式。这类决策咨询报告对于政策实施的效果进行动态或者阶段性评估，提出需要改进和调适的内容，增强政策的适应性。

案例：国家社科基金《成果要报》样稿《我国货币超发的真实内涵及其与 CPI 的关系》，作者：上海社科院胡晓鹏研究员

一、货币超发的真实内涵及其现实意义

1. 粗放的经济增长模式和扭曲的汇率形成机制，是较早引起中国货币超发问题的诱因

2. 近期人们对货币超发的理解往往带有明显的异化倾向，矛盾的焦点指向了政府

3. 正确理解货币超发的现实意义、合理界定与度量货币超发，对于认识和指导中国宏观经济运行大有裨益

二、我国货币超发的真实水平及其现实根源

1. 货币超发系数与货币超发率都可以用来衡量我国货币超发的规模与水平

2. 中国的确出现了货币超发，但其原因不是外汇储备变动下的基础货币扩张，而是货币乘数很大

三、我国货币超发与 CPI 的真实关系及其现实依据

1. 中国最近 20 年的经济运行中，不存在所谓货币超发导致 CPI 上扬的情况

2. 紧缩性货币政策可以降低货币超发规模，但并不表明货币超发与 CPI 之间有因果关系

3. 虽然货币超发不一定必然带来通货膨胀，但也不能完全排除货币超发对物价的影响

这篇报告从外汇超发与外汇储备与 CPI 上涨的关系切入，首先分析货币超发的内涵，然后分析这种现象并非外汇储备变动引起的，最后梳理货币超发与 CPI 之间的关系。这篇报告，重点在于对于货币超发与 CPI 的真实关系的分析，而不是对策建议。

第四节 智库研究的辩证逻辑

智库研究，需要处理好若干方面的辩证关系，主要包括小众与大众、已知与未知、宏观与微观、兼职与专职、幕后与台前等方面。

一、顾客：小众与大众的关系

我们的主要顾客在哪里？智库，特别是中国特色新型智库，主要是为党委政府决策提供咨询服务，影响决策者和决策参与者，影响有影响的人，影响有决策权的人，把智库专家的对策转化为党委政府的政策；与此同时，智库还需要引导舆论，推动思想和政策的传播，影响大众，教化社会。智库研究顶天立地，上接天线，下接地气，智库要处理好服务小众（决策者）和服务大众（社会公众）之间的关系，不断加粗拉长公共政策生产线、智库产品供应链，更大范围内推进智库成果的向内的政策性转化和向外的社会化传播。

智库的顾客主要是决策者，但不仅仅是决策者，服务人民群众是新型智库的重要职责。因此，智库需要处理好服务小众与服务大众的辩证法。智库服务公共政策，影响公共政策，与公共政策相关的群体都是智库服务和影响的对象。如果把公共政策的制定者和利益相关群体作为智库影响的两个维度的话，那么有的智库侧重于影响决策者，把相关的政策建议嵌入到公共政策中；有的智库侧重于影响社会公众，一方面通过政策解读让公众更好地理解公共政策，另一方面，通过影响公众的认知和社会舆论，教化社会，推动问题引起决策者的注意，推动问题进入公共政策议程。

首先，智库思想产品的顾客，特别是决策咨询产品，是相当小众化的，甚至一些产品是围绕个别决策者的需求特别定制的。智库要影响决策的参与者，特别是影响决策的拍板者，读者群体固定化，具有明确的指向，甚至是特殊定制、定向供给，努力影响有影响的人是智库专家的目标。决策咨询报告的报送范围，一般都比较小，有些专报，甚至只报送主要领导和分管领导。有些高端的咨询报告顾客群体甚至是唯一的。

其次，智库思想产品的顾客，也是大众化的。习近平总书记指出，"西方政党都有自己影响控制的外围组织，各种协会、智库、基金会、青年组织、俱乐部、媒体等就是他们吸引选民、争取选票的重要渠道。他们不是不做群众工作，而是很会做。"① 影响决策者，是智库的第一目标。如果说无法通过正常渠道影响决策者的话，那就有可能会改变一种方向，通过影响大众来引导舆论，来引领这个问题进入政策议程，从而影响决策者。西方国家的智库，实际上很多决策咨询报告都不是直接报送政府的，更多的是通过公开发表，影响选民、影响社会，进而来影响公共政策。所以，从这个角度来说，我们在做智库报告时要把握两个方面，一方面，要写内部报告，为领导提供一些决策咨询方面的服务。另一方面，要写一些政策解读方面的文章，帮助决策者推动政策的落实。从公共政策生产线、生产链的角度来说，如果说在公共政策生产线的前端，智库专家更多的是参与到决策当中来，提出相关的政策建议的话，那么在这个公共政策形成之后，在政策推广和普及的过程中，智库专家应该更多地写一些政策解读的文章，帮助社会公众特别是政策相关群体更好地理解政策、执行政策。所以，有人说智库专家不能只会政策解读，这个话是对的，但是这并不等于智库专家不能进行政策解读，政策解读也是智库专家的重要职责。

二、内容：已知与未知的关系

决策，是多个相关的因素构成的复杂函数，是将多个已知和未知输入后形成的结果。作为智库专家，要提高决策咨询质量，首先需要把握三个已知与未知。

第一，问题的已知与未知。针对我们研究的问题，哪些已经解决了，哪些没有解决，哪些是还没有解决但当前已经具备解决的条件，需要加强对已有政策的学习和梳理，把这个边界识别清楚，从而确定研究的起点。有的智库专家坐在办公室里盲目研究，挖空心思，苦思冥想，自认为找到

---

① 中共中央文献研究室：《习近平关于社会主义政治建设论述摘编》，中央文献出版社 2017 年版，第 206 页。

了解决问题的办法，发现了"新大陆"，当把研究报告提交政府有关部门时，有可能得到这样的信息：这个方面的政策五年前领导讲话里就强调过，三年前已经出台了相关的政策。因此，决策咨询研究，通过对相关政策和前期研究成果进行系统梳理从而确立研究的问题起点和边界很重要，要避免把已有的领导讲话和已经出台的文件内容作为对策建议。

第二，研究的已知与未知。学术研究要通过文献综述，来确定研究的已知与未知。决策咨询研究要通过相关研究成果的梳理，来明确研究的未知领域。在理想的情况下，智库研究要建立在前人研究基础上，相当于站在前人肩膀上摘桃子。目前的问题是，智库研究报告在很多情况下都是不公开的，没有建立决策咨询成果共享的体系，导致智库专家很难弄清楚研究的已知与未知，不同智库之间低端重复研究的现象比较严重。

第三，决策者的已知与未知。决策者是各类信息集聚的中心，信息渠道多、实践视野宽、理论水平高。我们在写决策咨询报告的时候，要尽可能把握哪些是领导已经知道的，这里面就少写或者不写；哪些是领导不知道、想知道的，要多写、要重点写。我们在处理已知和未知的时候，要能够把握边界，精准地识别问题、精准地分析问题、精准地供给研究成果，应该在有限的篇幅内把决策者关心的问题讲清楚。要想做到这一点，关键是要加强对政策理论的学习，加强对决策者的"研究"，你明白决策者已经知道了什么，需要决策者知道但目前尚不清楚的问题是什么，如何提供决策者需要的信息、知识、理论和方法，从而促进决策科学化。

读者不同，政策咨询报告写作也应有所不同。关键是要照顾不同读者群的特点和阅读习惯。例如，决策者通常较忙，因此主题明确、立意清晰、简明扼要、短小精悍的东西尤其受欢迎。特别是对研究委托者，他们通常对所研究的问题已经有了相当的知识和经验。给这样的读者写报告，就应注意利用读者已有的知识和经验，照顾读者的阅读习惯，可以把所有决策者已知的信息和知识都省略掉，简化形式和文字，集中讲决策者不了解、该知道、想知道的内容。2020 年 3 月，在抗击新冠肺炎疫情期间，东中西部区域发展和改革研究院在前期报送智库研究成果的基础上，征集专家建议，提出五个不写的要求：政府知道的不写，别人写过的不写，学术论文不写，没有机理分析的不写，只发现问题没有答案的不写。这五条要求，也可以看作是对一般智库报告的要求。

智库机构与党委政府政策研究机构一样，智库专家既要关注决策者关注的领域，研究决策者研究的问题，与决策者在同一个频道上思考问题；与此同时，又要有自己观察问题的独特视角和独到之处，有决策者不知道又需要知道的信息源、信息点，有政策的创新点、突破点，能够成为决策者的兴奋点、共鸣点。有领导者曾经向专门从事政策研究和决策辅助工作的研究室负责同志坦言，如果你知道的与我知道的一样多，那我们就有一个是多余的，这个多余人就是你。对于处于决策者外围的智库专家来说，如果所知道的与决策者以及决策者身边的人一样多，那么你就是多余的。在现实社会中，许多智库专家连多余人也做不到，因为智库专家知道的，既没有决策辅助者知道得多，更没有决策者知道得多，而且不知道决策者需要知道什么。从另外一个角度讲，由于信息的不对称等因素，关于政策问题，决策者和决策辅助者知道的信息更多、了解的情况更深入也是正常现象，智库专家存在的价值是能够提供一些创新的视角让决策者开阔思路，或者就方案的完善提出相关的建议。智库专家需要加强理论修养，加强调查研究，加强政策学习，努力在有差别地覆盖决策者和决策辅助者信息面的同时，扩大思想、战略和政策的创新空间，而不是被决策者和决策辅助者理论水平、政策信息所覆盖，跟在决策者后面拾人牙慧，东拼西凑，原地打转。

清华大学公共管理学院院长江小涓在《政务工作中的学术思考》中，回顾了自己被从中国社会科学院选调到国务院研究室工作的原因，主要是自己"了解现实问题，能讲不同观点，讲得有道理，提的建议有操作性"。文中提到，学者们提出一些相对"彻底"和"根本性"的重大建议时，问题看得透彻，思路和道理都正确。但是，决策者们还希望能看到对实施中可能碰到问题的分析和对实施成本的评估，把握好措施的轻重缓急。作者在文中提到，科斯（1991 年诺贝尔经济学奖获得者）说过，他曾经当过一段时间的公务员，上司从不接受他的意见，他仍然锲而不舍地提，因为他相信当人们请求上司给指示时，上司一定需要说点什么不同的东西，就会想起他说的。后来发生的事情果真如此。

因此，智库研究要在准确把握三个已知与未知的基础上，精准识别问题，明确研究的立足点，明确写作的分割点；精准分析问题，调查数据，模型分析；精准供给方案。在有限的篇幅中把问题讲清楚，关键是明白领导想知道什么，把研究成果最核心、最精华、最能吸引人的地方展现出来。既要考虑决策者的阅读习惯，又要坚持自己的原则和底线。智库报告在形式上可以灵活，但在内容上不能灵活，要有自己的观点和主见，把真实情况反映给决策者，而不能根据决策者的喜好对观点进行修饰甚至改变。

三、截面：宏观与微观的关系

智库研究问题的截面切面要适中，一篇决策咨询报告解决有限的问题。智库研究报告的选题，应当更多着眼于中观偏微观的层面，接地气，能够解决实际问题。要处理好出思想、出战略与出政策、出方案之间的关系。

一篇好的决策咨询报告，创新浓度要适宜适中。创新浓度，或者叫创新纯度，是指创新观点在决策咨询报告中所占的比重。第一，智库报告的核心是创新，但这个创新要有一定的度，创新不能走得太远，不能脱离现实的土壤。任正非曾经指出，华为要保持技术领先，但只能是领先竞争对手半步，领先三步就会成为"先烈"，明确将技术导向战略转为客户需求导向战略。……通过对客户需求的分析，提出解决方案，以这些解决方案引导开发出低成本、高增值的产品。对于智库专家来说，在思想上要保持一定的超前性，但更多的要考虑现实情况和决策者的实际需求。第二，一个智库报告不能承载过多的创新信息，创新的观点要相对聚焦和集中。智库研究报告的有限目标：站位要高，截面要小（以小见大），切口要准（切中要害），刀口要深（入木三分）。智库报告目标设置不能太大，提出的对策建议也不要面面俱到，特别是不要重复已经在实施的内容，要提出真正能够解决问题的有力措施；提出的对策建议要具有可行性，能够落下来，无法实施的建议不要提。泛泛而谈很难引起决策者的注意，要瞄准问题解决的有效落点，让具有鲜明特色的建议能够引起决策者的共鸣和共振，达到掷地有声的目标。

智库研究要处理好一域与全局的关系，可以以一域谋全局，但不能就一域论一域。决策咨询专家有着较强的地域性与层级性，不同层级智库专家获取研究资源的不同，决定着研究重点与服务对象也有所侧重。智库研究要处理好"一面"与"全面"的关系，要全面辩证地看问题，不能片面或"一面"看问题。智库专家观察分析问题的层面、角度、视角，应与领导站在同一个层面上。智库研究不是部门利益的代言人，智库专家与实际工作部门研究人员最大的不同就在于，智库专家要摆脱部门领导或专家的"隧道视野"和"经济人思维"，跳出部门立场，突破部门利益，能够站在更高的层面上用全局的观点看待和思考部门的问题。

四、职业：兼职与专职的关系

政策咨询和评估有着旺盛的需求，拥有很大的市场，新型智库建设的火热局面，必将催生一批职业化的机构、专业化的队伍，催生一批优秀的智库专家。现在，智库参与决策，还更多停留在书面形式、隔空喊话阶段，随着决策咨询制度的进一步完善，决策者能够有条件与智库专家平等对话，或者与智库专家进行政策辩论。作为一个智库学者，还需要更加善于口头表达自己的观点。

各类研究机构的职能及其与智库的关系。比如，高校要处理好与学术研究和教书育人的关系，党校要处理好与干部培训的关系，党政智库要处理好与文稿起草等政务服务之间的关系，要防止智库实体平台化、智库机构泛在化，专业智库要由专业的人来做。

新型智库建设对社会科学发展的格局会产生一个重构。如果说高校哲学社会科学原来有一个航向的话，那么，习近平总书记在哲学社会科学工作座谈会上特别强调要发挥哲学社会科学在治国理政中的重要作用，智库建设要把重点放在提高研究质量、推动内容创新上，是对哲学社会科学发展航向的一次矫正，对学术研究进行重新定位，高校哲学社会科学研究人员也面临着研究的转型，甚至是研究范式和工作重点的重新选择。

高校的教研人员，政府实际工作部门人员，媒体的力量，都是智库发展所需要借助的力量，要处理好内部发力与外部借力的关系。同时也要处理好定性和定量、观点和工具之间的关系，借助一些自然科学的手段来做一些定量的分析。同时还有一个问题，智库研究不只需要大家，需要高层次的专家，同时也需要一些基础的调查人员。现在有一些高校和研究机构，人才结构呈"倒金字塔"型，或者哑铃型的"两头大、中间小"，导致了大部分专家都在高端从事一些宏观思想方面的思考，没有人深入基层做一些深入的调查研究，导致提出的对策建议可能是上不着天、下不着地，与社会现实相差十万八千里。因此，智库除了有专业的研究人员出思想、出思路以外，还要有一些服务人员和辅助人员去调研、去论证，做细致艰苦的调查工作。只有这样，智库研究才能够顶天立地。

随着新型智库的发展，部分主要依靠兼职人员支撑的高校智库难以走远。今后，高校专家队伍有可能会分化为学术研究和智库研究两个阵营，建立与学术、学科、学院、学部之间的"旋转门"制度，打造职业化的智库专家团队。从科研部门旋转到智库研究部门，从业余从事智库研究到专业、职业从事智库研究。由于目前职称体系尚未完全接轨，职称评审导向使研究人员更加重视学术成果而忽视决策咨询成果，迫切需要建立有利于人才旋转的职称和成果评价体系，实行智库成果与学术成果的等价评价。当前一个比较现实的途径，就是推动部分有较为扎实的理论研究基础、有较大的决策咨询兴趣和潜力，又没有多少评职称等方面压力的专家，实现从学术研究到智库研究的转型。

开启学术机构与智库之间的"旋转门"

要提高我国智库的学术质量，推动内容创新，必须充分动员我国雄厚的哲学社会科学研究力量，使之与智库相辅相成、相互支撑、共同繁荣。因此，要充分认识学术研究和智库研究各自的特点，彼此间的区别和联系，在两者之间建立相互支撑、密切配合的运行机制。从多数国家（地区）的实践看，处理学术研究机构和智库之间的关系，在体制上大致有两类安排。

其一是机构分设，即学术功能和智库功能分别由不同机构承担，绝不混搭。若定位于学术研究，则专注于皓首穷经。其成果评判标准，便是在国内外学术刊物上发表论文，在学科发展上发挥引领作用，以及在国际学术会议上产生影响力。若定位于智库，则专注于战略设计和政策咨询，关注政策影响力和对社会公众的影响力。至于发表论文、学科建设等等，在其考评标准体系内占据的比重相对较小。

其二是学术与智库功能共居一体，但这些功能分别由专门的下属机构分担。"功能分设、适当交流、相互支撑"是其基本特色。世界上有些著名大学即属此类，如美国普林斯顿大学拥有 30 余家研究中心，其中包括全球著名的智库——胡佛研究所；英国伦敦经济学院拥有 26 家研究中心和研究所；等等。与纯粹且单一的学术研究机构和单一智库相比，多功能大学的优势在于，研究人员可以在学校内的教学、科研机构和智库等内设二级机构之间适当流动。由于人员可以比较自由地流动，这些大学便有了其他机构所不具备的优势：一方面，因其功能分设，不仅考核机制得以专一，可收专业化之效，不致产生顾此失彼的弊端；另一方面，因其人员可以流动，当能实现学术研究、政策设计与教学彼此促进、相互支撑的共赢局面。

我们以为，采取世界著名大学的方式，即将学术殿堂和智库在学校或科研院所之下实施"功能分设、适当交流、相互支撑"，比较容易迅速动员我国庞大的教学、科研队伍，整合我国的智库功能，并较快产生效果。因此，在智库与政府管理部门之间建立"旋转门"的同时，也应有效地在智库与学术研究机构之间建立"旋转门"。前者可以保证智库研究的方向与敏锐性，后者则可有效保证智库研究的质量、内容、深度和可持续性。要做到这一点，需要对一系列现行的制度，例如兼职等的相关规定做出调整①。

推进智库建设，既要动员研究力量充分地参与，又要明确专门的部门，进行专业化的建设与推进。智库建设，既要自身发力，又要巧妙借力，更要注重培养不同层次的人才，持续接力。美国兰德公司在公司外部聘用了大量的知名教授和各类高级专家作为自己的特约顾问和研究员，他们参与兰德公司重大课题的研究分析和成果论证，确保了研究质量及研究成果的

---

① 李扬：《新型智库建设：不忘初心远离浮华扎扎实实求质量》，载《光明日报》2018 年 12 月 13 日。

权威性①。

五、境界：幕后与台前的关系

从组织属性上来说，西方国家把智库定位为慈善组织。中办国办《意见》把智库明确界定为非营利组织。由于智库专家服务的对象是决策者，有些时候可能会受到领导的重视，成为领导的座上客，非常光鲜。但是更多的时候是躲在背后默默无闻工作。党委政府委托的一些重要研究任务，是签订着严格的保密协议的，是不能到处宣扬的。包括领导人对于智库成果的批示件都是保密的，有时候会由办文单位出具采纳证明，有时候连证明也没有。从很大程度上来说，智库工作是一个默默无闻的工作，智库工作者需要有强烈的使命感责任感，同时也需要有默默无闻的志愿精神。因此，智库专家既要入世，积极地关心政治、研究政策，但又要出世，淡泊名利、宁静致远。智库专家要遵从内心，既有做新闻的敏感，又有做学术的淡然，不盲目追求轰动效应和影响力，做有涵养、内涵型、实力派的智库专家。

智库专家的研究有没有知识产权？某种意义上来说，有的时候有，有的时候没有。一方面，要看智库报告属性和形成过程。如果说，智库成果是基于党委政府或者有关部门委托的课题研究形成的，在相关的协议中已经对于成果产权的归属有了界定，一般情况下会规定归出资者所有。另一方面，因为现在的政策体制，智库提交的决策咨询报告都是在一个相对封闭的系统中流转的，并且在重大决策形成之前有很多政策建议向决策者汇集，特别是决策者经过前期的广泛调研已经有了基本的思路，英雄所见略同或者不谋而合的情况会比较常见。公共政策的形成是一个复杂系统，它最后得出来的决策是通过多源头汇总得出来的一个结论，在一般情况下很难对应到某一位具体的智库专家。把智库成果固化，就是将决策咨询报告可以公开的部分合理改造成学术论文或者理论文章在媒体上公开发表，让自己的研究成果在时空上固化，在这个时候可能就变成自己的知识产权了。

---

① 张燕：《"决策应用研究"者应具备的五种素质》，载《北京日报》2012 年 2 月 6 日。

如果单纯写成内参的话，很难成为自己的知识产权。这就说明，我们在做智库研究的时候，要把学术研究和智库研究有机地结合起来，做好两类成果之间的转化工作，从而实现学术研究与智库研究的互动互通，做到服务决策与服务社会的双赢。

由于内参式的智库报告在形式和运转流程上参照政府公文处理，出于简洁明了的需要，受篇幅所限，一般情况下，智库报告不使用参考文献，不使用脚注尾注，这就涉及如何体现引用部分对原作者的尊重问题。一方面，智库专家要增强成果的原创性，不能因为不需要公开，不需要标注，就在学术规范特别是在引用规范方面降低要求，就大胆"借鉴"其他专家的研究成果；另一方面，智库专家要坚持内外有别，内参报告和理论文章，受篇幅和规范所限可以不添加注释和参考文献，但如果是重要观点或数据的引用要在正文中说明，一旦转化为公开发表的学术成果，就要严格按照学术规范标注引用内容。因此，要加强智库领域的科研诚信建设，充分运用区块链等技术，对于原创观点和原创者进行识别，形成鼓励创新、尊重原创的浓厚氛围。

第五章　新型智库成果的传播转化

智库为公共政策服务，智库成果只有嵌入公共政策链条之中，才能发挥作用。智库成果转化的形式，主要包括政策性转化和社会化传播，分别从不同的角度影响公共政策。与此同时，正如学术研究与智库研究，既有紧密的联系，又有一定的区别一样。虽然智库成果在诸多方面与学术成果有所不同，但两者之间并非存在不可逾越的鸿沟，在很多情况下，二者可以进行交互性转换。智库的目标是影响公共政策，处于不同圈层的智库，由于产品转化的渠道和产品的性质不同，采取的策略也往往有所不同。党政智库，主要影响决策者，更加注重影响公共政策议程、增强决策影响力，社会影响力通过决策影响力来实现和放大。社会智库，更加注重社会影响力，通过社会影响力引起决策者的重视，从而促进社会问题进入决策议程，以社会影响力提升决策影响力，通过影响公众而反过来影响决策。

第一节　智库成果的政策性转化

习近平总书记强调指出，要善于发挥哲学社会科学在治国理政中的重要作用。智库以服务公共政策和战略问题为宗旨，智库成果转化最主要的渠道和方式，是通过决策者进行政策性转化。

一、进行政策性转化需要对智库成果再加工

真正的学者应该是，首先做扎实的工作，做详细的计量分析，为自己

的结论提供依据。但是做完以后要让别人知道你的结论，也就是说要实现成果的转化。如果一项研究成果，老百姓看不到、大部分同行看不到、政策的制定者看不到，那么它的价值就被打了折扣①。

智库成果转化，在重要的节点精准嵌入。智库运行嵌入政策议程，智库对策研究嵌入政策对策研究，把党委政府决策的程序前置与智库的主动对接结合起来。在这些重量级客户面前，要做的最重要的一件事就是要去努力理解，理解他们的关心，理解他们的问题，理解他们的行动，当然最重要的是理解他们的需要，然后就是用故事和概念去打动他们②。

现在看中国智库，可能更重要的不是智库的问题，而是政策部门的问题，他们如何适应和接受智库时代的来临。这就像一部汽车，光有发动机还不行，还要有离合器，才能真正驱动汽车。现在我们的情况是，发动机是发动机，离合器是离合器，还没有对接成功，没有动力输出。只有对接成功，成为一体了，这部车子才能发挥出效力③。虽然这是 10 多年前的诊断，但即使在新型智库大力推进的今天，这种现象仍然在一定程度上存在。

智库研究，要有行政管理方面的知识和背景，对于政府运作流程要有一定了解或比较熟悉。智库研究，首先要研究决策者，研究决策者关注什么，需求什么，按照理想的状态，当前应该关注什么，重点解决什么问题，如何安排诸多需要进入政策议程问题的先后次序。需要或者迫切需要进入公共政策议程的问题很多，决策者和辅助决策的部门，会根据上级的要求、本地的情况和群众的需求以及智库专家的建议，综合平衡形成一个进入决策议程问题的清单及其先后次序。

智库研究要研究政策本身，要研究政策形成的背景和决策者决策时所处的实际环境，既要看到推进研究问题的有利条件，又要看到推进问题解决的约束条件，既要深入进去仔细了解问题的全貌，又要能够跳得出来居高临下把握这个问题在全局中的地位和作用。智库专家一定要有系统的思

---

① 蔡昉：《智囊的作用绝不仅是附和》，载《北京日报》2014 年 9 月 22 日。
② 参见陈功亲自讲述安邦的套路，安邦智库，http：//www．anbound．com．cn。
③ 同上。

维，能够站在理论和实践的高度上看问题，千万不能研究什么问题就说什么问题重要，千万不能解决什么问题都是加强组织领导、成立领导小组、加大经费投入、提供人才保障等等。现在的领导小组够多的了，正在清理，机构编制限制得很死，不是说增加就可以增加的，有些问题之所以没能解决，很可能就是经费的问题，如果有经费早就解决了。智库专家不能站着说话不腰痛，语不惊人不罢休，说一些不着边际的话。

智库研究，应当具有过程的严谨性和结果的可追溯性。智库成果的转化，在很大程度上是将研究成果，特别是智库课题成果，或者说与现实问题相关的学术研究成果二次化的过程。通过各类内刊报送给决策者的专报之类的成果，不是智库成果的完整面貌，而是成果的摘要和成果的精华。在 2000 字研究报告背后，一般都有数据翔实、推理过程清晰的完整版本做支撑，比如有的是 2 万字到数万字不等的研究报告，甚至是 20 万字的重大课题研究成果。从这个意义上说，智库类专报，是智库研究成果的二次加工和提炼。我们传达的不是研究内容，而是研究的结论和结果，是对研究成果的高度提炼。除非决策者需要智库提供详细的方案，主动型的智库报告都是观点型的，以影响领导的思路、争取问题进入决策者的议程为主。

智库研究成果的多样性。智库产品长线与短线结合，决策咨询产品与理论创新产品相结合，服务党委政府决策与服务社会民众相结合。智库要追踪决策者关注的重点，有选择性地参与，而不能一味地盲目跟风，从而导致智库产品的碎片化。事实上，党委政府主要的政策议程，既有连续性，又有变化性，智库专家要以研究方向的稳定性和研究视野的前瞻性来应对政策议程的变化，而不是盲目地跟在后面跑。不同类型的智库报告，时间窗口不一样。在适当的时候嵌入，就能够嵌入党委政府的政策议程并转化到政策文件中。如果在不合适的时候嵌入，就很可能遭到系统的排斥，被甩出来、弹回来。

优秀的学者不一定能够成为智库专家，但优秀的智库专家一定以优秀的学者作为前提和基础。研究现实问题的智库专家和研究学术问题的专家学者既有区别，又有联系，优秀的智库专家往往是经历学术修炼这个阶段，并且善于超越这个阶段，升华到更高的研究境界。

二、智库成果政策性转化的渠道与平台

很多内刊类的决策咨询刊物的名称都带有"要报""专报"。所谓"要报"，一是指研究的问题比较重要，二是指报告的内容比较简要，一般只报告主要的研究观点和结论，至于报告的枝叶部分，则予以省略。所谓"专报"，在容量方面，一期专报主要聚焦一个问题甚至是问题的一个方面，不宜多；在内容方面，由于是智库报送的，要突出专业方面的内容；更主要的是在报送的对象方面，专报有专门的报送范围，读者对象是相对固定的。很多专报是不公开的，有的专报有一定的传播价值，会向社会公开，但智库成果在公开的时候，内外有别，从内刊转化为公开发布或发表的时候，在内容和文字上要做一些处理，在时间上有一定的滞后性。

"要报""专报"与公文中的报告或请示有相似的地方，一事一报，一个智库报告不能夹杂太多的主题，什么都想说又什么都说不清。在有限的篇幅内，能够把一个问题讲清楚就不错了。智库报告，是关于政策决策和战略方向的报告，智库报告的问题要聚焦，但反映的问题要有政策典型性，一些枝节性的问题、细节性的问题，或者工作层面的小问题，则不需要也不能在报告中反映。智库报告不是工作报告，智库报告姓公不姓私，智库专家不得借助于智库报告为个人或者所在群体谋利益，要防止决策咨询研究报告夹带"私货"。下面以国家社科基金《成果要报》等为例，对内刊的要求加以说明。

国家社科基金《成果要报》是国家社科工作办为推动哲学社会科学更好地为党和人民的事业发挥思想库作用创办的一个内部刊物。对于《成果要报》用稿，实行表扬和奖励：国家社科基金年度项目研究成果（包括阶段性成果）被《成果要报》采用1次及以上，可以申请免于鉴定结项；重大项目研究成果（包括阶段性成果）被《成果要报》采用2次及以上，可以申请免于鉴定结项；《成果要报》第一作者，申报年度项目时可直接进入会议评审；研究成果被中央有关决策部门采纳吸收的，将向作者所在单位及所在省区市党委宣传部发出通报表扬函①。

---

① 《关于修订国家社科基金〈成果要报〉征稿启事的通知》，http：//www.nopss.-gov.cn/n/2013/0321/c219469-20862599.html。

　　《教育部简报（高校智库专刊）》以"聚焦重大问题、服务国家战略"为导向，面向党和政府决策部门，充分发挥高校智库战略研究、政策建议、人才建言、人才培养、舆论引导、公共外交的重要功能，重点刊载高校专家学者着眼于战略研究、预测研究、应用对策研究的政策建议，为党和政府科学决策提供高质量的智力支持，推动高校新型智库建设。稿件要求语言精练、平实，避免过于学理化，字数3000字以内，来稿被采纳后，出具采纳证明，并给予一定的奖励。

　　山东省委党校《咨政参考》研究报告撰写要求，主要包括五个方面。1. 研究报告政治观点鲜明正确，能够全面体现党校姓党的根本原则。2. 研究内容聚焦党和国家中心工作、党委和政府重大决策部署、社会热点难点问题，重点基于我省省情开展前瞻性、针对性、储备性研究，及时反映重要思想理论动态。3. 认真填写《山东省委党校教研人员调研日志》和《咨政参考》稿件报送登记表，形成的成果必须经过充分的实际调查研究，确保原创性、真实性，调研过程要可核实可追溯可认证，调研方法科学可行合理，调研数据真实准确可信，现状分析透彻，提出的对策建议切实可行，有针对性、前瞻性、可操作性。4. 报告撰写要开门见山、直面问题、提供对策，表述要干净、准确，一般不超过5000字。坚决杜绝错别字和标点符号使用不规范。5. 研究报告内容涉及敏感问题的要注意保密，不得自行公开或发表。

　　智库报告的要求：在选题方面要关注重大问题、难点问题、热点问题和潜在问题，在内容方面观点清晰鲜明、论据真实可信、逻辑层次分明、建议切中要害，在表达方面论证通俗易懂、文字简洁凝练，既要有理论含量更要有实践价值，使"官员看解析方法，学者看制度逻辑"，不同的读者群体都能够从中有所收获。立意一定要高，因为只有思考重大决策部署、紧扣时代发展脉搏，研究报告才有针对性、时效性、前瞻性；但落脚点一定要实，因为只有把问题分析深分析透、提出务实管用的解决思路，才能对决策者有所启发、为实践提供参考方案，研究报告才有可操作性，才能够真正发挥经世治国的作用。要建立多维的政策图像，政策演变的纵向脉络，政策参照的标杆坐标，政策所处的环境条件，包括当前有关智库和研究机构对于这一问题的研究角度、研究进展，以达到知己知彼、百战不殆的目的。

撰写智库报告要注重研究内容与成果转化渠道的匹配性，特别是内参类的成果。比如，看菜吃饭，量体裁衣，到什么山上唱什么歌。注重考虑服务对象的身份。内参类智库研究报告的特定性，特定的群体，甚至是特定的决策者。如江苏省社科联《决策参阅》的定位是服务省委省政府重大政策和发展战略，报送的对象是省委、省人大、省政府、省政协副省级以上领导。在报送《决策参阅》的基础上，2017 年以来，开设《决策参阅·专报》，主要是内容针对性比较强、有时会涉及一些敏感方面、不适宜过大范围公开的内容，报送的对象主要是省委省政府主要领导和分管领导。

领导决策关注什么、领导决策需要什么、领导决策偏好什么、领导决策期盼得到什么样的信息，看到什么样的成果？我们要关注决策者关注的问题，从客观和负责任的角度出发来寻找答案。我们需要了解决策者在这一问题上的看法，并且把重点放在寻找决策方案与现实问题之间的差距，为决策者提供有针对性的建议，弥补决策者在认识上的不足。智库专家不能投机取巧，不能依靠迎合决策者的观点来引起关注，获得批示等绩效指标。

智库报告要影响有影响的人。智库报告，不但要赢得决策者的喝彩，更应该能够得到把关人的认同。部分决策者由于无暇处理繁多的智库报告，便明确专门人员负责智库报告的内容把关和篇目筛选。智库报告把关人与领导关注的重点不同：决策者更多的是关注观点和亮点，能不能在短时间内让决策者眼前一亮是关键。把关人必须对决策者负责，在关注亮点的同时还关注细节，不能把带病甚至有瑕疵的成果送给决策者。智库专家的成果，能否进入决策者视野，首先在于能否通过把关人的审核，一是内容上的审查，政治观点是否正确；二是形式上的审查，是否具有合法性、合规性；三是细节上的审查，送给领导的成果不能有明显的文字错误，细节决定成败；四是成果质量上的审查。如果说成果质量的审查具有一定的弹性，那么前面三个审查，基本上是一票否决，如果有一个方面不能通过，成果报送的流程就可能会随时中止。

智库成果形成与转化的最先一公里与最后一公里。由于智库与党委政府存在着一定的距离，最先的一公里没有打通，智库是在没有充分把握党委政府决策需求的情况下进行生产的，属于"盲研"，同时党委政府决策者也不知道哪些智库在研究，有时候是"双盲"状态。在成果转化环节，存在着最后一公里的问题，即转化渠道不畅通的问题，一般智库特别是社会智库没有渠道报送和转化。从智库专家成果的产出，到报送到决策者的案头，整个研究成果需要一个相对较长的流转过程。在这个流转的过程中，一方面，由于环节较多需要较长的周转过程，智库报告从智库专家到决策者需要一个较长的时间，这个时间有可能错过报送智库成果的最佳时间窗口，使智库成果的有效性大打折扣。另一方面，由于智库本身的行政化和层级，管理部门的行政化和行政层级，对于智库研究成果，特别是问题导向的成果，有时候会"拦截"，或者对智库报告中反映的问题进行适当的淡化，从而使最终呈报的研究成果与智库专家所想要表达的意思相去甚远。

建立与智库生产流程与智库成果特点相适应的智库成果质量控制机制。智库报告是否适合匿名评审？这与决策咨询报告的生产和需求周期有关，与决策咨询报告内容的敏感性与涉密性相关。决策咨询评价主体的特殊性、方式方法的特殊性和评价周期的有限性，决定着同行评价的局限性。比如，一篇学术论文，按照三审制，从收到稿件到评审结果确定，多则半年一年，至少也要一两个月。由于决策咨询报告的时效性非常强，这种评审方式显然不适用。决策咨询服务的小众性和决策咨询评审专家的小众性，决定着智库成果难以找到专业方向对口的高层次的评审专家。由于大部分决策咨询成果的核心内容是思想、建议或者方案，比较容易复制和模仿，或者说模仿和复制的成本非常低、速度非常快，改头换面比较容易，再加上决策咨询成果的内部性，在传播的过程中缺少外部监督，导致决策咨询成果在同行评议过程中具有较高的被模仿的风险。

智库成果呈现的方式：有关部门有正式刊号的内参，给领导干部的内部信函，在官办媒体公开发表，在公众号等自媒体发表。智库成果进入政策的正式渠道：口头汇报成果被领导采纳，书面成果经领导批示，研究议题受到人大代表政协委员重视并提案建议；非正式渠道：非经领导批示，政策研究人员吸收后得到领导认同。影响政策是智库追求的价值目标，智库影响政策的途径主要包括：进入政策议程，成为党委、人大、政府和政协讨论的正式议题；进入领导讲话，政策研究机构对智库类成果的柔性吸收；进入人大立法或者党委政府的政策文本。关于智库专家服务决策的方式、层级和境界，社会上曾经有这样一种说法：红头（红头内参）不如绿头（绿头参考），绿头不如白头（没有文件头），白头不如抬头（给领导写信），抬头不如口头（当面给领导汇报）。另外，要把智库报告做精，做出质量和水平，避免低水平高频度的重复报送，还需要对现有的各类智库成果及其上报渠道进行适当精简和整合。

三、领导批示在智库成果转化过程中的重要作用

批示是指我国决策者对各类报告签署书面意见，以行使权力及表达个人意愿的一种形式。从 1980 年我国首个智囊团"中国农村发展问题研究组"到 20 世纪 90 年代以后开展咨政服务工作的各中央部委办、重点高校下属研究机构和中国社会科学院等，我国第一批智库产生政策影响力的最主要方式就是利用各种正式、非正式渠道向最高领导层递送内参、获得批示。这几十个体量不一的智库先驱纷纷出版各类内部参阅简报，希望研究成果能够"直达天听"，部分智库专家甚至凭借人脉关系向最高决策层递交密札或进谏，并将获得高层领导批示数量作为自我评价的最高指标。部分高校和智库开始采用批示作为考核专家政策影响绩效的最重要指标。近年来，国内各类智库评价体系几乎都将智库的政策影响力作为核心指标，又以批示的层次和数量作为评价政策影响力的主要变量。2014 年，上海社会科学院智库研究中心将智库的政策影响力作为智库综合影响力评价的核心指标，主要从智库获得批示的领导级别和次数、智库专家参与决策咨询活动级别和次数、智库专家给领导授课的级别和次数、智库人员现在或曾在政府部门中任职比例（"旋转门"机制）等多个方面评价智库的政策影响力。四川省社科院与中科院成都文献情报中心联合发布的《中华智库影响力报告 2015》则是从政策导向（智库专家到党委、政府部门挂职，智库专家给领导授课）、政策制定（智库研究成果被领导批示，智库承接党委、政府研究项目）和政策评估（智库承接政策评估项目）等三个方面来测度智库政策

影响力。中国社科院综合现有的智库评价机制推出的全球智库综合评价AMI指标体系，从吸引力、管理力和影响力三个层次对智库进行评价，将政策影响力评价指标作为影响力层次评价的首要指标，并细化为政府委托研究项目数量、研究人员受邀为省部级及以上政府授课、接受省部级及以上政府咨询人次、决策采纳率、旋转门人数比及官员培训层次、数量①。

智库成果的批示有必然性，也有偶然性。智库成果能否获得决策者的批示，与领导的风格有关，与报送的时间方式和领导的繁忙程度有关。当然，很多决策者对于智库报告的报送都有一个前置的审核程序，有很多智库报告通不过这个审核程序而中断周转的流程。对于智库成果的激励，既要有物质的激励，还要有精神的激励，更要有文化和氛围的激励，给智库专家应有的尊重和地位。

智库报告不同于实际工作部门报送的报告或请示，在一定程度上具有准公文的性质。一般情况下，对于实际工作部门（下级部门）报送的请示材料，决策者要有批复的意见。智库报告，对于决策者是否回应没有明确的要求，决策者是否批阅处理或者以什么样的方式批阅处理，带有较强的自主性。但是，决策者一旦在智库报告上做了批示，智库报告就具有行政公文的属性，就需要按照行政公文的程序进行流转，成为影响和推动工作的一种方式。要防止智库成果模棱两可，大而不当，逻辑混乱，对决策形成过程产生干扰。

领导批示，有肯定性批示和否定性批示。肯定性批示，一般有以下几种情况：

请××同志阅。表明研究成果有一定参考价值，一般是主要领导同志批给分管同志、上级副职根据分工批转给下级正职。

请××同志阅研。表明有较大的参考价值，需要有关部门进一步研究、论证、证实。一般是主要领导批示给分管领导和政策研究部门。

请××部门阅研，在制定……文件或起草……讲话时参考或吸纳。有

较高的参考价值，可以选择性采纳，部分观点和内容可直接吸收。

请××同志或部门阅办，拿出进一步的细化落实方案，再研究。这表明专家的意见建议和框架方案原则上已经被采纳，需要进一步根据实际情况细化。

还有一种领导批示，带有一定的感想性质。专家的研究报告引起了领导者对某一问题的兴趣和思考，把自己的想法和建议写下来，实际上是研究问题得到了决策者的认同，拓展了决策者的思路。再有一种情况，就是在对研究报告批示的同时，考虑到需要对相关的工作进行强化，在批示研究成果的同时对相关工作做出进一步安排。

为什么要把领导批示和回应作为衡量智库决策影响力的重要指标？首先，决策者作为智库的服务对象和客户，决策者的评价必然成为智库评价的重要选项。由于智库管理部门和智库本身，均难以直接让决策者填写问卷或者书面评价。从某种程度上说，领导批示具有替代性，并且领导批示的数量容易量化。其次，一些智库管理部门和智库评价机构，也试图把其他采纳形式，比如参与政策文件的制定，吸收到政策文件和领导讲话中作为评价的依据，但是，社会科学成果与自然科学成果不同，社科应用研究作为软科学，转化的形式带有一定的隐性，是否转化以及转化的程度也是软的，难以衡量和量化的。有些时候，有些机构也试图以让有关部门出证明的方式，但一般来说，作为行政机关不会轻易为智库机构和专家出书面证明，即使可以出证明的话，从某种程度上说，由于人情等因素的影响，相对于领导批示，让实际工作部门出证明更容易被攻关，信息失真的可能性更大。第三，随着决策咨询制度的逐步健全，决策者更多地采取座谈会等方式征询和听取智库专家的意见，智库专家受邀参加政策咨询会的情况和次数，决策者对于智库专家观点回应的积极程度，是智库专家参与决策更加直观的直接指标。

为什么又不能唯批示论？上海社科院院长张道根认为，智库所追求的影响力应当具备多元属性，智库实现影响力的行为也是丰富多样的，智库发展标准不应仅局限于决策影响力，还应以各种形式向其他任何关心政策问题的群体输出影响力，包括社会影响力、学术影响力、国际影响力等。

即使是决策影响力，也不能仅局限于"领导批示"，还应当重视思想性的贡献，以及智库专家介入政策过程的广度与深度。当前中国智库建设中普遍存在"唯批示论"，并按照领导级别大小作为评价智库成果唯一或最高标准的现象，需要引起各方的重视与警惕。长此以往，或将异化智库发展目标，用揣测决策部门意图和获得更多的领导批示，取代艰苦扎实的对策研究①。

　　领导批示，是衡量智库质量的重要标准，但并非唯一标准。要避免把领导批示唯一化、单一化或者神秘化。智库报告是否能够获得决策者的批示，有必然性，也有偶然性，主要取决于以下几个方面的因素。第一，取决于研究成果有没有通达决策者的渠道。由于智库类成果数量众多，有限的智库转化渠道处于比较拥挤的状态。一般来说，党政智库有自己专门的呈送渠道，经过有关部门认定的智库可以通过智库管理部门的通道上报，一般的社会智库和各类智库类研究机构等存在着缺少转化渠道、成果报送难的现象。第二，取决于能否进入决策者的视野。由于有关部门报送的智库类成果太多，为保证报送成果的质量，在一些地方，党委政府的秘书部门建立了相应的审核和筛选程序，只有经过前置关口的审核后，才能报送到决策者案头。由于决策者会议活动和需要处理的正式运转的公文较多，作为参考类的非必须阅读和处理的智库报告，在决策者处理的优先度上处于较低的位置。也就是说，智库报告即使放到了办公桌上，决策者是否有时间看还是一个不确定因素。第三，取决于智库报告的载体、题材和质量。长期以来，对于各部门报送的内刊会逐渐形成一个品牌效应，对于各类内刊刊载成果的质量，决策者会有一个基本判断，以什么样的载体报上去也很重要。再就是智库报告的题材是不是决策者分管和需要关注的，报告的大小标题表达是否清晰精准得体，能否在较短的时间内引起决策者的关注和重视。然后取决于智库报告的质量和深度。第四，前面主要探讨的是决策者能不能批示的问题，还有就是，在一般情况下，由于领导批示属于保密件，有些地方没有形成将批示结果向报送单位和作者反馈的机制，有些

---

① 张道根：《如何解决中国智库的"跟不上"与"不适应"》，参见澎湃新闻，https：//www. thepaper. cn/newsDetail_forward_3154044。

成果，即使决策者批示了，作者也有可能不知道。因此，决策者是否批示，是判断一个智库成效的重要指标，但不能片面夸大和绝对化。

决策咨询成果转化后时代的智库研究。对于进入党委政府决策议程的问题，智库要开展持续的跟踪研究。智库专家，作为决策者外脑，在很大程度上是为决策者思考问题打开一扇窗，为决策者决策提供一个思考和解决问题的视角，决策者如果有兴趣或者认为有可能可行，就会安排专门的研究人员开展进一步的研究和论证。主要领导批示，请分管领导和实际工作部门阅研，分管领导请实际工作部门阅研的过程，就是再论证的过程。领导批示后，智库专家参与实际工作部门的频度，是衡量智库专家参与度和决策者重视度的一个重要指标。

随着现代信息技术和区域链技术的运用，可能通过大数据对比，就像知网的查重，可以查验智库专家报告与党委政府政策文件之间的相似度，在确认智库报告早于政策文件的前提下（如果政策已经出台，专家的智库报告与政策的重复度很高，则有学术不端的嫌疑），从重要概念的提出，到重要观点的采用，到重要内容的吸收，形成一个采纳指数。指数越高，意味着研究成果对决策者来说参考价值越大。

第二节　智库成果的社会化传播[①]

智库要为公共政策提供高质量服务，不但要有强大的思想生产能力，还要有强大的传播发声能力，包括政策性转化和社会化传播。思想生产和思想传播如同新型智库发展的两翼，共同形成政策影响力和核心竞争力。在传统媒体面临生存挑战、媒体融合发展的大背景下，被称为"第五权力"的智库与"第四权力"的媒体有了深度结合的契机，有利于促进有深度的

---

① 本节主要内容发表在《光明日报》（2018 年 7 月 12 日），原题为《融媒体时代智库成果如何社会化传播》。

智库与有速度的媒体之间的紧密结合、良性互动，从而更好地实现智库产品的思想价值。

一、智库产品的思想属性与传播方式

智库又称思想库，是思想产品生产的集中地，主要靠思想力量影响决策者、影响公众和影响社会。思想性是智库产品的重要特征，智库的思想产品，只有在传播中才能实现自己的价值。因此，智库是思想产品的生产者，更是思想产品的传播者。特别是针对当前问题提出建议方案类的决策咨询报告，保鲜时间比较短，不易储存，或者说储存一段时间后其价值就会大打折扣，对传播效率有着更高的要求。

智库思想产品的转化与传播，主要有两种形式。一是智库产品的政策性转化，主要通过进入公共政策议程的方式来体现，转化为党委政府的政策文件法律制度，形成政策生产力。智库产品进入公共政策后，智库产品固化和内嵌到公共政策中，是传播的最有效方式。在这一过程中，通过内参形式报送的各类内部参阅件和领导批示具有重要作用。二是智库思想产品的社会化传播，转化为人民群众的思想观念和客观认知，形成思想影响力。加强智库思想产品的大众化传播，既是智库实现自身价值的重要表现形式，也是影响公共政策的一种有效方式。对于一般智库来说，要摆脱神秘化色彩，处理好"小众"传播与"大众"传播的关系，促进智库思想产品的广泛传播。

当前，智库产品的传播面临着一些困境。第一，智库产品质量不高、传播过程形式化。正如习近平总书记在哲学社会科学工作座谈会上所指出的，"有的智库研究存在重数量、轻质量问题，有的存在重形式传播、轻内容创新问题，还有的流于搭台子、请名人、办论坛等形式主义的做法"。还有部分智库热衷于报内参，把领导批示作为决策咨询的第一或唯一指标、目标，对于智库产品的后期转化和社会化传播关注不够。第二，智库产品纸质化传播的渠道不畅。由于传统的学术期刊往往坚持自己的学术性标准，再加上用稿周期比较长，而智库产品往往具有较强的时效性，导致智库类产品，特别是决策咨询成果难以在学术期刊发表。第三，智库产品新媒体传播的势头较猛，但瓶颈依然突出。一方面，智库产品的新媒体传播呈现

无序化、碎片化状态，集成能力差，整体效果还没有充分显现。另一方面，传统媒体的智库产品通过新媒体二次传播的多，原创性的比较少，特别是对于在新媒体上发表的具有原创性的思想产品，缺乏认定标准，难以进入当前评价体系，从而制约了智库专家参与的积极性。

二、融媒体背景下智库产品传播路径的战略转换

传统智库比较注重内部传播和平面媒体传播。与传统传播途径相比，新媒体在传播智库产品上具有明显优势：一是传播的速度不同，新媒体更迅速。与纸质媒体需要较长的运输距离和运输过程不同，网络化传播有着特殊的分发机制，基本上属于即时传播，不受档期、版面影响，在速度上更加快捷，在快速地引导舆论方面能够发挥重要作用。二是载体的容量不同，新媒体更完整。由于纸质媒体的容量有限，承载能力有限，相对于作者原创，大多数思想理论类产品都是反复精简的结果，作者认为重要、读者也确实需要的内容，但有可能因篇幅所限而被舍弃，部分理论文章的结构和内容有可能被割裂、断裂。而网络化传播的智库思想产品，容量有弹性，可不受篇幅限制，只要足够精彩，就能够更加完整地展示出来。三是呈现的形式不同，新媒体更丰富。纸质媒体主要以静态的文字方式呈现，而网络化传播呈现的形式、表现的介质更加多样，可以辅以图片、声音、视频等多元表现形式，能够把内容表达得更加直接、更加形象、更加到位。四是互动的程度不同，新媒体更灵活。纸质媒体的互动，主要通过读者来信的方式，反馈的周期较长。网络化传播，则比较容易形成即时互动，作者本人和决策者能够快速得到反馈，有利于转化过程中方案进一步优化。总之，相对于传统纸质媒体的传播，现代网络化传播的速度更快，消耗能源更少，传播形式更加丰富，可视性和可阅读性更强，智库产品网络化传播是大势所趋。

推动智库产品的新媒体化传播，既是新媒体发展的结果，也是时代的必然要求。首先，加强意识形态工作、引领公共舆论的需要。党的十九大报告，是把构建中国特色哲学社会科学放在"坚定文化自信、推动社会主义文化繁荣兴盛"的大背景下，放在"牢牢掌握意识形态工作领导权"的语境中，强调加快构建中国特色哲学社会科学，加强中国特色新型智库建设的。智库具有明显的意识形态属性，肩负着传播党的创新理论成果的重要职责。特别是在微时代，各种信息纷纷施尽招数抓眼球，主流信息的传播遭到冲击、呈现碎片化状态的情况下，通过新媒体增强智库思想产品的传播能力、弘扬正能量就显得十分迫切。其次，服务人民群众、普及理论成果的需要。智库专家要坚持以人民为中心的发展思想，以人民为中心的研究导向，让人民群众共享理论成果。在推动党的创新理论进企业、进农村、进机关、进校园、进社区、进军营、进网站的过程中，智库和媒体都担当着极其重要的角色。要通过智库专家的阐释解读，加强当代马克思主义理论成果的宣传普及，把优秀的智库理论专家打造成宣传党的理论主张的"网红"。第三，拉长智库产品链条、更加有效地影响公共政策的需要。高质量的智库产品生产需要较大的投入，较长的过程，智库的思想影响力不能到决策者为止。新媒体传播智库思想产品，有助于为智库产品找到"销路"，更重要的是将智库的深度与媒体的速度、广度结合起来，对公共政策产生更大更强更持久的影响。

因此，要借助融媒体的优势，大力促进智库产品传播形式的多样化。一方面，纸媒要适应智库化发展的趋势，加大对智库产品的转化力度，促进智库与媒体结合，更好发挥作用。另一方面，新媒体要积极为智库开辟成果发布平台，为智库产品的传播提供便利。同时，智库自身也要按照有关程序，创设新媒体平台，及时发布重要研究成果。

三、融媒体背景下智库与媒体的关系：互动而非融合

党的十九大报告指出，坚持正确的舆论导向，高度重视传播手段建设和创新，提高新闻舆论传播力、引导力、影响力、公信力。要提高新闻传播的"四力"，单靠传统媒体是不够的，单靠传统产品也是不够的，必须注入新的基因。当前，媒体融合转型发展进入深水期，传统媒体正在向新媒体转型，在这一转型过程中，智库的成分和色彩浓厚。光明日报社提出"智库化办报、智库化办媒体"理念，努力打造"智库之中的智库，智库之上的智库，智库之后的智库"，率先开辟智库版，建设智库研究与发布中心。2017年4月，光明日报社思想理论融媒体传播工程启动与光明智库揭牌同时举行。思想理论融媒体传播工程以"思想理论"为核心指向，以

"融媒体"为载体介质，重在研究解决意识形态、思想理论领域新媒体形态的传播问题，推进报纸版面结构优化升级，建设思想理论研究成果数据库等，在推进智库与媒体互动方面作了有益探索。

由于智库产品更多需要传播来实现自己的价值，媒体需要借助智库来提高社会关注度，两者之间的相互依赖在不断增强。因此，有不少学者认为要大力推进媒体智库化和智库媒体化。对此，我并不完全认同，我认为媒体智库化，可行；智库媒体化，且慢。这是因为，对于媒体来说，除非极少数的实力强大的媒体能够在内部打造相对独立的智库外，比如新华社、人民日报、光明日报。对于大多数媒体来说，与智库的关系仍然是合作与互动的关系。对于个别规模庞大的新闻媒体集团，媒体和智库可能是截然不同的两类产品、两个部门，从目前看，两者之间还是有比较明显的边界的。对于智库来说，除了少数实力强大的智库能够打造属于自己的高端综合媒体，大多数智库与媒体的关系仍然是合作与互动的关系。在推动智库产品媒体化传播的过程中，要注重把握以下几点：

1. 智库产品的媒体化传播，要以思想性和深度作为前提。智库的天职还是思想产品的生产，没有了深度，也就不能称为智库。媒体与智库合作，不仅仅是传播环节上的衔接，更体现在生产和转化环节上的联合，智库产品的传播和营销是水到渠成的结果。智库可以把宣传推介作为一个专业的链条来做，但仅仅是生产之后进行销售的一个平台和环节，没有思想产品的生产，就谈不上销售，没有思想力的产品，再成功的传播也没有多少价值和意义。如果智库一味追求传播，追求轰动效应，就会本末倒置，最终走不远。

2. 智库产品的媒体化传播，需要避免智库过度媒体化。智库媒体化，不是把智库变成媒体，而是强调宣传在整个智库生产链条上的重要作用，增强与媒体对接的技能和本领。多元化经营相对于单一的专业化经营来说，可能会增加经营成本，也可能导致产品质量的降低。特别是要注意避免智库过度媒体化，"为传播而传播"，不进行实质性的思想生产，把主要精力用在"造势"上，以智库名义向决策者和社会兜售半生不熟、移花接木、粗制滥造的研究报告。

3. 智库产品的媒体化传播，需要做好话语体系的切换。智库面向决策者提供的决策咨询产品，更加注重对策性。智库向社会公众传播的产品，要更加注重思想性。如果说，前者主要关注怎么做的话，后者就要更多地关注为什么要这么做。要实现由内部私密化传播到外部社会化传播，需要经过政治话语向社会话语的转换，包括内容和表达形式上的。

4. 智库产品的媒体化传播，需要把好保密和意识形态关。一方面，有些智库特别是高端智库，是为国家战略服务的，某些研究内容和成果可能需要严格保密，在传播前要加强对内容的甄别，把好保密关口，避免泄密现象。另一方面，要把好智库产品的意识形态关，杜绝违犯国家法律政策规定、有损国家意识形态安全的现象。

第三节　智库成果的交互式转换

影响力是智库的核心竞争力，没有影响力，就没有智库生存和发展的空间。一方面表现为政策影响力，主要是通过智库成果的政策性转化。另一方面，智库具有多重功能，智库除了影响决策者外，还要影响社会和大众，进行舆论引导和社会启蒙。不同智库影响力的侧重点不同，党政智库的成果主要是政策性转化，社会智库的成果主要是社会化传播。

一、推动智库成果交互式转换的必要性分析

智库具有五大功能，智库的成果也具有多种形态。智库产出需要多元化，不同形态之间的成果也需要转化。作为智库，一方面要推动智库成果的政策性转化，一方面要推动智库成果的社会化传播，并且能够在两者之间交互式转换，实现智库产出效应的最大化。在实际工作中，既要推动内部成果与外部成果之间的转换，又要推动平面传播与立体传播之间的转换，或者建立专门的发布和推广平台，或者通过与专业媒体的合作，进行专业化推介、品牌化传播，不断丰富智库成果的传播方式，拓展传播途径，放大传播效果。

学术研究更多地关注一般规律，智库研究更多地关注特殊规律，即对智库专家服务区域的针对性和适用性。智库专家应保持敏感、敏锐、敏捷。对问题要敏感，能够及时发现并捕捉问题。思考要敏锐，发现问题后要寻找认识问题的独到视角，争取对问题的认识比别人更加深刻，有独到的创新点。行动要敏捷，选题确定后要快调研、快成文、快报送，形成紧凑的链条，打造快捷的通道。如果研究成果既可形成长篇大论的学术论文，也可以形成短小精悍的研究报告，一般情况下要先撰写研究报告，按照先政策性转化，再社会化、学术性传播的顺序促进成果的转化。

二、智库报告与学术论文交互式转换的案例分析

案例1：关于第三次工业革命与新型城镇化道路，作者为中国人民大学贾根良教授

学术成果：《第三次工业革命与新型工业化道路的新思维——来自演化经济学和经济史的视角》，发表于《中国人民大学学报》2013年第2期。正文12000字左右。

决策咨询成果：《新型工业化道路与第三次工业革命的战略选择》，国家哲学社会科学规划办公室编，《国家社科基金〈成果要报〉汇编》（2013年），学习出版社，2014年5月版。研究成果包括题目和摘要在内1704字。

两文的主要观点和承载的指向现实问题的信息基本相同，但文章题目、篇章结构、话语表达和行文风格明显或截然不同，可以作为学术论文与智库报告联系与区别的范例分析。

我们可以首先从两文的摘要或导语入手，了解论文和报告的主要内容。论文摘要指出：目前我国有关新型工业化道路的内涵和实现途径仍是以2002年时对第五次技术革命浪潮的主导技术——信息技术革命为基础加以定义的，并没有反映出目前已逐渐清晰的以第六次技术革命浪潮为核心的第三次工业革命对工业化道路的巨大影响。新型工业化道路应该在信息化的基础上增加可再生能源革命（绿色技术）、智能化和纳米技术革命的新内涵。抓住新技术革命的历史机遇是我国新型工业化道路的实质。在第二次工业革命时，落后的美国和德国通过抓住"第二种机会窗口"成功地实现了跳跃式发展。从演

化经济学的理论和经济史的视角进行分析，我国的新型工业化道路如果要取得成功，就必须依托民族产业和庞大的国内市场，从新技术革命的产业价值链高端入手，重塑我国在第三次工业革命中的竞争优势，这是我国与美、日、欧共同成为第三次工业革命领导者的必由之路。咨政报告的导语指出：中国人民大学贾根良教授主持的国家社科基金项目阶段性成果提出，目前我国新型工业化道路还没有反映第三次工业革命的巨大影响，应在信息化的基础上，增加可再生能源、智能化、新材料技术革命的新内涵。现将两者的题目、每个部分的标题内容和特点，列表分析如下：

表 5.1　学术论文与咨询报告的题目与结构对比分析

学术论文	咨政报告	主要区别
题目：第三次工业革命与新型工业化道路的新思维——来自演化经济学和经济史的视角	题目：新型工业化道路与第三次工业革命的战略选择	智库报告一般不用副标题，不用学术性概念，论文中的核心概念演化经济学在智库报告中没有出现。论文强调"新思维"，报告强调"战略选择"。
一、演化经济学对三次工业革命定义和时期的划分，重点论述第三次工业革命的概念和时期划分，梳理了六次技术革命浪潮的演变（近2000字）		论文用2000字的篇幅对演化经济学、第三次工业革命和六次技术革命浪潮的划分和演变进行理论分析。智库报告完全删除。
二、我国新型工业化道路的新内涵（近3000字） 　首先，可再生能源革命或绿色技术革命应该成为我国未来新型工业化道路的关键选择，将其提升到与信息化同等重要的地位。其次，"智能化"比"信息化"具有更丰富和更深刻的内涵。第三，把纳米和新材料技术革命等纳入我国新型工业化道路的视野之中，这对解除我国工业化的资源限制具有重大意义。	一、我国新型工业化道路需要增加新的内涵（606字） 　1. 可再生能源革命或绿色技术革命应成为未来新型工业化道路的关键性选择 2. 智能化是第三次工业革命的新特征，新型工业化道路要主动迎接智能化革命带来的挑战 3. 把新材料和纳米科技革命纳入新型工业化道路，对突破工业化资源限制具有重大意义。	把3000字压缩到600字，省略理论分析，只讲主要观点。第一点，标题基本未变化。第二点，报告没有使用更丰富、更深刻的内涵，而是把深刻内涵直接用标题表现出来。第三点，报告将论文中的"解除我国工业化的资源限制"调整为"突破工业化资源限制"，更简洁更准确。论文的客观表述更多，报告的动作性语言更多。

三、新型工业化道路的演化经济学分析（3000字） 　　通过对19世纪下半叶的美国和德国在第二次工业革命中的新型工业化道路进行讨论，对如何抓住新工业革命的机会窗口从而取得成功的原因进行分析。	二、美国和德国第二次工业革命中的成功经验。抓住了处于酝酿阶段的新技术革命所提供的"第二种机会窗口"（234字）	将篇幅3000字的演化经济学分析，概括为报告的200多字，并采用了美国德国的成功经验这一更加明确的表述，在内容上点到为止，把经验是什么讲清楚就可以了，没有烦琐的论述。
四、历史经验与我国第三次工业革命的战略选择（3700字左右） 　　第一，第三次工业革命真正的"机会窗口"在于"第二种机会窗口"，这种"机会窗口"不仅是跳跃式发展的关键所在，而且对于保持我国"世界工厂"的地位也具有决定性的作用。第二，核心技术的突破是抓住"第二种机会窗口"的两个关键点之一，所以从价值链高端和核心技术入手是跳跃式发展的前提条件。第三，市场机会是抓住"第二种机会窗口"的第二个关键点，这也是核心技术突破最重要的前提条件，对发展中大国来说，市场重于技术。第四，严格限制外国直接投资。第五，应对民族高端产业予以保护和扶植。第六，英国全球化战略对我国"走出去"战略的警示。	三、我国第三次工业革命的战略思考（732字） 　　1. 第三次工业革命于我重要意义在于"第二种机会窗口"，它不仅是跳跃式发展的关键所在，而且对于保持"世界工厂"地位也具有决定性作用。2. 核心技术的突破是抓住"第二种机会窗口"的关键点，从价值链高端和核心技术入手是跳跃式发展的前提条件。3. 市场机会是核心技术突破的首要前提，对发展中大国来说，市场重于技术。4. 应集中在未来第三次工业革命核心技术和设备制造业方面加大国内投资。	论文用3700多字的篇幅，结合德国、美国、英国的历史经验和教训进行分析。报告，将论文中的6条对策建议简化为4条，前3条内容基本相同，报告第4条内容系在论文后3条的基础上概括形成。相对论文中的6条，报告的4条建议主线更加鲜明，第一条承上强调第二种机会窗口的重要意义，后面3条都是围绕着核心技术展开的，并且形成一种逻辑上的层层递进关系：第二种机会窗口——核心技术突破——市场机会——加大核心技术和设备制造业投资。报告的4条建议，采取了比较长的句式，每段文字的主要含义，通过标题基本上完全体现出来。

　　案例2：关于江苏1+3重点功能区研究，作者为江苏省社科联研究室刘西忠

　　决策咨询成果：《关于推进1+3功能区战略实施的建议》，江苏省委研究室内刊《动态研究与决策建议》，2017年第19期（6月25日印发）。

　　学术论文成果：《省域主体功能区格局塑造与空间治理——以江苏"1+3"重点功能区战略为例》，《南京社会科学》，2018年第5期。

决策咨询报告和学术论文的结构提纲分别如下：

关于推进1＋3功能区战略实施的建议

导语：在今年5月举行的苏北发展座谈会上，省委主要领导同志提出"1＋3"功能区战略构想，"1"即扬子江城市群，"3"包括沿海经济带、江淮生态经济区和淮海经济区中心城市（徐州），形成江苏区域协调发展的新布局。

一、实施以功能区为主的"1＋3"战略，是新常态下江苏协调发展持续发展的必然选择

1. 传统的三大区域划分在某种程度上成为苏中苏北发展的负担和束缚

2. 由行政区为主到功能区为主，是新常态下增强发展协调性和可持续性的必然选择

3. "1＋3"功能区战略中的"＋"具有丰富内涵

二、推进江苏"1＋3"功能区战略实施的方向重点

1. 突出水系在功能区战略中的标识作用，坚持发展规划一盘棋，彰显水韵江苏的世界品牌效应

2. 突出功能区边界的柔性管理，打造战略功能叠加区

3. 突出县域在功能区战略实施中的主体地位，形成更加高效的协同机制

4. 突出轴带引领作用，推进基础设施建设一体化，实现1＋3＞4的整体效应

三、关于推进各功能区战略实施的若干建议

1. 关于扬子江城市群

2. 关于沿海发展带

3. 关于江淮生态经济区

4. 关于淮海经济区中心城市

省域主体功能区格局塑造与空间治理

——以江苏"1＋3"重点功能区战略为例

近年来，随着区域协调发展战略的不断推进，发展单元也逐渐从

单一的行政区向功能区、行政区并重转变，主体功能区由规划层面上升到战略和制度层面，促进了我国区域发展布局的优化、格局的重塑以及空间治理体系和能力的现代化，成为顺应新时代、解决新矛盾、开辟新征程的重要实现路径。

一、主体功能区制度形成的时代背景与理论实践依据

1. 由行政区为主到功能区为主，是新时代增强发展协调性和可持续性的必然选择

2. 主体功能区制度的形成，是区域发展理论不断深化的结果

3. 以功能分区促进区域协调发展，国外有比较成熟的经验可以借鉴

二、国家主体功能区制度的形成过程与省域实施

1. 国家主体功能区制度的形成过程

2. 部分省市主体功能区规划中的战略格局

3. 以主体功能区为主导、以战略格局为参照打造省域跨行政区域的重点功能区

三、江苏"1+3"重点功能区战略的主要内容与创新探索

1. 江苏重点功能区战略的提出

2. 江苏"1+3"重点功能区的板块构成与定位

第一，扬子江城市群。江苏经济的"发动机"、长三角城市群北翼核心区、江苏高端产业发展的"金色名片"。

第二，江淮生态经济区。江苏生态经济的探路者、永续发展的"绿心地带"。

第三，沿海经济带。

第四，淮海经济区中心城市徐州。打造淮海经济区的"CBD"。

3. 推进江苏"1+3"功能区战略实施的重点方向

一是突出水系在功能区战略中的标识作用，坚持发展规划一盘棋，彰显水韵江苏的世界品牌效应。

二是突出县域在功能区战略实施中的主体地位，形成更加高效的协同机制。

三是突出功能区内部及之间的合作，大力发展飞地经济，创新共建园区机制。

四是突出轴带引领作用，推进基础设施建设一体化，实现1＋3＞4的整体效应。

五是突出各功能区之间及其与国家战略的对接，在更加宏观视野中进一步放大特色优势。

四、统筹推进主体功能区制度精准落地，促进省域空间治理现代化的创新思路与政策举措

1. 完善规划制度体系

2. 完善组织推进机制

3. 完善政策支撑机制

4. 完善空间治理体制

5. 完善考核评价机制

决策咨询报告与学术论文的不同，主要表现在三个方面：

第一，研究目的不同。2017年5月10日，江苏召开苏北发展座谈会，省委主要领导提出"1＋3"重点功能区的思路。其中，"1"即扬子江城市群，"3"包括沿海经济带，以宿迁、淮安为主的生态经济区和淮海经济区中心城市（徐州）。关于各个区域的范围和名称，在当时的思路中，扬子江城市群的范围以沿江的21个县级市为主，不包括扬州、泰州的里下河地区；宿迁、淮安以及苏中北部部分地区围绕洪泽湖、高邮湖、骆马湖建设打造生态经济区，讲话中提到的名称是"'三湖'生态经济区"。决策咨询报告的形成和刊发，是在江苏省委主要领导提出构想一个多月之后，目的在于探索这一战略的具体实施路径。学术论文成文的时间是在战略实施近一年之后，相关做法在全国有一定的典型性，采用正副标题，将研究视野进一步放大到全国范围内重点功能区的格局塑造与空间治理，只是将江苏的"1＋3"重点功能区作为一个案例。

第二，篇章结构不同。决策咨询报告，围绕"1＋3"重点功能区战略，重点谈实施的重要意义和丰富内涵，实施过程中需要坚持的四个原则和重点方向，并结合四个区域分别提出若干建议，重点明确，用笔集中。学术

论文，有关江苏的内容集中在第三部分，并且对意义部分大幅压缩，把各个区域的定位与实施的重点方向进行位置互换。主要围绕江苏推进这项工作的逻辑思路展开。特别是在决策咨询报告基础内容上增加了三部分内容，着眼于国家层面理论视角，从梳理国家主体功能区战略实践的背景、演变的过程、省域的实践入手，并把江苏作为案例，最后上升到省域空间治理现代化的高度，探讨实施的制度体系、推进机制、支撑机制、空间治理和考核评价等。

第三，研究重点不同。决策咨询报告，重点是在阐述重要意义的基础上，寻找战略落地的具体举措，并分别针对四个区域，提出具体的建议。在内容布局上，突出给省委领导提出建议的两个关键点，一是建议将沿江八市整体纳入扬子江城市群，形成一体两翼格局。一体，即以靠江近的20多个县级单位作为实施主体，作为扬子江城市群的核心区；两翼，即以宁杭生态经济发展带江苏部分的7个县（区）作为南翼，高邮、宝应、兴化等里下河地区作为北翼，为扬子江城市群插上生态绿色翅膀。既然问题的关键在于里下河地区，就通过一体两翼的方案来解决，并且在文中重点强调了战略叠加区。二是建议将生态经济区命名为江淮生态经济区而非"三湖"生态经济区，主要是考虑到，"三湖"好像是静态的，它和河还不一样，河是流动的。我们觉得江淮是江苏的一个长江、一个淮河，当时江苏已经启动江淮生态大走廊建设，国家有关部门正在起草淮河生态经济带规划，报告建议，这个区域的名称可为"江淮生态经济区"。后来这两点建议，都进入省有关决策。学术论文更多的是关注全国层面功能区的理论变迁，并且以江苏实践为例，分析战略的提出、板块的构成定位及实施的战略方向，并在此基础上探讨统筹推进主体功能区制度精准落地，促进省域空间治理现代化的创新思路与政策举措。

第六章 新型智库人才的素质能力

中国特色新型智库质量提升，需要大量高素质的智库人才支撑。由于目前高校和研究机构尚未建立针对智库人才的培养体系，再加上缺少专门的学科支撑，智库人才建设的任务就更加繁重。新型智库建设在人才方面最重要的成效，就是引导一大批优秀的青年学者关注现实社会、参与公共政策甚至专职从事智库研究，促进智库研究能力和质量提升。

第一节 智库人才的素质结构

世界历史进程中的每一个时代、每个国家都需要这样一群人，他们不仅悲天悯人、洞察世事、远见卓识，而且独善其身、兼济天下、经世治国。这一群人就是战略知识分子，也称战略学者，他们超越理论与实践"鸿沟"，具有"影响有影响的人"的智慧和智谋，在推动发展、影响历史、影响未来中不可或缺，不可替代。他们的思想，既是主流又非主流；他们的行动，既是主道又非主道；他们的角色，既是主演又非主演。他们只是领袖的思想碰撞者和布道者，而非替代者①。

一、从"三门"干部到"三个倒挂"再到"三没"智库专家

公务员制度建立之初，省级以上机关，包括中央和国家机关，主要面

---

① 黄誌：《推开已知与未知的双重门》，载《海峡通讯》2016 年第 6 期。

向高校应届毕业生招考公务员，形成了一批"三门"干部，即从家门到校门，毕业后进了机关门的公务员群体。家门—校门—机关门，这是中国不少新公务员的就业线。由于"三门"干部只了解书房里的情况、上边的情况，不大熟悉基层，基本不懂群众，以至于出台相关政策时，易脱离实际，操作性不强。为引导和鼓励大学毕业生面向基层就业，提升国家机关公务员对基层社会的认知水平，从 2006 年开始，省级以上党政机关招聘公务员，考录具有两年以上基层工作经历的大学毕业生不得少于三分之一，以后逐年提高。与此同时，所招聘的没有基层工作经历而到省级以上党政机关工作的大学毕业生，先到县以下基层单位工作一两年。省级以上党政机关工作人员，作为国家相关政策的制定者和执行者，必须了解熟悉基层的情况，否则就会脱离基层实际。这从另外一个方面说明，"三门干部"在开展政策研究和制定相关政策的时候，在加强基层调研的同时，需要借助外部的辅助力量。

相对于"三门"干部，高校和研究机构的不少专家学者，经历和社会履历更加简单，基本上从家门到校门，然后再到校门，从上小学后基本上就没有离开校门，形成了一批学术积淀相对深厚、但对中国社会基层情况和政府运行等不够熟悉的"两门"专家。我们不否认这些专家从事学术研究的优势，但这些专家如果要从事智库研究，就一定要补上对中国社会实情了解这门课。近年来，由于高校职称评审等方面的需要，比如要评教授，需要有一年以上的国外访学经历，青年学者走出国门，对于开阔视野、了解世界发展前沿有一定的帮助。但始终没有突破基层的群众门、政府的机关门、中国社会的实情门。

2015 年 12 月，习近平总书记在全国党校工作会议上的讲话中，引用了一份调研材料反映的党校师资队伍存在的主要问题。一是"先天不足"现象。党校一些教师是从"学校门"到"学校门"，参加工作后又没有经历过实践锻炼，受条件限制也很少有机会进行系统培训，以致教师学识水平跟不上形势发展。二是"倒挂"现象。党校教师尤其是地方党校和基层党校部分教师，经历和阅历等方面不如学员。有人说，没当过领导的在给领导干部讲领导艺术，没出过国的在给经常出国的人讲国外经验，没经历复杂环境考验的在帮助每天同各类矛盾打交道的人出主意解难题。这"三个倒挂",在党校教师队伍中一定程度存在,特别是最后一个倒挂,更像是对高校智库研究机构专家的写照。

作为高校研究机构的专家,与服务的对象(决策者)相比,也存在着明显的信息和经历的不对称。第一,领导看过的文件我们没有看过。由于很多文件都有密级,一些重要的数据信息和动态大都是通过内刊和内部文件的方式流转,领导掌握的一些内部真实情况和数据,智库专家往往不掌握。第二,领导去过的地方我们没有去过。决策者要围绕一个问题开展调研,可以运用的资源很多,可以向下属单位要材料进行书面调研,可以通过召开各种各样的座谈会进行会议调研,可以到基层实地进行现场调研,领导去调研的地方我们不一定能去,领导调研时了解的信息我们调研不一定能够了解到。第三,领导干过的事情我们没有干过。领导干部具有丰富的实践经验,对于亲身经历的问题往往有着更深的感受,对于解决问题的有利条件和约束条件考虑得更为全面,智库专家往往缺少这种经历和现场感。

智库专家与决策者相比,虽然"三个没有",但并非智库专家就没有优势。第一,虽然领导看过的我们没有看过,但现在是信息社会,我们可以了解信息的渠道也非常多。虽然我们不能获悉决策者所拥有的全部信息,但有关部门会有一些公开的数据;虽然我们不能掌握决策部门的小数据,但是互联网和人工智能时代我们可能运用大数据,为决策者提供另外的看问题的视角。第二,虽然领导去的地方我们没有去过,但我们可以在领导调研过后再去调研,虽然我们不一定能够听到详细的汇报,但是我们可以用我们的眼睛多观察,可以有更多的时间找群众座谈,甚至可以找群众进行深入的访谈,把情况掌握得更深更细更具体,挖掘一些更深层次的信息。第三,虽然领导干过的我们没有干过,但我们有理性思考、有理论认知,我们可以通过观察、调查和比较,通过借鉴外地的经验甚至进行国际的比较,有可能更加全面地把握问题的全貌。作为决策者有可能长期以来在实际环境中,思考问题的环境是相对封闭的,掌握的数据是官方的,跳不出经验的束缚,摆脱不了思维的惯性,再加上长时间高强度工作下有可能产生的思维惰性，认识事物可能会先入为主，带有较强的主观色彩，有可能"不识庐山真面目，只缘身在此山中"。作为智库专家，思考问题的环境是相对开放的，信息来源渠道可能是更加多元的，第三方视角可能更客观，在政策利益上可以相对超脱，我们完全可以通过自己的信息渠道、自己的调研基地深入调研，形成不一样的视角，为决策者提供新的思考问题的角度，把自身的劣势转化为优势，努力拿我们的长项弥补决策者的弱项，实现理论与实践的有机结合，知识与政策的无缝对接。

在印度和泰国经常看到这样的场景：一头千斤重的大象，被一根小小的柱子和一截细细的链子拴住。原因是驯象人在大象幼年时候，就用一条铁链将它绑在水泥柱或钢柱上，无论小象怎么挣扎都无法挣脱。小象渐渐长成大象，虽然此时可以轻而易举地挣脱链子，但在它的惯性思维里，仍然认为摆脱链子是不可能的。智库专家要摆脱传统的思维惯性，善于运用创新思维解决公共政策问题。

科学专家的工作，对于现代领导的决策科学化来说是绝不可少的环节。其理由是：1. 领导者一般是考虑战略问题的，他具有较高的政治觉悟、洞察能力和组织才能。但是他没有可能就决策的具体事项进行系统、深入的分析。他们虽然敏锐地发现了问题，但很难有时间和精力抓住问题并进行深入的清理和研究。在这种情况下，单靠领导者个人"拍脑袋"来决策，就难免要出差错，甚至犯瞎指挥的毛病。2. 领导者虽博学多才，但也不是无所不知的。3. 智者千虑，必有一失。洞察一切、一贯正确的领导者是不存在的。由于以上三点原因，现代领导者必须把科学专家的工作作为科学决策不可分割的部分。这里的"专家工作"不是一般的开开会，倾听专家意见，而是要求和组织专家们进行专门、系统、深入的分析。否则，等于是用专家临时的"拍脑袋"，来代替领导的"拍脑袋"，并不能使决策进入科学的轨道①。

青年学者成为智库专家的三部曲。第一部曲：从生产知识到生产思想，把学术话语转化为智库话语（学术研究与智库研究）；第二部曲：为自己的

---

① 　冯之浚、张念椿：《咨询在决策中的地位》，载《河北学刊》1985 年第 1 期。

思想找到市场，把对策话语转化为政策话语（政策研究与对策研究）；第三部曲：提高思想产品的产出质量，打造属于自己的智库品牌（研究骨干与领军人物）。

二、智库人才的结构特征

智库人才的结构特征，可以从素质结构、层级结构、能力结构、思维结构和影响力结构等几个不同的视角来分析。

在素质结构上，新型智库需要复合型人才。复合型人才至少是"T"字型。智库专家不能是"万金油"，什么都懂一些，但都浮于表面。智库专家不能是专业控，除了对自己的专业领域熟悉，其他的问题一无所知。从这个意义上讲，这也是学术研究与智库研究的区别。学术研究可以是"1"字型的，沿着一个方向深入研究，研究得越深入越好。智库研究的思维应该是"T"字型的，必须在两个维度上同时延伸，不然的话，过于专业的决策往往是片面的。更加理想的状态是"天"字型人才。一"撇"一"捺"分别代表专业领域的专业学术水平积累和专业政策水平的积累都能够达到一定的高度，并且能够在各自独立并相互支撑的基础上达到一定的高度后充分融合。下面一"横"代表需要有比较宽领域的知识面，这个知识面包括理论和实践领域的知识面，能够把解决的问题界定在一个大的坐标系内来认识和分析。上面一横，代表具有战略眼光和战略高度，能够站在一定的高度上来分析解决问题。

智库要有合理的人才结构、层次结构、功能结构。智库里每个人既有专业的深度，又有学科的广度、科学的高度和前瞻性的远度，3个空间维＋1个时间维[1]。专业素养也存在"专"和"博"的关系，既需要专才，也需要通才。在社会科学领域里，每个领域的"大家"都是通才，在很多方面都是非常优秀的，只有站得高，才能看得宽、看得远。就像挖沟一样，要想挖得深，敞口一定得大[2]。

在层级结构上，新型智库需要橄榄型人才。现代社会，更多的是橄榄

---

① 成思危：《中国智库的素质和责任》，载《中国智库》2013年第3期。

② 马建堂：《如何提高决策咨询能力和本领》，载《中国经济时报》2020年3月3日。

型结构。由于部分智库拥有较高的行政级别，比如国家部委级智库，就形成了一批具有行政级别的智库专家和管理人员。由于行政事业单位近年来职数收紧，人员更新的速度比较慢，部分研究机构老化的现象比较严重。同时也由于发展机会等方面的原因，有些智库机构缺乏相应的新进人员激励机制，留下来比较困难。还有长期以来学术"个体户"形成的研究惯性，在一个智库内部，或者在一个课题组里，往往形成倒金字塔现象，参与研究的都是教授或者副教授，每个人看起来都非常强大，但在研究的过程中往往是分工大于合作，造成基层基础人员参与不够，课题研究的基础不够扎实，特别是缺乏专门的数据采集和调研人员，倒金字塔结构在很大程度上影响和制约着智库成果质量的提升。

在西方智库，大都配备多名行政人员，特别是配备用于和政府、媒体沟通的人员和智库成果推介人员。兰德的人员岗位组成大致有以下几类：(1) 行政管理人员；(2) 高级研究人员；(3) 助理研究人员；(4) 一般工作人员；(5) 行政秘书人员；(6) 编辑、图书管理人员及其他服务人员等。高级研究人员是思想库的主体。为了保证研究工作的高效率，兰德非常重视研究人员与辅助人员的合理配置，重视辅助人员即秘书和研究助手的作用，在人数上辅助人员的比例超过了研究人员。兰德公司的经验是"两个研究员不如一个研究员加半个秘书的效率高"。正是这些秘书、助手们高效率而又耐心、细致地包揽了打字、准备资料以及内外联系等所有"杂务"，研究员们才得以专心致志研究。因此，兰德公司一般 1—4 名研究人员配备一名秘书；当研究人员工作量大且经费充裕时可以申请增加秘书；一个高层管理人员有 2—3 名秘书协助工作[①]。2012 年，美国战略与国际问题研究中心 (CSIS) 共有全职人员 294 人，其中，总裁 1 人、研究员 73 人、项目职员 63 人、访问学者 27 人、行政职员 47 人、现场咨询师 6 人、实习生 80 人，职员占比 66%。美国布鲁金斯学会（Brookings Institution）拥有 300 名专家（其中全职 100 名）、200 位职员，职员占比 67%[②]。

---

① 王继承：《兰德公司的成功奥秘》，载《中国经济时报》2012 年 9 月 21 日。

② 张会恒、石旭斋、刘士栋：《地方智库与政府沟通不畅的原因及对策》，载《智库理论与实践》2018 年第 5 期。

　　在能力结构上，新型智库需要兼有刺猬型和狐狸型专家。在古希腊寓言和管理心理学界，往往用刺猬和狐狸做比喻，分析不同类型的思想家和专家的思维方式和处事风格。在新型智库建设中，既需要能够一招制胜、有自己独特框架、能够提出鲜明观点的刺猬型专家，又需要知识丰富、百科全书式、精于理性分析的狐狸型专家，实现两者之间的优势互补，提高智库专家分析和预测问题的精准度。

　　古希腊寓言《刺猬与狐狸》：狐狸十分狡猾，诡计多端，总是向刺猬发起进攻。但是刺猬每一次都缩成一个球，把满身的尖刺朝四面八方展开。任狐狸多么狡诈，刺猬就一招鲜，反而屡战屡胜。虽然狐狸懂得多，但是刺猬只需要一招，就足以逃生。由此可知，狐狸的思维是分散、多元的，而刺猬的思维是集中、单一的。当代思想史家伯林爵士 1953 年出版了一本 86 页的小书，也是他一生中写得最好最有名的一本书——《刺猬与狐狸》，提出了一个十分有趣也十分重要的文化问题：文化名人的不同分类与治学过程中不同的追求。书名取自古希腊诗人阿寄洛克思之语——"狐狸知道很多的事，刺猬则知道一件大事"，意思是狐狸机巧百出通晓百科，然不及刺猬一计防御与见解深刻。伯林借此语将西方思想家与作家分作两大类型：刺猬型与狐狸型。刺猬型有一中心主轴，建有一整套思想体系，有自己的理论框架，绵厚精深，属于思想型；狐狸型为百科全书型，无所不知无所不包，观察入微机巧四逬，然思想散漫缺乏深度，属于艺术型。刺猬分泌原创性思想，总结归纳人类每一阶段经验的精华，编织全新的思想构架，提供解释世界的基础支撑点；狐狸则辛勤地消化刺猬的思想成果，化高雅为通俗，适当补充刺猬原创体系中的不足，乃为"快乐的搬运工"①。

　　美国心理学家菲利普·E. 泰特洛克在《狐狸与刺猬：专家的政治判断》一书中对这两种思维有过专门的描述：刺猬式的思维方式是进取的，只知一件大事，在简约的名义下，寻求和扩大此事的解释力，以"掩盖"新的案例；狐狸式的思维方式更加折中，知道很多小事，与瞬息万变的世界保持同步，满足于根据时代找出合适的解决之道。泰特洛克指出，在预测未

---

①　裴毅然：《"刺猬"与"狐狸"》，载《光明日报》2009 年 10 月 24 日。

来的事件时，好的判断由哪些要素构成，为什么专家预测时常常犯错，并详细分析了狐狸式与刺猬式专家在做判断时的区别和优劣。他通过分析大量数据表明：在做政治决策的估计和预测时，最好的专家也赶不上简单的经过评估的数学公式。泰特洛克经过 20 年的研究发现经常活跃于电视媒体的专家分为两类，即刺猬式和狐狸式的专家。刺猬式的专家经常断言预测，但失误不断，而狐狸式的专家精于理性分析和概然判断。事实上，出言雷人的刺猬被人们所记住。而水平更高的狐狸专家不易"出名"①。

在思维结构上，新型智库更需要中医型人才。智库，不是党委政府决策的"啦啦队"，而是为党委政府提供决策诊断和治疗方案的医疗保障顾问团队，不要等政策有病了再去治，而是提供更多的政策保健方案，让党委政府的决策少生病甚至不生病。智库专家要增强党委政府对政策病毒的免疫力。稍微有些不同的是，这个医疗保障顾问团队，只负责论证方案并提供意见建议，并不直接负责治病和动手术等工作，是不是有病，目前需要怎么治，采取哪个方案治，会不会落下后遗症，需要采取什么样的辅助措施，所有这些，保障团队可以提出建议方案，具体由决策者及实际工作部门来负责决断和实施。

智库专家在诊断和治疗政策疾病的同时，应当中西医结合，重点借鉴中医的方法。中医治病，依靠望闻问切，讲究辨证施治，更多地相信自己的经验和直觉判断，运用系统思维解决面上的问题，促进人的全面健康。西医治病，更多的是借助于医疗器材的检查，更多的是运用线性思维解决点上的问题，大多数情况下都是"头痛医头、脚痛医脚"。

为什么说更需要中医类的智库专家？第一，需要资历和阅历，需要有病例的积累，需要有解决问题的实践经验。第二，需要辨证施治，通过观察脉相来找准问题，望闻问切，把各方面的信息综合起来形成自己的判断。第三，政策问题具有系统性，不同政策问题之间有很强的关联性，在治疗某一方面的疾病的时候，需要考虑是否对其他病症产生影响，对于一般的慢性病，用药既不能太温，又不能太猛，避免破坏系统内部的平衡，旧的

---

① 尹继武：《智库报告应该更严肃些》，载《环球时报》2011 年 12 月 15 日。

问题解决不了，新的问题又出来了。当然，如果遇到致命性的疾病，也需要动外科手术。找到问题的症结，找到解决问题的穴位，找到破解难题的切入点和突破口。

任泽平认为，人生是一趟心灵的伟大旅程，有七个阶段：嗷嗷待哺的婴儿，满面红光的学童，哀歌的恋人，长胡子的士兵，身经百战的将军，戴眼镜的政治家，返璞归真的贤者。从智库专家的角度来说，不经过沧桑很难有思想含量，不经历百战很难有务实对策，智库专家需要有政治家的视野，需要有返璞归真的贤者的智慧和境界。

在影响力结构上，新型智库需要权威性人才。智库专家，就是没有职位和权力的影子决策者，通过对问题进行深入研究，提出虚拟的解决方案，向决策者推广。决策者有几种情况：采纳，综合许多专家不同的方案后采纳，不予采纳。智库和智库专家，应当努力建立非权力权威和影响力，增强公信力。智库专家的公信力与党委政府之间公信力的相互促进，而不是相互削减。有分析认为，部分专家完全在看决策者的脸色说话，决策者与智库之间存在着一种微妙的关系，让一些专家学者养成了为领导提供决策铺垫和化妆的习惯，所谓的"智库"就变成领导的"智裤"，最后连自己也出现"智障"了。人们经常称专家为"砖家"，就是因为他们经常说出一些上不接天下不着地的雷人雷语[1]。

智库界不需要有绝对的权威，因为智库专家的观点可以探讨。但智库界需要相对的权威，在引导社会舆论方面能够发挥应有的作用。目前，在一些地方和领域，由于智库专家的信口开河，讲话如脱缰的野马，导致了社会公众对于专家的不信任，甚至出现专家污名化的现象。智库专家要树立犀利睿智亲民守信的良好形象，智库整体要通过一个个智库努力树立良好的业界形象。智库是党委政府决策的思想库和"智力池"，能够源源不断地供给思想产品，能够源源不断地满足智力需求。推动智库公信力与政府公信力的同频共振，提升党委政府决策的政策公信力。

---

[1]　何龙：《"智库"都听领导的将会变成"智障"》，载《羊城晚报》2014 年 4 月 1 日。

新时代的智库专家，不要忘记自己的初心和使命。智库专家既要敢言，又要慎言，要讲真话、进净言，智库研究成果要经得起人民、实践和历史检验。真正的学术研究大家一定是具有智库意识的思想家、战略家。从高校研究机构走出来的智库专家，既要有学术知识存量，以深厚学术功底作为开展智库研究的基础，同时又要有实践信息增量，通过深入社会实践对政策问题所处的环境和政策问题本身有更加深刻的感知。如果说，对于行政官员来说，调查研究隔层纸，政策执行（效果）隔座山，那么对于智库专家来说，调查研究隔层纸，对策建议隔座山，没有对一线情况的全面深入了解，是形不成有针对性、高质量的对策建议的。

智库界需要钟南山

钟南山是战略科学家。首先他是科学家，具有坚实的专业基础，能够把握研究领域的最新前沿。更重要的他是战略和政策科学家，能够把技术层面与政策层面和战略层面有机结合在一起，为疫情和国家社会治理献计献策。第一，敢于讲真话，站稳人民立场。第二，具有政策意识和战略思维，能够做出基于学术研究和事实的战略判断。第三，具有不怕艰险（甚至是凶险）的一线调研精神，做出重大判断必须基于一线的真实情况。第四，智库专家的非权力权威，在社会动员中发挥重要作用。在防控疫情期间，很多民众都有一个共识，什么时候警报解除，可以外出，要听听钟南山院士的说法。既有技术水平又有战略眼光，既有家国情怀又有雄才伟略，既有不畏一切困难到一线调研的精神，又有讲真话解决实际问题的勇气。如果智库界的专家，具有钟南山院士在公共卫生领域里一样的权威，对于公共政策的推动作用将是巨大的。

智言智语：让百姓得到价廉有效医疗服务。2016年6月1日，中国工程院第十三次院士大会在京举行，著名呼吸病学专家钟南山院士获得第十一届光华工程科技奖中分量最重的成就奖，这也是我国工程界的最高奖。在接受京华时报采访时，钟南山指出，"我是搞医疗的，在进行诊断预防上得让老百姓得益。创新驱动最核心的含义在这里。不同于单纯的发现，那只是一种创意，不叫创新。真正的创新是需要落地开花结果的"。对于工程院计划打造国家高端智库，钟南山院士说，"我有责任在医改方面提出自己的看法，在打造国家智库中，从事医疗的人应该团结起来推出适合我国医改方面的建议"，"我的医改方向是，现在强调的供给侧改革，同样适用于医疗卫生体系"，"政府要把公立医院的责任真正担当起来，彻底剥夺它的独立性，让老百姓得到价廉有效的医疗服务，同时要调动医卫人员的积极性，就像要使得科技人员公平获得名利双收，使得科技人员得到合理的尊严和优惠的收入。公立医院需要恢复它的公益性，政府不要把最重要的社会责任扔给社会，政府主要是解决老百姓吃饭、教育、医疗和住房问题"①。

湖南省社科院周湘智认为智库人才存在五多五少和八种类型。五多五少即搞理论研究的多，搞对策研究的少；写学术专著的多，写研究报告的少；关注策略的多，关注战略的少；会写的多，会说的少；学术专家多，智库"管家"少，特别是领军人物和杰出人才较为缺乏。要切实解决智库建设"跟不上、不适应"的问题，必须大力加强高端智库人才队伍建设，构建完备成熟的智库人才体系。建设高端智库急需培养八个方面人才：一是捕捉变化，揭示趋势的预见型人才。二是洞察时势，设计顶层的战略型人才。三是知识多元，能力全面的复合型人才。四是深入调研，能接地气的田野型人才。五是思维新锐，方法上乘的工具型人才。六是国际视野，跨国交往的外向型人才。七是媒体关注，善于表达的传播型人才。八是精于管理，引领发展的掌舵型人才。

三、智库专家的最强大脑和灵敏五官

智库的触角一定是很灵敏的，不能做事后诸葛，放马后炮。能不能走到决策者前面探探路，告诉决策者前面的路况如何，能否行得通，有没有路障，如何清除，避免出现交通事故或者翻车？智库专家要有先见之明，看问题要有一定的前瞻性。

智库专家要有顺风耳。能够听到各种各样的信息，包括决策者了解和

---

① 参见《钟南山获中国工程界最高奖"成就奖"为何两度空缺？》，载《新京报》2016 年 6 月 2 日。

不了解的信息。智库专家的大脑就是一座信息加工厂，没有信息原料，智库专家作出的判断就没有依据，就无法得出科学的结论。

智库专家要有千里眼。能够立足当前，着眼长远，在时间上和空间上看得更远，更大程度地预测和预知未来，使解决问题的方案，尽可能能够适应不断变化的形势。智库专家要向上看，对政策的把握要有高度；要向下看，对于与研究的政策问题相关的社会现实认知要有深度；要向远处看，能够看到问题发展的趋势，看到解决问题的路径，看到未来可能发生的问题和可以用来解决的方案；要向深处看，看到问题的本质和规律，看到问题的关键和核心。

智库专家要有大象鼻。有良好的嗅觉，能够感受到周围的变化，迅速嗅到党委政府的需求，能够快速意识到需要解决的问题和问题的关键所在。智库专家需要知识经验和直觉，要有自信。这种自信是建立在对理论知识的深刻理解和对现实实践的准确把握的基础之上。对于周围环境的变化，研究领域的些许变化，特别是一些标志性的重要变化，能够迅速地感知，从而形成自己的研究课题和成果。

智库专家要有诚实口。智库专家不但能写，而且还应当敢讲、会讲、能讲，提高演讲能力。智库专家要敢于讲真话，做揭穿"皇帝的新装"的那个小孩。决策者召开专家座谈会，留给专家的发言时间一般都不长，应该能够善于表达，抓住要害。特别是能够在最短的时间内把重点、要点和精华讲出来，用最简洁的语言把事情讲清楚。有些时候要惜墨如金，少说多做，只做不说。有些时候，要大讲特讲，善于进行理性的系统化思考与感性的逻辑化表达，为政策问题的改进呼吁呐喊。

智库专家要有五味舌。智库专家，要善于思考、善于品味，通过对现实社会的真实品味和真切感知，通过设身处地地观察和体验，加强对政策问题的认知，真正体察到政策问题。对于普通民众来说，酸甜苦辣咸，应该如何调整口味，才能更加有利于肌体的健康。作为智库和智库专家，在研究领域、研究方向和研究风格上要有所侧重、有所分工，围绕决策者的不同需求提供不同风格的思想产品。当然，良药苦口利于病，忠言逆耳利于行，智库专家的最高准则是讲真话，决不能为迎合领导的口味添油加醋，更不能昧着良心说假话，颠倒是非黑白。

智库专家要努力成为强大脑。智库专家要有思辨力、思考力、思想力，通过思辨高度引领，通过思考深度探索，通过思想强度制胜。智库专家是靠思想吃饭的，是以贡献高思想含量的智力产品为业的，相对于一般的群体而言，包括决策者而言，智库专家的脑力应该更强，努力成为服务决策、服务发展的最强大脑。

此外，智库专家要有一双勤快的脚，多走基层走一线走前沿，练好脚底板上的功夫；要有一双勤劳的手，多动手写，把所观所思用恰当的语言表达出来；要有一颗火热的心，有家国情怀，能够以正义之心和学者的良知，关心政策问题，开展智库研究，推动经济发展和社会进步。

第二节　智库人才的评价激励

智库人才具有多样性特征，对于智库人才的评价激励，需要建立在对智库人才特征充分把握的基础之上。

一、新型智库人才的多样性特征

1. 新型智库人才的分类和特征

湖南省社科院智库办主任周湘智将智库人才分为掌舵人才、研究人才与行政辅助人才三类。掌舵人才是智库的领军者与"大脑中枢"，主要职责是科学确定智库发展的战略方向、战略定位与战略步骤，科学配置整合内外资源，负责领导整个智库的进退行止。一个优秀的智库必然有一个强大的、开拓型的智库领袖；研究人才是智库的"战斗部队"和"颜值担当"，智库的一切活动都要围绕研究人才快出成果、出好成果来开展。智库研究人才的主要职责是产出和传播优质的政策思想、政策方案，应该"既有理论性的机制解释能力，又有应用性解决方案供给能力"，是"理论家＋技术员"；行政辅助人才是智库得以正常运转的坚强后盾。现代智库间竞争日益体现在智库执行力、回应力与保障力的比拼上，行政辅助人才的主要职责是执行智库掌舵人的战略部署，为智库研究人才创造良好工作条件、提供有力支持。行政辅助人才既指身处高层、中层的管理者，也包括了担负着文秘、图书、信息、财务、外宣、勤杂等工作的服务者，是智库发展高度依赖的"扶手"①。

智库，是若干专家智力合成的有机体，不是以智库之名、行单干之实，在智库名下各开各的分店、承包摊位的"个体户"。从单打独斗、单兵作战的智囊，到集体发力、群策群力的智库，智库的核心要义是合作，是团队，是发挥集体的力量，是实现 1+1>2 的效应。不能是若干人名义上成立了智库，但实际上仍然各自为战，独立运作，成为若干个单干户的简单相加。

智库要有组织智商、团队智商。个体有个体的智商，集体有集体的智商，这也就是所谓的组织智商，即把团队成员的个体智慧凝聚上升为有组织的集体智慧。组织智商不是个体智商的简单加总，而是通过一定机制方式把个体智慧凝聚起来，升华为集体智慧，并且以组织的名义展示或者表达出来，这既是一种工作方法，也是一种工作机制，从根本上决定着智库的成败②。

智库研究要集中各方面的人才。智库研究不但需要实际工作部门参与，还需要大型企业和战略企业家的参与。真正的企业家是战略家。企业家对政策的感知更加敏锐。引导企业研究力量参与智库建设，加强对产业政策层面的研究，为国家的产业发展战略服务。

新型智库，首先需要专业型研究人才，并且需要自带能量、拥有自主性的专有高层次研究人才。近年来，出现一种不好的现象，一些机构名义上是小核心、大外围，实际上没有专有的研究力量，通过搭建智库平台，网罗各类名人作为特聘研究员，靠研究成果的挂名和拼装，这样的智库缺乏真正的竞争力，也没有办法走远，无法形成自身的品牌。

2. 从著名智库的人才构成看智库人才的团队特征

美国布鲁金斯学会约翰·桑顿中国中心主任李成认为，智库专家，不

---

① 周湘智：《加紧培养中国特色新型智库合格人才》，载《湖南日报》2018 年 4 月 24 日。

② 王春法：《关于好智库的 12 条标准》，载《智库理论与实践》2017 年第 1 期。

能只是象牙塔里的学者：研究质量，归根到底，来自高质量的人才。所以，布鲁金斯学会对于研究员的要求极高，一般都是所在领域内的"学术领头羊"，具有前瞻性的视野及在公共领域内的影响力，其录用过程和学术标准与哈佛、耶鲁等顶尖高校非常相近。学会目前的全职研究员中，大多数是高级研究员（即正教授级别），有 90 名，普通研究员（即助理教授级别）较少，只有 20 人。换言之，能够进入布鲁金斯学会的，基本已是各领域内的"领头羊"。同时，中心希望自己的专家不是"过去的专家"，而是"未来的专家"，有前瞻性思维和视野，能够影响未来政策的走向。还有很重要的一点，布鲁金斯学会的专家不能只是象牙塔里的学者，而是要积极参与公共政策对话，具有影响媒体和决策的能力[1]。

国家高端智库中国国际经济交流中心在体制机制上进行了创新。比如在研究力量方面，秉承着开放、合作的科研模式，其研究力量分为"在编坐班""坐班不在编""不在编也不坐班"三个层次，其中，"在编坐班"属于中心的核心研究部门；"坐班不在编"主要是发改委、商务部、财政部等国家重要经济部门的退休领导，国经中心聘请原政府高官任高层管理，充分借鉴了发达国家的智库"旋转门"机制，为退休领导发挥余热提供了良好的平台，同时也获得了更具体更有针对性的指导方向和政策渠道；"不在编也不坐班"主要是通过采用"招标制"的方式，将一些研究任务分包出去，在全国甚至全球范围内招标，然后派出中心的研究人员进行项目跟踪。[2]

根据中国人民大学重阳金融研究院介绍，人大重阳研究院的研究力量主要分为三部分：第一部分是全职研究人员，主要负责生产内参报告；第二部分是高级研究员，主要由不同国家的前高官、专家学者组成；第三部分是因项目需要而聘用的研究人员，这部分研究人员的数量最多。从团队结构上来看，人大重阳研究院充分借鉴了国外智库"小核心，大外围"的模式。从团队人员组成上来看，人大重阳研究院则"近水楼台先得月"，充分

---

[1]　参见《一流智库是如何运作的——专访美国布鲁金斯学会约翰·桑顿中国中心主任李成》，载《瞭望东方周刊》2016 年 4 月 15 日。

[2]　苗绿、王辉耀：《全球智库》，人民出版社 2018 年版，第 147 页。

利用了中国人民大学丰富的智力资源，依托中国人民大学的丰富学术资源，在人民币国际化、互联网金融等领域展开了一系列研究①。2019 年 9 月，中国人民大学国家发展与战略研究院从中央部委或政府部门引进 4 名"学者型官员"作为高级研究员②。其中，岳晓勇曾任中华人民共和国驻爱尔兰大使，秦虹曾任住房和城乡建设部政策研究中心主任、中国城乡建设经济研究所所长、中央政治局集体学习授课人之一，黄石松曾任北京市第十四届人大常委会委员、副秘书长、研究室主任，陈積曾任证监会中证金融研究院党委书记、副院长。据研究院官网显示，研究院全职专家中，包括秦虹、黄石松和陈積三位研究员。通过首席专家制、团队滚动制、智库科研岗、高级研究员、市场聘任制等制度创新，形成了多层次人才梯队。创设"智库科研岗"，引进具有地方政府或中央部委重要岗位工作经验的学者型领导担任高级智库研究人员，构建中国特色和人大风格的智库人才"旋转门"体系③。

　　根据中国（海南）改革发展研究院官网介绍，该院成立于 1991 年 11 月，是以改革发展政策研究为主要业务的研究机构。办院宗旨是"立足海南，面向全国，走向世界"，致力于服务中国经济社会改革的政策决策，坚持"小机构、大网络"的运作机制与"网络型、国际化、独立性"的机构特色。中改院的研究网络，由院学术委员会、紧密层专家网络和网络专家三部分构成。其中，院学术委员会，由以国务院发展研究中心原主任王梦奎为主任、国内 32 名著名专家学者组成的学术委员会，为中改院的改革研究确定计划，把握方向，决策重大研究事项；紧密层专家网络，由 200 余人组成的网络专家队伍，参与中改院各项学术活动。这两支队伍，大部分成员来自国家机关、著名研究机构、院校，都是改革研究领域的领军人和具有影响的人物；网络专家有 2000 余位，依靠这支队伍，建成了联系广泛的学术网络，具备了围绕中国经济转型时期诸多问题的研究能力。25 年来，

　　① 苗绿、王辉耀：《全球智库》，人民出版社 2018 年版，第 147 页。

　　② 《中国人民大学国家发展与战略研究院召开研究员聘任仪式 百位专家学者共同见证》，https：//news. ruc. cn/archives/254879。

　　③ 严金明：《努力建设成为中国特色新型智库引领者》，http：//nads. ruc. edu. cn/yjdt/930cbfa246db4ab3bedd7c3a29fb8c2f. htm。

中改院组织社会力量研究中国改革理论和现实问题，先后举办和承办国际、国内研讨会181次，参加研讨会的国内外著名专家、学者、政府官员3.5万多人次，其中省部级以上领导达800多人次，占参会人数的2.5％左右①。

3. 新型智库需要经营型人才

从智库生产的原料采购，到智库产品生产流程的组织，智库产品营销，智库品牌打造，需要一个完整流程。智库不但要有研究专家、领军人物、思想大师，还要有销售大师、推销大师、管理专家。智库是需要管理和经营的，智库人才的培育要考虑到这一因素。智库专家是思想的推销高手，善于营销思想产品，智库专家实际上也是在向决策者推销自己的思想产品和政策方案。21世纪初，《南风窗》记者冷啸历时一年，零距离探访和接触30余家中外管理咨询公司，出版了一本书《一群卖思想的人：寻求管理咨询的第三方通鉴》。

新型智库是不是只需要研究人才，不需要管理和经营？智库是需要经营的。智库研究专家，是智库产品的直接生产者；智库经营专家，是智库产品生产的管理与经营者。智库既需要生产运营，又需要管理经营，新型智库需要有专业的运营团队，特别是有一定规模的智库，研究团队和运营团队要分设。智库的首席专家没有资金压力，不必过分考虑资金的问题，一方面保证研究的精力，同时也保证研究的独立性。智库要经营资源，智库研究资源是稀缺的，一些信息资源隐藏在有关部门，藏在深闺人未识，需要智库主动去联络，积极去开发。智库要经营产品，一个智库主打什么产品，研究团队的力量如何布局，每个阶段重点研究什么课题，研究成果通过什么样的渠道、在什么样的时间节点报送，都是需要经营的。智库需要经营社会关系，智库生存发展需要不断地与周边的环境进行调适，最大限度地聚焦发展资源，形成良好的生态系统。智库需要经营品牌和文化，通过品牌增强影响力，通过文化增强持久力，打造有影响力的百年老店，树立新型智库的良好形象。

① 参见中国（海南）改革发展研究院研究网络，http：//www. cird. org. cn/WeAreCird/Expert/。

智库首席专家与智库负责人是合为一体还是分设为好？比较大型的智库，智库负责人和首席专家应当分设，让专业的人做专业的事。让智库专家潜心做研究，不要受过多行政事务，包括经费报销等问题所困扰，让智库负责人专心做经营和管理，智库负责人需要有较强的对外交往能力，包括重要信息的获取，智库成果转化的跟踪，智库绩效的考核，智库发展外部资源的争取等。另外一种方法，是智库首席专家与智库负责人合二为一，由智库负责人指定专人负责管理和运营，规模稍大可以设立副院长，规模较小的话设立院长助理，重点负责智库的运营管理和对外交往事宜。对于优秀智库来说，研究力、管理力、运营力和影响力缺一不可，而管理和运营能力是智库研究力转换成影响力的重要条件。

二、智库人才的评价激励

中办国办《意见》指出，深化智库人才岗位聘用、职称评定等人事管理制度改革，完善以品德、能力和贡献为导向的人才评价机制和激励政策。探索有利于智库人才发挥作用的多种分配方式，建立健全与岗位职责、工作业绩、实际贡献紧密联系的薪酬制度。深化智库人事管理制度改革，建立和完善智库成果认定机制，是提升智库咨政建言水平的关键。具体来说，主要表现在以下几个方面：

1. 纳入业绩考核。将智库成果作为衡量研究人员工作完成情况的重要业绩，纳入研究人员业绩考核、成果奖励、职称评聘，在科研考核、职称评审与分级、评优评先以及绩效考评时，计算科研积分。

2. 给予资助奖励。为提高哲学社会科学研究水平，很多机构相继修订完善了社会科学研究奖励办法，制定出台了智库成果认定评分标准及奖励办法，明确了智库成果的认定范围，根据批示领导的级别、规划计划被采纳的政府层级，给予相应奖励。这种方式具体有三个途径。一是给予后期资助。比如，天津市每两年组织1次优秀决策咨询成果评选，通过后期资助的形式，对获得奖励的优秀决策咨询研究成果，给予每项1万—3万元的资金资助，同时也鼓励高校配套一定的资金，支持智库研究人员积极开展后续的高水平决策咨询研究。二是将智库优秀成果纳入哲学社会科学成果的评奖范围。比如，湖南省和天津市社科管理部门，在省级哲学社会科学优秀成果奖评选中，将智库成果单列，把一定的名额给予智库成果，提高社会科学研究咨政启民的水平和能力①。三是修订和完善社会科学研究奖励办法，提高智库成果奖励标准。比如，上海市人民政府从 2009 年开始评选上海市决策咨询研究成果，2016 年初对办法进行修订。办法规定，上海市决策咨询研究成果奖是市政府设立的省部级奖项，分为特等奖、一等奖、二等奖和三等奖。从高校来看，江西财经大学修订奖励标准，对认定的智库成果最高给予 10 万元奖励；燕山大学制定决策咨询类成果奖励办法，对领导批示和内参刊发的决策咨询类成果给予奖励，被奖励的成果在职称评定的科研量化打分中按相应级别成果计算认定。

3. 与职称评聘挂钩。传统成果认定更多以学术成果为导向，但随着智库建设越来越受到重视，部分机构开始尝试分类认定，打通智库成果认定与晋升体系，将智库成果与职称评定挂钩。在专业技术人员职务评聘中，将智库成果作为基本业绩条件纳入，特别是对社会科学类专业技术人员，将智库成果作为其是否能够晋级的重要衡量条件。智库专家的标准设立，重要的解决思路是设立专门的智库研究员职称，一方面，为专门从事智库研究的人员寻找一条合适的出路；另一方面，也便于树立正确的人才导向，确立智库专家的准入门槛和晋升标准。目前，在一些地方和高校，在规定学术论文、科研项目数量等基本条件外，正在逐步建立智库成果等同或者替代学术成果的机制，逐渐将高水平智库成果等同甚至替代重要学术成果。一是设置智库研究专门职称。浙江大学 2018 年制定《智库研究高级职务任职基本条件》（浙大人发〔2018〕17 号），开始实施智库研究高级职务评聘工作，部分院系也将智库研究成果纳入科研评价体系，并在职称晋升等工作中予以充分体现。智库研究高级职务为高校教师研究员、副研究员，评聘范围为研究为主岗（智库）教师。二是设立资格线法。比如，上海财经大学将智库研究成果绩效评估纳入教师科研评价体系，进行 ABC 等级的分类认定，并将智库成果与教师职称晋升直接挂钩，规定副教授如果获得两个 A 级将有资格直接晋升为教授。三是等同法。比如，2018 年，南京大学

①　张伟、林祥柽：《如何实现对智库人才的激励》，载《学习时报》2018 年 2 月 26 日。

制定并实施了人文社会科学科研成果分类评价方案，明确规定决策咨询报告在成果认定和绩效评价时可参照标准折合计算为论文绩效：对获得国家领导人肯定性批示的成果，可折合为 1 篇权威论文或 2 篇 CSSCI 论文；获得国家部委或省级主要领导肯定性批示或转化为政策文件的，可折合为 1 篇 CSSCI 论文。四是加分法。这也是目前全国很多机构将智库成果纳入研究人员职称评聘时考虑的主要形式，即在专业技术人员职务评审条件中，除要求学术论文、科研项目数量等基本条件外，对获得领导批示、内参刊物上发表的决策咨询报告等高水平智库成果，按照校级学术委员会意见，给予加分，在同等情况下，加分项突出者，获得职称晋级①。

4. 智库评价机构关注智库人才成长。2018 年，中国社会科学评价研究院开展了首届"中国智库咨政建言奖""中国智库学术成果奖"和"中国智库创新人才奖"的评选工作。在对智库创新人才进行评价时，从学术影响力、政策影响力和社会影响力以及智库领导力四个维度对智库人才开展更为综合的全面考察。其中，学术影响力不仅考察参评人的专业水平和学术能力，同时还要关注其创新能力和国际化科研实力；政策影响力不仅评价参评人的咨政成果，同时还要评价其参与重大事件等相关咨政活动的情况；社会影响力不仅关注参评人的成果发表和媒体宣传能力，同时还强调参评人的社会责任与国际交流；智库领导力则要全面评价其在智库建设、组织协调、科研管理等各方面的综合能力。根据智库创新人才的具体情况，评价结果细分为"领军人物奖""青年标兵奖""先锋人物奖"三类，其中，"青年标兵奖"限 45 岁及以下人员参评②。

三、智库领军人才的孵化培育

1. 优秀智库学者的能力构成。主要包括政策研判力、信息分析力和组织传播力。

优秀的智库学者要有极强的政策研判力。政策研判力是智库学者的必备能力。智库学者应善于研读各类政策文本，再结合现实问题，寻找到研

---

① 张伟、林祥桎：《如何实现对智库人才的激励》，载《学习时报》2018 年 2 月 26 日。

② 参见《2018 年中国智库成果与人才评价报告》，http：//casses.cssn.cn/kycg/201904/t20190419_4866737.shtml。

究方向与解决方案。与此同时，优秀的智库学者必须从国内与国外两个大局中寻求政策改善的各类方案，尤其是对宏观政策的研究，更是要注重全球变量①。

优秀的智库学者要有超强的信息分析力。信息分析，是指在信息资源的基础上，进行检索、整合与分析，利用各种信息工具快速地做出可验证的分析反应过程。研究问题的边界界定后，要围绕研究问题整合信息资源，建立逻辑关系，形成观点，然后是反馈过程，用各种疑问来拷问这个观点，使之尽可能符合客观实际。对于决策者和智库专家而言，真实而全面的信息是黄金，智库专家要善于建立自己的信息资源网络，形成超强的信息检索、分析和运用能力。在大多数情况下，信息是庞杂的，甚至夹杂着许多虚假的、错误的信息，需要智库专家进行过滤、清洗，在此基础上，通过对信息的整序实现信息的有序化，从而得出判断或者规律。因此，更多的时候，信息本身并没有多少价值，只有经过过滤和重构之后信息才具有真正的决策参考价值。要着力推动解决决策部门与智库研究机构之间的信息不对称问题，畅通信息交流的渠道，促进决策的前置信息由决策者向智库流动，研究成果信息由智库向决策者流动。

优秀的智库学者要有卓越的组织传播力。一篇研究报告的问世必须经过一定时间的调研与一定人群的访谈，这就需要智库学者拥有足够多的社会人脉与政府关系，还需要能够整合各类资源，否则，很难完成一份出众的研究报告。与此同时，任何优秀的研究成果都需要有"受众"意识。同样的研究内容，写给高层与写给大众是不一样的。优秀的智库学者不仅要有传播自己成果的意识与能力，还应掌握针对不同受众而产生写作差异的方法②。

2. 智库专家要有大格局

时代呼唤智库大师，呼唤智库领军人才。智库专家坚持中国特色社会主义方向，树立大坐标，保有大情怀，借力大数据，开展大协同，善出大

---

① 王文：《我们需要怎样的智库文化与学者品格》，http：//sike. news. cn/statics/sike/posts/2014/08/218234075. html。

② 同上。

招数，保持大定力，贡献大智慧。其中树立大坐标、借助大数据和开展大协同已经在本书其他章节论述。

智库专家要保有大情怀。"地位清高，日月每从肩上过；门庭开豁，江山常在掌中看"，这是南宋理学大师朱熹在福建漳州任知州时，为白云岩书院题写的一副对联。上联说儒者肩负社会道义，两袖清风，可昭日月；下联说儒者读万卷书、品万物、识时局，身在书斋，心系天下。寥寥数语，把古代知识分子的责任以及应具备的品质说得清楚明白，给人以深刻启迪。知识分子一般都有些清高。智库研究作为中国特色协商民主的一种形式，智库专家作为相对独立的第三方研究人员，作为思想、战略和公共政策方案的建议者，与决策者没有直接的从属和依附关系，不可避免地或多或少有些"清高"。但智库专家又不同于远离"庙堂"的基础研究专家，与决策者打交道，包括思想上、文字上和面对面打交道，是智库专家的必修课，一定不能盲目清高，要真正理解公共政策的真谛，具有先天下之忧而忧、为党和人民解难分忧的家国情怀，做一个建立在扎实的学术研究和调查研究基础之上的"清高者"，做一个建立在科学理性和战略思考之上的"清高者"，做一个具有系统性批判性颠覆性思维和建设性并重的"清高者"。

智言智语：中国人民大学重阳金融研究院执行副院长王文论优秀智库学者的标准

优秀的智库学者要有浓厚的家国情怀与现实关怀。不少年轻学者长期浸泡在学术思考与文献梳理中，对理论推演的兴趣远远高于对现实变化的关注，他们更喜欢宅在书斋或泡在图书馆里，更喜欢与同类学人交往。这样的年轻人可能会成为非常优秀的学院派学者或学术专家，但很难成为优秀的智库学者。智库学者需要长期保持对改变社会与改善国家政策的欲望，热衷于走出去与各类社会人员交往，对校园外的真实情况保持高度的敏感、兴趣与责任感。智库学者必须要有三条命，即性命、生命和使命。发自内心的使命感，是一名优秀的智库学者的必备个性，也是推动智库学者孜孜以求、为国家与社会的发展贡献力量的根本动力。（参见《我们需要怎样的智库文化与学者品格》，

新华网)

智库专家要能出大招数。智库专家需要修身养性，需要大师风范，需要有定力，善于出硬招。大师级的智库人物，有渊博的知识，有精当的方法，有深邃的思想，有个人影响力和魅力，有一种无形的专家权威，需要长期的培养和孵化，而不是随随便便就能够从其他研究机构"借"来的。智库专家应当是问题"猎手"，甚至重大政策问题的"狙击手"，敢于在关键的时候为党委政府出招，关键的时候能够一招让政策拦路虎"毙命"。

智库专家要保持大定力。一万小时定律是作家格拉德威尔在《异类》一书中提出的定律。"人们眼中的天才之所以卓越非凡，并非天资超人一等，而是付出了持续不断的努力。1 万小时的锤炼是任何人从平凡变成世界级大师的必要条件。"他将此称为"一万小时定律"。要成为某个领域的专家，需要 10000 小时，按比例计算就是：如果每天工作八个小时，一周工作五天，那么成为一个领域的专家至少需要五年。这就是一万小时定律。有位在社科院工作的智库专家，从开始从事智库研究工作到获得第 1 个副省级领导批示，用了差不多十年的时间，现在从事决策咨询工作 18 年左右，每年获得省部级领导批示超过 10 个。

智库专家要有大智慧。华中科技大学国家治理研究院院长欧阳康认为，做好智库工作，要站在社会文明进步的前沿，做到"顶天""立地""有中气"，提升咨政智慧。所谓"顶天"，就是要有崇高的思想境界，心中有大局，眼中有人民。所谓"立地"就是脚踏现实，脚下有大地，手中有数据。所谓"有中气"就是手里有"撒手锏"，有"硬功夫"，有"金刚钻"，真正做好对策和咨政研究[①]。智库专家不能要小聪明，不能被自身利益所左右，不能被利益集团所俘获，不能在研究报告里夹带私货。

3. 智库专家要多为新时代贡献智见

智见，即智慧与见识。一般认为，智见一词源于郭沫若《今昔集·论古代文学》，"当时楚怀王的智见不够，受投降派的包围，而不采纳自强派

---

① 欧阳康：《社会复杂性、智库使命与咨政智慧——新时代国家治理现代化与智库建设的多维思考》，载《光明日报》2019 年 10 月 28 日。

屈原的主张"，这里的"智见"，主要是领导者和决策者。"小智治事，中智治人，大智治制"，作为智库专家，要通过贡献智见，既谋划如何帮助决策者"治事"，更谋划帮助决策者"治制"，努力做国家发展制度的规划师、国家前进航程的瞭望者。需要在主见、先见、创见、洞见、远见和高见等六个方面着力。

厚植根基有主见。厚植时代根基，坚持用中国特色社会主义理论武装头脑，坚定四个自信，坚守正确的政治方向，用新时代的思维观察思考分析解决问题，努力回答时代之问和人民之问，使理论和政策创新符合中国实际、具有中国特色。厚植学术根基，把智库研究建立在扎实的学术研究基础之上，源于学术的严谨又能够摆脱学术的烦琐，用智库话语体系表达深奥的学术思想，把论文写在祖国大地上。厚植实践根基，加强实践观察，增强实践体验，在深入实践中提炼真知。智库专家要坚定道路、理论、制度和文化自信，面对熟悉和深耕的专业领域要有气场。智库专家要把事情和道理讲清楚，自己的认知首先要清楚，不能模棱两可，似是而非，以己昏昏无法帮助决策者昭昭。

未雨绸缪谋先见。人贵有自知之明，智库贵在有先见之明。智库的先见，一是能够预告未来的先见，一是相对于别的智库和智库专家的先见，先人一步，快人一拍。提出的对策具有预见性和先见之明，能够对事物发展的趋势做出合理的预测，为决策者赢得时间先机。问题前决策，事半功倍。出了问题再决策，亡羊补牢。决策主动一步，就是够赢得时间，就是赢得发展先机，就是在最大限度地节约成本。增强智库研究的前瞻性和储备性，特别是要善于分析和把握事物发展的规律和趋势，对于公共政策问题的走向能够有一个科学的判断，超前对可能发生的问题进行预警，超前提出解决问题的方案，为党委政府决策者避免问题的发生或者把问题解决在萌芽状态赢得时间。

与时俱进出创见。智库专家应当有透过现象看本质，把世界的本质展现出来的能力和本领。这里的世界，既是大世界，能够在浩瀚的世界中准确界定问题的属性和特点，提出解决方案；又是小世界，能够深入细致认清研究问题的内在本质和规律，提出创新观点。要把握智库发展的规律，科学规划部署管理智库，建立与智库发展特点相适应的组织形式、管理方式、运行机制、考核体系。要坚持智库研究的科学精神，智库研究不唯书，不唯上，只唯实，提出符合客观实际的对策建议。要坚持智库发展的专业方向，沿着自己的专业方向深化研究，不轻易改变和任意拓展自己的"经营范围"。有关部门应当为合格的智库颁发"营业执照"，对智库的研究领域和经营范围要有一定的界定。同样一个研究领域，实行竞争发展、优胜劣汰。

拨云见日求洞见。智库专家既要有入世的情怀，又要有出世的洞见，要有洞察力、洞悉力和洞见力。既要深入"庐山"中走遍每一个山峰、每一个角落，又要能够站在更高的山峰上拨云见日，透过层层现象的迷雾识得"庐山"真面目。智库成果，要有数量上的要求，但新型智库不能以多取胜，关键还在于质量过硬，要在智库产品质量上的精益求精，智库产品的数量不在多，在于管用，在于高质量的对策建议，在于能够符合实际、可操作、可落地，智库专家的真知灼见和深刻洞见能否转化为现实生产力。特别是智库专家要敢于善于讲真话，"千羊之皮，不如一狐之腋；千人之诺诺，不如一士之谔谔"，意思是"一千个人说恭维话，不如一个人说真话有价值，这就好比一千张羊皮抵不上一只狐狸腋下的皮毛珍贵一样"。

把握未来谋远见。未来千变万化，难以捉摸和琢磨。智库专家要坚持马克思主义立场、观点、方法，透过现象看本质，从短期波动中探究长期趋势，使理论和政策创新充分体现先进性和科学性。要深入调研，察实情、出实招，能够用知识、用经验、用科学的方法，把握事物发展的态势、趋势和规律，做出科学的判断，使理论和政策创新有理有据、合情合理。智库专家要站得更高，看得更远，在谋划当下的同时更好地把握未来。既要善于把握规律，能够针对当下谋划未来，又要能够针对未来的发展为决策者提供当下的战略建议，帮助决策者抢占战略高地。

唯真务实出高见。智库报告，通过有关部门的内刊报送决策者，在一定程度上具有公文性质，遵守公文的规范和语言风格，但与普通公文又有所不同。如果完全按照公文的格式，从信息的准确度和信息量上，无法与掌握一手信息的实际工作部门相比。与此同时，如果智库报告与实际工作部门同样的面孔，就无法给决策者以新颖感，就无法引起注意力形成冲击力。决策者的优势在于综合、拍板，智库专家的优势在于专业。智库专家总体的认知水平与决策者可能相差很多，但智库专家有智库专家的优势，在自己的专业领域的认知、判断、建议和方案能不能高出决策者一点点，在某个方面高出一等，能够让决策者有意想不到的收获或者眼前一亮的感觉。智库专家的信息渠道、理论水平和观察视野，很难全面覆盖决策者，但总要有一个方面能够超越决策者，能够提供具有参考价值的对策建议或备选方案。否则，就会成为多余的人。如果每一个领域的智库专家的认知都能够超过决策者一点点，决策者综合各个方面智库专家的意见，思路和视野就会开阔许多，这个地方发展的整体智商就会有明显提高。

在复杂形势下，政策和战略问题变得更加重要。智库专家不但要有高智商，还要有高情商，主要是因为，智库专家之间要合作，要开展与实际工作部门和媒体等合作，要寻找适当的方式方法把决策咨询建议和思想产品"推销"给决策者。智库，从某种意义上来说，既要帮助决策者提高智商，增强决策者判断力，避免决策者做错误的事情，同时也要帮助决策者提高情商，善于在复杂条件下寻找最优方案，避免决策者错误地做事。智库专家要思维能力与人格魅力并重，保有人民情怀，履行社会责任，在必要的时候，担负起政策啄木鸟的角色，时刻守护着人民的利益。

第三节　智库人才的机制创新①

智库建设，人才为本。造就一支高素质的智库专家队伍，是加强新型智库建设的应有之义，更是实现新型智库健康有序可持续发展的关键之举。中办国办《意见》指出，各级党委和政府要把人才队伍作为智库建设重点，

---

① 本节主要内容发表于《群众》2017年第15期，原标题为《构建与新型智库发展相适应的人才机制》。

实施中国特色新型智库高端人才培养规划，加强智库专家职业精神建设，深化智库人事管理制度改革，完善人才评价机制和激励政策，探索有利于智库人才发挥作用的分配方式和薪酬制度。

构建与新型智库发展形势和要求相适应的人才导向机制。一是拓展智库专家的知识视野，培养复合型的智库专家。由于决策条件日益复杂，智库人才应当是复合型人才，具有多学科、多领域交叉优势，以便能够在日益复杂的形势下为决策部门提供科学的解决方案。二是拓展智库专家的社会视野，丰富其行政阅历和实践经验，熟悉政府运作的特点和流程，熟悉决策条件和决策环境，能够上接天线、下接地气，增强决策咨询建议的针对性、有效性。三是拓展智库专家的宏观和全球视野，培养一批能够通晓古今、学贯中西，具有世界眼光和全球视野，能够为解决中国问题提供中国方案、具有中国气派的智库专家。四是培育智库专家职业精神。把职业精神、职业道德作为遴选智库人才的第一标准，引导其崇尚"士以弘道"的价值追求，自觉把社会责任放在首位，恪守学术道德规范，立志做大学问、做真学问，在为祖国、为人民立德立言中成就自我、实现价值。

构建与新型智库发展形势和要求相适应的人才培育机制。当前，新型智库建设最稀缺的不是资金、不是人员、不是市场，而是能力，智库运营和研究能力是当前智库发展最稀缺的资源。部分决策者对智库和智库专家视而不见、见而不用、用而不信的根本原因，在很大程度上在于智库专家研究能力不足导致供给质量不高。培养一批专业化、职业化的智库专家，是推动新型智库高质量可持续发展的重中之重。要加强对现有智库人才的专业化培训和培育，把散兵游勇和自学成才的智库人才，培养成为树立智库意识、遵守智库规范、把握智库规律、掌握智库方法、提升智库质效的专业化人才、职业化操盘手，把游击队培养成正规部队，打造中国特色新型智库的集团军。在部分高校哲学社会科学优势学科和党校等系统，要加强对智库人才的培养，可以设立针对智库人才的专门培训，建立不同类型智库人才的能力模型，同时探索设立培养智库人才的硕士、博士专业。比如，阿特拉斯基金会的重要功能是"生产"思想库，是一个"智慧生产商"（查富恩语），是一所大学校，是用自由经济思想培训人才的庞大产业链。

该基金会每年向世界各国提供智库专业的 MBA 硕士学位（TT - MBA），为拉美国家保守主义智库培养了大批研究人员，在拉美有很大的影响①。

构建与新型智库发展形势和要求相适应的人才集聚机制。智库研究的问题导向和实践指向，决定了智库机构要有海纳百川的精神，促进智库人才来源和构成的多元化。一是集聚理论和专业人才。智库是思想库，应该能够出思想、出理论，需要集聚能够站在时代和发展前列的引领型人才。加大应用类研究性人才的培养力度，探索设立智库学，开设智库专业和公共政策咨询学士、硕士、博士学位，培养一批具有丰富理论和实践经验的政策分析师、政策评估师、政策设计师。二是集聚实际工作部门的实战人才。智库是智囊团，具有实践导向，能够熟悉政策运作，提出切实可行的对策建议，需要集聚能够站在战略和全局高度的实战型人才。特别是对于大多数智库来说，更应强调战略和实战导向，智库人才必须熟悉基层政府运作，没有经过社会历练和政府部门工作经历，从家门到校门到智库门的专家人才，难以适应现代智库发展的需要。三是集聚经营和管理人才。从现代智库发展的角度看，智库不但需要一流的研究人才，还需要一流的经营和管理人才，能够争取资金、申请项目、推广成果、管理团队，向作为主要客户的政府部门、媒体和社会公众推销自己的思想产品。

为更好地集聚智库人才，需要建立具有中国特色的智库"旋转门"机制。中国不需要建立西方国家的旋转门制度。目前，从总体上说，新型智库与党委政府和高校研究机构等之间的干部交流和人才流动的桥梁是畅通的。党政智库、党校、社科院智库，具有一定行政级别的领导型的智库专家，在实际工作部门与智库之间的交流机制是畅通的，国家高端智库建设单位的负责同志，与国家有关部委和省部级领导有正常的交流机制，既有智库专家转到实际工作部门工作，也有省部级领导到智库工作。地方实际工作部门与高校研究机构之间的有一定的流动渠道，但不够畅通，高校和研究机构智库，对于看准了的人才，可以通过人才引进的方式来实现，需要智库建设单位进一步解放思想，加大工作力度。至于高校研究机构内部，

①　郑秉文：《智库的全球"连锁店"》，载《中国社会科学报》2012 年 5 月 21 日。

学术研究阵营与智库研究阵营之间的流动，部分智库已经在探索，需要进一步完善相关制度，强化制度保障，重点解决流动过程中的身份待遇问题，特别是高校研究机构对智库成果的认可和学术、智库评价体系的贯通问题。智库的旋转门机制。高端的旋转门还没有开启，是不是可以先开启低端的旋转门，通过选派专家到基层挂职或者到政府部门帮助工作（实习）的形式，加强对基层的了解和实际工作部门工作的感知。

构建与新型智库发展形势和要求相适应的人才使用机制。智库以生产思想和智力产品为主，需要建立更加灵活的组织形式和管理方式，更好地发挥智库人才的作用。一是智库功能与其他功能的关系。具有智库功能的单位，如国家行政学院、党校、高校，包括社科院系统，要处理好智库业务与其他业务之间的关系，智库人才与社科研究人才的关系，高端智库建设要相对独立，必要时进行剥离，组建具有独立法人地位的专业机构，培养一批职业的智库专家，建设更加专业专注的智库。二是名家引领与团队作战的关系。一流的智库团队，必须有一流的专家作为引领，培养具有标志性、显示度的人物作为智库发展的灵魂。但智库的发展又不是单靠一两个知名专家拍拍脑袋就可以的，需要有能够对问题进行论证甚至模型分析、沙盘推演的复合型的专家团队作为战略操盘手。三是做强核心与做大外围的关系。通过进行智库去行政化改革赋予研究人员更多的研究自主权，激发内部活力。要培养拥有核心竞争力的专家和核心团队，同时，又能够根据不同的研究课题，把相关领域的一流专家队伍整合起来，形成小核心、大外围，构建富有弹性柔性的人才使用机制。

构建与新型智库发展形势和要求相适应的人才激励机制。根据人才的优势和特点，界定相对明晰的智库发展边界和智库研究人员，制定有针对性的政策措施。一是完善评价体系。深化智库人才岗位聘用、职称评定等人事管理制度改革，推动社科研究方式方法的重要创新和根本变革，确立与新型智库发展要求相适应的研究范式，完善以品德、能力和贡献为导向的人才评价机制。二是完善激励机制。尊重知识产权，鼓励思想和理论原创，探索有利于智库人才发挥作用的多种分配方式，建立健全与岗位职责、工作业绩、实际贡献紧密联系的薪酬制度。三是纳入人才发展总体规划。

党委政府开展的各类人才培养计划和人才项目，要及时把智库类人才纳入其中，提高所占比例，适当时设立专门的类别、界别或荣誉，加大激励力度，形成智库人才发展的良性机制。

构建与新型智库发展形势和要求相适应的人才流动机制。哲学社会科学人才，是智库人才的主要来源。一是引导社科人才在智库机构与基础研究机构之间合理有序流动。通过社科研究机构与智库机构之间的人才流动，促进应用研究与理论研究的融合，拉长智库发展的产业链条，强化社科内部的分工，推进智库人才的专业化和新型智库发展。二是推动党政机关与智库之间人才有序流动，推荐智库专家到党政部门挂职任职，不断汇入党政干部人才和自然科学人才等队伍。打通流动渠道，完善流动机制，促进智库人才与社科人才、党政人才的有序流动，激活智库人才队伍建设的源头活水，使智库发展充满生机和活力。要处理好流进与流出的关系，智库具有人才培养的功能，能够为地方和企业培养输送人才，以智库人才的竞争力推动人才流动的旋转门。

在构建适应新型智库发展需要的人才体制机制进程中，要重点把握和处理好五个关系。一是发力与借力的关系。智库研究的基础理论与思想支持在社科界，智库研究的实践基础和数据支撑在实际工作部门。智库研究要在自身发力的同时，善于借力发展、借船出海，借助社科研究机构的理论优势和实际工作部门的实践优势，实现优势互补、强强联合，协同创新、联合攻关。二是上游与下游的关系。一般而言，在知识生产过程中，社科界在上游，智库界在下游。智库人才在思想理论创新的基础上进行技术创新，重点做好创新思想与实践相结合的文章，形成一个知识生产、加工、转化的完整链条。同时，问题是研究的起点，智库提出的问题反过来又可以推进理论创新。三是分工与合作的关系。在高校，社科研究力量要适时分化、合理分流，避免身兼多职、疲惫应对，逐步建立一支专业、稳定的智库专家队伍。推动智库机构与社科机构之间、智库机构之间的分工合作，形成各类智库人才团结合作、协同创新的良好氛围。四是专业与职业的关系。引导社科专家向智库专家转型，实现由关注理论问题到关切现实社会问题的转变，培养一批有着较高哲学社会科学素养的智库专家。同时，促进智库专家向职业化转变，逐步造就一支职业化的智库专家队伍。五是咨政与启民的关系。一方面，智库专家不但能够提供决策咨询报告，而且能够走进来、走上来，按照规定程序观察和参与决策过程，提供更具针对性、更有效的决策咨询服务；另一方面，智库专家又必须能够走出去、走下去，为广大民众进行政策答疑。要通过智库专家深入基层，提升民众的智库意识和智库素质，引导其更加全面客观地参与公共决策，推进基层社会治理的协商民主，最终实现公共政策决策和执行的高质量。

第七章　新型智库机构的管理运行

2013 年 4 月，习近平总书记强调指出，要高度重视、积极探索中国特色新型智库的组织形式和管理方式，采取有效措施，引导各类智库加强自身建设。2016 年 5 月，习近平总书记强调，智库建设要把重点放在提高研究质量、推动内容创新上。智库的组织形式和管理方式与提高智库研究质量、推动内容创新方面密切相关，是决定智库成果质量的关键变量，其科学化水平决定着新型智库成果和建设质量。新型智库的"新"，组织形式和管理方式是重要体现。所谓组织形式主要是智库内部治理结构和运行机制问题，管理方式主要是智库外部的管理主体和推进机制问题。当前，从总体上来说，新型智库的组织形式和管理方式还不能够适应实现高质量智库产品生产的需要，迫切需要对存量智库改革和增量智库创新，实现由数量型速度型增长向内涵式质量型提升转变。

第一节　新型智库的治理困境[①]

智库要更好地参与国家治理现代化，提升服务决策的客观性、科学性，针对性、有效性，战略性、前瞻性，整体性、系统性，必须改进智库的内

---

① 本节部分内容发表在《光明日报》2019 年 12 月 9 日第 16 版，原标题为《新型智库 推动国家治理现代化的多重维度》。

部治理，不断完善智库的组织形式和管理方式，推动传统智库形态向新型智库形态转变，逐步建立现代科研院所制度，为党委政府决策和国家治理供给高质量的思想产品和政策方案。

从传统的学术研究机构到新型智库，不是摇身一变就可以完成的，需要进行组织形式和管理方式创新。从当前看，不少新型智库还是按照传统思维在运行，新型智库治理面临着一些困境，主要包括以下几个方面：

1. 从智库的边界范围看，泛在化 VS 具象化。在新型智库建设试点单位中，有些机构本身就是一个智库，比如国务院发展研究中心，这类智库的边界相对清晰。有些机构是新型智库建设的试点单位，或者说单位本身有多种职能，新型智库建设只是其中的职能之一，试点单位只是推进新型智库建设的一个主体，真正的新型智库应当下落一个层次。因此，要处理好新型智库与新型智库建设（依托）单位之间的关系，避免因把依托单位整体当作智库来建设导致智库边界的泛化。特别是高校、党校等具有教学、科研和人才培养等多种功能的研究机构，智库建设要走专业化的道路，边界要相对清晰，不能搞运动式动员，人人有指标，全院（校）办智库、全员做智库，甚至让搞人文科学的专家也撰写智库报告。这类机构发展的方向，应当是将智库的功能从母体中剥离、相对独立，在充分嫁接母体单位优势资源的基础上，将具有智库研究潜质的专家相对集中，重点建设小而精、小而专、小而强，实体化、专业化的智库机构。

2. 从智库的机构属性看，虚体化 VS 实体化。加强新型智库内部治理，必须把握其机构特征和组织属性。智库的组织属性，即智库机构以什么样的组织形式存在。新型智库大多是从传统的研究机构演变而来，有的是跨学科跨领域新组建而成。虽然中办国办《意见》明确新型智库的八条标准，第一条就是"遵守国家法律法规、相对稳定、运作规范的实体性研究机构"，但从目前实际情况看，真正实现实体化设置、独立化运行的新型智库还不多，真正以智库研究和运营为业的专家和人员比例较低，大量的智库机构功能复合，研究人员多是兼职或"双栖"。部分智库美其名曰小核心、大外围，智库运营机构实体化、研究机构虚体化，实际没有自己的核心研究团队，导致发展空心化、空壳化、空洞化。有些智库，缺少专业的研究力量，拿到政府资助经费后，通过所谓的课题招标方式来开展课题研究，成为"第二规划办"、课题分包商。部分智库通过购买智库产品，甚至署名权，来扩大智库的影响力，应对主管部门对智库的绩效考核。因此，推动新型智库实体化，智库研究、管理人员的专职化，培养自己的核心专家队伍、专业的研究力量，推出有竞争力的思想产品、打造属于自己的思想品牌，是当前智库发展的重要任务。

3. 从智库的研究领域看，全能化 VS 专业化。智库研究需要协同，不同学科、不同领域的专家围绕同一个问题进行会诊，力争得出客观的结论，还原"大象"的真实面貌。但同一个智库，同一个智库专家，研究的领域要聚焦，对于跨界的领域，不要轻易涉猎，不当"跨界歌王"。要不断凝练研究方向，推动智库向专业化、职业化、精细化的方向发展。第一，专业化的数据库。要通过建立跟踪调查点、政策实验室，经过长期积淀，形成自己的知识库、数据库、案例库。特别是在大数据时代，社科研究进入第四范式，善于运用大数据成为智库的必修课。第二，职业化的专家团队。注重智库专家来源的多元化，加大智库专业人才的培养激励力度。实行社科研究机构和智库双聘制度，培养一批"学院派"和"实践派"皆备的智库专家，造就一批政策分析师、政策工程师和政策科学家。第三，精细化的智库产品。要弘扬智库专业伦理和职业文化精神，把自己擅长的专业领域做到第一、极致。

4. 从智库的组织形态（活性）看，固态化 VS 液态化。在新型智库发展的过程中，坚持固态与液态相结合。智库的组织管理架构是固态相对稳定的，智库的研究力量是液态流动性较强的，固态的组织架构要为液态的研究资源流动创造条件提供保障，而不是制造障碍形成分割，或者说形成整个组织的固化。智库的研究力量的组织，应当是研究部门化与课题团队化的有机结合，按照模块化的形式来运行。围绕主要研究方向和重大课题，对研究力量进行模块化配置，增强智库应对党委政府决策咨询需求不断变换的适应性，形成既具有较强的稳定性、又具有高度的灵活性，能够动态匹配党委政府决策咨询需求的新型智库组织。就内部而言，每个部门都有自己的优势和强项；就外部而言，能够形成有序竞争的良好生态。

5. 从智库的管理模式看，传统化 VS 现代化。知识生产和管理具有自身的规律和特征。传统的智库，在推动治理体系治理能力现代化方面无能为力或者说力不从心，现代社会的现代治理和治理现代化，需要现代新型智库。由于相当一部分智库，由传统的科研院所改造而成，与传统的科研机构往往是一个机构两个牌子，在管理和运行上没有摆脱传统的思维惯性，没有建立起与新型智库特点相适应的高效的内部治理和经营运行机制。由于研究机构内部管理的缺陷，导致智库参与决策咨询服务存在明显的短板和局限。传统的官僚体系讲流程、讲组织运转的规范性，与创新存在着内在冲突与不可调和性，迫切需要在结构形态上，由金字塔式的科层结构向网络化的扁平结构转变。在传统的学术研究机构中，特别是哲学社会科学研究机构，有不少是学术单干户，成员之间缺少协作协同机制，存在着知识的傲慢和对"权力"机构的偏见，在研究内容上没有转变，在研究范式上没有转型，没有按照智库发展特点和规律建立起现代科研院所制度。

6. 从智库的发展路径看，粗放化 VS 精细化。决策咨询报告是智库的主要产品，在服务党委政府决策方面具有短平快的特点。由于领导者有较多的事务需要处理，每天用来阅读的时间有限。这就要求智库报告短小精悍，直截了当，找准痛点和穴位，智库类成果向微型化、快捷化、网络化、信息化的方向发展。当前，部分智库片面追求热点，一味跟风，推出的思想产品大而化之，大而无当。应当说，智库呈现出的产品可能是薄的、短的、浅显的几页纸的报告，但背后一定要有厚重的研究做基础、长篇的论证做依据、深厚的理论做支撑。智库生产要处理好短线与长线的关系，合理确定智库产品的生产周期和"出厂日期"，不经过深入反复论证决不"出厂"。不同于学术产品与实践之间有较大的缓冲地带，智库产品作为弥补知识与政策、理论与实践的鸿沟，与政策和实践紧密相连，在很大程度上具有不可逆性，错误的建议一旦进入决策，造成的损失就很难挽回。因此，智库产品的生产周期有长有短，智库产品的生产有短线有长线，但都要坚持质量这条主线。从当前总体情况看，低端一般性的产品多，高端高质量的产品少，智库领域迫切需要强化质量导向，进行一场供给侧结构性改革，坚决扭转部分智库脱实向虚倾向，推动去除低端产能，实现智库发展的去泡沫化。

7. 从智库与政府的关系看，从属化 VS 中立化。党管智库，坚持党的领导，包括机构、人员、经费、运行都必须嵌入政府大系统。研究的立场上要客观，表达的观点要客观。决策者要善于用智库，善于用智库的领导是有智慧的领导，善于用智库的领导是聪明的领导。推动党委政府决策者更好地用智库，也是智库自身重要的职责任务。要让党委政府更好地用智库，首先要回答好智库有什么用的问题，智库可用是党委政府用智库的前提。智库与党政部门政策研究机构的内脑作用不同，就在于智库发挥的决策外脑作用。中国特色新型智库具有鲜明的意识形态属性，在政治立场上不能中立，但也不能成为决策者的附庸，不能成为为党委政府决策背书的机器，研究的立场要尽可能全面客观，真正以智库科学咨询支撑政府科学决策，以智库创新思想推动政府创新发展。

8. 从智库的运行动力看，行政化 VS 市场化。智库产品，既不是纯公共物品，也不是完整意义上的商品。由于智库的顾客群体是相对固定甚至是特定的，产品具有定制性质，供方可以形成竞争，但基本上面临着相同的需方，只能形成有限竞争的思想产品市场，思想产品市场缺乏正常的价格生成机制。因此，新型智库的发展方向，既不能是行政化，内化为政府内设研究机构，也不是市场化，外化为市场营利机构，而是积极推动去行政化、趋市场化，在行政和市场之间找到一个平衡点，走社会化的发展道路。智库与政府之间的理想距离是一臂之遥，过远过近都不行。在党政部门政策研究机构与智库机构的合作上，要实现由仪式性"握手"到常态化"牵手"再到深层次"携手"的转变。

9. 从智库的管理方式看，刚性化 VS 柔性化。智库作为一种以调查为主的研究性机构，需要生产思想产品，在日常管理上不再适合采取签到考勤等刚性的管理制度。如果说对智库人员出勤情况进行考核的话，应该是到基层一线调研的时间不少于多少天，外出考察进修交流研讨不少于多少天，智库管理需要把研究人员"赶出去"，赶到基层和一线，赶到问题和决策现场，而不是通过考勤签到等手段把研究人员"困在办公室里"。有些智库严格按照行政人员的要求对研究人员出勤的情况进行签到式的考核，不利于智库专家开展调研活动和对外交流。

10. 从智库的整体推进看，系统化 VS 碎片化。目前，智库发展管理主体多元化，不同智库之间纵向上不贯通，横向上不连通。在一些地方，智库主管部门对命名的重点智库等点上关注的多，对区域内各类智库面上的发展关注和指导的少，各类智库相对独立封闭运行，存在智库政策碎片化、智库发展孤岛化现象，迫切需要统筹管理，协调有序推进，加快构建中国特色新型智库体系。

第二节　新型智库组织形式创新

与传统的社科研究机构相比，新型智库的组织形式创新，主要体现在智库组织机构的构成方式和人员课题组织形式等方面。其中，建立理事会制度，是新型智库组织形式创新的重要体现。

一、新型智库治理的理事会模式

（一）国家高端智库理事会

2015 年 11 月 9 日，中央全面深化改革领导小组第十八次会议审议通过《国家高端智库建设试点工作方案》。经中央批准，在全国哲学社会科学规划领导小组（2018 年 1 月，中央决定成立全国哲学社会科学工作领导小组）下设立国家高端智库理事会，作为国家高端智库建设的议事机构和评估机构。从 2016 年开始，中央一般在每年第一季度召开国家高端智库理事会扩大会议，部署年度工作，提出任务要求。历次国家高端智库理事会扩大会议主要内容见表 7.1。

表 7.1　历次国家高端智库理事会扩大会议内容一览

时间	总体任务	总体评价和要求	对高端智库的具体要求
2016.1.22	国家高端智库理事会要深入学习贯彻中央关于智库建设的部署要求，牢牢把握正确方向，加强宏观指导和统筹协调，确保高端智库建设试点工作扎实推进，实现良好开局。	理事会是智库建设的议事机构和评估机构。 1. 要把定标准、定规矩作为最重要职责，指导高端智库把握好定位和方向。 2. 要发挥好决策部门与智库之间的桥梁纽带作用，做到供需对接、供适所需。 3. 要加强对智库的评估评价，建立科学合理的指标体系，推动形成能进能出、优胜劣汰的竞争机制。	1. 要明确研究方向，坚持走专业化路子，着力在提升研究质量上下功夫，多出优秀成果。 2. 要发挥自身优势，在对外交流、公共外交、舆论引导中展现更大作为，深化拓展与国际智库的交流合作，在国际舞台上积极发声、善于发声，增强国际话语权。
2017.2.24	高端智库要深入学习贯彻习近平总书记系列重要讲话精神和治国理政新理念新思想新战略，突出"出成果、抓运行"两大任务，着力提高研究质量，着力创新体制机制，提升服务中央决策能力，打造真正意义的"智库国家队"。	2016 年高端智库建设试点工作实现良好开局、迈出实质性步伐，高端智库的研究成果日益厚重、国内外影响不断扩大、管理运行逐步规范，带动中国特色新型智库加快发展，整体呈现健康活跃的发展态势。服务中央决策、服务党和国家工作大局，是高端智库的核心使命。	1. 要充分发挥智力密集、人才密集优势，深入开展重大理论问题和重大现实问题研究，更好承担咨政建言、理论创新职责。 2. 要探索建立智库与决策部门对接机制，把党政部门政策研究同智库对策研究紧密结合起来，实现良性互动、供适所需。 3. 要积极开展智库对外交流，在国际舞台亮相发声，讲好中国故事、传播中国声音。 4. 要深化体制机制创新，探索形成符合决策咨询规律、体现智库特点的管理运行机制，为建设新型智库发挥先行先试作用。 5. 要加强统筹协调和宣传引导，为智库健康发展创造良好社会条件。

续表

时间	总体任务	总体评价和要求	对高端智库的具体要求
2018.3.23	要坚持以习近平新时代中国特色社会主义思想为指导,深入学习贯彻习近平总书记关于中国特色新型智库建设的一系列重要论述,立足新时代新要求,增强使命感责任感,推动国家高端智库在党和国家事业发展进程中展现新气象新作为。	国家高端智库建设试点工作取得明显成效,高端智库的决策影响力、社会影响力、国际影响力不断扩大,为探索中国特色新型智库建设积累了重要经验。面对新使命新要求,要始终秉持咨政报国的情怀,不断增强善谋远谋的本领,大力弘扬求实创新的精神,努力做国家发展进步的瞭望者、助推者、守护者。	1. 要紧扣党和国家战略需求,突出问题导向、应用导向,增强决策研究的前瞻性、针对性、有效性,提升服务中央决策的能力水平。 2. 要树立世界眼光、增强战略思维,发挥自身优势,积极开展多种形式的智库外交、智库外宣,面向世界讲好中国故事,更好服务国家对外总体战略。 3. 要大力推进体制机制创新,加快形成符合决策咨询规律、体现智库特点的管理运行机制,激发智库活力和创造力。
2019.3.21	要以习近平新时代中国特色社会主义思想为指导,把握正确方向,秉持家国情怀,坚持唯实求真,着力深化重大问题研究,不断提升咨政建言能力,努力打造一批适应新时代新要求的高水平智库,在党和国家事业发展中展现更大作为。	国家高端智库建设试点工作三年来,取得重要进展和成效,在服务党和国家工作大局、促进完善决策咨询制度、引领新型智库建设、凝聚社科研究力量等方面发挥了重要作用,为党和国家事业发展作出了重要贡献。要进一步提升思想认识、把握工作规律,坚守中国特色、突出"新型"要求,推动高端智库建设行稳致远。	1. 要强化责任担当,牢牢把握服务决策这一根本任务,紧紧围绕党和国家中心工作和重大需求,加强现实针对性、战略前瞻性研究,为经济社会发展提供有力思想和智力支撑。 2. 要拓展国际视野,深化国际问题研究,加强对外交流合作,向国际社会讲好中国故事、传播好中国主张。 3. 要增强创新意识,积极改革内部组织形式和管理方式,注重中青年人才培养使用,激发智库研究人员的积极性、创造性。

注:本表根据新华社和人民日报公开报道整理,序号为著者所加。

在 2016 年 1 月 22 日召开的首次国家高端智库理事会扩大会议上,明确了理事会机构的总体定位和三项重要职责。理事会总体定位是，智库建设的议事机构和评估机构。三项职责：1. 要把定标准、定规矩作为最重要职责，指导高端智库把握好定位和方向，有大的担当、大的格局、大的谋略，在服务中央决策上发挥引领作用，在世界知名智库中争取一席之地。2. 要发挥好决策部门与智库之间的桥梁纽带作用，推动智库研究与国家和社会的发展方向结合起来、与党和国家重大决策需求结合起来、与决策部门的重点工作结合起来，做到供需对接、供适所需。3. 要加强对智库的评估评价，建立科学合理的指标体系，推动形成能进能出、优胜劣汰的竞争机制。之后，每年会议在给高端智库提要求时，都把体制机制创新作为重要内容，比如，2017 年第四条，要深化体制机制创新，探索形成符合决策咨询规律、体现智库特点的管理运行机制，为建设新型智库发挥先行先试作用；2018 年第三条，要大力推进体制机制创新，加快形成符合决策咨询规律、体现智库特点的管理运行机制，激发智库活力和创造力；2019 年第三条，要增强创新意识，积极改革内部组织形式和管理方式，注重中青年人才培养使用，激发智库研究人员的积极性、创造性。

（二）省级新型智库组织与管理：以江苏、浙江和湖南为例

1. 江苏新型智库理事会。2017 年 4 月，根据江苏省委办公厅、省政府办公厅《关于加强江苏新型智库建设的实施意见》精神，为鼓励智库与实际工作部门开展合作研究，构建完善智库研究运行机制，江苏省委宣传部印发《关于成立江苏省新型智库理事会的通知》（苏宣通〔2017〕32 号）。

新型智库理事会的职责定位：江苏新型智库理事会是指导全省新型智库建设的议事机构和评估机构，主要职责是审议智库建设规划和规章制度；研究提出决策急需的重点研究任务；为智库开展决策咨询研究提供必要帮助；对重点智库进行综合评估，提出设立、调整和撤销的建议；完成省哲学社会科学领导小组交办的其他任务。

江苏新型智库理事会的构成：新型智库理事会成员由理事长、常务理事、理事和秘书处等组成。其中，理事长由省委宣传部分管领导担任。常务理事主要由省委研究室、省政府研究室、省社科联、省社科院、省政府参事室和省教育厅等六家单位的主要领导或分管领导担任。成员主要包括

两部分：实际工作部门分管负责人和 26 家智库负责人。实际工作部门主要包括省纪委、省委组织部、省委统战部、省编办、省发改委、省工信厅、省科技厅、省民政厅、省财政厅、省人社厅、省自然资源厅、省生态环境厅、省住建厅、省交通厅、省农委、省商务厅、省文化和旅游厅、省卫健委、省审计厅、省外办、省新闻出版广电局、省统计局等。江苏新型智库理事会成员既包括实际工作部门又包括 26 家重点智库，这样的构成，既有利于实际工作部门主动出题目，主动交任务，主动提供数据，主动加强合作，更好的用智库；又有利于各类智库对接实际工作部门的需求，增强研究的针对性和有效性，更好地服务党委政府；也有利于各智库间加强沟通交流、共享资源、优势互补、合作共赢。理事会秘书处设在省哲学社会科学规划办公室，承担理事会日常工作。理事会成员因工作变动等需要调整的，由所在单位向秘书处提出，报理事长批准。

2. 浙江新型智库的组织与人员管理。2019 年 3 月，中共浙江省委宣传部、浙江省社会科学界联合会印发《浙江省新型智库建设管理办法（试行）》，主要包括总则、建设任务、组织管理、报告制度、成果管理及应用、人员管理、经费管理、智库评估等方面的内容。[①]

在组织管理部分，《办法》指出，要充分发挥依托单位在智库建设和管理上的主体作用。智库依托单位是智库建设和管理的第一责任主体，主要负责把握智库发展的正确方向，指导、协调智库建设的各项工作，鼓励智库创新机制体制，在人员编制、经费保障、人才引进、考核评价、办公条件等方面提供支持，确保智库健康、可持续发展。《办法》规定，理事会作为智库内部领导机构和议事机构，应由智库负责人、智库专家、依托单位负责人、财务部门负责人、业务合作单位负责人、经费资助单位负责人等组成。其中智库外理事（委员）不少于三分之一，成员任期 5 年。实行理事会领导下的负责人负责制。智库日常运行管理实行负责人负责制，具体负责组织实施智库建设的各项工作任务，有需要的智库可设执行负责人。智库应当有一定数量的专职研究人员，同时设立专职智库秘书和运营人员。

---

① 参见浙江社科网，http://www.zjskw.gov.cn/tzgg/15531.jhtml。

在人员管理部分，《办法》指出，智库应设立首席专家，首席专家应为智库主要研究方向的国内外知名专家或省内顶尖专家，可以是智库依托单位的在编人员或与智库依托单位签订三年以上合同期限的外聘人员，但不得同时在其他省级以上社科研究平台担任主要负责人或首席专家。智库应配备一定数量的专职研究人员和兼职研究人员。鼓励智库聘请决策咨询经验丰富的专家型离退休党政领导干部、企业技术高管、职业媒体人、国内外智库知名专家等人才，外聘人员年龄原则上不超过70周岁，聘用合同应明确工作任务、享受待遇、聘任时间等相关权利和义务。鼓励智库建立"旋转门"机制，支持智库研究人员到党政部门挂职、任职、兼职，支持实际工作部门人员参与智库相关研究工作，推动党政机关与智库之间人才有序流动。智库和依托单位应创新人才考核评价机制，提升智库研究成果在业绩考核、职称晋升、荣誉评定中的权重，完善以品德、能力和贡献为导向的人才评价机制和激励政策，为智库研究人员成长发展创造有利条件。

3. 湖南新型智库的双重管理制度和组织形式。2015年9月，湖南省委宣传部印发《湖南省省级重点智库管理办法》（湘宣发〔2015〕20号），明确省级重点智库的管理方式和组织形式。《办法》规定，实行双重管理制度。省级重点智库应为所在单位的实体性研究机构，接受所在单位和省委宣传部的双重管理。所在单位党委（党组）及同级行政机构为智库建设和管理的第一责任主体，负责对智库各项工作和研究活动的组织领导，为智库开展研究提供必要的组织、人才、经费保障和办公条件；省委宣传部为智库建设的指导单位，负责对各智库开展研究进行组织协调和督查考核。《办法》提出，要建立科学规范的组织形式。省级重点智库在所属单位应保持相对独立，在内部形成合理的组织形式和科学的管理方式。智库应根据自身学科和人才优势，整合本单位研究力量和社会研究资源，成立若干研究组织和研究团队。智库设总负责人、研究组织或研究团队负责人、首席专家、研究员、秘书。智库总负责人原则上由所在单位主要领导担任，全面主持智库工作；研究组织或研究团队负责人为某一领域研究牵头人，负责某一领域研究工作的组织协调；首席专家为课题研究带头人，负责领衔重大项目的研究；研究员为智库专业研究人员，在首席专家带领下开展研究工作；智库秘书为专职工作人员，负责具体组织联络和服务工作。智库总负责人、研究组织或研究团队负责人、首席专家、研究员、秘书由所在单位确认，并报省委宣传部理论处备案。

（三）新型智库机构理事会的基本情况和案例分析

1. 新型智库建立理事会的必要性和类型分析。智库作为思想产品的生产者，在机构设置上，需要考虑协同能力和生产效能两个维度之间的关系。凡是依托国家有关部委和省级厅局或高校建立的智库，都有明确的承建单位和建设主体，与要建设的新型智库，有的是一体化关系，单位本身成建制建设智库；有的是隶属关系，要建设的智库是单位的内部机构。这类智库，如果完全是以行政机构或事业单位的方式运作，进行行政化的管理，就没有建立理事会的必要。但需要指出的是，新型智库的最大特点是协同，不但是智库内部的协同，还有智库外部的协同。建立新型智库理事会，是智库协同发展的需要，这其中，既需要与相关实际工作部门之间的协同，也需要与部门或系统内跨领域跨部门力量之间的协同。特别是对于一些以新的组织形式设立的新型智库，存在投资和建设主体多元，研究资源来源多元，与承建单位之间没有明显的隶属关系，需要成立理事会对智库发展的重大事项进行决策，形成发展合力。因此，在推进新型智库建设的过程中，是否需要设立以及如何设立智库理事会等现代治理结构，如何处理新型智库理事会与承建单位，或者说新型智库上级主管部门之间的关系，需要分类施策，因智库而异。既要大力推动智库管理体制改革，通过建立智库理事会为新型智库建设注入发展新动能，又不能为建立而建立，过分强调智库组织形式的现代化，而设置过多的职位岗位，会造成智库组织体系臃肿导致运行效率低下，或者是流于形式，这与新型智库发展的要求背道而驰。

从目前各有关智库建立理事会的情况看，主要有两种类型：一类是广泛吸收外部力量组成的开放性的理事会，还有一类是主要由智库承建单位内部力量构成、为智库建设提供保障的具有领导小组性质的理事会。隶属关系明确的智库，在内部管理体系的基础上，建立一个与上级主管机构相对的，吸收有关方面的力量的精简的组织理事会，通过高配理事长的方式提高智库的地位，目的是赋予智库发展更多的自主权，便于更好地整合智库发展资源。

2. 部分智库理事会建设的案例分析

中国国际经济交流中心。中国国际经济交流中心，简称国经中心，是经中华人民共和国政府批准成立的国际性经济研究、交流和咨询服务机构，是集中经济研究领域高端人才并广泛联系各方面经济研究力量的综合性社团组织。中心由国家发展和改革委员会主管，经国家民政部登记注册。中心理事长由国务院前副总理曾培炎先生出任。中心的主要业务范围和服务领域包括研究经济问题、开展经济交流、促进经济合作、提供咨询服务①。根据中心章程，国经中心的最高权力机构是会员大会。理事会是会员大会的执行机构，在会员大会闭会期间领导国经中心开展工作，对会员大会负责。理事会每届任期 5 年，主要职权有：执行会员大会的决议；选举和罢免理事长、副理事长、秘书长和常务理事；筹备召开会员大会；拟定修改章程草案；向会员大会报告工作和财务状况；决定会员的吸收和除名；决定办事机构、分支机构、代表机构和实体机构的设立、注销和变更；决定名誉职务的设立及人选；领导本团体各机构开展工作；制定内部管理制度；决定其他重大事宜。国经中心设立常务理事会。常务理事会由理事会选举产生，在理事会闭会期间，常务理事会行使部分职权，对理事会负责。根据需要常务理事可受邀承担国经中心的研究、交流等重要任务。国经中心设立理事长 1 名，副理事长若干名，秘书长 1 名。根据需要可设名誉理事长 1 名，聘请顾问和特邀副理事长若干名。国经中心设立理事长会。理事长会由理事长、副理事长和秘书长组成，理事长会由理事长决定召开，对理事会负责。在理事长会领导下，国经中心设立理事会执行局。执行局主任由理事长提名一名副理事长担任，并由理事长会决定。理事会执行局受理事长会委托，主持国经中心日常工作，负责执行理事长会的决议，完成理事长交办的各项工作。理事会秘书长协助理事会执行局主任开展工作②。

---

① 参见 http：//www. cciee. org. cn/leader. aspx？ clmId＝18。

② 参见《中国国际经济交流中心章程》，国经中心官网，http：//www. cciee. org. cn/leader. aspx？ clmId＝20。

中国人民大学国家发展与战略研究院。学校下属的独立实体化机构，党委书记靳诺教授担任理事长，校长刘伟教授担任院长兼首席专家，依托学校强大的人文社会科学资源库，构建了完善的专业数据库平台，并依托学校四大信息平台中国调查与数据中心、公共政策实验室、社会管理大数据中心、应用统计科学研究中心提供专业信息支撑。基于智库研究内在规律和成长逻辑，创设了"智库基金制"与"成果购买制"。2016年10月成立了一亿元的"国家高端智库研究基金"。通过"一个基础、一筹一增"，运作好智库基金制。"成果购买制"的对象是智库产品体系，不仅包括以内参产品为核心的资政载体，也包括具有思想力的期刊、丛书和面向社会大众的辐射性产品。积极创新并完善治理结构、组织形式和管理方式，形成了理事会、学术委员会、院务会"三位一体"的治理体系。

国家金融与发展实验室。国家首批高端智库之一，原名为"中国社会科学院金融实验室"，是中国第一个兼跨社会科学和自然科学的国家级金融智库。2015年6月，中国社科院批准将十余家智库型研究机构整合为"国家金融与发展实验室"（以下简称"实验室"）。实验室下设：中国社会科学院陆家嘴研究基地、国家资产负债表研究中心、中国债券论坛、财富管理研究中心、宏观金融研究中心等专业研究机构。实验室实行理事会领导下的主任负责制。理事会设秘书长，负责日常工作。实验室设学术委员会，统管实验室的科研、学术、咨询活动。学术委员会设秘书长，负责日常工作。实验室内设科研管理（含"智库讲坛"）、国际合作管理（含"国际论坛"）、数据与信息管理（含"媒体联系"）、综合办公室、财务管理等五个专职机构①。

综合开发研究院（深圳）。中国（深圳）综合开发研究院是经国务院批准，于1989年2月在深圳经济特区创办的国内第一家综合性、全国性的社会智库。2015年入选首批25家国家高端智库建设试点单位。综研院根据国家经济、社会发展和改革开放的需要，致力于为中国各级政府和国内外企业提供具有前瞻性、创新性和实操性的研究咨询服务。主要研究领域有：

---

① 参见 http：//www.nifd.cn/Home/About。

国家宏观战略、区域经济、城市化、产业发展和政策，以及企业战略与投资决策。自成立以来，综研院不断探索完善有利于社会智库发展的机制和运作模式，将研究与咨询有机结合，成为国内各类智库中具有市场化特色和活力的一个新型智库。综研院实行理事会领导下的院长负责制。①

根据研究院官网发布的《综合开发研究院（中国·深圳）章程》，理事会是该院的最高权力机构，由国内知名的专家学者、企业家和社会活动家组成。第九届理事会由深圳原市委书记李灏、财政部原部长项怀诚任名誉理事长，原国家体改委副主任高尚全等4位任资深副理事长，理事会成员共26名，其中政协第十三届全国委员会委员、文化文史和学习委员会副主任叶小文担任理事长，深圳市政协原常务副主席姜忠任常务副理事长，综合开发研究院院长、首席专家樊纲和马洪基金会创会理事长李罗力、国家统计局原局长李德水、中国工程咨询协会会长肖凤桐、中国银行港澳管理处原副主任张鸿义、深圳市政府原副市长唐杰、中国广核集团公司副总经理谭建生等担任副理事长，其他17名理事中，7名为国家有关研究和新闻机构知名专家，10名为该院副院长和中层以上干部。该院实行理事会领导下的院长负责制，院长为本院的法定代表人。院长、副院长由理事会审议决定，院长对理事会负责。院长主持召开院长办公会对本院的日常工作进行决策和管理。为实行民主管理、民主决策和院务公开，该院设立院务会，院务会由院长办公会、部门负责人和主要研究骨干组成，由院长召集和主持。院务会对本院重大事项的决策方案进行讨论和质询。院长办公会应当充分听取和参考院务会的意见和建议。该院设立职工代表会议，凡涉及职工切身利益的决策事项，应当经职工代表会议讨论同意。该院设立学术咨询委员会，主要职责为：对涉及本院长远发展的研究方向和学术领域提供咨询和意见；对国家高端智库建设的研究策论和课题提供学术咨询和意见；指导、推动本院研究咨询工作与学术交流合作；理事会赋予的其他职权。学术咨询委员会设主任委员一人，由院长（首席专家）兼任。由主任委员提名副主任委员及委员，主要由外部知名专家学者、本院资深及主任研究

---

① 参见 http：//www.cdi.com.cn/Aboutus/Index? ColumnId=140。

员组成。

根据综合研究院官网相关资料显示，首届理事长马洪在 1990 年 5 月 15 日理事会讨论通过综合开发研究院第二届理事会工作报告中指出：按照综合开发研究院的章程规定，由专家学者、企业家和社会活动家三方面人士组成的理事会是它的最高领导与决策机构，由理事会选举产生的包括理事长、副理事长在内的常务理事会是它的执行机构，由常务理事会任命的秘书长和副秘书长处理日常工作。理事会成员分别参加两个组织，一是学术委员会，由理事会的专家学者组成；二是基金会，由理事会的企业家和社会活动家组成。两会的职能是互相结合的，基金会的任务不单纯是筹集资金，更重要的是根据实际需要向研究院提出研究任务，因此它同时又是研究院的重要服务对象；学术委员会则是研究院的研究与服务力量。

第三节　新型智库管理方式创新

智库领域同样需要进行供给侧结构性改革，"三去一降一补"。一是去产能，解决重复生产、低端生产、供给质量不高的问题。二是去库存，推动智库成果转化。部分智库研究成果，随着课题研究的结项，课题成果的生命也随之结束。特别是由于课题管理部门与课题转化部门相对脱节，一些智库成果完成后就锁进柜子里、放在抽屉里，成为档案资料。三是去杠杆，解决课题分包的问题。避免智库研究中的挂名现象，部分智库领军人物在承担智库课题方面只挂名不出征，在申请课题时团队实力雄厚、非常可观，课题研究时孤军奋战，或者带领几名研究生草草完成。要建立智库课题负责人实质性主要参与课题研究的机制，形成鼓励一线智库人员的导向。四是降成本。解决课题经费管理与智库生产不相适应、使用课题经费中存在的经费报销难、花费时间过高的问题，充分尊重智库专家的脑力劳动，创新智库经费管理办法，降低智库运行的成本。五是补短板，补上智库现代管理的短板，提高智库运行质效。

一、关于智库的行政化、社会化问题

新型智库机构适度的行政化是有必要的，是当前形势下智库获取资源、保障运转的重要条件。智库资源的集聚，包括智库内部的有序管理和运行，需要一定的行政力量推动和支持。新型智库往往由领导挂帅，或者通过成立理事会、领导小组等方式，提高智库的行政层级，为智库研究获取更多的外部资源创造条件。比如，一个院长做智库负责人，可以协调全院的相关力量参与智库研究；一个大学的正职或副职领导做智库负责人，则可以在全校范围内调集研究资源。特别是在与实际工作部门对接、争取党政部门的支持时，规格较高的智库往往具有更加明显的相对优势。

当前制约新型智库发展最突出的问题，就是现有的体制机制不能适应智库发展实际需求。现有智库机制主要从两个源头"移植"而来：一是行政事业单位管理体制；二是自然科学科研管理体制。我国自然科学管理制度主要参照了苏联计划经济时期的相关制度，已因滞后于现实而带来了很多阻碍发展的问题。所以，新型智库建设，最关键的是制度创新。习近平总书记要求探索中国特色新型智库的组织形式和管理方式，归结而言就是体制机制创新①，主要是推动决策咨询供给侧结构性改革，通过去行政化、机关化，为思想产品、知识产品创新提供适宜的土壤。

智库的治理结构层级，主要包括治理层、管理（执行）层、研究层和辅助层。新型智库治理机构，要突破科层制与行政化，实行圈层制与扁平化。如果智库完全按照行政化机构组织运行，过于烦琐的行政机构设置和运行程序，必然降低智库运行的效率，甚至会抹平智库成果的闪光点、突破点、创新点。在坚持政治方向的前提下，赋予研究人员更大的自主权。比如，课题研究和成果转化的流程，既要严格规范、从严把关，又要简化程序、注重效率，特别是在应急性决策咨询服务方面。

实体化的研究机构，是增强智库竞争力、打造智库品牌的关键所

---

① 王斯敏：《智库建设，抓住制度创新这个"牛鼻子"》，载《光明日报》2015年5月20日。

在，虚体化的智库无法适应形势的需要。当前，部分智库呈现两个极端：规模过小或过大。个别智库规模过小，只是增加了智库的名称，只有为数不多的研究人员，没有专门的运行和行政人员，实质上还是相当于单干户或者几个单干户的简单联合。有些智库的规模过大，把过多的研究机构、研究力量整合进来，名义上整合几个学院、几所高校的力量，成立了若干个研究中心，实际上没有实质性运转。小核心与大外围的圈层结构，首先是小核心，是智库的指令和管理中心，是智库的品牌人物和品牌产品的中心，除自身具有较强的精品产出能力外，对于周边外围的资源应该能够形成较强的吸引力。这个吸引力一方面来自智库领军人才的魅力，同时也来自智库良好的工作机制。其次是大外围，这个外围一定是在小核心的影响和控制的范围之内，一定能够围绕核心运转的，如果外围的半径过大，或者外围的张力太强，就容易造成两张皮，难以形成一个有机体。一些智库聘请了太多名义上的研究员而不能发挥实际作用。

当前，部分智库的行政化色彩过浓，迫切需要去行政化。但如果没有一点行政地位，智库的生存也是比较困难的。智库的去行政化问题，与高校的去行政化一样，面临着不少难题。第一，行政地位，特别是行政领导的参与程度，与智库能够获取资源的程度是相关的，并且关联性比较强。部分退休的领导到智库工作，能够在一定程度上吸引行政资源、学术资源、人才资源等。第二，由于智库经常需要与党委政府打交道，有时候还存在一个级别对等的问题，如果智库没有任何行政地位，在对外交往时也会受到一定的影响。第三，中办国办《意见》规定，智库机构应当是实体化机构，而实体化与行政化是相关联的，既然是实体化的机构，就要把智库机构嵌入到行政管理系统中去，这本身就有了行政层级。

在思想产品市场没有建立起来之前，在政府购买决策咨询服务的大门没有向社会机构和社会智库敞开之前，在智库资源（包括人才、资金资源）主要依靠行政系统（包括党委政府财政系统和学校的行政系统）的状况没有改变之前，智库完全去行政化道路是难以行得通的。在这种情况下，智库拥有一定的行政级别是好事，有利于智库工作的开展。比如，有些高校把智库参照院系的级别和标准来设置，配备专门的负责人和研究人员，拥有较大的自主权。这种情况，比学院的院长作为智库负责人，比智库没有行政级别、没有职称编制、只是一种虚体的研究机构，工作好开展得多。因此，要妥善处理高校智库实体化与去行政化之间的关系。部分高校赋予智库一定的行政级别，与院系平级，配备专门的研究人员，设立独立的财务核算单位，但同时赋予智库更加灵活的权限，提出要把新型智库建设成为高校科研特区，是当前形势下推动智库发展比较现实的举措。

智库的发展还面临着社会化难题。在社会智库注册程序完善之后，高校智库通过注册成为社会智库是一条路径，但注册为社会智库之后，与高校是什么关系，按照什么样的方式来管理，仍然是一个难题。现在很多情况下，高校给予智库一定的政策，允许以高校内研究单位为基础的研究机构注册社会智库，即赋予校内研究机构以社会组织的身份，以增强其开展工作的自主性，但实际上并没有真正按照社会智库的模式运行。在当前的形势下，除非个别新成立的研究机构，并且具有充足的社会资金来源渠道，有可能走社会化发展的道路。否则，在体制惯性较大的情况下，高校的研究人员，并不一定愿意舍弃高校事业单位人员身份和正式编制，成为"社会人"。

二、关于新型智库的管理体制机制创新

新型智库的管理体制创新，主要包括资金多元筹措机制、资源整合机制、课题组织推进机制、经费管理使用机制、智库成果转化机制、内部评价激励机制。

1. 资金多元筹措机制。智库是从事战略研究和公共政策研究为主的机构，不以营利为目的，也不能以营利为目的。我国新型智库资金以公共财政投入为主，也鼓励企业、社会组织、个人捐赠资助智库建设。同时，智库也应该设法开展一定的营收活动以弥补合理的成本支出。以公共财政投入为主，多元化资金作为补充，这是由我国智库的公益性质决定的。如果智库资金来源于单一的私营部门，势必影响到智库的客观性和中立性。因此，必须建立健全规范高效、公开透明、监管有力的资金管理机制，探索建立和完善符合智库运行特点的经费管理制度，切实提高资金使用效益，防止境外别有用心的资金的渗透①。要改花钱养人为花钱办事，变购买从事政策研究的专业人员到购买智库的思想产品，购买社会智库的政策咨询服务，形成半开放的思想市场。

资金是否来源于政府不应成为新型智库的主要标准。智库为党委政府决策提供咨询服务，主要的资金来源应当是政府。只不过，目前体制内的智库，接受政府资金支持的方式，或者是预付费式的包干，或者是打包资助，还没有形成以质论价、按照项目和产品的质量来付费的机制。社会智库，从资金来源上，应该是社会的、复合的，避免资金来源的单一化。要走出社会智库资金不能够来源于政府的误区，一味地要求社会智库自筹资金，特别是不能把社会智库逼进为生存而转向从事营利活动的死胡同。从总体上说，社会智库一般不直接接受财政拨款，但可以以项目和合同的方式承接党委政府的决策咨询需求。社会智库作为一种新生事物，在组织架构和结构形式上处于体制之外，特别是在其产生发展的前期阶段，需要通过体制的力量加以推动，以形成对社会智库的引领作用和示范作用。

2. 研究资源整合机制。目前，一些建立在高校和研究机构的智库，具有平台型智库的性质，是智库类研究机构的联合体和智库类专家的组合体。智库内部是松散的，各自相对独立运行，对外使用统一的名号标识，统一打智库的牌子，通过一定的激励机制来维持运行和管理，由高校研究机构的科研管理部门来行使管理权。

在此，我们以著名的"九号院"为例。根据国研中心赵树凯的文章，为办好九号院智库，杜润生强调"机关对内要开放，对外也要开放"。根据这样的指导思想，九号院形成了独具特色的工作机制，成为一个富有活力、促进创新的政策研究机构。对内，九号院建立了高度灵活的内部组织结构。九号院的内部机构，通常称为"三室六组"。"室"是行政部门，是编制内的局级机构，即办公室、资料室和联络室。办公室负责秘书行政工作，下设秘书处、行政处、机要处、人事处等单位；资料室负责资料信息服务工作，后来从农村信息联系点发展分化出农村固定观察点办公室和统计分析

---

① 颜云霞：《突出新型智库机制之新》，载《新华日报》2015 年 12 月 4 日。

室。联络室负责外部研究力量的组织协调，设课题委托处、成果处、办事处等单位。"组"是研究单位，按照研究课题设立六个组，分别是综合组、体制组、生产结构组、流通组、战略策划组、理论组。九号院内部的职务体系也高度灵活，用今天的观点来看，甚至是有些混乱的。其主要特点可以概括为"行政职务与级别分离""专业职务和行政职务并行"。即研究人员分别按局级、处级等相应待遇，如"副处级研究员""正局级研究员"，但是，级别与具体职务并不对应，如"研究组"组长可以由副局级研究员担任，后期甚至有正处级研究员担任组长，而正局级研究员可能是组员。1987 年下半年，九号院内部开始评定专业技术职称。这样，那些行政级别较低的研究人员，则可以按照专业职称相应提升工资等待遇。

对外，九号院建立了强大而广泛的研究网络，实现了自身研究力量与社会力量的有效整合。农研中心设有理事会和评议委员会。理事会主要由有关党政部门负责人、科研机构负责人和若干著名专家学者组成，杜润生担任主任。理事会每年开一次会议，主要讨论农村研究的重大选题和方向性问题。评议委员会主要由相关领域的专家学者组成，负责研究成果的评审。农研中心还从高校和科研机构、党政官员中聘请了特约研究员、通讯研究员，总数约有百人①。

3. 课题组织推进机制。智库课题的研究周期，一般在半年左右，有些比较紧急的课题，研究周期更短，尤其需要协同推进、需要倒排工期。在智库课题研究的过程中，保持与课题管理部门之间的联系，有成果及时沟通，避免课题成果因时效性问题而失效，逐步建立健全新型智库的知识生产机制与思想营销机制。

4. 经费管理使用机制。习近平总书记指出，"要完善符合科技创新规律的资源配置方式，解决简单套用行政预算和财务管理方法管理科技资源等问题，优化基础研究、战略高技术研究、社会公益类研究的支持方式，力求科技创新活动效率最大化。要着力改革和创新科研经费使用和管理方式，让经费为人的创造性活动服务，而不能让人的创造性活动为经费服务。

---

① 赵树凯：《杜润生怎样做政策研究？》，载《财新杂志》2015 年 11 月 19 日。

要改革科技评价制度，建立以科技创新质量、贡献、绩效为导向的分类评价体系，正确评价科技创新成果的科学价值、技术价值、经济价值、社会价值、文化价值。"① 智库的主要成本构成，第一是思想，智库属于智力密集型产业；第二是信息采集，这是形成思想的过程；第三是设备和仪器。随着问题的复杂性和大数据的运用，有关智库研究的硬件设施也需要不断更新。重大项目要加大基础设施投资和数据库建设。决策咨询和智库项目，经费使用必须尊重决策者的脑力劳动，但同时也要避免一种倾向——闭门造车。要知道，智库专家坐在办公室里是写不出高质量的决策咨询成果的，必须基于长期的深刻感悟和短期的有针对性的调查，在长期的丰富的积累基础上能够把握最新的动态，对研究问题作出最接近真相的解释，提出最有说服力的解决方案。

5. 智库成果转化机制。智库成果的生产，要减少形式方面的要求，更加注重智库成果的内容、质量和实际效果。智库生产，要避免课题的层级、经费的数量与智库成果的厚度挂钩，一味强调智库成果的量化标准，比如，智库成果的篇幅字数，研究课题发表的论文数等，而是应当更加注重是不是在政策层面转化了，是否发挥了推动政策问题解决的重要作用，智库专家的成果，更需要写在大地上、写进中国特色社会主义伟大实践里。

6. 内部评价激励机制。建立分层次、分链条、分类型的智库绩效评价体系。一是坚持分类考核、成果优先导向。智库生产是一个系统工程，需要各个层面和方面的参与，形成一个有机的运行整体。但在考核的过程中，必须坚持成果第一导向，在激励和分配上向一线研究人员倾斜。第二，坚持团队合作导向。智库不能成为单干户的联合体，各自为战，而是需要倡导依靠团队的力量产出重大成果。智库成果评价，要解决团队成果共享和合理分割问题，合理确定每位专家的贡献，形成基于合作和团队研究导向的绩效评价体系和激励机制。推动新型智库发展，必须充分考虑研究力量的协同性、研究过程的协作性和智库成果的团体性。

---

① 习近平：《为建设世界科技强国而奋斗——在全国科技创新大会、两院院士大会、中国科协第九次全国代表大会上的讲话》，人民出版社 2016 年版。

第四节　现代科研院所管理体制

智库的思想生产，不同于高校研究机构的知识生产。知识生产，从某种意义上来说，是超越意识形态的。思想生产，在很大程度上具有意识形态属性，迫切需要针对现代新型智库的开放结构，充分考虑政治与学术、规范与效率之间的关系，重塑思想生产和智库管理的流程。要着力突破智库组织管理和体制机制堵点，逐步建立以问题为导向、以人才为中心、以项目为纽带的管理方式，推动形成符合智库运行规律、灵活高效的现代科研单位管理体制，充分激发智库活力、激发智库研究人员创造力。

一、新型研发机构对新型智库建立治理结构的启示

根据科技部印发的《关于促进新型研发机构发展的指导意见》（国科发政〔2019〕313号），新型研发机构是聚焦科技创新需求，主要从事科学研究、技术创新和研发服务，投资主体多元化、管理制度现代化、运行机制市场化、用人机制灵活的独立法人机构，可依法注册为科技类民办非企业单位（社会服务机构）、事业单位和企业。多元投资设立的新型研发机构，原则上应实行理事会、董事会决策制和院长、所长、总经理负责制，根据法律法规和出资方协议制定章程，依照章程管理运行。第一，章程应明确理事会的职责、组成、产生机制，理事长和理事的产生、任职资格，主要经费来源和业务范围，主营业务收益管理以及政府支持的资源类收益分配机制等。第二，理事会成员原则上应包括出资方、产业界、行业领域专家以及本机构代表等。理事会负责选定院所长，制定修改章程、审定发展规划、年度工作计划、财务预决算、薪酬分配等重大事项。第三，法定代表人一般由院所长担任。院所长全面负责科研业务和日常管理工作，推动内控管理和监督，执行理事会决议，对理事会负责。第四，建立咨询委员会，就机构发展战略、重大科学技术问题、科研诚信和科研伦理等开展咨询。

建立新型研发机构，能够在一定程度上解决为学术的学术、为研究的

研究问题，逐步向为应用的学术、为转化的研究转变，真正推进实质意义上的能够转化的科技创新。如果说，自然科学领域要建立一批成果转化为导向的新型研发机构，那么，在社会科学领域，相对于传统的社科研究机构，新型智库就是新型研发机构。新型智库理事会如何建立，新型智库理事会及其与其他治理主体之间的关系，可以参照新型研发机构。

新型智库内部组织形式和治理结构主要包括理事会、学术委员会、咨询委员会、院长办公会（院委会）等。一般实行理事会领导下的院长负责制，学术委员会、咨询委员会作为智库管理的辅助机构，形成智库发展的一体两翼。学术委员会，作为智库学术研究的指导机构，主要负责审定研究计划、审核研究成果、监督学风学纪等。

发挥好理事会的决策功能，发挥好学术委员会在学术规划、学术组织、学术审议等方面的作用，发挥好首席专家的领军作用，推动内部治理科学化、规范化。理事会是智库发展的决策机构，决定智库发展的重大事项。院长是理事会的执行机构，负责智库发展的具体事务。理事会与院长的关系，就相当于公司的董事会与总经理之间的关系。智库的首席专家，应当是智库开展研究的领军人物，对智库开展研究负有组织协调、领军和学术把关作用。智库的首席专家，一般由权威的专业研究人员担任。比较理想的状态下，是智库的行政负责人与学术负责人一体化运行，院长与首席专家一体化。智库的学术委员会，是智库的学术咨询和学术评价机构，学术委员会主任一般由外部著名专家担任，或者由首席专家、院长兼任。由外部权威专家担任，有利于提高智库的研究水平，对智库研究成果进行客观评价。智库的咨询委员会，是智库就重大发展事项和重大研究课题进行咨询，主要成员应由外部的知名专家组成。

需要说明的是，为提高智库的组织化程度和运行效率，在理事会成员中，外部专家和智库建设参与方代表应该占有一定的比例，但智库内部的行政负责人和二级研究机构和运营机构负责人等也应当加入，实现外部治理与内部治理的有机结合。同时，为便于智库的发展和管理，一般情况下，理事会的范围可以适当大一些，学术委员会和咨询委员会的主要成员应当从理事会成员中产生，以提高智库的运行效率。

二、现代科研院所管理体制建构的路径

高端智库建设，无法从零开始，既有原机构血脉的延续，又有新鲜血液的注入和新机制的再造。要以出活力、创造力，出成果、出人才，提高智库研究质量为目标，创新组织形式和内部治理方式，健全以决策研究为导向、以研究人员为中心、以研究项目为纽带的管理方式，加快形成符合决策咨询规律，体现智库特点的现代科研院所管理制度。

现代智库的组织形式，不同于传统的行政机构和事业单位的组织形式。建立现代科研院所制度，需要建立多元的投资机制、多种的人才类型和多样的成果转化渠道，需要外部的政策环境支持。在机构性质尚未改变的前提下，高校可以通过设立科研特区的方式，推动智库组织形式和管理方式的创新。新型智库管理，迫切需要去行政化，实现研究范式转型、研究路径转换、研究方法更新。

1. 以解决行政化、层级化、虚体化管理为着力点，形成既有稳定性又有灵活性的组织机构体系。加大机构改革力度，建立相对独立的实体化的智库研究机构。新型智库如果完全去行政化，游离于行政系统之外，嵌入决策系统的难度就会增加，就难以发挥智库的作用；如果完全的市场化，智库就成了咨询公司。因此，新型智库需要在去行政化与趋市场化之间寻找平衡点。围绕不同类型、不同层级的智库，本着先易后难的原则，可以从国家部委直属系统的智库和社会智库、部分高校智库入手，通过改革创新，在新型智库的内部治理结构和外部管理体制上实现突破，以改革精神推动现代科研单位管理体制的建立。处理好分与合的关系，充分发挥理事会、学术委员会、咨询委员会甚至是院务委员会的作用。处理好生产部门（研究部、研究所、研究中心）与职能部门（信息中心、媒体中心、行政中心）之间的关系。

新型智库简与繁的辩证法。治理结构现代化，并非是把简单的结构复杂化，把本来没有多少人的智库结构搞复杂。新型智库不是从形式上包装出来的，不是有了理事会、学术委员会就是新型智库了，关键在于是否建立现代科研机构的管理体制机制。要在智库治理的科学性与效率性之间做出选择，避免智库人员行政化、智库管理机关化、智库流程复杂化、智库

成果公文化。

国家部委所属的内设研究机构，与国家命名的高端智库之间有着明显的不同。凡是命名为国家高端智库的国家部委研究机构，要处理好服务国家战略、服务部委与服务司局之间的关系，最主要的任务是从所属系统的相关职能部门汲取营养，为服务国家战略积累良策，可以发挥近水楼台先得月的优势，承担相关司局课题或开展联合研究，但不能内化、矮化或成为附属。由于党政智库也是新型智库体系的一个重要组成，但并不是真正严格意义上的智库。要避免党政机关内设研究机构摇身一变成为智库。

2. 以集聚各类人才、实施项目制为重点，建立更有弹性的组织机制。在成果的转化和应用方面，学术研究是开放的，智库研究最好能够形成一个闭环。智库研究和管理，要坚持问题导向。智库管理，把智库人才作为智库发展最重要的财富和最可依赖的资源，把研究课题、研究项目作为智库管理的抓手和纽带，按照项目制的方式组织研究，完善智库生产流程和质量标准，加强绩效评估，对智库生产流程进行再造。智库机构应该是固态的、稳定的，智库专家应该是液态的、流动的，要推动智库组织由固态组织向液态组织演变，增强智库机构的灵活性和适应性。

3. 以加大放管服改革力度为抓手，最大限度地解放智库生产力。要把智库专家从行政机关和事业单位管理中解放出来，不是按照机关干部和公务员的方式管理智库专家，而是要遵循智库生产规律和充分考虑智库专家的特点。要赋予智库更加灵活的经费使用和管理机制，充分尊重智库专家的脑力劳动和智力成果，把智库专家从经费使用和发票报销中解放出来；要把智库专家从针对干部和行政人员的出国规定中解放出来，为高端智库开展出国访问、加强国际交流松绑，为智库专家开展充分的调研创造条件。

4. 以结果和质量为导向，建立完善激励评价机制。智库研究要有哲学化的思维、行政化的规范、学术化的严谨、市场化的嗅觉、媒体化的速度。在智库专家成果的评价上，坚持短期的阶段性成果与长期的重量级成果相结合。要推行智库专家年薪制，实施更加富有竞争力的薪酬制度。要加大政府购买决策咨询的力度，完善相关制度，让思想的翅膀不再沉重，让思想的激情得到充分释放。部分大型企业成立的社会科学研究机构，对新型智库发展形成了倒逼，但完全按照市场机制无法培育出真正的政策咨询大家、大师。如果说企业智库能够培养造就一批政策研究大师，新型智库应当培养造就一批政策研究大家，真正的智库专家应当是思想家、战略家或者战略思想家。

5. 以优化智库发展的生态为目标，推动智库与各类主体的良性互动。要处理好智库的纵向关系，特别是智库与其所在母体之间的关系。要处理好智库的横向关系，智库与其母体科研管理机构之间的关系，比如，高校智库与高校科研处、社科处之间的关系，智库与院系和其他研究机构之间的关系。打破智库的官本位思想，避免盲目将智库的行政级别与智库的能力画等号。应避免对社会智库和体制外智库专家的歧视，改变对社会智库不放心、不信任、不认可的心态，为社会智库参与公共政策研究提供便利，打造有利于新型智库机构发展的生态圈。由智库想方设法嵌入决策的内嵌式，到党委政府决策机构、政策研究机构与学术研究机构、智库机构之间的互嵌互通互融互赢。

要处理好智库建设单位与智库、智库职能与其他职能之间的关系，按照实体性智库、平台型智库、媒体型智库等不同类别智库的特征，进一步厘清新型智库发展的合理边界，避免盲目扩大、无序发展。与此同时，智库研究的特点决定了智库机构的开放性，需要在实体智库外开辟一定的柔性空间，建立新型智库与外部研究机构和实际工作部门的对接机制、与上下游的衔接机制、与同类智库主体的对接与联合机制（参与智库联盟），借此实现与基础理论研究和实际工作部门等多方研究力量的高度协同。

第八章　新型智库组织的文化塑造

智库文化，即在智库建设的过程中所应当遵循和体现的基本原则和价值观。新型智库建设要富有中国特色，没有富有中国特色的智库文化引领和支撑，新型智库就难以立起来、大起来、强起来，就难以行稳致远。智库服务决策，推动国家治理现代化，实现健康可持续发展，必须创新、涵养和塑造自身的组织文化。新型智库建设，在经历过主要依靠政策驱动、资源驱动的阶段后，迫切需要进入一个文化驱动、自我驱动的新阶段，需要塑造自己的产品和文化品牌，增强核心竞争力。

第一节　智库组织文化的意义功用

为什么要培育塑造智库组织文化？中国特色新型智库需要什么样的智库文化？在新型智库发展的过程中，智库组织文化具有什么样的功能，发挥着怎么样的作用？这是新型智库建设必须回答的问题。

在中国特色新型智库建设的过程中，相对于智库建设本身来说，智库文化或者智库组织文化是一个低频词，相关研究成果相对较少。周湘智认为，智库管理文化表征着智库的目标、信念、哲学伦理及价值观，是智库管理中最核心、最本质的成分。高端智库管理文化建设必须紧紧围绕智库理念文化、智库制度文化、智库行为文化、智库器物文化四个维度进行，以"同心圆"式智库管理文化有机体协力推动智库不断赢得主动、赢得优势、赢得未来①。

一、文化驱动是组织最深层次的驱动

组织发展需要文化驱动，组织文化是现代组织的重要特征。特别是思想服务业，生产思想产品的组织更需要文化的驱动和支撑。

组织文化是组织在长期的生存和发展中所形成的为组织所特有的，且为组织多数成员共同遵循的最高目标价值标准、基本信念和行为规范等的总和及其在组织中的反映。具体地说：组织文化是指组织全体成员共同接受的价值观念、行为准则、团队意识、思维方式、工作作风、心理预期和团体归属感等群体意识的总称。

组织文化的结构划分有多种观点。美国学者沙因将组织文化划分为四个层次，即物质层、行为层、制度层和精神层。

物质层，是组织文化的表层部分，它是组织创造的物质文化，是一种以物质形态为主要研究对象的表层组织文化，是形成组织文化精神层和制度层的条件。

行为层，即组织行为文化，它是组织员工在生产经营、学习娱乐中产生的活动文化。组织行为文化是组织经营作风、精神风貌、人际关系的动态体现，也是组织精神、核心价值观的折射。

制度层，把组织物质文化和组织精神文化有机地结合成一个整体。主要是指对组织和成员的行为产生规范性、约束性影响的部分，是具有组织特色的各种规章制度、道德规范和员工行为准则的总和。它集中体现了组织文化的物质层和精神层对成员和组织行为的要求。制度层规定了组织成员在共同的生产经营活动中应当遵守的行为准则，主要包括组织领导体制、组织机构和组织管理制度等三个方面。

精神层，即组织精神文化，它是组织在长期实践中所形成的员工群体心理定式和价值取向，是组织的道德观、价值观，即组织哲学的综合体现和高度概括，反映全体员工的共同追求和共同认识。组织精神文化是组织

---

① 周湘智：《智库管理文化建设的维度及其提升》，载《重庆社会科学》2012 年第12 期。

价值观的核心，是组织优良传统的结晶，是维系组织生存发展的精神支柱。主要是指组织的领导和成员共同信守的基本信念、价值标准、职业道德和精神风貌。精神层是组织文化的核心和灵魂。

二、中国特色新型智库迫切需要制度驱动和文化驱动并行

没有文化引路，智库建设走不远。智库文化是智库发展的"根"和"魂"。既要关注智库文化建设的物质层面和行为层面，更要关注智库文化建设的制度层面和精神层面，赋予智库文化更加丰富的内涵，实行创新文化驱动战略。建立具有鲜明的价值导向和价值取向的优秀卓越的组织文化，是实现智库可持续发展、保持基业长青的动力之源。

世界主要发达国家的智库建设一般都经历了智库实体建设、制度建设和文化建设三个阶段。实体建设阶段是各智库的初创阶段，主要目标是组织好各种人力、物力资源，使智库正常运转，这个阶段的典型特征是智库数量快速增长。制度建设阶段是指智库的建章立制阶段，一般是在智库章程下细化人、财、物和业务的管理运行细则和流程，实现管理工作的科学化、规范化、程序化、标准化、系统化。文化建设阶段是智库建设的高级阶段，在这个阶段，智库更加注重提炼和传播组织的使命、愿景、伦理、价值观、品牌等文化层次的要素，形成智库的文化影响力、软实力和品牌形象①。

"成功的智库不仅要拥有体制机制、人才、资金等条件，还要具备一个非常重要的因素就是智库的文化。"隆国强认为，世界上成功的智库，在文化上有很多共性：一是中立性。这是智库应有的立场，智库研究要从公共利益出发，每一个国家的优秀智库一定是站在全民利益、国家利益上来思考问题。二是科学性。智库对专业性的要求非常高，因为面对的研究对象非常复杂。智库要综合运用社会科学以及一部分自然科学发展出来的理论和方法，才能让其研究尽可能地接近事实、接近真相、接近真理。三是建设性。与以批判为己任的很多公共知识分子相比，智库知识分子始于批判、

---

① 王琪、李刚：《创新文化建设是驱动智库发展的主要抓手》，载《新华日报》2018年1月17日。

终于建设，落脚于提出建设性的解决方案。国务院发展研究中心的核心价值观是"唯实求真、守正出新"。唯实，即尊重事实；求真，即在分析中去找到事实的真相或真理；守正，既指的是研究人员要遵守职业道德，不能抄袭、剽窃，也指的是研究问题的出发点，要始终对国家负责、对人民负责；出新，即在别人研究的基础上去创新。虽然智库是培养大专家、超一流专家的地方，我们也鼓励研究人员要出名、要有影响力，但千万不能忘记，出名的基础是"守正"[①]。

三、智库组织文化的功能

智库组织文化与学术文化、行政文化、媒体文化、社会文化之间既有联系又有区别，在融合中保持独立，在借鉴中走向成熟。智库组织文化，主要包括智库管理机构的有机化、智库思想产品的客观化、智库经营管理的市场化、智库成果转化的品牌化。智库思维与行政思维不同，智库文化与承建单位或者是母体之间文化不同，需要对新型智库与母体之间的关系调适。如果智库组织完全从属于母体机构而缺乏生产上的自主性，过于冗长的生产流程，会降低智库的生产效率，使智库产品的针对性减弱，甚至错过最佳的转化时机。从智库组织文化自身看，主要有价值导向、资源配置、精神激励和形象塑造等功能。

1. 价值导向功能。智库文化决定着智库的追求和服务旨向。坚持党管智库的原则，充分认识新型智库的意识形态功能，培养有政治鉴别力和时代责任感的智库专家，在思想理念层面和社会领域发挥重要的价值引领作用。

2. 资源配置功能。智库文化决定着智库资源的分配逻辑和重点分配领域。智库的资源是有限的，智库要围绕核心目标来配置资源，包括研究方向的坚守和生产产品的定位。智库研究和发展的方向，不能脱离智库发展的宗旨，不能脱离智库的专家领域和主攻方向，要避免智库一味追逐热点而导致研究方向的左右摇摆，避免因目标的多重多元而导致研究资源过度分散。

3. 精神激励功能。新型智库发展，既需要外部资源的注入，持续赋

---

① 隆国强：《智库的文化是智库的灵魂》，载《中国经济时报》2014年9月15日。

能，更需要内部的自我驱动，通过培育智库文化，进行自我赋能，以源源不断的内部动能推动智库可持续发展。

4. 形象塑造功能。智库通过文化塑造自身形象，与各类相关主体发生联系，从而达到塑造形象的目的。智库形象塑造成功与否，决定着智库获取资源的程度，决定着智库发展的潜力和程度。智库的文化塑造与形象塑造之间具有密切的联系。智库文化是无形的，但智库文化的力量是巨大的，无形的智库文化决定着有形的智库形象。智库文化建立的过程，也是智库组织形象塑造的过程。智库塑形要注重组织文化的作用，先从器物层面的组织文化开始，逐步过渡到制度和精神层面，打造具有丰富文化内涵的智库形象。

四、新型智库组织文化示例

国务院发展研究中心核心价值："唯实求真，守正出新"。唯实：尊重事实，坚持理论联系实际，深入了解真实情况，反映真实问题。求真：认真思考，严谨细致，强调专业主义精神，找到事实的真相或真理，提出切实管用的建议。守正：坚持为中央决策服务的根本方向，客观理性开展研究，遵守职业道德和学术规范，做有良知、负责任的学者。出新：解放思想，勇于创新，不断出思想、出成果、出人才，为中央科学决策提供高质量的智力支持[1]。

中国国际经济交流中心的宗旨理念：以服务国家发展、增进人民福祉、促进交流合作为宗旨，坚持中国特色社会主义理论体系，秉承"创新、求实、睿智、兼容"的理念，积极开展国际国内重大理论问题、战略问题、热点问题和全局性问题的研究，努力建设高水平和有国际影响力的中国特色新型智库，汇集社会智力资源，为国家和地方、企业决策提供智力支持与咨询服务，为增强国家软实力做贡献[2]。

赛迪智库文化。赛迪智库是中国工业和信息化领域的知名思想库，直属于国家工业和信息化部中国电子信息产业发展研究院。理念：创造力就是原动力；战略：市场化带动专业化；宗旨：信息服务社会；策略：穷尽

---

[1]　参见国务院发展研究中心官网，http：//www.drc.gov.cn/gyzx/zxzn.htm。

[2]　参见中国国际经济交流中心章程，http：//www.cciee.org.cn/leader.aspx? clmId＝20。

一切可能；目标：顶层设计第一专家，公共管理第一顾问，政府决策第一支撑；管理：注重结果导向，遵循流程导向，因应变革导向；核心价值观：数据就是观点，逻辑就是力量，形象就是本质；服务：追求与时俱进，追求积微成著，追求尽善尽美①。

盘古智库的宗旨理念。盘古智库成立于 2013 年，由中外知名学者共同组成，植根于中国的公共政策研究机构。盘古智库的宗旨：秉持"天地人和、经世致用"的理念，以"客观、开放、包容"的态度，致力于推动中国社会的现代化发展进程。盘古智库以思想之力坚定参与实现中华民族伟大复兴的历史进程，是中国梦的实践者，是构建人类命运共同体的助推者②。

东南大学道德发展智库。"高端、长远、协同、国际对话"。"高端"的要义是智库成果必须"拿得出，用得上，留得住"。"拿得出"是智库成果经得起学界与政界的双重检验，在任何背景下都"拿得出手"；"用得上"是对领导理念的形成和战略制定具有"边际效益"，而不是领导理念的诠释与宣传；"留得住"是经得起时间考验，能成为学术、学科和社会发展的积累。"长远"是以理念、理论、战略为着力点，不囿于就事论事的应时之策，以国情研究生根，智库成果开花，理论建构结果，在前沿与热点中坚持"前沿优先"。"协同"的要义一言概之："有核心，多学科兵团攻关"。"国际对话"的真义，不是一般意义上的"走向世界"，而是寻找国际智慧支持与国际话语权③。

第二节　智库组织文化的形塑神聚

智库文化涉及智库发展的宗旨、理念、使命、愿景等方面。智库组织

---

① 参见赛迪智库官网，http：//www. ccidwise. com/plus/list. php？tid＝2。

② 参见盘古智库官网，http：//www. pangoal. cn/about. php？id＝25。

③ 樊和平：《建好用好新型智库，构筑新时代文化自信》，载《新华日报》2018 年 1月 3 日。

文化，是一种物质的外在显现，是一种制度的有机构成，是一种精神的内在凝练，应该凝铸到智库专家的血液中，演化为智库专家的自觉行动。

一、准确把握智库文化的四性

1. 智库文化的政治性。中国特色新型智库，必须坚持党的领导，把政治属性放在第一位。智库文化，就是"智库＋文化"，是中华优秀传统文化、革命文化和社会主义先进文化在智库建设领域的体现，是智库组织把中国特色社会主义文化内化到组织中的过程，从而形成智库准则、智库伦理和智库文化。

2. 智库文化的引领性。新型智库如何成型，需要有智库文化作为内核和支撑，需要智库文化引领。没有智库文化的支撑，新型智库是立不起来的，智库无法行稳致远。以什么样的心态建设智库，以什么样的理念发展智库，以什么样的宗旨和愿景引领智库，按照什么样的标准塑造智库，以什么样的形象展示中国特色新型智库，都与智库文化密切相关。

3. 智库文化的复合性。智库文化，包括物质层面、行为层面、制度层面和精神层面。在建设智库文化的过程中，要坚持从每位智库专家、每个智库开始，因为智库文化，从某种意义上来说，内在的智库文化主要是智库的主观塑造，智库文化的外显形态是社会各界对智库的客观认识，人们往往凭借自己的认识为各种各样的智库贴上文化标签。把智库内部文化建设和外部形象树立结合起来，做强智库专家层面的文化内核，智库组织层面的文化灵魂，智库群体层面的文化形象，把智库界建设成为有思想有智慧有文化，能够为党委政府提供强大智力支撑的思想库。从智库专家的角度看，真正优秀的智库专家，应该是复合型的，深厚的学术研究积淀是优秀智库专家的前提。智库专家是在优秀的学术研究专家基础上嫁接起来的，不是凭空生长起来的。智库需要一些基于思想之上的技术分析，但这个技术分析是智库生产链条上的一个环节，真正生产出高质量的智库产品，最根本的要求是要有思想含量。

4. 智库文化的标识性。中国特色新型智库，要有鲜明的集体文化标识，同时每个智库还要有鲜明的个性特色和文化标识。通过对不同智库的组织文化分析，提炼出中国特色新型智库文化的整体特征。没有文化的智库，缺少血脉和灵魂，智库文化决定着智库的现在，更决定着智库发展的未来。新型智库要打造自己的品牌，建设百年老店，特别需要加强研究方向和宗旨、愿景等方面的设计，形成具有鲜明特色的智库文化品牌。智库文化的打造过程，既是智库灵魂塑造的过程，也是智库动力加注和动能重塑的过程。

二、充分认识智库文化的七维

文化自信，是更基础、更广泛、更深厚的自信。中国特色新型智库要打造百年老店，首先要建立智库文化的自信，加强智库文化对智库发展的引领和支撑，加强智库发展的内部文化驱动和外部环境生态支撑，避免智库没文化或者智库文化的错位。

1. 智库文化，是家国情怀的文化。正如人大重阳研究院王文所言，凡人只有一条命，即性命；优秀的人有两条命，即性命与生命；智库学者必须要有三条命，即性命、生命和使命。发自内心的使命感，是优秀智库学者的必备个性，也是推动智库学者孜孜以求、为国家与社会的发展贡献力量的根本动力。复旦发展研究院专家认为，于国有利，方为智库。智库是思想与智慧的汇聚，是学术研究与国家发展的综合。真正的智库，其本质在于责任，对国家的责任，站在国家的高度看问题，站在国家的利益谈对策，站在国家的需要做研究，各类批示固然很重要，各类评选亦弥足珍贵，但能有什么比智库的思想落实于国家和社会的建设发展更让人激动和自豪？从这个意义上来讲，我们做智库，不是做给谁看的，仅仅为自己的情怀而做——因为我们热爱这个国家，希望她一切都好。"这是当年每周一次的决策建言研讨会及至发展研究院建立后的一条铁的纪律，参与决策咨询建言的专家，任何人不得声言'xxx政策是我们提出和倡议的'，任何党和政府的决策，都是中央和政府的决定，与任何个人无关"。①

2. 智库文化，是经世致用的文化。以专业知识和专业研究实现咨政启民、知识报国的使命，这是中国智库的基本价值观。客观性、独立性、科

---

① 黄昊：《智库冷观察之一：智库的精神价值》，复旦发展研究院，https://fddi.fudan.edu.cn/c9/ad/c18965a182701/page.htm。

学性、中立性、服务性、精确性和传播性等构成智库的专业性内涵。坚持公共利益第一位、"向权力说真话"、不做利益集团代言人是智库伦理的底线。只有用中国专业伦理体系武装起来，有主体意识和专业自觉的智库专家，才是中国智库将来的希望所在。发扬智库人的主体意识和专业自觉才是实现中国智库治理"佳境"的内在理路，它和智库治理体制机制建设一样重要。因此中国智库治理创新只有内外兼修、标本兼治、道器合一、主客一体，把科学的管理和智库专业伦理建设结合起来，才是中国智库治理创新的根本途径①。从新型智库健康发展的长远看，衡量智库成果质量的维度应当是相对多元，实现影响决策主体导向与影响决策内容导向的有机统一，通过决策者批示的形式性转化和经过实际工作部门实质性转化相统一，逐步确立智库成果以用为本的智库文化。

　　3. 智库文化，是求实求真的文化。智库专家要求真求实，专业敬业，为党分忧，为国谋方，为民请命。要做新时代党委政府决策的瞭望者、守卫公共利益的哨兵，能够为决策者在具有错误的倾向或者不理智的判断时预警，能够为我们的经济社会和我们所处的时代发展过程中所可能遇到的问题预警，具有吹哨的勇气和能力。要做优秀传统伦理精神的守望者，智库要有自己的专业伦理，智库专家要有家国情怀和职业伦理精神。学风是智库专业伦理建设的核心，有好学风才会有好的政策分析。在南京大学和光明日报社共同主办的"2016 中国智库治理论坛"上，中国财政科学研究院院长刘尚希认为，做好智库应坚持两点：一是要说真话，有家国情怀、责任担当和使命感，防止"贴标签"现象和功利主义，防止把智库当成谋取名利的工具；二是要提升能力和水平，重视吸引和培养专业人才，重视创新，建设完善宏观体制机制，让创新主体焕发生机和活力。② 智库专家作为知识分子中的特殊群体，应该是"专业性"和"公共性"兼而有之的"结合体"，既是某领域的专家，又是国家利益、社会正义的捍卫者和公共

---

　　① 李刚：《重视专业伦理在智库治理中的价值》，载《学习时报》2016 年 8 月 8 日。

　　② 王广禄：《数据驱动：智库发展的重要战略》，中国社会科学网，http://fund.cssn.cn/bk/bkpd_qkyw/bkpd_bjtj/201612/t20161222_3354609.sh-tml? COLLCC=3718085710&。

关怀的重要构筑者。如果只有专业性，而没有公共性，就会使智库专家深陷于权力话语的隐性规训中，丧失公益精神和公共责任。如果只有公共性，没有专业性，就无法建立有效的知识体系，智库只会变成戴着面具的游说者。①

4. 智库文化，是守正创新的文化。创新是智库的灵魂。新型智库，要推动组织文化的变革与创新，甚至是组织文化的历史性变革和颠覆性创新。因为智库类机构大都是在原有的学术性研究机构基础上组建的，智库专家大都是学术型专家学者转型而来的，还有政府系统人员下海或者咨询公司转型，无论哪种情况，都需要智库文化的构建和重塑，以一流的智库文化促进一流智库的发展。智库专家，既需要逻辑思维和理性思维能力，善于提炼事物的本质，进行概括化的表达，有能力将复杂的观点转化为简明扼要、通俗易懂的咨询建议；还要有形象思维能力，善于以小见大，进行故事化表达，增强智库成果的可读性和吸引力。在智库进行国际交流时，要善于讲好中国故事，传播好中国声音。

5. 智库文化，是正气充盈的文化。智库专家，要有志气、有锐气、有骨气、有血气，即为国咨询的志气、守正创新的锐气、坚持真理的骨气、敢于与问题做斗争的血气。要内圣外王，内刚外柔，内联外聚，坚守思想真理，在如何表达思想和传播真理方面具有更多的灵活性。每个行业都应有相应的职业操守，智库专家要遵守道德伦理操守，形成智库专家应当遵守的共识，形成有利于智库健康发展的组织文化。智库研究关乎国计民生，智库从业人员亟须形成一套完善的职业规范和职业道德，形成行业共识和行业底线，坚决抵制危害国家安全、损害国家和人民利益的行为。② 由于智库专家研究公共政策，需要深入到政策制订小圈子讨论问题，或多或少会接触到一些核心的信息和暂时不宜公开的秘密，智库专家要恪守职业伦理，保守职业秘密。特别是国家高端智库建设者，首先要锤炼好自己的职业精

---

① 余敏江：《新型智库建设应注重专业性与公共性的统一》，载《中国社会科学报》2016 年 8 月 25 日。

② 沈国麟：《智库评价：催生新型智库行业自觉》，载《光明日报》2016 年 2 月 24 日。

神，坚定职业理想，端正职业态度，遵守职业纪律，履行职业责任，在自己研究的领域心无旁骛、甘于寂寞、爱岗敬业、勇于实践、富有创新。同时要坚守学术道德，坚持真理、尊重科学、求真求实、精诚合作，杜绝一切学术不端行为。[①]

6. 智库文化，是宽容包容的文化。一方面，智库文化建设，要充分吸收行政文化、企业文化、媒体文化等各类组织文化建设的经验，又要充分考虑智库的共有特征和自身的具体特点，建设富有鲜明特色和丰富内核的智库文化。另一方面，对于智库内部而言，要鼓励智库专家，宽容包容，允许智库专家试错，形成鼓励创新、支持创新、允许试错、包容失败的文化氛围。兰德公司课题经费中约有 10% 用于选题的必要性和可行性论证，公司还按一定比例提取科研发展基金，用于支持基础研究和某些有意义却又无经费的研究项目，以增强公司对不断变化的业务范围的适应能力[②]。

7. 智库文化，是志愿奉献的文化。智库专家要善于躲开聚光灯，默默无闻地多做幕后工作。智库报告，特别是接受党委政府的委托课题、以内参形式上报的研究报告，没有完全意义上的知识产权。智库专家的家国情怀，还体现在志愿和奉献精神，成功不必在我、而功力必不唐捐，智库专家要相信自己的智慧能够为国家和社会的发展起到积极作用。"板凳要坐十年冷，文章不写一句空"，甘于坐冷板凳和甘愿为他人作嫁衣应当是高水准智库的基本心态；坚守学术独立、兼容并蓄、广纳贤良、精诚合作，应当是高水准智库的基本准则。在"2017 中国智库治理暨思想理论传播高峰论坛"平行分论坛——党政军智库论坛上，重庆市委党校决策咨询中心主任谢菊认为智库研究有"三不原则"和"五个讲究"："三不原则"，即"不利于社会进步的不写、不利于人民福祉的不写、不利于国家利益的不写"；"五个讲究"，即"讲究人格、讲究站位、讲究眼光、讲究格局、讲究良心"。研究发现，有时候获得领导批示并不是那么难，但不能仅仅为了批示去做研究、写报告，智库专家要坚守自己的职业道德。

---

① 邓曙光：《国家高端智库建设中的使命与担当》，载《中国发展观察》2019 年第 15 期。

② 王继承：《兰德公司的成功奥秘》，载《中国经济时报》2012 年 9 月 21 日。

三、智库文化要谨防六个异化

1. 智库文化不能异化为依附文化。一般情况下，我们将负责建设智库的单位称为依托单位，而不是依附单位，相对于智库的主管部门，智库的研究要具有一定的自主性。特别是智库与负责决策的党政机关之间，是服务与被服务的关系，而不是依附关系，智库不能成为党政机关的代言和附庸。部分智库，在研究观点上而不是研究议题上唯决策者马首是瞻，所提意见建议，经常出现"命题作文"和"解读领导精神"的问题。智库的报告和成果，凡公开发表的，应该讲导向，内部供参考的，则需要更多的不同意见和冷静分析。唯如此，智库才真有价值。所以，坚持认为，智库不可以有利益，更不能有权力。有利益的智库，就会千方百计去固化利益，有权力则更可怕……①。智库研究报告应基于社会责任感而做出，具有强烈的现实关怀，旨在产生重要的社会影响。所以，智库的研究更应坚持以公共伦理为重要的原则，时刻以服务国家利益和公共利益为先导，而不能沦为某些特殊利益的代言。这也是智库所必须具有的独立性、公共性的特点所然②。

2. 智库文化不能异化为官僚文化。一方面，智库不能异化为政府的内设机构，不能成为政府的附庸，智库要有自己的大脑和思维能力，有自己的分析和判断。另一方面，要防止智库机构设置的行政化问题，把智库机构办得比政府还政府，叠床架屋，等级众多。新型智库的知识生产功能，决定了智库组织体系要向着管理扁平化、人员网络化、结构矩阵式的方向发展。避免借成立智库之名，封官许愿，形成庞大的组织领导体系，造成比行政机关还机关化的科层机构。部分智库设有名誉院长、轮值院长、理事长、学术委员会主任、管理委员会主任、院长、行政负责人、副院长、秘书长、副秘书长、院长助理，职务类别和组织层级近 10 个。智库成果往往具有较强的针对性和应急性，真正高质量的思想产品与繁文缛节的行政格格不入，过于复杂的体制，要么是形成权力掣肘，大大降低智库的产出

---

① 徐世平：《我们需要什么样的智库？不"揣摸上意"，不"命题作文"》，http：//pinglun. eastday. com/p/20181212/u1ai12067905. html。

② 尹继武：《智库报告应该更严肃些》，载《环球时报》2011 年 12 月 15 日。

和运行效率，要么是陷入严重的官僚主义，流于形式，沦为自娱自乐、满足智库专家行政职务虚荣心的工具，发挥不了实际作用。因此，不仅仅是以行政事业单位形式存在的智库，涉及去行政化问题，一些新组建的高校智库同样存在去行政化的问题。

3. 智库文化不能异化为对立文化。智库，以批判的精神去分析政策问题，但合作与解决问题是批判的出发点，智库与决策者之间的关系绝不是对立关系，以所谓的公知一味地批判甚至是攻击政府。新型智库要在坚持批判性的基础上，由批判性为主向建设性为主转变，由隔空喊话到当面对话转变，以创新的理念、批判的思维、建设的心态参与公共政策。智库专家应当具有批判思维、批评精神，但智库专家不应当成为党委政府的对立面，不了解实情却指手画脚、"指点江山"。由于信息不对称，智库专家受实践经验的限制，观察问题的视角与决策者不同，得出的结论难免有所不同。作为智库专家，应当在独立判断的基础上，参照政府部门提供的信息，对决策咨询报告中的相关观点再论证。研究无禁区，宣传有纪律。内参可进谏，由于智库研究内容与公共政策紧密相关，智库成果具有一定的内部性，特别是受决策部门委托或者定制研究的课题，课题成果具有很强的保密属性。坚持党管智库，坚持正确的政治导向，是新型智库的特色。对于一些政策敏感性问题或者对决策批评比较尖锐的问题，智库可以研究，相关的智库成果可以通过小范围内参或专报的形式进行，公开发表的成果必须讲政治、顾大局、服从纪律。要坚持智库成果的内外有别，在内部成果转化为公开发表成果时，应当注意话语体系的转换和敏感信息的适当过滤，部分不适合公开的信息要隐去，以避免引起社会的误解、猜测或者不安。

4. 智库文化不能异化为街头文化。智库专家既不能不发声，也不能乱发声。在重大决策面前，迫切需要对智库专家的声音进行整合筛选提炼，甚至组织专家深入反复论证。新冠肺炎期间，一方面，前期智库服务功能不足、特别是缺乏智库机构及时预警；另一方面在中后期智库报告铺天盖地，但真正有价值的智库报告数量不多。智库专家要多发出一些理性的声音，不能想当然，不能不经过周密的论证就信口开河。智库专家要自信，自己说的话自己要相信，并且能够有充足的理由说服他人相信，不能说以己昏昏使人昭昭，绝对不能"至于你信不信，我反正信了"。智库专家最忌浅尝辄止，一知半解，只知皮毛，谈起来头头是道，实际上不着边际，只知其然不知其所以然，更不知其所以必然，提不出解决问题的办法。

5. 智库文化不能异化为拼凑文化。智库成果要有自己的规范，引用现有的研究成果要尊重原作者版权和著作权。为了表达简洁，作为要报和内参形式的成果，往往没有注释，没有参考文献，一些数字来源和引用观点在正文中没有说明。但这并非说明，智库报告仅仅是靠复制和粘贴就可以完成的，可以没有原则地抄袭或模仿，智库专家在创作思想产品时必须有自己的道德底线，智库界的知识产权保护需要进一步规范。第一，决策咨询报告应以原创性为主，把创新放在第一位，坚决反对简单地模仿，或者通过"复制＋粘贴"的方式对其他研究成果"改造""拼接"。第二，实行内外有别，在转化为学术成果公开发表时，必须尊重原作者，添加必要的注释和参考文献等。第三，对于有重要转化价值的成果，建议运用区块链技术进行认证，从而确定呈报作者和背后作者各自的贡献。

6. 智库文化不能异化为功利文化。智库专家要对真理孜孜以求，对名利淡然冷静，有家国情怀、专业精神、伦理操守和奉献意识。专家，要有自己的专业专长，对自己的研究领域、研究方向用心要专。要恪守智库专家的职业道德，重点做好自己分内的事。智库的研究队伍可以无边界，但智库的研究领域和主攻方向不能没有边界。智库的研究方向和研究领域需要根据专家的构成和学科等方面的基础支撑，由有关部门来核实，不能超范围跨界经营，避免由于原材料不足而生产残次产品。实行智库准入制度，智库的定位要精准，研究领域相对清晰。如果自己的智库结构和团队结构积累到一定的程度，可以开拓新的领域和研究方向。但智库专家确实不要轻易地跨界、追逐热点，或者说，功利心太强，整天跟着热点问题跑，没有自己长期坚守的研究方向是难以成为智库大家的。

第三节　智库组织文化的外溢效应

新型智库，在经济社会发展中具有重要的引领作用，不但要智慧引领、思想引领，而且需要精神引领、文化引领，构建智库发展的良好文化圈、生态圈。现代社会需要现代治理，现代治理需要现代智库参与，现代社会发展和治理迫切需要注入新型智库理念。

一、智库组织文化的外溢现象

智库组织文化，是一个先内化再外化再内化的过程。这一方面，是就智库组织文化自身的形成而言；另一方面，是就智库组织文化传播的过程而言。智库组织文化内化的过程，就是深层次组织文化形成的过程。智库组织外化的过程，就是智库建设的理念和智库组织文化传播到经济社会组织和其他领域的过程。再内化的过程，就是经济社会组织对智库组织文化进行吸纳，进行嫁接和扩容，形成一种具有更强的自我革新自我提升意识的文化。经济社会组织的广大成员，既是组织发展的实施者，又是组织发展的推动者，能够像智库专家一样敏锐地发现问题，科学地分析问题，有效地解决问题，推动组织成员更积极地参与组织的决策，促进各类组织决策科学化水平的明显提升，从而推动国家治理体系和治理能力的现代化。

智库组织文化的外溢，主要是指智库理念在经济社会组织领域的内化。智库专家由服务他组织演化到服务自组织，由以局外人的身份参与辅助决策到以当事人的身份参与决策，以智库专家的精神和理念，推动所在单位自我治理水平的提升，成为推动协商民主和社会发展的重要力量。把智库组织文化内化到经济社会等各类组织中，建设智能化、智库型，自我驱动、自我赋能的现代组织。把新型智库由一类机构变成一项机制，把新型智库的理念推广运用到经济社会发展和社会治理各个领域，推动形成智慧众筹机制，增强社会公众参与国家治理和自我治理能力。

作为治理体系和治理能力现代化的社会元素，智库弥补知识与政策之间的鸿沟。社会智库使公共政策更加贴近民众的需求，弥补政府与公众之间的政策鸿沟。社会智库发育的程度与社会治理的能力水平具有正相关的关系。一方面，社会智库能够为社会治理提供科学支撑；另一方面，社会智库是参与社会治理的重要主体之一，能够促进各类治理主体更好地形成有机的治理结构、治理网络。社会智库规模的不断扩大，社会智库成员的知识能力转移和智库产品的传播促进全社会治理水平的不断提升，在政府体制内智库和商业咨询机构之间，增加一种平衡力量。

智库机构和智库功能的社会化主要表现在：第一，社会智库是党委政府与社会公众连接的纽带和桥梁。社会智库推动社会治理主体素质的提升，社会智库在社会民众和政府之间形成一个中间地带和桥梁。第二，社会智库推动协商民主，推动治理能力现代化。社会智库发展有利于聚集民意，从公共政策制定的角度，社会智库功能与人大、政协作用的发挥相关，是社会治理多元主体的连接机制。第三，社会智库嵌入社会治理，推动治理体系现代化，改变民意搜集、政策听证、甚至民主议政的形式。从公共政策执行的角度，推动公共政策的实施，推动治理过程中的多元主体参与。

二、推动智库组织文化外溢的主要路径

1. 推动智库专家与参政议政机构的融合互动。增强智库文化的参与性，特别是新型智库机构，要积极参与人大代表政协委员参政议政的前期研究。在一些地方，建立智库类的内部决策咨询或决策机构，以智库的形式，吸收散布在民间的、具有智库潜质和素养的人员参与决策论证或者决策过程，形成一个具有协商民主性质的机构，以智库的社会化推动社会治理的现代化。江苏推动现有重点高端和培育智库进行社会化改造，畅通注册渠道，引导各类智库到民政部门注册为社会组织（社会智库），首先对组织形式和存在形态进行改造，通过形式的改造推动组织方式和运营模式的创新，推动智库更好地服务决策。

案例：嘉禾县政协选聘专题协商社会智库协商员

2012 年 3 月，在先行先试基础上出台《政协嘉禾县委员会关于选聘专题协商社会智库协商员的实施办法（试行）》，选聘县政协委员之

外的部分专家学者、社会贤达和群众代表，担任县政协专题协商员。依据选聘条件，协商员必须是"在本行业内有突出贡献的专家、学者型拔尖人才"；必须具备"善于了解和反映群众合理诉求，具有协商议政积极性、建言献策能力"等优势。按照农业农村类、县域经济发展类、城镇规划与建设类等分类，从120名自愿申报、推荐人员中选定52人作为首批协商员，聘期为5年。协商员分别由专业技术人员、行业专家、群众代表等组成，几乎涵盖社会各界、各阶层，具有广泛的代表性和包容性。协商员根据专题协商事项深入基层和群众，广泛收集民智民意，在协商过程中及时反馈意见，提出科学合理的建议，协助县政协抓好协商意见、建议落实情况的民主监督①。

由外部化参与到内部化参与，由外部咨询到内部咨询，甚至成为决策的组成部分。由组织的外脑演化为组织的内脑，成为参与组织决策的法定角色。比如，专家发挥自己的智力优势，在参与党委政府的决策的同时，以智库专家的精神，参与所在组织的决策和发展。在这里，形式和内容发生了变化，实现了智库人员身份的平移、转化和转换，由外部辅助者演变为内部参与者，演化为参与决策的一种形式。

2. 推动党政机关内设的研究机构发挥智库功能。新型智库建设要突出重点，不能泛化，但智库建设的理念和智库专家的思维方式可以泛化到党委政府部门的内设研究机构，提高服务决策的能力和水平。由内设机构主要服务于单位和系统内决策，转向摆脱内设机构思维和单位的本位思维，善于站在更高的位置上看待问题，增强服务更高层次决策的意识和能力。平衡好起草文稿与调查研究、智库研究之间的关系，把智库研究与文稿起草更好地结合起来，以智库的视角起草文稿。智库视角就是创新视角，智库思维就是创新思维，进一步强化综合文稿的现实导向、智库导向，把解决当下问题与解决长远问题有机地结合起来。

3. 推动自然科学和各类技术研究强化智库意识。现代社会信息和决策的复杂性，决定着在针对技术性问题作出决策的时候，必须具有人文和社

---

① 雷纯生：《政协来了第53位"求职者"》，载《人民政协报》2013年7月2日。

会科学的思维。这是因为，技术问题本身具有社会性，是社会问题。推动各类研究机构，特别是各类事业单位发挥智库的功能。对于许多以研究为主的事业单位来说，不仅仅是技术研究机构，研究要有战略性研究，要有预警性研究，在提出对策建议的时候，既要有技术层面，也要有战略层面。要把智库研究的理念注入技术研究领域，推动智库专家善于站在政策和战略层面上观察和思考技术问题，在从事技术研究的过程中要有战略眼光和政策敏锐性，推动基于技术层面的战略研究与基于战略思考的技术研究有机统一，实现由技术型向技术政策兼备型转型，提高治理能力。

智库专家，对于现实问题包括技术层面的问题，要有政策敏感性和战略判断力，更有责任成为时代的哨兵，公共利益的吹哨人。新型智库，不是纯粹的私人机构，研究的是公共政策问题，代表的是公共利益，研究机构和专家具有公共属性。一般事业性的以技术为主的研究机构，要强化政策和战略意识，增强对政策问题和公众利益、社会舆情等方面的敏感性，发挥智库的舆情监测作用。在重要的公共政策节点和重要的公共事件关口，具有一定的公共资源、公共权力、公共职能的研究机构，包括智库和媒体，都应当及时发声，真正成为公共利益的守卫者、真理价值的捍卫者。

案例：中国疾病预防控制中心（CDC）的智库功能

根据《中央编办关于国家卫生健康委所属事业单位机构编制的批复》（中央编办复字〔2018〕90号），设立中国疾病预防控制中心，为国家卫生健康委直属事业单位。职责共9条，其中第一条即为智库方面的职能，内容为：开展疾病预防控制、突发公共卫生事件应急、环境与职业健康、营养健康、老龄健康、妇幼健康、放射卫生和学校卫生等工作，为国家制定公共卫生法律法规、政策、规划、项目等提供技术支撑和咨询建议。其他相关职能还有，开展传染病、慢性病、职业病、地方病、突发公共卫生事件和疑似预防接种异常反应监测及国民健康状况监测与评价，开展重大公共卫生问题的调查与危害风险评估；研究制定重大公共卫生问题的干预措施和国家免疫规划并组织实施。指导地方突发公共卫生事件调查、处置和应急能力建设以及食品安全事故流行病学调查。①

4. 推动智库理念和智库文化渗透到社会领域。智库人的多重身份，特别是主要通过网络化生存的社会智库研究人员，与高校研究机构的单位人不同，更多的是分布在社会的各个领域，本身就是社会治理的参与者。通过社会智库推动社会治理只是其参与社会治理的一种方式。智库专家一旦经过旋转门机制，实现身份的转换，就能够增进参政议政能力，增强参与决策能力。特别是社会智库是以平台和网络的形式存在，人员大多是兼职，社会智库更多的是依靠自身的关系网络来开展研究。

推广"智库＋"模式，在全社会培育创新文化。从智库名分的社会化，到智库人员的社会化，到智库机制的社会化，到智库产品的社会化，完成智库形式和内容上的社会化，通过渐进的方式更多地注入社会基因。把智库文化发展成为社会文化，推动社会主义协商民主，推动社会组织自我管理自我提升，推动更多的社会民众参与党委政府的决策，从而推动整个社会智商的提高和国家与社会治理水平的提升。新型智库建设，旨在形成一种决策参与机制和社会人才培养机制，把智慧的种子在社会上播撒开来，以智库理念的大发展，促进党委政府决策能力的大提升和公众政策素养的大提升。

---

① 参见中国疾病预防控制中心（CDC）官网，http：//www．chinacdc．cn/jgxx/zxjj/。

下编

新型智库外部治理：健康发展

第九章　从数量型到内涵式：
智库发展的总体态势

　　提升新型智库质量，一方面，要加强新型智库的内部治理，不断完善智库的组织形式和管理方式，把握研究规律，优化研究方法，掌握表达方式，创新组织文化；另一方面，要加强新型智库的外部治理，着眼于构建新型智库体系的目标，不断完善决策咨询制度，补齐社会智库短板，充分发挥党委政府政策研究机构和社科联、科协等科学类研究组织枢纽机构的作用，改进考核评价和评估方式方法，以新型智库外部系统治理，推进新型智库更好地参与国家治理现代化。为增强对中国特色新型智库发展的总体把握，在进行总体回顾和健康体检的过程中，参考了国内研究机构和有关专家学者的评价，以期达到对新型智库病灶会诊、理清健康发展的路径之目的。

第一节　新型智库发展的成效特征

　　党的十八大以来，中央对新型智库建设的重视程度之高前所未有，全国各类研究机构参与智库建设的热情之浓前所未有，智库在治国理政和国际事务中发挥的作用之大前所未有，我国新型智库发展步入黄金时期。

一、新型智库发展的主要历程和阶段

　　回顾 2012 年底以来中国特色新型智库的发展，大致上可以分为四个阶段：

1. 新型智库的酝酿起步阶段。2012 年 11 月 8 日，党的十八大报告明确指出，坚持科学决策、民主决策、依法决策，健全决策机制和程序，发挥思想库作用。在 2012 年 12 月中旬举行的中央经济工作会议上，习近平总书记明确提出，要健全决策咨询机制，按照服务决策、适度超前原则，建设高质量智库。2013 年 4 月 15 日，习近平总书记对建设中国特色新型智库作出重要批示。11 月 15 日，十八届三中全会提出建设中国特色新型智库，建立健全决策咨询制度。2014 年 10 月 27 日，中央全面深化改革领导小组第六次会议审议通过《关于加强中国特色新型智库建设的意见》，并于 11 月份以中办〔2014〕65 号文印发。

2. 新型智库的快速发展阶段。2015 年 1 月 20 日，中办国办《意见》在媒体公开发布。11 月 9 日，中央全面深化改革领导小组第十八次会议审议通过《国家高端智库建设试点工作方案》。12 月 1 日，国家高端智库建设试点工作会议在京召开，确定首批 25 家国家高端智库建设试点单位。2016 年 1 月 22 日，国家高端智库理事会扩大会议召开。随着中办国办《意见》的正式发布和国家高端智库试点工作的开展，全国各地也纷纷开展新型智库的评选认定工作，中国特色新型智库发展走上快车道。

3. 新型智库的质量提升阶段。2016 年 5 月 17 日，习近平总书记在京主持召开哲学社会科学工作座谈会并发表重要讲话，指出智库建设要把重点放在提高研究质量、推动内容创新上。如果我们把新型智库建设，从 2012 年底的预热到 2020 年看作全场的话，总书记的 5·17 讲话可以看作是由"上半场"注重制度建设和数量增长的阶段，向"下半场"注重质量提升和规范发展阶段转变的重要标志。2017 年 5 月，民政部等九部门公开发布《关于社会智库健康发展的若干意见》，标志着新型智库建设更加注重社会化、多元化、规范化和体系化。

4. 新型智库的深化发展阶段。到 2020 年初，中国特色新型智库建设经历了"七年之痒"，国家高端智库建设进入第五个年头，中央对新型智库建设再部署。2020 年 2 月 14 日，中央全面深化改革委员会第十二次会议审议通过《关于深入推进国家高端智库建设试点工作的意见》，强调建设中国特色新型智库是党中央立足党和国家事业全局作出的重要部署，要精益求精、注重科学、讲求质量，切实提高服务决策的能力水平。特别是 2020 年，作为全面建成小康社会的收官之年和现代化新征程开启之年，也面临着新型智库建设从小康场景到现代化场景的转变。

二、中国特色新型智库发展的主要成效

中国特色新型智库发展，整体上面临一个重大的机遇期，处于一个发展的风口上，取得了比较明显的成效。

1. 智库建设纳入党和国家事业发展重要部署，有关新型智库和决策咨询的制度建设取得重要进展。据 CTTI 智库报告，截至 2019 年 4 月，共有 27 个省级行政区先后出台了本省新型智库建设的实施意见或办法，并在其中提出了省级重点（高端）智库的建设规划，将重点智库建设工作纳入了规范化、法制化的进程。数十家研究型大学制定了智库成果认定的标准和考核指标体系。据不完全统计，截至 2019 年 2 月，中央和省市部委办局以红头文件批准成立的各级各类重点智库已有 383 家。截至 2019 年 12 月，CTTI 来源智库已达 848 家，拥有研究人员 14241 位，27699 次活动记录，157394 件各类成果。

2. 高端智库试点建设持续深入推进，在全国新型智库建设中的引领作用愈加彰显。2015 年 12 月，《国家高端智库建设试点工作方案》出台，配套以《国家高端智库管理办法（试行）》《国家高端智库专项经费管理办法（试行）》，国家高端智库建设试点工作正式启动，25 家机构成为首批国家高端智库建设试点单位。以建设一批"国家亟需、特色鲜明、制度创新、引领发展"的高端智库为目标，党中央科学擘画，国家高端智库理事会具体指导，各高端智库积极行动，新型智库内外部治理机制逐步建立，取得了明显进展，积累了重要经验。2018 年 1 月，中央决定成立全国哲学社会科学工作领导小组，国家哲学社会科学规划办公室更名为国家哲学社会科学工作办公室，在智库联络处的基础上增设智库研究处，在职能上明确为负责组织开展国家高端智库建设工作，协调推动中国特色新型智库建设。2019 年 6 月，全国哲学社会科学工作办公室在深圳召开国家高端智库建设经验交流会。2020 年 2 月 14 日，中央全面深化改革委员会第十二次会议召开并审议通过《关于深入推进国家高端智库建设试点工作的意

见》。随着国家高端智库管理制度的不断完善，各类智库积极探索、大胆改革，智库的外部管理体制和内部运行机制、成果认定与评价标准等取得重要突破。

3. 各类智库有序发展，新型智库体系初步形成。以一批社会智库的兴起为标志，社会力量参与创办智库的热情高涨。随着智库建设的不断推进，社会力量参与智库建设的积极性正在逐步释放，社会智库这块短板有所拉长。一批社会智库的活跃度不断提升，传统的智库圈层结构逐渐打破，开始向扁平结构转化，新型智库体系趋于形成①。清华大学《中国智库大数据报告》通过综合国内知名智库评价机构最新发布的智库评价报告中提及的智库名录，具体包括中国社科院中国社会科学评价中心发布的 2017 年《中国智库综合评价 AMI 研究报告》，南京大学中国智库研究与评价中心和光明日报合作发布的"中国智库索引"（CTTI）智库（2017—2018）和 2018年《CTTI 来源智库发展报告》，上海社会科学院智库研究中心发布的 2018年《中国智库影响力报告》，四川社科院发布的 2018 年《中华智库影响力报告》等，认定中国智库共有 1065 家。根据中办国办《意见》分类体系，1065 家智库分别是高校智库 611 所，企业、社会智库 148 所，党校行政学院智库 54 所，社科院类智库 69 所，党政部门智库 157 所，军队智库 2 所，科研院所智库 24 所。

4. 智库五大功能得到有效发挥，在推进国家治理现代化中发挥重要作用。随着智库与政府、媒体、社会的深入互动，政策过程各环节正在形成思想产品生产和流动的价值共创链，智库的资政建言、理论创新、舆论引导、社会服务和公共外交等五大功能有效发挥，成为推动国家治理体系和治理能力现代化的重要力量。党政领导对智库的认同度明显提升，智库参与决策的深度、广度和"长度"均有明显进步，咨政建言功能更加彰显。从深度看，部分智库深层次参与决策，已经成为党委政府离不开的重要助手；从广度看，智库广泛参与决策，包括内政外交，都有其身影；从"长

① 光明日报智库研究与发布中心课题组：《中国智库从数量式增长到内涵式提升》，载《智库时代》2017 年 6 月 5 日。

度"看，部分智库的决策咨询贯穿党委政府决策事前、事中、事后各个过程，第三方评估成为智库的重要职能之一。

5. 智库人才队伍建设成效明显，智库理念在高校和社会得到进一步强化。部分高校专家，特别是青年专家，表现出参与智库建设的较高热情。根据中国智库索引（CTTI）数据，已收录专家 14241 位，每家智库平均拥有 14.3 位全职研究员和 2.4 位兼职研究员。按学历来看，拥有博士学历、硕士学历、学士学历和其他学历的研究人员分别占比 78%、14%、7% 和 1%，学历分布总体呈"倒金字塔型"。从学科专业看，来自经济学、法学或管理学，占比分别为 26%、23% 和 17%，占到全部专家人数的三分之二以上。国务院发展研究中心不断加强人才队伍建设，严格选人用人，注重培养多领域、复合型人才，建立内部不同体制人员双向交流机制。同时，针对新进人员，注重选聘具有丰富研究工作经验和资历的专业化人才；注重在政策研究和政策评估中统筹国内外社会资源，建立"人才大网络"制度；注重实施"海外人才交流计划"，重点培养政策研究领军人才、学科领域带头人和青年拔尖人才，为智库发展提供健全的人才结构层次。中国社会科学院的智库人才培养体系分为专职、非专职、博士后、院所共建等四种类型，组成不同层次、不同方向的智库研究团队，同时探索施行"创新研究岗位"制度，在现有专业技术职称序列基础上辅以创新研究岗位序列，加强进岗人员业务竞争与待遇保障[1]。中国人民大学国家发展与战略研究院注重打造结构合理的人才梯队，激发各层次智库人才活力。通过全校选聘，形成智库研究板块首席专家牵头机制；通过分解国家治理研究领域，引入开放滚动的研究团队；通过智库研究员制度，构建智库与院系的人才流动通道；通过构建中国式"旋转门"，吸收其他研究机构学者、官员等作为高级研究员；通过实行专职与市场聘任制相结合，吸纳专职智库研究人员和智库运营管理人员[2]。

---

[1]　李曜坤：《建设现代化智库强国　新时代中国特色新型智库高质量发展方略》，中国发展出版社 2019 年版。

[2]　《不负使命　奋发有为　以高端成果服务国家决策——国家高端智库建设经验交流会发言摘登》，载《光明日报》2019 年 7 月 1 日。

6. 各类智库研究和发展平台纷纷建立，智库共同体建设取得明显成效。以中国智库治理论坛举行和中国智库索引（CTTI）的建立为标志，一个共建共治共享的智库共同体正在逐步形成。线上线下各类智库联盟建立，智库发展呈现社群化、联盟化的特征，正朝着系统化、体系化的方向迈进，智库的整体影响力日益增强，智库人的专业认同感进一步提升。从智库研究与社会科学学术研究的关系看，二者的话语体系正在逐步贯通并且有所融合。不少学术刊物更多地接受智库研究类论文和应用研究类稿件，一些学术刊物更加关注智库成果，并且涌现出一批以智库命名的新栏目、新版面和新刊物，比如《光明日报》智库版、《经济日报》智库版、《文汇报》智库版、《新华日报》思想周刊和《智库理论与实践》杂志。与此同时，学术研究对智库发展的支撑作用更加明显，基础理论研究与决策咨询研究良性互动的局面正在形成①。

中国的快速发展为决策质量提出了较高要求，智库面临的咨询课题难度将不断增加，只有通过多个智库之间密切合作，整合研究资源，发挥各自优势才能更好地解决问题，提供优质的决策咨询服务，这在客观上要求智库间加深交流合作。与此同时，中国智库近几年得到快速发展，数量显著增加，研究领域不断扩充，决策能力显著提高，这为智库间合作提供了基础条件。随着智库间合作交流的增加，智库联盟呈现出良好的发展势头，例如，复旦大学牵头倡议的"长江经济带智库合作联盟"，由复旦大学、上海社科院、南京大学等 12 所高校及科研机构共同发起，将为长江经济带 11 省市共同面临的问题开展深入研究，提供高质量的决策咨询。智库间合作程度的加深和智库联盟的不断出现，为中国智库在整体上提高决策研究能力、发挥政策建言功能开创了新局面。

7. 新型智库在公共外交和对外交流中发挥重要作用，中国智库国际影响力明显提升。以"一带一路"智库合作联盟不断壮大和 2016 年二十国集团智库会议（T20）在北京召开为标志，中国智库的国际影响力进一步增

---

① 光明日报智库研究与发布中心课题组：《中国智库从数量式增长到内涵式提升》，载《智库时代》2017 年 6 月 5 日。

强。中国正日益走近世界舞台中央，迫切需要智库成为前行者、呐喊者、谋划者。随着中国越来越多参与国际事务，相关决策研究和政策宣传的需求不断增加，在这样的背景下，智库逐渐深度介入国际交流与合作。例如，国务院发展研究中心通过举办中国发展高层论坛，聚集了国内外众多知名专家学者共同探讨世界发展问题，形成了大量高水平决策研究成果，并加深了各国学者、智库之间的交流，有效传播了中国建设经验和发展理论，产生了显著的国际影响。在"一带一路"研究过程中，中国智库推动各国智库间开展密切交流，通过具体的合作项目和研究成果，加强对"一带一路"合作理念的宣传介绍，引导国外智库理解、认同"一带一路"实质与内涵，为进一步加强国际合作创建良好基础。[①] 中国智库有了更多的思想自信、理论自信和话语自信，走出去的步伐开始加快，国际影响力持续增强，智库成为参与国际事务的重要力量，推动中国的国际话语权和软实力进一步提升。

第二节　新型智库成长的健康体检

习近平总书记在哲学社会科学工作座谈会上的讲话中，针对当前智库建设中存在的问题，一针见血地指出，智库研究存在"重数量、轻质量"问题，存在"重形式传播、轻内容创新"问题，存在"流于搭台子、请名人、办论坛等形式主义"的做法，明确要求"智库建设要把重点放在提高研究质量、推动内容创新上"。经过对新型智库发展的深入考察，可以发现，尽管新型智库建设取得了很大成绩，但从智库发展的整体看，还没有完全走上健康发展的道路，在某种程度上存在着数量大于内涵、形式大于内容、虚名大于实效、竞争大于合作等问题，在整体上处于一种"亚健康"状态。上海社科院智库研究中心《2018 中国智库报告：影响力排名与政策

---

① 张宇燕：《智库在"一带一路"建设中的角色》，载《中国投资》2016 年第 4 期。

建议》概括为三个"跟不上"和三个"不适应"，即智库发展视野、发展能力、发展认知"跟不上"，智库评价体系、管理方式、传播方式"不适应"。在一定程度上，智库热也造成了智库低端产能的形成，新型智库发展也面临着新一轮的竞争，有些智库则站在了发展的十字路口，或者处于奋力爬坡、不进则退的境地。根据笔者的研究，参考上海社科院智库研究中心等的研究成果，在此系统梳理新型智库发展进程中存在的问题和亚健康现象。

1. 智库概念边界不清。智库概念的使用被有意无意地混淆，"贴牌""拼盘""泛化"迹象明显。尽管中办国办《意见》对新型智库进行界定，明确了新型智库的八个基本标准，但对于究竟怎样的组织才算是智库，智库组织需要具备的条件不尽统一，新型智库认定标准不够统一，新型智库的职能边界不够清晰。有些机构改头换面，换汤不换药，一夜之间就成了"智库"。有的高校将校内具有应用研究功能的机构打包"拼盘"，冠以智库之名，组织分散、没有形成实质性协同的研究机制。部分智库过分强调小核心、大外围、平台化，没有自有研究力量，缺乏自有生产能力，没有形成自有思想品牌。部分具有多种功能的研究机构被命名为智库，存在如何处理智库功能与其他功能的关系等问题。特别是部分决策咨询色彩不鲜明的研究机构和商业咨询公司也自称智库，智库的边界被过度放大。一些智库的目标还在基础理论研究、学科性研究与应用研究、规范咨询研究之间徘徊，缺少建设高质量、专业性智库的勇气、胆略和能力。

根据上海社科院智库发展报告，国内智库建设领域存在一哄而起、扎堆研究的不良倾向，有的智库甚至根本没有研究领域，什么题目热就研究什么，哪里研究项目多就到哪里去，对需要长期跟踪的现实问题缺乏了解与研究，特别是在"智库热"下涌现出一批"万能专家"，陷入智库之间相互抢夺课题资源的怪圈。久而久之，势必导致智库的低水平重复研究泛滥，在智库建设大潮中迷失航向、丧失初心，同时这种低水平发展还会在思想市场上产生"劣币驱逐良币"效应，严重破坏智库发展的生态环境①。

2. 制度供给仍然不足。国家高层高度重视智库建设，部分地方党政领

---

① 参见上海社科院智库研究中心《2018 中国智库报告：影响力排名与政策建议》。

导对决策咨询重要性认识不足，对智库的重视程度不够，存在着上"热"下"冷"现象。部分地方党委政府对智库建设的推动还停留在宏观政策层面，与智库发展密切相关的具体的、可操作的政策供给不足，缺少支持智库发展的关键性、实质性举措，如政府购买决策咨询服务制度，规范引导社会智库发展的制度安排等，存在着口头上"热"、内心里"冷"现象。相对于智库界的快速行动，积极主动，部分地方党委政府决策咨询的需求不旺，问策智库的主动性不强，存在着智"热"政"冷"现象。在管理主体上，国家社科工作办主要负责推动国家高端智库建设，各省市智库管理机构以推动省级命名的智库发展为主。在省级层面，智库管理机构有的在宣传部，有的在社科联，还有的在党委研究室，由于缺少统一的管理和系统性的推动，智库之间的合力仍然没有形成，研究力量和资源还相对分散，"拢指合拳"不多，"合纵连横"不够，智库研究在一定程度上还存在着同质化、碎片化、低水平重复等问题。

3. 供需对接渠道不畅通。智库决策咨询产品的供给与党委政府的决策咨询需求尚不匹配，需求与供给之间存在明显的结构性矛盾。智库供给决策咨询产品的积极性普遍高涨，但数量有余而质量不足，研究和实际决策需求相脱节，在一定程度上存在决策咨询产品结构失衡、供给不足和产能过剩并存的情况，新型智库建设领域也迫切需要推进供给侧结构性改革。有些地方主管部门对智库的态度是"管起来"，而不是"用起来"，认为智库特别是社会智库是来给政府部门"挑刺儿的"，会给决策体系和决策过程带来压力和麻烦，在这种观点的影响下，一些地方的智库被排除在决策过程之外，政智反馈渠道缺失、社会智库咨政通道不畅等问题长期得不到解决[1]。部分决策者认为智库成果都是纸上谈兵，缺乏针对性和可操作性，政策咨询往往被看作论证的工具，甚至被用来"装门面""做姿态""走形式"。党政研究机构和智库运行相对封闭，政府依靠熟人和圈子找决策咨询专家，智库靠"猜测"来对接党委政府的决策需求，双方之间存在信息不对称、供需不匹配、产品不对路等问题。在一些地方还存在智库界热、决

---

① 参见上海社科院智库研究中心《2018 中国智库报告：影响力排名与政策建议》。

策圈冷的现象，研究机构和高校建设智库的热情高涨，包括新智库成立，老机构翻牌，纵向设分支，横向搞联盟，各种活动、论坛接二连三；在一些地方，决策层对智库建设的态度大多比较冷静，尚处于观望状态，对智库能否发挥作用持怀疑态度，对如何发挥智库作用心中无数，导致部分智库有力无处使，智力空投，机构空转，"报国无门"。有的智库研究和实际决策需求相脱节，党委、政府决策部门认为这些智库成果不对胃口，缺乏针对性和可操作性，没什么实际价值；而智库工作者则常常觉得不受重视，抱怨研究成果被束之高阁，难以进入决策层。如何找到两者的共同点、切入点，推动有效供给与决策需求的有效对接，正是要面对和解决的问题。

4. 智库成果总体质量不高。主要表现为：追逐热点、浅尝辄止的多，系统研究、入木三分的少；依据文献整理和二手资料的经验性研究多，通过开展扎实的实地调研掌握翔实一手资料的规范性研究少；学术性的论文多，可操作性的建议少；针对当下政策的阐释性成果多，针对未来趋势的引领性成果少。从总体上讲，智库把握决策咨询的问题"不精准"，深度"不到位"、步伐"跟不上"。所谓不精准，就是智库研究的问题往往不是党委政府关心的问题、需要解决的问题，而是似是而非的理论问题，或者设计出来的假问题，研究成果对于决策者来说，要么是陈词滥调，要么是观点错位，不符合当地实际，缺少转化和应用价值。所谓不到位，主要是部分智库没有深入基层好好调研，心态浮躁，蜻蜓点水，用的还是传统的方法，推出的成果往往是应景之作，产品大同小异，低端重复，缺少前瞻性、战略性、储备性。更有甚者以专家拍脑袋来代替决策者拍脑袋，形式主义、官僚主义现象严重。所谓跟不上，主要是思想和智力上跟不上，跟不上决策者的观点思路和思维方式方法，智库专家对问题的认识没有实际工作部门深刻。跟不上，一个是衔接不上，对接不起来，是产品本身不对路的问题；另一个是速度跟不上，在产品的产出上不能适应党委政府决策瞬息万变的新形势。有些智库块头也不小，但体质不强，有时会还比较虚弱，在党委政府关键需要时，态度比较积极，但用不上力，体力脑力精力耐力跟不上。此外，成果转化的质量不高，相关部门尚未形成优秀智库成果转化的规范程序和跟踪机制，致使不少优秀的智库成果一"阅"了之，被束之高阁，得不到深度应用。

5. 智库内外部治理机制不完善。从组织结构上看，部分体制内智库机构庞杂、研究队伍臃肿，对突发事件的响应速度比较慢，冗长的内部流程与部门协调过程，使得智库失去了宝贵的发声机会。部分高校智库与学校现有的运行体系不兼容，职称体系、评价体系等方面不接轨，存在"孤岛"现象。从专家构成上看，部分智库比较看重学历，甚至是唯学历，智库人员从学校到学校，或者是从研究机构到研究机构的现象并不鲜见，再加上国际出访手续烦琐，还有出访经费和出访时间的限制，这些都在一定程度上限制了智库从业人员的视野，使得智库只能着眼于政府决策中的"眼下事""手边事"①。不少智库的运营人员以兼职为主，主要是临时凑人做课题，没有形成良性的运作机制和实体机构，缺少专门的研究人员和专业的运营团队，缺乏对知识生产的专业化管理。从成果转化上看，智库话语与党委政府的政策话语不连通，有些时候决策者认同智库专家的观点，但不认同智库报告的话语体系，在一定程度上影响了智库成果的转化。从外部来看，智库管理体制改革特别是经费管理改革"见物不见人"，看似对智库研究人员利好的政策迟迟难以落地。

6. 成果评价和对外传播不适应。从评价标准看，当前智库建设中普遍存在"唯批示论"，以及按照领导级别大小作为评价智库成果唯一或最高标准的现象，需要引起各方的重视与警惕。长此以往，或将异化智库发展目标，用揣测决策部门意图以获得更多的领导批示，取代艰苦扎实的对策研究。高校中把学术研究和对策研究对立起来的观点仍相当普遍，认为"智库从事的对策研究不属于学术研究，那些做不好学术研究的才会去做对策研究，而且对策研究没有水平，只有学术研究才有价值"。正是在这种观点的影响下，高校智库人员的咨政成果无法纳入绩效考核与职称晋升通道，高校智库人才评聘工作存在"真空"地带。这些都给智库和思想市场的成

---

① 参见上海社科院智库研究中心《2018 中国智库报告：影响力排名与政策建议》。

长，带来了发展理念上的障碍。我国的智库习惯于在国内进行成果转化与传播，但在国际上却由于各种原因难以进行有效沟通，只有少数智库具备对外传播的能力，极少数智库建立了全球传播的渠道。智库传播方式"跟不上"国际规则，语言沟通有障碍，鸡同鸭讲式的交流难以在国际有影响力的媒体、论坛上发声。

7. 各类智库主体发展不均衡，未形成合力。在类型上，国家高端智库与一般智库的发展不平衡。国家高端智库试点单位活跃，在国际国内活动策划和政策制定中扮演着重要角色，成为党委政府用得上、信得过的智库品牌。部分体制外智库大胆创新体制机制，积极拓展国际国内影响力，工作开展得有声有色，风生水起。但智库建设的短板依然存在，一些体制内智库仍然具有较大的体制惯性和改革惰性，仍然醉心于自己的"江湖地位"，推进改革的积极性不高。部分智库发育比较缓慢，"心智"还不够成熟。智库发展区域的不平衡，智库主要集中在北京、上海和江苏等东部地区，中西部地区智库力量较弱。从层级上讲，省及省级以上智库发展比较迅速，省级以下智库发展比较缓慢。从总体上看，新型智库发展的数量较多，但相当一部分智库发育的程度不够充分。有些机构名义上是智库，但实际上有库无智，缺乏专业的智库精神、专门的智库人员，智库潜能还没有发挥出来，有利于智库发展的内部管理运行体制机制还没有完全建立起来。因此，从总体上讲，中国特色新型智库建设迫切需要在竞合中促进质量提升，推动新型智库体系的形成。

第三节　新型智库的外部系统治理

中国特色新型智库发展要以增强政策供给为动力，以体制机制创新为关键，以精细化、精准化、精致化为方向，以智库建设质量和智库产品质量双提升为主线，以更好地服务党委政府决策、支撑社会发展为宗旨。新型智库的外部系统治理需重点在七个方面着力，这些方面构成本书第10—

16 章的主要内容：

1. 着眼于建设新型智库体系，增强各类智库发展之间的协调性和协同性。协调是新型智库体系建设的基础，协同是新型智库建设的更高层次的目标。智库建设要注重智库功能定位的科学性和分布分层的合理性，实现各类智库统筹发展。第一，推动党政机关智库转型，促进智库研究成果的切实转化。实现体制内智库与体制外智库的有效对接，地方政府要树立善用智库的意识。第二，规范引导社会智库健康发展。在对社会智库发展进一步规范的同时，为其参与决策咨询服务创造良好条件，促进一批具有潜力的社会智库快速发展。第三，统筹建设新型智库体系，加强智库共同体建设。要对不同类型的智库功能进行科学定位，推动各类智库主体共同发展、均衡发展，促进智库要素的整合、智库平台的融合，形成分层分类、协同有序的发展格局。结合当前新型智库建设的实际，在推进新型智库体系建设的过程中，可以在以下几个方面着力：政府信息和决策咨询需求公开制度，智库专家参与重大决策制度，政府购买决策咨询服务制度，新型智库综合管理服务制度（主要包括智库认定、智库管理、智库评价），高端智库示范引领制度 5 大制度牵引力，8 类主体竞合力，智库联盟粘合力，智政互动、智知互动、智企互动、智媒互动和智社互动等五维链接推动力，组织领导保障，要素平台保障，人才队伍保障，激励约束保障，良好生态保障等五大保障支撑力，简称"58155"模型。

2. 着眼于完善决策咨询制度，增强新型智库发展的牵引力和拉动力。党的十八届三中全会提出，要"加强中国特色新型智库建设，建立健全决策咨询制度"。智库发展有自身的规律，党委政府的主要职责，不是在微观层面参与新型智库建设，而是为新型智库发展创造良好的政策环境和外部条件。决策咨询制度，包括决策制度，决策程序上的专家参与，还包括咨询制度，智库参与决策的形式和方式，同时也包括决策过程如何与咨询服务对接的制度。在这一制度体系中，决策制度、协商制度、咨询制度、智库运行与管理制度共同构成新型智库生成和发展的生态链、制度链，其中，决策制度是置于链条最前端、起引领带动作用的环节，是启动器、牵引机、动力源，是新型智库发展的外部动力。决策制度体系，是新型智库发展的前置动力源，是决策咨询制度链的主动轮，通过决策咨询机制将动力输送给智库体系，推动智库发展。智库运行体系，是决策咨询制度链的从动轮，在决策机构需求的带动下有效运转，把思想和智慧传输给决策部门，供决策部门参考。决策制度的牵引能力与智库的内生动力形成合力，共同带动决策咨询链条的有效转动，决策咨询制度在整个新型智库建设过程中具有重要的链接功能。

要严格按照中办国办《意见》的界定，规范智库发展秩序，维护概念严肃性，避免智库名称泛化和智库建设标签化，加快智库实体化建设步伐。要吸收已有的智库研究和评价成果，扶持第三方智库研究机构编制严肃规范的全国性智库名录，开展智库认证工作。要把智库研究机构与智库区分开来，把以营利为目的、主要从事商业咨询的机构排除在外。建议进一步明确智库的管理部门，赋予其更多的管理服务功能，通过相关的法律法规，净化智库行业；筹建智库行业组织，规范智库联盟的成立标准和运作流程，起到党和政府联系智库、联系智库学者的中介作用。要通过制度设计，激发释放决策部门的决策咨询需求，通过政府购买决策咨询服务，对新型智库发展形成牵引作用。完善决策程序立法，明确重大决策需有智库参与，强化政府自觉主动向智库问策的意识。尽快出台政府购买决策咨询服务的意见等后续配套文件，进一步明确购买的范围、程序和双方的责任义务，为智库决策咨询产品的交易提供制度化保障。

3. 着眼于补齐新型智库的发展短板，增强社会智库发展的有序性和规范性。随着各类治理主体的不断发育和成熟，政府必然会将更多的权力让渡给社会，社会智库作为新型智库的重要组成部分，必将在经济社会发展和社会治理中发挥更大作用，在国家治理体系和治理能力现代化中扮演更加重要的角色。从传统的民间智库，到新型智库体系中的社会智库，体现了智库发展的观念突破和思维变革。推动社会智库规范健康发展，要强化社会责任，始终把握社会智库发展正确方向；加强制度供给，补齐社会智库这块最弱短板；探索有效途径，促进社会智库参与决策咨询服务；规范服务市场，完善社会智库产品供给机制；提升发展水平，打造社会智库发展高端品牌；加大支持力度，营造社会智库发展良好环境。

4. 着眼于打造新型智库发展综合平台，充分发展社科联机构的桥梁和纽带作用。社科联是联系社科界的桥梁和纽带，同时也是联系智库界的桥梁和纽带。根据民政部等九部委联合印发的《关于社会智库健康发展的若干意见》，省级社科联作为民办社科类研究机构（社会智库最主要的组成部分）的业务主管部门，进一步强化了社科联在新型智库体系建设中的纽带作用与枢纽地位。在新形势下，需要社科联进一步找准定位，着力建设牵引型、枢纽型和平台型智库，更好地发挥以下 7 个方面的作用：强化职能作用，找准参与新型智库体系建设的发力点；强化牵引作用，引导新型智库健康发展；强化枢纽作用，密切智库与各界的联系；强化协调作用，形成新型智库建设整体合力；强化平台作用，加强智库成果交流；强化培育作用，促进智库发育成长；强化杠杆作用，聚集优质社科资源。江苏省社科联以智库研究与交流中心为依托，着力打造智库研究平台、智库交流平台、智库培训平台、成果转化平台和省市社科联智库联动平台，成为江苏新型智库"一体两翼"格局中的重要一翼。

5. 着眼于推动新型智库与相关主体的多维互动，增强新型智库发展的外部链接性和驱动性。智库要更好地发挥作用，必须加强新型智库之间的合作，加强智库与媒体的互动，加强与社会公众的互动。一是保持一臂之遥，推动政智互动。引导和推动智库健康发展，提高智库供给质量，必须在智库产品的需求侧和供给侧同时发力，推动决策部门、党政研究机构与各类智库主体良性互动。政策研究机构要拓展获取决策信息的渠道，善于"借船出海"，通过借鉴智库研究成果，在认真比较辨别识别的基础上，去粗取精，为我所用。智库要增强专业性、客观性、系统性，善于"借梯上楼"，通过加强与政策研究机构的合作，发展自己，扩大政策影响力。通过两者的互动互促互补，产生 $1+1>2$ 的效应，形成一个有效的闭合循环，形成更多更高质量的成果，更好地满足党委政府的决策需求。在新型智库发展的进程中，应增强政策研究机构与新型智库的良性互动，把更多的精力放在智库发展引导、智库平台建设和智库成果转化上，着力搭建决策咨询供需对接对话、信息共建共享、课题协作协同、成果转化转换、人员互通互动等平台，为智库对策研究嵌入政策运行系统、实现智库产品供需有序有效精准对接提供制度化的平台保障。二是跨界融合，促进社会科学与自然科学之间的合作。科技智库是新型智库的重要组成部分。哲学社会科学要建智库，自然科学也需要建智库，而且在智库建设的过程中，迫切需要研究力量的整合、研究方法的融合和研究过程的协同。哲学社会科学需要借鉴自然科学的研究方法，自然科学研究需要借鉴哲学社会科学经世致用的理念。三是推动智企互动，逐步建立政策市场。通过发展一批企业智库和社会智库，通过对现有智库的体制机制改革，增强智库研究方向的专业化，智库专家队伍的职业化，智库思想产品的品牌化，智库服务决策和社会链条的延伸化，逐步建立由党委政府等需求部门、智库等供给部门共同构成的思想产品市场，推动新型智库向产业化的方向发展。四是推动智媒互动，促进相向而行双向融合。强化新型智库的社会化传播意识，完善创新性、规范化的顶层制度设计；强化新型智库的专业化经营意识，构建去行政、扁平化的管理运行机制；强化新型智库的双向度驱动意识，形成全程化、立体化的产品服务体系；强化新型智库与媒体良性互动意识，开辟便捷式、无缝化的合作双赢通道；强化智库思想产品集成的大数据意识，打造兼容传统与现代传播方式的评价体系。五是推动智民互动，更好地服务社会。服务人民群众是新型智库建设的应有之义，新型智库要以服务公共政策为主线，把服务决策者和服务社会公众结合起来，做服务民众的延伸手臂、集中民智的最强大脑、看护民利的火眼金睛、启迪民思的良朋益友、测试民意的风筝路标、疏解民虑的缓冲平台。

增强新型智库外部发展的互动，需要在多个层面重点发力，但重中之重还是畅通对接渠道，沟通思想产品供需。第一，释放党委政府的决策需求。从党委政府和智库管理的视角看，要提高政策供给质量，在工作重点上实现由建智库向用智库转变。要善于主动出题目、设议题，引导智库聚焦现实开展研究。重大政策出台前，可通过适当渠道向智库征求意见，吸引智库积极参与，在汇聚众智、集思广益中确保政策设计的前瞻性与科学性。第二，增强思想产品竞争强度。要通过公开招标等方式，鼓励不同的智库主体适当开展规范有序竞争，形成充满生机和活力的思想产品供给机制。在给予智库集成性的政策支持、促进其基础建设的同时，逐渐建立基于市场需求的决策咨询项目竞争机制。第三，建设供需对接平台。决策部门要加强与智库和课题管理部门的联系，课题管理部门要紧紧围绕党委政府的重大决策、重大战略、重要部署，及时发布决策需求和研究课题，建立决策咨询需求信息发布平台，引领智库的研究方向，增强智库研究成果的针对性，避免决策机构与智库机构的双盲选择导致效率低下。要建立健全沟通协调互动机制，推动政府部门政策研究与智库对策研究的有效对接。加强话语体系的转换，促进高质量的理论成果向智库成果转化。

6. 着眼于把握新型智库柔性边界的特征，增强新型智库发展考核评估的科学性。绩效考核，是智库发展质量的检验标尺，在新型智库发展中具有重要的引导和指挥棒作用。建立科学规范有序的内部考核、主管部门考核和第三方评估的考核评价体系，是促进智库质量提升和健康发展的关键。对新型智库进行质效评价，必须充分考虑智库的组织特征，将把论文写在大地上作为评价新型智库的 KPI。智库建设需要有国家标准，建立智库质量标准体系认证评估 ISO—TT 系统。第一方绩效考核：智库内部绩效考核，作为智库管理的重要组成部分，智库对内设部门、研究所、课题组和专家等绩效的考核，作为绩效发放和人才评价的重要依据。第二方绩效考核：智库有主管部门和建设方，也是代表党委政府对智库给予经费等资源支持的管理方，对于资源的投入和服务党委政府的产出，要有一个绩效的评价，以促进智库的质量提升和可持续发展。第三方智库评价：以评促建，评估的重点在于发现问题，引导智库向正确的方向发展。第三方智库评估的意义和重点不在于排名，避免因为过多过滥的智库排名干扰智库的发展秩序。要在构建智库机构评价体系的同时，建立符合智库特点的成果管理和产品、人才评价体系。坚持基于客户、质量和市场的评价导向，坚持短期效应与长期效用相结合，政府、学界、社会评价相结合的评价原则，加大决策机构在智库评价主体中的权重。要进一步优化决策咨询成果的奖励标准，同时也要警惕重奖之下智库发展畸形。

7. 着眼于推动新型智库健康发展，在国家治理现代化进程中发挥更大作用。2013 年 11 月，党的十八届三中全会通过《中共中央关于全面深化改革若干重大问题的决定》，首次在党的全会决定中提出"国家治理体系和治理能力现代化"，首次强调"加强中国特色新型智库建设，建立健全决策咨询制度"。两个首次，把国家治理现代化与新型智库紧密联系在一起。2016年5月17日，习近平总书记在哲学社会科学工作座谈会上发表重要讲话，在讲话的第四部分强调，加强和改善党对哲学社会科学工作的领导，各级党委和政府要发挥哲学社会科学在治国理政中的重要作用，并就新型智库建设提出明确要求。从这个意义上说，新型智库是哲学社会科学在治国理政中发挥重要作用的一个重要载体，或者说链接在哲学社会科学理论与治国理政实践之间的一个重要的桥梁和纽带。要推动智库体系与决策体系的互动，提升新型智库参与国家治理的科学资政力；要推动智库研究与学术研究之间的良性互动，提升新型智库参与国家治理的理论创新力；要推动不同智库机构之间的互动和智库体系的形成，提升新型智库参与国家治理的整体适应力；要推动新型智库与各类媒体之间的互动，提升新型智库参与国家治理的舆论引导力；要推动新型智库与社会民众之间的良性互动，提升新型智库参与国家治理的社会服务力；要推动新型智库与国际智库的良性互动，提升新型智库参与世界治理的话语影响力。

把加强智库建设作为推动国家治理体系和治理能力现代化的重要抓手。第一，推动协商民主。智库的对策建议往往是在开展深入调研、大量搜集民意的基础上形成的，对推进协商民主具有重要意义。要运用多种传播方式，拓宽智库影响社会舆论的媒体通道，促进公共政策的实施。第二，推动国家软实力的提升。培育一批致力于增强中国在世界上的话语权和软实力的智库，举办高端国际论坛，发布具有国际影响力的智库研究报告，在世界公共事务治理中多发声，增强我国国际话语权，推动中国文化、中国思想和中国方案走向世界。

第十章 新型智库体系：智库建设的目标

习近平总书记高度重视新型智库建设，强调要探索中国特色新型智库的组织形式和管理方式，统筹推进各类智库协调发展，形成定位明晰、特色鲜明、规模适度、布局合理的中国特色新型智库体系，把中国特色新型智库建设作为一项重大而紧迫的任务切实抓好。

第一节 新型智库体系建设的内涵主体

一、中国特色新型智库体系建设的内涵分析[①]

2015 年 1 月，中办国办《意见》对新型智库体系建设做出重要部署。

在中办国办《意见》指导思想部分，强调"以服务党和政府决策为宗旨，以政策研究咨询为主攻方向，以完善组织形式和管理方式为重点，以改革创新为动力，努力建设面向现代化、面向世界、面向未来的中国特色新型智库体系"。在这里，强调"新型智库体系要面向现代化、面向世界、面向未来"，包含了三个方面的含义：现代性——新型智库体系与传统智库的根本不同，就在于组织形式和管理方式的创新，能够更好地为现代化建设服务；开放性——加强国际交流，在向西方智库的学习借鉴中发展壮大，

[①] 部分内容参见刘德海《新型智库体系的内涵特征与建构思路》，载《智库理论与实践》2017 年第 4 期。

增强中国软实力；前瞻性——能够主动设置议题，为决策者提供具有前瞻性的思路建议，引领中国未来发展的方向。

在中办国办《意见》总体目标部分，强调"到 2020 年，统筹推进党政部门、社科院、党校行政学院、高校、军队、科研院所和企业、社会智库协调发展，形成定位明晰、特色鲜明、规模适度、布局合理的中国特色新型智库体系"。包括五个方面的含义：

第一，明确了新型智库体系的时间节点。这个时间节点是 2020 年。从目前看，构建新型智库体系工作取得重要进展，但从总体上说，这个体系的科学性和完整性还需要进一步增强。

第二，明确了新型智库体系的主要构成。包括党政部门、社科院、党校行政学院、高校、军队、科研院所和企业、社会智库等八类。从目前省重点智库建设的情况看，绝大部分是体制内智库，社会智库数量极少，大部分企业智库还没有进入党委政府主导的智库体系范围内。

第三，明确了新型智库体系的建设路径。建设新型智库体系，完善思想产品市场、政策咨询市场和智库产品的价格生成机制，需要增强智库行动之间的协同一致性，统筹推进各类智库协调发展。思想产品具有公共属性，不同于可以主要运用市场的手段来调节的一般商品。建设新型智库体系，在很大程度上，需要对区域内思想产品的生产进行统一的规划、协调，推动智库之间的合作，更好地对接党委政府需求，促进智库与实际工作部门之间的协同，从而促进智库研究质量的提升，提高整个区域的发展智商。智库在服务党委政府决策的时候，必须有分工、有合作，有协同、有竞争，既保持智库的活力，通过研究结果的相互印证和有序竞争来提高决策咨询服务的质量，又要通过合理的分工和紧密的协同，来避免智库发展的同质化和智库低端产能的严重过剩。

第四，明确了新型智库体系的鲜明特征。定位明晰，既包括智库的总体定位，也包括各类智库的功能定位；特色鲜明，即体现中国特色，区别于西方智库，走出一条符合中国国情的智库发展道路；规模适度，即智库规模与新时代经济社会发展的需求相适应；布局合理，即推动中国特色新型智库形成合理的专业布局、区域布局、层级布局。

第五，蕴含了新型智库体系的内在要求。加强新型智库体系建设，一要强化党政智库的黏合剂作用。在智库体系中，充分发挥党政研究机构和有关部门的纽带链接作用，以新型智库的有机体系来对接党委政府决策系统，以智库布局的有序促进智库参与决策的有序。二要构建决策咨询服务链。不同层级的智库和智库类研究机构，围绕党委政府的决策需求，在不同链条发挥不同的作用，形成决策咨询服务链与决策链的全方位对接，在重要节点上开展高效率高质量的合作，增强服务党委政府决策的整体动能。三要推动智库集群化发展。城市发展需要集群，产业发展需要集群，智库发展也需要集群，通过组建区域或行业智库联盟，增强智库发展的整体竞争力。与此同时，通过建设智库集群，大力发展与智库相关的智力产业，推动中国智库走出去，在国外建立智库分支机构或智慧产业园，建树中国智库形象，增强中国思想产品的国际影响力。

需要说明的是，新型智库体系不仅仅是不同类型的新型智库组合体。新型智库体系的建立，既需要内部资源联结的纽带，把各类智库有机地联结起来，又需要外部力量的有力牵引，强化党委政府建智库的意识和政策支持力度，增强党委政府善用智库的意识和能力。围绕党委政府的决策咨询需求来布局智库体系和生态链，促进党委政府决策者善用智库，充分发挥不同类型智库的作用，这是新型智库发展和新型智库体系建设的外部动力。

二、新型智库体系建设的推进主体

从国家层面看，主要是实行高端智库带动。2015年，中央深改组通过了《国家高端智库建设试点工作方案》，遴选出首批25家单位，形成新型智库建设的"国家队"，组建了国家高端智库理事会。从地方层面看，根据中办国办《意见》要求，各地研究制定地区和系统内部的智库建设实施方案，明确智库管理机构、省级重点智库名单（名录）与管理协调机制。建设新型智库体系，智库主管部门是最主要的推动力量。一些具有桥梁纽带和联络功能的组织，如社科联、决策咨询委员会和各类智库联盟，也是推动新型智库体系建设的主要力量。从管理机构看，全国各地新型智库建设的模式不尽相同。

第一，以省委宣传部为主导的推进模式。这也是新型智库建设最主要的推进模式，如江苏、湖南、吉林、浙江、黑龙江等地。江苏成立了新型智库建设理事会，下设秘书处，江苏省哲学社会科学规划办公室（智库办）具体承担全省新型智库建设的协调指导与管理服务工作。

第二，省委宣传部与省社科联共同管理模式。比如北京市，根据《中共北京市委办公厅关于印发〈北京市社会科学界联合会机关、北京市哲学社会科学规划办公室职能配置、内设机构和人员编制规定〉的通知》（京办字〔2019〕46号），北京市社科联机关与市社科规划办合署办公，实行一套工作机构、两个机关名称，与智库相关的职责主要包括：开展相关决策咨询服务工作，促进社会科学理论研究成果转化；承担首都高端智库建设试点的相关工作。

第三，理事会、联席工作会议或联盟推进模式。从管理协调机制看，大多以一级管理机构牵头成立新型智库联盟或者建立智库工作联席会议制度，重在协调政府各部门，促进智政良性互动。如江苏、吉林、浙江建立了智库理事会或工作联席会议制度；广西、湖南、黑龙江则成立了新型智库联盟或论坛；河北、辽宁、四川由省委政策研究室承担主要的协调组织沟通功能。在管理和发展平台上，江苏构建了"一体两翼"的工作格局，一体指江苏新型智库建设理事会，"两翼"分别是南京大学建设的"智库研究与评价中心"和省社科联建设的"智库研究与交流中心"。

第四，省决策咨询委员会牵头推进模式（决策咨询委员会一般设立在党委政策研究部门）。根据《关于加强四川新型智库建设的意见》，四川以省委省政府决策咨询委员会为骨干和领军，统筹推进党政部门、决策咨询委员会、社科院、党校行政学院、社会主义学院、高等学校、科研院所和企事业单位、社会智库协调发展，构建四川新型智库体系，以科学咨询支撑科学决策。广西则提出"1＋1＋6＋4"特色新型智库体系，即以1个决策咨询委员会为统筹、1个智库联盟为协调、6类智库建设为主体、4种服务平台为支撑的智库体系①。河北根据《关于加强河北新型智库建设的意见》，

---

① 刘德海：《新型智库体系的内涵特征与建构思路》，载《智库理论与实践》2017年第4期。

统筹推进各类智库协调发展，塑造省委省政府决策咨询委员会和省社科院两大智库品牌。"强化省委省政府决策咨询委员会在重大公共政策议题提出、方案选择、咨询论证、实施评估等不同阶段的职能作用。成立河北省应用对策研究咨询中心，与省委省政府决策咨询委员会办公室合署办公"。对省委、省政府将出台的重大决策，由省委省政府决策咨询委员会组织不同智库、不同领域专家进行论证，全面评价决策的正面和负面影响[①]。

为了更好地科学民主依法决策，不少地方成立了决策咨询委员会，吸收知名专家作为成员。在新型智库建设的大背景下，如何实现智库建设与决策咨询委员会的有效对接，更好地为党委政府决策服务？决策咨询委员会在新型智库体系建设中应当并且可以发挥什么样的作用？在此，以广东、上海某地为例，对决策咨询委员会的成员构成和运作等做一些具体分析。

决策咨询委员会的办事机构运行模式有：独立运行模式、与党委研究室合署模式、与政府发展中心合署模式、镶嵌在政协等机构模式。比如，广东省政府决策咨询顾问委员会是经省政府批准设立的决策咨询顾问机构，日常管理工作由广东省人民政府发展研究中心负责。顾问委员会由顾问委员、专家委员和企业家委员组成，设宏观经济、创新产业、城乡统筹、生态文明、商贸金融和社会发展等六个组别，每个组别由5—8位委员组成。主要参加省政府或省发展研究中心组织的决策咨询活动，包括参加省长与专家座谈会、专题咨询论证、专题研讨会，接受委托研究，参加考察调研等。

上海市决策咨询委员会是党的十六大之后，地方政府组建的第一个省级决策咨询委员会，是中共上海市委领导下的决策咨询机构。其主要职责：（1）对涉及全市国民经济和社会发展的重大战略、方针政策和重要问题开展调研和咨询论证；（2）调研评估全市有关重大决策执行中的实施效果及问题；（3）会同市有关部门做好全市重大决策咨询课题的选题、管理和成果转化等综合协调工作；（4）汇集全市决策咨询研究信息，为市委领导和

---

① 参见《关于加强河北新型智库建设的意见》，河北省哲学社会科学工作办公室网站，http：//kxghw.hebnews.cn/skdt/2015-10/22/content_5115112.htm。

相关部门提供服务；（5）完成市委领导交办的其他工作。根据上述职责，上海市决策咨询委员会下设办公室①。

上海市决策咨询委员会的建立，有利于进一步完善上海市的决策民主化、科学化机制，更好地实现重大决策的科学化、民主化，集中各类专家智慧，全面提高决策咨询水平，保障上海市委在重大问题上体现出更高的决策咨询能力和决策水平。上海市决策咨询委员会的工作重心有三个层面：一是宏观性、战略性问题的研究，对大局、大势、大事进行研判分析，把握方向和战略；二是创新转型的关键性、政策性问题研究，为发展和建设工作出主意、想办法；三是特大型城市发展规律问题研究，破解人口、环境、交通、产业升级等方面的难题②。

2018 年 6 月 8 日，上海市举行决策咨询委员会委员座谈会，19 位专家被聘为新一届上海市决咨委委员。在委员来源上，此次聘任在区域和身份上有所拓展，首次在苏浙皖各聘任了一位委员，首次聘任了一位民营企业家和一位民间智库负责人。市委主要领导希望各位委员积极发挥决策咨询作用，突出前瞻性、保持独立性、强化操作性，希望大家在提供决策咨询时更加突出前瞻性，看得更远、想得更深，着眼构筑上海今后二三十年乃至更长远参与全球合作竞争的战略优势，做好前瞻研究、超前谋划，提出有意义、有价值的新思路新建议。

结合上海市决策咨询委员会的做法，提出推进决策咨询委员会在新型智库体系建设中更好地发挥作用的具体路径：

1. 推动决策咨询委员会自身的智库功能与智库专家组织功能有机结合。推进决策咨询委员会组织形式和运作方式的创新，一个重要的路径就在于，对决策咨询委员会进行重组，把重要的综合性智库和专业性智库，作为决策咨询委员会的成员单位，智库的首席专家或者领军人才作为决策咨询委员会的成员。或者说，决策咨询委员会的构成，应当实现由单个的智囊为主向各个智库的集体加入为主转变。决策咨询委员主要的委员实行

①　根据上海市决策咨询委员会 2018 年度决算公开等资料整理。

②　参见上海社会科学院智库研究中心：《2018 年中国智库报告——影响力排名与政策建议》（2019 年 3 月）。

智库代表资格制。决策咨询委员会成员由智库推荐，代表智库而不是代表个人参与决策，参与决策的情况及成果转化情况与智库的绩效挂钩。推进决策咨询委员会与新型智库的有机衔接，推动决策咨询由智囊时代进入智库时代，由专家个人咨询到智库机构咨询，增强决策咨询的程序性、规范性和科学性。决策咨询委员会的主要作用是在组织智库研究的基础上再论证、再转化，使智库研究成果能够更好地适应决策需要。

2. 增强决策咨询委员会专家构成的典型性、代表性和开放性。不但要有体制内智库专家，还要吸收体制外智库专家；不但要吸收社会科学领域的专家，还要吸收自然科学领域的专家；不但要吸收研究型的专家，还要吸收战略企业家；不但要吸收本地区的专家，还要吸收国家层面和相关省市的专家。决策咨询委员会的每个专家，背后都有专业的研究团队，决策咨询专家在参与座谈和政策的时候，不能仅仅凭借感觉和经验，也不能仅仅凭借自己的专业知识，要凭借专业的研究团队深入研究。

3. 促进智库研究机构服务党委政府决策力量的有机合成。研究机构服务党委政府决策，有多条线，其中党委政府内部的政策研究机构是内线，决策咨询委员会、智库和一些咨询公司等是外线。一方面，外线的力量要整合，原来的决策咨询委员会要与新型智库相衔接；另一方面，充分发挥决策咨询委员会作用，推动外线和内线之间的链接，在研究选题、研究过程、研究成果和成果转化等环节加强衔接，增强服务党委政府决策的针对性、有效性。

三、坚持建智库与用智库相结合，拉长智库发展链条

建设新型智库体系，要解决建智库与用智库相脱节的问题，推动两者的有机结合，形成有梯度、有分工、有衔接的智库发展链。作为智库管理部门，不但要推动高校研究机构建智库，还有更重要的职责，就是推动党委政府用智库。党委政府决策者要强化用智库的意识，多与智库专家交朋友，把智库专家的参与，作为推进工作的一个重要手段。当前，在一些地方，在一定程度上存在着智库建设主体和使用主体之间的错位脱节问题。党委政府作为智库成果运用的主体，对智库的了解甚少，一般情况下是通过接收智库的书面成果来了解智库，与智库专家开展面对面的交流互动不

够。建设和管理智库的主体，是智库的主管部门，用智库的主体，是党委政府及其组成部门的决策者。对于部分地区而言，在地方党委政府的支持下，智库是建起来了，财政也给予很大支持，但决策者对智库的重视和了解程度不够，主动把智库嵌入到决策环节的意识不够，在重大决策过程中赋予智库的责任和任务不够。新型智库更好地为党委政府决策服务，需要党委政府和智库的双向有效嵌入。一方面，智库主动嵌入党委政府的决策需求中，积极主动地开展研究；另一方面，党委政府的决策者要重视哲学社会科学和智库在治国理政中的重要作用，在决策的重要环节，主动地把智库纳入，推动形成从信息采集到生产加工再到成果转化，有梯度、有分工、有衔接的新型智库发展链。

建设新型智库体系，带有一定管理和服务职能的机构，要立足自身职能推动智库建设，不要一窝蜂都冲到一线建智库。从目前看，在一些地方存在着"建智库的热情高，管智库的办法少，用智库的意识淡"的现象。从某种意义来说，有些单位的职责是建智库，有些单位的职责是用智库，让有关部门在整个智库产品生产转化链上均匀分布。不要把决策咨询产业或者说智库产业都挤压在生产一个环节中，形成产能过剩。只有做到有的负责原料采集，有的负责初加工，有的负责深加工，有的负责二次转化，有的负责成果的运用，真正地拉长产业链条，才能把建智库和用智库有机结合起来。

党委政府研究室等应该用智库的单位不要急于建智库。要善于用智库，通过延长自己的工作手臂来提高咨政的质量。因为，现在党委政府的研究室，在很大程度直接为决策者服务，从事讲话稿起草和重要文件起草工作，在这个过程中，要善于借鉴智库高质量的研究成果。

实际工作部门所属的研究室或有直属隶属关系的、有直接服务职能的研究机构不要急于建智库。中办国办《意见》指出，"中央和国家机关所属政策研究机构要围绕中心任务和重点工作，定期发布决策需求信息，通过项目招标、政府采购、直接委托、课题合作等方式，引导相关智库开展政策研究、决策评估、政策解读等工作"。作为实际工作部门的研究室或直属的研究机构，具有内部的行政功能，与所服务的决策者有直接的被领导关系，不能说是真正意义上的智库。但是，如果站在部门的角度，能够整合部门的研究资源，为国家和省级层面提供决策咨询建议，就具有了智库的功能。因此，由于智库相对于决策机构具有外部性，判断一个机构是不是智库，很重要的一条标准，就是这个机构与主要服务的决策者有没有直接的隶属关系。

决策咨询委员会不要急于建智库。决策咨询委员会主要是集中智库的智慧，为决策者提供更加精准的决策咨询服务。决策咨询委员会，就是智库代表委员会，代表各个智库来履行职责。决策咨询委员会和社科联等机构，本身不是智库，但是可以成为集聚智库的平台，可以引导智库、培育智库、服务智库。

人大、政协等机关不要急于建智库。人大、政协，集中了很多高层次人才，人大代表、政协委员根据法律赋予的职责，所从事的建议和提案工作，在工作性质上与智库有相近的地方，需要依托人大、政协的政策研究机构和专委会，依托各类智库和研究机构开展调查研究，但并不一定要自己建设一个实体性的智库，而是搭建一个平台，把智库和智库专家整合进来，为我所用，充分吸收智库专家参与到政策法律研究的框架中来。

如果没有家国情怀和公益精神，为名利，特别是为了商业利益，不要做智库。智库是非营利机构，做智库不能用功利驱动，只能够用责任心和使命感来驱动。商业咨询公司可以与智库开展合作，大型商业咨询公司也可以将服务决策的板块分离出来成立智库，但要坚守智库的规则，按照智库的规矩行事。商业咨询公司和智库可以互相嵌入，二者之间的边界一定要相对清晰，不能以智库之名行商业咨询公司之实。

四、新型智库体系建设的模式和路径

新型智库建设重在体系，要用辩证观、整体观、系统观来看待智库和智库体系的发展。智库体系建设，一个重要的方面就是智库之间的合理分工与协作，规范发展，有序竞争，避免智库发展的趋同化、浅层化、表面化。结合当前新型智库建设的实际，在推进新型智库体系建设的过程中，可以在以下几个方面着力：5大制度牵引力，8类主体竞合力，智库联盟粘合力，5维链接推动力，5大保障支撑力，简称58155模型。

5 大制度牵引力。主要包括：政府信息和决策咨询需求公开制度，智库专家参与重大决策制度，政府购买决策咨询服务制度，新型智库综合管理服务制度（主要包括智库认定、智库管理、智库评价），高端智库示范引领制度。

8 类主体竞合力。根据中央意见，智库的类型或主体共有八类，分别是党政部门、社科院、党校行政学院、高校、军队、科研院所和企业、社会智库。实现这八类智库的统筹推进、协调发展，需要补社会智库和企业智库等发展短板，建立社会和企业智库的认证、认定与评价机制，形成中国特色新型智库发展的鲶鱼效应。根据上海社科院智库研究中心的《2019 年中国智库发展报告：国家治理现代化与智库建设现代化》，课题组通过网络查询和走访调研，截至 2019 年底，共收集到全国 15 个省份的 279 家重点智库，其中，地方党政智库 38 家，科研院所智库 53 家，高校智库 167 家，社会智库 14 家，企业智库 4 家，媒体智库 3 家。

智库联盟粘合力。建立智库联盟，是完善新型智库体系的重要路径。要打破智库在各自系统内的自我封闭循环的局面，发挥政府智库、龙头智库等关键作用，加大智库间资源横向整合与合作力度，通过建立跨界的智库联盟，打通智库之间相互联系的节点，建立各类智库之间的联系通道，最大限度地把各类智库要素整合起来。社会智库可以发起或组建行业协会，建立智库健康发展的若干自律准则，把社会智库建设成自律型和自我发展型组织。

5 维链接推动力，主要包括智政互动、智知互动、智企互动、智媒互动和智社互动。

5 大保障支撑力。智库健康发展保障体系：组织领导保障、要素平台保障、人才队伍保障、激励约束保障、良好生态保障。

由于 58155 模型中的相关内容，在本书不同章节均有所涉及，此处不一一展开，重点就如何建立完善政府购买决策咨询服务制度开展讨论。

中办国办《意见》指出，"探索建立多元化、多渠道、多层次的投入体系，健全竞争性经费和稳定支持经费相协调的投入机制"。一方面，强调为智库的可持续发展提供稳定的经费支持；另一方面，强调形成智库之间的适度竞争机制。新型智库研究在研究选题等方面是否具有自主性，与新型智库研究经费来源的是单一还是多元有关。政府资助在发展的前期阶段起到孵化器的作用，在发展到一定程度之后，必须引入社会力量，包括大型企业的参与，对社会科学和新型智库发展的动力机制进行重构。新型智库的资金来源，可以是政府拨款，包括稳定性支持经费，比如国家和各省对重点智库都有稳定的经费支持；也可以是竞争性经费，即智库通过参与竞争的方式获取的政府付费购买决策咨询服务；也可以是来自企业和社会的捐助，例如大型企业直接注资建设智库型研究机构，从而实现智库资金来源的多元化与多渠道。

目前政府对于官方智库，大都是整体购买，购买的方式和价格与单位的级别、人数等密切相关，与智库产出的绩效有一定的关系，往往是以特殊绩效的形式来体现。另一类是有关部门代表党委政府向智库和社会投放的一些研究项目，是政府购买决策咨询服务的一种基础方式，但不是完全意义上的政府购买决策咨询服务。投放的课题，一般以招标的形式进行，带有一定的竞争性质，但政府对于课题研究，往往没有具体的要求，对于研究成果验收，也不是政府成果使用部门来组织，甚至在评价标准上更多的是以学术标准来衡量，基本上不存在以质论价，有些成果结项之后束之高阁，缺少向实际工作部门转化的渠道。有些时候，只能以公开出版的方式，发挥其影响社会的效用。

政府购买决策咨询服务，一般情况下供需要见面，对于课题研究所要达到的目标，应当有明确的要求和详细的指标，具有完善的成果验收程序，并且形成以质论价的机制。按照目前的课题运作方式，作为以智力服务为主的智库和智库专家，在研究经费的使用，特别是对智库专家脑力劳动的合理补偿上存在诸多方面的制度瓶颈。政府购买决策咨询服务，供需双方以协议或合同的方式，直接约定成果的标准和经费等事项，在经费使用上只要符合合同的约定，就可以使用包干制等，大大减少智库专家为经费报销所消耗的精力和产生的烦恼，能够大大提高智库的生产力，释放智库的生产活力。

政府购买服务的政策和法规正在逐步健全，但缺少购买决策咨询服务方面的具体要求。决策咨询服务，作为一种智力服务和思想产品，与政府购买一般的商品和事务方面的服务有明显差别，需要出台专门的办法。

第二节　新型智库联盟和共同体建设

在推进各类智库创新发展的基础上，通过智库联盟等形式，推动不同类型、不同区域智库之间的交流合作，形成具有中国特色的新型智库集群，打造中国特色新型智库的品牌标识，在助力实现中华民族伟大复兴的中国梦进程中，发挥更大作用。

一、建设新型智库联盟，是完善新型智库体系的需要

新型智库体系的构建，一方面是具有行政功能的智库主管部门的外部推动，另一方面是新型智库之间的主动联合和合作。组建新型智库联盟，或者成立智库行业协会等自发自律类智库组织，是推动新型智库协同发展的需要，是完善新型智库体系的重要路径。

为什么很多智库都热衷于发起成立智库联盟？第一，是智库自身发展的需要。智库发展资源的外部性与智库获取信息资源的局限性，导致智库自身发展难，需要抱团发展。第二，智库发展阶段的需要。网络时代，生活中有很多朋友圈，智库在工作中也需要建立不同的朋友圈。第三，智库管理部门缺位造成的。由于智库管理部门的非专门性（与社科工作办或者规划办合署），智库管理只是其中一部分工作，主要负责对重点智库进行管理，导致在智库管理上出现一些真空。特别是一些不在智库管理部门视线之内的智库，为了扩大影响力和寻求发声的机会，便积极牵头成立联盟或参与联盟。

二、国内智库联盟建设的探索

近年来，国内一些智库研究机构积极推进智库之间的"合纵连横"，纷纷成立智库联盟。这些联盟通常是基于地域、研究领域及机构性质等共同属性而组建的非法人学术团体。

1. 根据成立联盟智库的性质、研究领域和所在区域，可以将智库联盟分为面向国家重大战略和发展主题的智库联盟，面向行业和专业研究领域的智库联盟，面向区域的智库联盟。

面向国家重大战略和发展主题的智库联盟。2015 年 4 月，由中共中央对外联络部牵头，联合国务院发展研究中心、中国社会科学院、复旦大学成立"一带一路"智库合作联盟，理事单位 60 多家，囊括了大部分国内对"一带一路"有权威研究的智库。理事单位包含上海国际问题研究所、中央党校国际战略研究所、社科院各涉外研究所、中国现代国际关系研究院、山东大学亚太研究所、云南大学国际关系研究院、南开大学周恩来政府管理学院、中国人民大学重阳金融研究院、察哈尔学会、零点研究咨询集团等。

面向行业和专业研究领域的智库联盟。2018 年 6 月，工信智库联盟在北京成立。工信智库联盟是以工业和信息化部部属研究机构和高校智库为主体，吸引地方工信主管部门智库、其他高校智库、企业智库、社会智库、学会协会智库等参与的开放型、公益型、服务型合作平台，以整合工业和信息化领域的智库资源，提高智库的决策、咨询服务能力。联盟将跟踪分析全球经济与产业发展动态以及趋势，研究有关工业和信息化发展的前瞻性、战略性、全局性问题，提供决策咨询服务；将打造工信智库网络平台，建设工信知识数据库，为智库研究提供数据和工具支撑。

面向跨区域或区域的智库联盟。2019 年 6 月 26 日，粤港澳三地智库在广州签署框架协议，成立粤港澳大湾区智库联盟。联盟由广东粤港澳大湾区研究院、香港"一国两制"研究中心、澳门发展策略研究中心经协商一致，联合三地智库共同发起成立，旨在落实《粤港澳大湾区发展规划纲要》，全面准确贯彻"一国两制"方针，坚持新发展理念，创新完善合作机制，实现三地智库资源共享、优势互补、协同发展，提高涉粤港澳大湾区建设研究水平，为粤港澳大湾区建设贡献智慧力量。根据协议，粤港澳大湾区智库联盟将围绕大湾区建设的重大理论和现实问题开展前瞻性、战略性、针对性、储备性研究，提出专业化、建设性、切实管用的政策建议，服务中央和三地政府决策。同时，发挥桥梁纽带作用，结合《粤港澳大湾区发展规划纲要》相关政策的出台实施，以三地公众喜闻乐见的方式解读阐释、发声引导、交流讯息，有效沟通连接公共政策与民意，打牢大湾区建设的社会民意基础。积极发挥宣介推广作用，通过举办论坛活动、开展国际智库交流、发表研究成果等，面向世界讲好粤港澳大湾区精彩故事，提升大湾区的国际影响力和对全球优秀人才的吸引力。[①] 中国沿边省区新型智库战略联盟：以黑龙江、吉林、辽宁、内蒙古、新疆、西藏、甘肃、广西、云南九省区的社科院（社科联）为主要智库力量，主要致力于研究沿边的开放发展问题。

2. 按照牵头部门的性质分，主要包括党委政府政策研究机构、社科联、社科院、龙头型智库和媒体智库等牵头组建的智库联盟。

党委政策研究部门牵头组建的智库联盟。根据《关于加强广西特色新型智库建设的实施意见》（桂办〔2015〕37号）要求，2017年3月，自治区党委政策研究室和自治区政府发展研究中心牵头组建广西特色新型智库联盟。智库联盟以一个决策咨询委员会为统筹、一个智库联盟为协调、六类智库建设为主体、四种服务平台为支撑的"1＋1＋6＋4"广西特色新型智库体系，其主要职能在于整合全区智库人力物力资源，实现决策民主化，效益最大化。智库联盟为非定编机构，以联席会议制运行，由自治区决策咨询委员会负责管理。智库联盟下设秘书处，设在自治区决策咨询委员会办公室。智库联盟分设党政部门智库、社科院和党校行政学院干部学院智库、高校智库、研究院所智库、社会团体智库、企业智库等6类智库。2017年经专家评选，自治区决策咨询委员会同意，确定16个单位为智库联盟理事单位、22个单位为智库联盟重点智库单位、115个单位为智库联盟成员单位。2018年又陆续增补两批成员单位，成员单位达到144个。

社科联等具有一定智库管理职能和纽带作用的部门牵头组建的智库联盟。中国自贸智库联盟由海南省社科联（社科院）发起倡议，并联合中国其他11个建立自贸试验区的省市社会科学机构、自贸试验区管理部门等相关单位共同成立。联盟是以自贸试验区（自贸港）建设发展为主要研究对

[①] 　参见《2018～2019年粤港澳大湾区新型智库建设报告》。

象的非法人学术平台，是全国性、开放性、咨询性、非营利性和松散型的智库联合体。全国"一带一路"沿线城市智库联盟由连云港市社科联最先发出倡议，天津、青岛、宁波、厦门、宝鸡和连云港六个城市的社科联共同发起，目前已经汇集了全国32个相关城市的社科联，为"一带一路"沿线城市发展献计献策。

社科院等具有一定的比较优势的智库机构牵头组建的智库联盟。山东智库联盟由山东社会科学院发起，山东省内各类智库、各地市社科院和调研基地积极参与。依托山东社会科学院创新工程的体制机制，围绕山东经济文化强省建设和经济社会发展需要，联合开展重要领域、发展战略、发展规划等方面的课题研究。广东智库联盟由广东省社科院等20多家社科研究机构共同发起成立，整合全省社会科学研究机构的研究资源，构建起覆盖全省的理论研究和决策研究网络，更好地服务于省委、省政府和各级党委、政府的科学决策。湖南智库联盟由省参事室、省社会科学院、省委党校（湖南行政学院）、中南大学、湖南大学、湖南师范大学、长沙理工大学、湖南农业大学、中南林业科技大学9家单位共同发起。旨在共建平台、共享资源、共享成果，联合调研、协同创新，研究湖南经济社会发展中面临的理论与实践问题，更好地服务省委、省政府科学决策、民主决策，同时为地方政府决策和企业、行业发展提供咨询服务。

行业领域龙头性质的智库牵头组建的智库联盟。拥有比较明确牵头单位的智库联盟，中心枢纽智库与周边的节点智库之间的联系相对比较紧密，协调性比较强。2020年6月，由南京大学长江产业经济研究院牵头发起，联合协同省内17家智库及有关研究机构打造的"中国经济江苏智库联合研究会"正式成立。联合研究会以决策咨询为中心，以研究课题为纽带，以江苏及长三角经济发展实践为样板，以中国经济发展重要战略问题为内容，聚集智库研究资源，强化智库联合研究，通过构建智库研究共同体打造服务国家发展的"智智互动"江苏模式。通过长江产经智库与有关智库之间的合作与强强联合，集中全省优势力量共同把长江产经做大，同时能够带动联盟成员单位更好地发展。

具有主流媒体背景的传媒智库牵头组建。2019年1月，为更好地实现渠道融合、资源共享、智慧融通，使智库效应最大彰显、智库合力最大迸发，新华传媒智库联合省内多家智库发起成立"江苏新智库联盟"。"江苏新智库联盟"旨在搭建课题研究、专家交流、资源共享、成果发布的合作平台，促进智库要素优势互补，推动智库主体协同创新；同时围绕"高质量发展走在前列"时代命题，组织跨体制、跨部门、跨学科研究，让智库更好地充当党委政府科学决策的"外脑"、引导社会舆论的"向导"，打造江苏智库发展共同体。

3. 按照联盟有没有官方赋予的行政职能，可以分为具有官方背景的智库联盟和非官方的智库联盟。

部分智库联盟，比如由党委政府政策研究机构、社科联和行业主管部门等单位发起的智库联盟，发起者与成员单位之间有组织领导或业务指导关系，是同一系统具有一定的纵向关系构成的智库联盟，成为推动智库发展的实体性工作机构。有的智库联盟则是智库之间的自由联合和结盟，带有 AA 制的性质，党委政府一般不直接赋予智库联盟行政方面的职能。

4. 按照智库联盟的关系紧密程度，可以划分为联络、结盟、共同体和超级共同体等四个层级。

"联络"层级的智库联盟，属于松散性智库联盟，智库之间有联络、有联系，但不紧密，缺少实质性合作，处于只"联"不"盟"的状态，没有共同的行动。形式上在一起，很少组织开展活动。或者仅仅是形式上的联盟，名称上的联盟，或者发起单位出于某方面的特殊需要组建的联盟。

"结盟"层级的智库联盟，属于半松散性智库联盟。智库之间遵守共同的规则，有共同的行动，但更多的时候，联盟的章程停留在纸面上，不能很好地执行。智库之间的协同性比较弱。

"共同体"层级的智库联盟，属于紧密型智库联盟，仍然是智库与智库之间的联盟，形成共建共享共生共荣的智库发展共同体，高度的融合，深度的合作，共同打造智库联盟品牌。

超级"共同体"层级的智库联盟，属于有机型智库联盟。对外统一标识，龙头机构能够代表各智库，形成智库集团。超越智库的范围，把智库的相关方、上下游一并纳入进来，相当于产业链联盟，整合的能力更强，提升的空间更大。不仅仅是横向上的联盟，更重要的是纵向上的联盟，是智库生产链条不同环节上的协同。通过内联、外联，智库与相关主体之间联系更加紧密，甚至跨越智库的边界，延伸到智库之外，能够更好地整合外部资源并促进智库发展。

三、新型智库联盟（共同体）建设的瓶颈与路径突破

建设新型智库联盟、新型智库发展集群、新型智库发展共同体，是新型智库体系建设的一种外在表现形式，是新型智库更好地聚能和自我赋能的重要路径。从各地推动智库联盟的情况看，虽然数量较多，但存在的问题也比较突出，主要表现在联盟组织的任务愿景不够清晰，合作发展的空间有限。大多智库是搭便车的心态，参与总比不参与强，至于能够发挥多大的作用、有多大的成效以后再说。智库联盟存在功能平台化和活动形式化的弊端，活动型联盟多，联盟的会议多，实质性的联合研究少，联合攻关、联合发布重大研究成果少，迫切需要构建新型智库集群发展的协同治理机制。

1. 联盟组织成立的合法化程度。作为智库联盟，智库联盟成员要有广泛性代表性，构成联盟的各主体必须具有合法的智库身份。联盟的成立，要经过主管部门的批准，或者经过备案等程序。智库联盟不是规模越大越好，成员越多越好。如果智库的成员过多，协调的时间成本会增加，有可能会降低联盟运行的效率。因此，智库联盟的成立，与城市之间合作的都市圈或者朋友之间联系的朋友圈一样，宜大则大，该小则小，始终要坚持质量和效益优先的原则，应当避免智库联盟贪大求多，在规模上盲目扩大。

2. 联盟组织机构的专门化程度。智库联盟是需要经营的，活动是需要组织的，高效率的智库联盟离不开专业的管理和运营。联盟要有专门的办事或秘书机构，有专门的办公场所、办事人员和运营经费。

3. 联盟组织合作的实质化程度。正式的或者理想的智库联盟构成要件：一起调研，一起研讨，一起转化，共同发展，开展实质性的合作项目。智库成员之间，可以是由一家或者几家智库主导，也可以是成员身份平等，AA 制形式运作。可以加强联盟成员单位之间的人才交流，实行互派驻院研究员制度。由于不同层级、不同类型之间的智库分工不同，智库联盟的建

立，能够形成与新型智库发展相适应的智库产业发展链条。

4. 联盟规章制度的规范化程度。联盟的建立，需要有共同遵守的章程或者规则。联盟管理、运行和流程的规范化程度，主要包括举办活动的经常化与质量，是否打造共同发展的高质量平台，是否通过联盟发布重要的成果等方面。

5. 联盟成果和绩效的提升化程度。智库是"临床医学""临床实验医学"，能够为政策提供方案。智库联盟的组建，应该能够发挥协同优势，对"疑难杂症"进行"会诊"，得出科学的"诊治结论"。联盟有没有效果，产出的数量是否增加，产出的质量是否提升，是否形成加法或乘法效应，是衡量智库联盟是否有存在的必要或者说质量如何的重要因素。应当通过联盟成员的强强联合、优势互补、协作协同，形成一家智库或者几家智库一起难以完成的具有突破性的创新成果。

第三节　以改革创新推动新型智库体系建设

加强中国特色新型智库建设，建立健全决策咨询制度，既是全面深化改革的必然要求，也是其重要内容。中办国办《意见》把"以改革创新为动力"作为指导思想，把"坚持改革创新，规范有序发展"作为基本原则，通篇突出改革主题，贯穿创新主线，为新型智库健康有序发展提供了顶层设计。从总体上看，当前各地推进新型智库建设的热情高涨、声势浩大，整体发展态势良好；但从改革的内容和深度看，中办国办《意见》提出的具体改革举措尚未落实到位，规范和引导社会力量兴办智库、政府向智库购买决策咨询服务等关键性举措尚未出台，制约智库发展深层次的体制机制瓶颈尚未打破，迫切需要加大改革创新力度，增加政策供给强度，着力推动智库转型升级、提质增效，在推动新型智库体系建设上下功夫。

一、推动智库改革创新需要突出三个关键词①

质量。要实现建成中国特色新型智库体系的目标，能否由重数量转换到重质量的轨道上尤为关键。质量，既包括智库建设的质量，又包括智库产品的质量；既包括外部政策供给的质量，又包括内部治理的质量；既包括智库发展的"硬件"是否有保障，又包括智库运行的"软件"能否兼容。

协同。中国特色新型智库的发展，特别需要注重统筹和协同。我们既要注重不同智库主体构成的智库共同体建设，又要注重智库类研究机构与应用类研究机构的协同、与党委政府政策研究部门的协同、与党委政府决策部门的协同、与媒体的协同等，实现思想产品的多层次开发、集成式运用、全方位转化。

专业。包括研究领域和研究方向的专业化，研究团队和研究方法的专业化。这是实现智库协同、推进智库产品和建设质量提升的关键。决策咨询关乎国运民生，智库专家应恪守专业化原则，谨言慎行，防止因主观臆断、一知半解和跨界发言导致的政策风险。

二、推进智库改革创新需要处理好三个关系②

处理好"谋"与"断"的关系。智库提供咨询建议为"谋"，政府决策执行为"断"，要做到"谋"与"断"适度分离。加大政府内设智库类机构的改革力度，科学准确界定其职能，避免智库机构行政机关化导致的"'政''智'不分"。智库要把握自身的职责边界，把握好参与公共政策的"度"。智库与决策机构最理想的距离，是保持"一臂之遥"，既能够跳出来观察公共政策问题的全貌，又能够近距离感知体验决策者的需求，在政府需要的时候能够看得到、够得着、用得上。

处理好对策研究与理论研究的关系。对策研究和理论研究互为机遇、相互促进。智库研究需要基础理论与思想支撑，智库提出的问题反过来可以推进理论的创新。智库对策研究要在提高针对性、及时性、操作性的同

---

① 光明日报智库研究与发布中心课题组（执笔人：刘西忠、李刚）：《从数量式增长到内涵式提升——〈2016 中国智库年度发展报告〉（主报告下篇）》，载《光明日报》2017年 3 月 2 日。

② 同上。

时，充分吸收理论界的重大和前沿成果，提供高水平的前瞻性、预测性和储备性思想产品，并对基础理论研究给予"反哺"，实现优势互补、协同创新。

处理好咨政与启民的关系。一方面，智库专家必须能够"走进来、走上来"，为决策者提供咨询服务；另一方面，智库专家又必须能够"走出去、走下去"，进行政策宣传推广，为社会公众答疑解惑。智库专家要深入基层，加强和媒体联系，提升民众参与公共政策的意识，引导民众和媒体更加全面客观地参与公共政策讨论，提高全社会的政策对话水平，凝聚社会政策共识，形成公共政策决策和执行的良好生态。

三、以深化五项改革、实现五个转变推动新型智库转型升级提质增效①

所谓转型，就是由传统智库向新型智库转型，包括组织形式和管理形态；升级，就是在研究层次和研究方法上由低层级向高层级转化；提质，就是更加注重新型智库的内涵和质量建设；增效，就是增强新型智库的效用，为党委政府决策和社会公众提供更具针对性和可操作性、更加务实有效的公共政策服务。

1. 深化智库管理模式改革，实现由管微观、重约束向管宏观、重统筹转变。新型智库建设的主要路径是改革，要旗帜鲜明地推进改革，加大政策供给力度，着力为新型智库发展打造良好的外部政策环境。

坚持党管智库、国家利益至上的原则。中国特色新型智库作为思想库，具有鲜明意识形态属性，必须坚持党管智库原则，强化宏观指导责任，创新管理形式，形成既能把握正确方向、又有利于激发智库活力的管理体制。智库专家要有家国情怀，坚持国家和人民利益至上，讲担当、讲奉献、讲信誉，为党献良策、为国尽职责、为民谋福祉。

推进智库综合改革。新型智库建设既不是原有研究机构的简单翻牌，也不是单纯的数量扩张，最主要的是通过改革创新盘活存量，向改革要活力、要潜力、要效益。按照行政管理体制改革和事业单位分类改革的要求，科学界定各类智库的功能定位，积极推进分类改革，探索不同类型智库的

---

① 刘西忠：《以改革创新推动智库转型升级》，载《光明日报》2016 年 5 月 18 日。

发展之路。进一步研究出台各个领域、各个层面的改革重点、支持政策，逐步建立完善支撑新型智库发展的制度链、制度网和制度体系。

要坚持智库的门槛标准，既要严把智库入口关，避免智库发展失序、失范，同时又要鼓励有基础有条件的研究机构参与智库工作，力求宽严相济、规范有序。智库建设要突出重点，着力培育高端智库，着力提高研究质量。对于一般智库的发展，要给予鼓励，通过优胜劣汰的自然法则，筛选出一批高质量的智库，同时也淘汰一批低劣的智库，逐步规范智库的发展秩序。

构建新型智库体系。遵循决策咨询规律和智库发展规律，创新组织形式，减少管理层级，建立理事会等有效的内部治理机制。在大力推动新型智库建设的同时，注重发挥研究基地和各类学会研究会等决策咨询机构的作用，形成高端智库、重点智库和研究基地齐头并进又梯次发展的格局。通过改革、改造、改组，促进智库主体的分工协作、智库要素的优化调整、智库平台的整合提升，实现集成创新，放大整体效应，产生 1＋1＋1＞3 的效果，构建形成定位明晰、特色鲜明、规模适度、布局合理的新型智库体系。

2. 深化智库研究体制改革，实现由各自为政、单兵推进向团队协同、融合创新转变。新型智库建设，要解决传统的社科研究小而散、碎片化的问题，解决研究方式方法单一的问题，解决决策咨询产品不适应、不对路、不管用的问题，走出小作坊、实行大协作，走出小调研、依靠大数据，走出小点子、形成大方案。

强化协作意识。新型智库建设，既需要社科研究领域不同学科、不同部门、不同高校之间加强协作，也需要研究机构与实际工作部门之间、自然科学与社会科学之间开展协作，形成理论与实践优势的双重叠加、强强联合，使研究成果既有学术价值和理论价值，又有政策价值和实践价值。国家和省重大应用课题招标，可以由目前的主要面向专家学者个人和团队拓展到主要面向具有法人性质的智库或研究机构，利于进一步明确购买方和服务方的责任和义务，增强协同能力，提高研究质量。

改进产品结构。智库机构要强化客户意识，坚持以党委政府的政策需求为导向，把智库研究与国家社会的发展需求结合起来，做到供需对接、供适所需。在改革制度设计日益成熟的新形势下，智库研究重点应更多地由聚焦中观层面、提出一般的对策建议，转向提供具有引领性的高端思想层面和操作端的战术层面。要既发挥"思想库"的作用，传播"中国好声音"，又发挥"智囊团"作用，打造"中国好方案"。

推进研究方法融合创新。促进政府信息公开，促进不同部门和智库主体的信息共享，搭建互联互通的信息共享平台，为新型智库开展跨学科、跨领域研究提供数据支撑。新型智库建设，要善于借鉴自然科学研究范式，设立观察点、调研点和实验室等。重视决策理论和跨学科研究，推进研究方法、政策分析工具和技术手段创新，实现理论支撑、技术支持和经验验证多维结合，培养一批既具有战略眼光、又善于运用现代科学研究手段的公共政策工程师、评估师和咨询师。

3. 深化智库人才管理体制改革，实现由兼职化、中低端向职业化、中高端转变。建设高端专业智库，拥有一批专业化和职业化的高端人才队伍是前提。化知为智，促进知识转化。智库专家不但要有知识、有智慧，还要有谋略、接地气，能够对现实社会进行分析谋划。新型智库建设，要充分借鉴运用现有社科研究成果，以扎实的社会基础理论研究为依托，实现"借船出海"、化知为智，在知识和政策之间搭建桥梁。要加大知识产权保护力度，逐步建立思想和智力产品市场，畅通优秀研究成果转化渠道。

加快智库研究人员专业化、职业化进程。我国社科研究资源的80%集中在高校，应对社科类人才实行分类管理、分类培养，将智库研究机构、资源和人员相对独立出来，强化政策支持，深化人才职称、职务、薪酬制度改革，培育一批专业化、职业化的智库专家。通过管理体制改革，鼓励部分体制内的社科研究人员、专家学者"下海"，组建更加专业化的高端社会智库。鼓励高校智库发挥学科建设和人才培养优势，逐步加强应用研究类硕士生、博士生等研究人才的培养，重点招收具有一定工作经验和社会经验的人员，培育智库持续发展所需的专业新生力量。

推动党政机关与智库之间人才有序流动。推荐智库专家到党政部门挂职任职，推动政府部门研究人员向智库流动，鼓励政府部门退休人员到智库发挥余热，构建富有中国特色的智库人才交流机制。

4. 深化智库成果评价体制改革，实现由注重过程、数量向注重结果、质量转变。新型智库的影响力源于高质量的智力产品，为党委政府决策提供更加务实管用有效的决策咨询服务是智库的天职。

规模适度、注重质量。新型智库的建设规模，要与经济社会发展阶段和需求相适应，与全面深化改革的形势和要求相适应，与我国国际话语权和软实力提升的要求相适应。转变智库建设唯数量增长的 GDP 倾向，通过深化改革解决供需关系错位和结构失衡问题，更加注重质量和效益，变粗放式生产为精准服务，避免随意张贴智库标签，谨防出现智库被泛化、矮化和异化的现象。

改革经费管理办法，引进竞争机制。更加尊重知识、尊重劳动、尊重专家的智力成果，完善政府购买决策咨询服务制度，探索建立和完善符合智库运行特点的、相对灵活的科研经费管理制度，进一步强化政策激励。引进竞争机制，鼓励不同的智库围绕同一主题开展同向或反向研究，通过不断地比较、争执甚至辩论形成更优或最优方案。

完善以质量创新和实际贡献为导向的评价办法。探索党委政府等决策部门参与智库成果评价的方式方法，构建用户评价、同行评价、社会评价相结合的指标体系，探索建立智库研究成果与社会基础理论研究成果并行对等的学术成果评价机制与科研考核机制。在考核评估时，既要把领导批示率作为重要指标，又不能唯批示论。相对于传统的社会科学评价，新型智库成果评价应当更加注重整体和团队导向，注重培育团体冠军。建议参照科技进步奖，设立决策咨询奖，加大优秀决策咨询研究成果的奖励力度，引导智库潜心打造精品。

5. 深化智库成果转化和交流体制改革，实现由政智分离、单向对接向政智衔接、多维互动转变。新型智库要发挥作用，就必须弥合知识与政策之间的鸿沟，实现智库与政府、媒体和社会多维良性互动。

坚持服务党委政府决策的价值追求。要深化决策体制改革，逐步推进智库专家参与重大决策的制度化、法治化，为智库嵌入决策全过程创造条件。重视新媒体智库的发展，通过加强不同智库主体的合作、智库与媒体的融合，拓展智库影响力，延伸拉长决策咨询产品价值链，争取把发言变为发展，把对策变为政策，把文章变为文件，把思路变为思想，成为党委政府决策信赖的新型智库。

坚持服务社会大众的价值取向。要特别注重媒体在智库发展中的重要作用，智库成果更加注重媒体发表和公开发布，扩大智库成果的受众面。着眼于壮大主流舆论、凝聚社会共识，发挥智库阐释党的理论、解读公共政策、研判社会舆情、引导社会热点、疏导公众情绪的积极作用，更加准确反映民情、科学引导民意、有效启迪民智。

增强提升中国软实力的责任担当。要坚持开门办智库、开放办智库，在加强与世界著名智库交流合作的同时，鼓励推动更多智库和智库产品走出去，建设一批具有国际影响力的高端智库。在国际舞台上积极发声、善于发声，生产出更多不受西方理论左右、具有中国特色的理论和智力产品，实现由重引入、机械模仿到重输出、增强话语权的历史性转变，促进中国软实力持续提升，为人类文明进步贡献更多的中国话语、中国思想和中国价值。

第十一章 决策咨询制度：
智库发展的牵引[①]

党的十八大报告指出，"坚持科学决策、民主决策、依法决策，健全决策机制和程序，发挥思想库作用"；党的十八届三中全会提出，"加强中国特色新型智库建设，建立健全决策咨询制度"；党的十八届四中全会强调要健全依法决策机制，"把公众参与、专家论证、风险评估、合法性审查、集体讨论决定确定为重大行政决策法定程序"。2016 年 5 月，习近平总书记在哲学社会科学工作座谈会上指出，"各级党委和政府要发挥哲学社会科学在治国理政中的重要作用"，"要加强决策部门同智库的信息共享和互动交流，把党政部门政策研究同智库对策研究紧密结合起来，引导和推动智库建设健康发展、更好发挥作用"，对党委政府及其政策研究部门重视智库、对接智库、用好智库提出了明确要求。同年 7 月，习近平总书记主持召开经济形势专家座谈会，要求各级党委和政府养成问计于专家学者的习惯，调动专家学者的积极性、主动性、创造性，用好、用活智力资源；对专家学者提出的意见和建议，对的要积极采纳。事实上，中央政治局集体学习，邀请专家就有关问题进行讲解，也是决策咨询、问计专家的一种方式。因此，推动决策咨询制度化，充分发挥智库作用，以科学咨询支撑科学决策，以科学决策引领科学发展，成为习近平总书记治国理政的鲜明特点之一。

---

① 本章部分内容发表于《智库理论与实践》2016 年第 4 期，原标题为《论决策咨询制度的牵引与链接功能——基于政智良性互动视角》。

第一节　决策咨询制度的前置驱动

任何事物的发展，都需要一定的环境条件。新型智库，作为与全面深化改革的新形势与治理体系和治理能力现代化的新要求应运而生的新事物，作为党委政府决策及其运行大系统中的一个子系统，具有较高的依附性、较强的被动性，能否健康规范有序发展，成为党委政府决策靠得住、用得上、离不开的得力助手，在很大程度上取决于在注重新型智库自身建设的同时，党委政府和社会能否为新型智库发展打造良好的政策环境、创造良好的供需环境、塑造良好的竞合环境、营造良好的社会环境。

一、决策咨询制度的前置驱动功能

智库发展有自身的规律，党委政府的主要职责，不是在微观层面参与新型智库建设，而是为新型智库发展创造良好的政策环境和外部条件。当前，各地对智库建设本身的重视程度和支持程度已经达到了一个相当的高度，但遗憾的是，决策制度自身还没有完全走出传统的路径，相对封闭的决策体系和相对独立的决策咨询程序，往往使新型智库不能够有效嵌入决策，作用难以充分发挥。建立完善决策咨询制度，是推进中国特色新型智库建设的重要制度条件，既有利于解决智库的有效供给不够问题，又有助于解决政策决策咨询的有效需求不足问题，是促进决策体系和智库体系良性互动的重要前置驱动力。

1. 智库日益成为党委政府决策咨询的主体

推进治理体系和治理能力现代化，离不开专家的参与和智库的支撑。关于决策者对专家和智库的依赖程度，我们可以通过社会的发展过程来分析。在统治时期，社会以农业形态为主，决策以统治者的意志为主，经验治理是主要形式，必要时有军师、智囊辅佐决策。在管理时期，社会以工业形态为主，管理更多依靠规则，智库的主要作用是将管理者的意志具体化，带有很强的被动性，在很大程度上仍然依靠经验，决策咨询的作用并不那么重要。在治理和善治时期，由于信息时代和网络社会的到来，随着国家和社会治理主体的多元化，专家和民众本身就是重要的治理主体，需要在国家和社会治理中发挥重要作用。同时，由于利益的多元和社会治理网络的复杂，作为决策者，难以单凭自身的经验、知识、智慧和能力来治理，传统的智囊模式也难以适应，需要更多的借助外脑，发挥专门的决策咨询机构的智库功能。因此，智库成为领导者治理国家和社会最重要的辅助工具之一，甚至被称为立法、行政、司法、媒体之外的"第五种权力"。

从决策机构咨询对象和主体而言，既可以是民众、专家，也可以是研究机构、智库。随着决策条件的日趋复杂和决策环境快速变化，党委政府决策咨询的主体，正在由专家个人向智库机构转变，由智囊向智库转变，由感性参与向理性论证转变，由理论演绎向模型推演转变，由主要依靠社会科学向社会科学、自然科学并重转变。特别是涉及经济和产业决策的时候，更加注重科技因素。这一转变，在提高咨询效率的同时，也有助于提高决策咨询的科学性和可信度。

2. 决策咨询制度化体现新的执政风格

在事关经济社会发展等重要决策方面，广泛听取各方面专家学者意见并使之制度化，是习近平总书记极为重视的密切联系群众作风在领导决策过程中的重要体现，是党重视和推进决策科学化、民主化建设的重要一环。加强中国特色新型智库建设，建立健全决策咨询制度，是以习近平同志为核心的党中央确定的执政思路之一：2013 年 4 月对智库建设作出重要批示，2014 年 10 月主持深改组会议讨论《关于加强中国特色新型智库建设的意见》，2015 年 11 月主持中央深改组会议，通过国家高端智库建设试点工作方案，2016 年 5 月，在哲学社会科学工作座谈会上对智库建设提出明确要求。加强中国特色新型智库建设，已经成为我国一项重要的国家战略。这就要求各级领导、各级政府部门在分析问题、研判形势、谋划工作、做出决策时，一定要从群众中来，到群众中去，问计于民，问策于智，兼听兼顾，集思广益，充分发挥广大人民群众和各类智库在决策过程中的重要作用。由此而自觉认识、准确把握和更好遵循经济规律、自然规律，不断提高推进改革开放、领导经济社会发展、提高经济社会发展质量和效益的能力和水平。

3. 决策咨询制度是智库发挥作用的重要条件

智库发展，对决策咨询需求具有很强的依赖性。智库的作用能否发挥，具有很大的被动性。建立健全决策咨询制度，实现决策咨询的制度化、法制化，是中国特色新型智库发挥作用的重要前提和条件。第一，智库有多种功能，党的十八届三中全会是把智库放在决策的语境中表述的，更加强调智库的决策咨询服务功能。第二，智库与决策咨询制度密切相关。如果一味加强智库建设，没有决策制度改革释放的决策咨询需求，智库的作用就难以发挥，而且很容易形成智库产品产能过剩。当前，需要加强智库建设与完善决策咨询体制并重，以决策咨询制度的完善推动新型智库的健康发展。第三，加强决策机构与智库机构的联系，促进良性互动，是提升智库产品质量的必然选择。当前，由于智库发展存在着一定的盲目性，对决策机构的需求了解不够，把握不准，不少智库的研究成果存在同质化、低水平重复问题。往往是阐释性的多，创造性的少，跟踪性的多，前瞻性的少。因此，决策咨询也存在去产能、优结构的问题，低水平重复产品非但难以为决策者所用，有时甚至形成政策噪音，给决策者带来困扰，迫切需要进行决策咨询的供给侧结构性改革，提高决策咨询服务的精准化程度。

二、决策咨询制度的建构背景

当前，新型智库发展的总体状况良好，但也存在着冷热不均的现象。第一，上面热，下面冷。中央和省级层面高度重视智库建设，设区市和县级对智库建设和作用发挥重视不够。这并不是说县级也都要建智库，但基层决策同样需要依靠智库的力量，设立在中央和省里的智库同样可以为基层政府提供决策咨询服务。第二，智库界热，决策圈冷。目前，国内各研究机构，包括高校，建设智库的热情高涨，兴起了建设热潮，包括新智库成立，老机构翻牌，纵向设分支，横向搞联盟，各种活动、论坛接二连三；在一些地方，决策层对智库建设的态度大多比较冷静，尚处于观望状态，对智库能否发挥作用持怀疑态度，对如何发挥智库作用心中无数，导致部分智库有力无处使，智力空投，机构空转，"报国无门"。第三，外在形式热，内部修炼冷。从总体上讲，目前智库建设形式大于内容，制度建设的步伐落后于机构建设的步伐，质量和内涵建设跟不上时代和社会需要①。正如习近平总书记在哲学社会科学工作座谈会上的讲话中所指出的，智库建设还存在重数量、轻质量，重形式传播、轻内容创新等问题，存在流于搭台子、请名人、办论坛等形式主义做法，需要引起高度关注。

分析产生问题的原因，我们要从与智库相关的制度建设入手。从整体上看，当前智库建设的各个环节，均存在制度供给不足的问题。新型智库是党委政府决策及其运行大系统中的一个子系统，需着眼于决策及其执行的大环境。决策咨询制度，包括决策制度，决策程序上的专家参与，还包括咨询制度，智库参与决策的形式和方式，同时也包括决策过程如何与咨询服务对接的制度。在这一制度体系中，决策制度、协商制度、咨询制度、智库运行与管理制度共同构成新型智库生成和发展的生态链、制度链，其中，决策制度是置于链条最前端、起引领带动作用的环节，是启动器、牵引机、动力源，是新型智库发展的外部动力。决策制度体系，是新型智库发展的前置动力源，是决策咨询制度链的主动轮，通过决策咨询机制将动力输送给智库体系，推动智库发展。智库运行体系，是决策咨询制度链的从动轮，在决策机构需求的带动下有效运转，把思想和智慧传输给决策部门，供决策部门参考。决策制度的牵引能力与智库的内生动力形成合力，共同带动决策咨询链条的有效转动，决策咨询制度在整个新型智库建设过程中具有重要的链接功能。

三、决策咨询制度的关键环节

构建科学高效的决策咨询制度链和制度体系，需要重点把握三个环节：

第一，决策制度改革环节。智库是智力服务业，智库发展对决策咨询需要具有很强的依赖性。没有决策制度的改革，没有决策需求作为总牵引，新型智库的发展就会失去外部动力，内部动力驱动下的智库发展就可能迷失方向。传统的决策体制，不利于科学民主依法决策，也不利于智库的生长，需加大改革力度，为新型智库发展注入源头活水，为智库介入政府决

---

① 光明日报智库研究与发布中心：《新亮点新态势新思考：2015 中国智库年度报告》，载《光明日报》2016 年 1 月 13 日。

策留好制度接口。因此，对于决策制度来说，面临着一个改革的问题，改革是否到位，决定着智库能否发挥作用。

第二，咨询制度建立环节。咨询制度，主要是指明确决策机构与智库双方责任义务，把决策机构与智库链接起来，促进两者更好对接协作、良性互动的制度。对于咨询制度来说，面临着一个如何建立的问题，构建是否科学，决定着智库能否实现制度化的发展。由于目前决策制度改革的步伐不够快，决策咨询制度尚在建设的过程当中，存在主动轮动力不足、传输带传输不畅的问题。尽管智库体系已经发力，开始高速运转，但更多的是自转，有时候甚至是空转。当前智库发展的冷热不均，固然有智库自身的原因，但同时也与党委政府对新型智库建设重视不够、参与不足、对接不畅等因素密切相关。要避免智库机构盲目自转、无效空转，需实现决策体系和智库体系的有效链接和高效对接。没有决策者和实际工作部门参与的智库活动，其决策咨询效果很难真正达到；没有决策者和实际工作部门转化运用智库成果，其生产的产品就是一种社会浪费。

完善政府购买决策咨询服务的政策法规，为社会智库参与竞争和可持续发展创造条件。政府购买决策咨询服务的两种方式：集体整建制购买体制内智库的主要思想产品和分散竞争性购买各类智库提供的思想产品。当前，迫切需要进一步完善决策咨询产品的竞标与市场机制，通过引入多种主体参与、适度竞争机制，提高决策咨询产品的质量和针对性。

第三，智库自身制度完善环节。新型智库不同于传统的科研机构，具有自身的特点，应建立起一整套有利于知识产品生产和决策咨询作用发挥的制度。主要包括要完善组织架构，建立理事会制度，促进智库机构的扁平化；完善内部运行制度，规范前期调研、数据采集、报告形成、成果发布等工作程序，确保产出质量；建立与智库成果特点相适应的成果评价、转化和绩效考核制度；加强与政府、媒体、公众等方面联系的制度，等等。特别是从社科研究机构改造而来的智库，要加大改革力度，尽快建立起与智库发展要求相适应的管理体制与机制。

总之，推动新型智库建设，既要在供给侧发力，着力提高智库建设水平，供给高品质的智力产品，更应当在需求侧用力，推动各级领导干部重视智库、善用智库，激发潜在的强大咨询需求，让咨询成为行政决策的制度必然，进而形成巨大的决策咨询市场。要推动实现由智库千方百计找政府要项目、递报告向政府精挑细选找智库、要咨询转变，充分发挥决策部门在新型智库建设中的牵引作用。

第二节　决策咨询制度的建构路径

在政府与智库的互动体系中，政府处于主导、主动地位，在决策咨询体系中具有牵引作用，是推动新型智库嵌入决策、发挥作用的主导力量。建立健全决策咨询制度，推动决策体系与智库体系良性互动，需要首先从政府这一决策咨询的需求方和决策咨询制度的供给方发力。

一、释放决策咨询需求

恩格斯曾说，社会需要比十所大学更能推动科学的发展。习近平总书记指出，各级党委和政府要发挥哲学社会科学在治国理政中的重要作用。"各级领导干部特别是主要负责同志，既要有比较丰富的自然科学知识，又要有比较丰富的社会科学知识，以不断提高决策和领导水平"，"领导干部要以科学的态度对待哲学社会科学，尊重哲学社会科学工作者的辛勤付出和研究成果，不要觉得哲学社会科学问题自己都能讲讲，不是什么大不了的学问。要主动同专家学者打交道、交朋友，经常给他们出题目，多听取他们的意见和建议"。提高决策制度化水平，关键是提高决策者的能力和水平，特别是要提高决策者在复杂条件下决策的水平，决策者要善于借助外脑，想用、会用、善用和用活智库。因此，决策部门领导者要努力提升哲学社会科学理论素养，重视决策咨询工作，重视发挥智库的谋划作用，增强问策智库的主动性、积极性和自觉性。要通过制度设计，激发决策部门的决策咨询需求，通过政府购买决策咨询服务，对新型智库发展形成强大的牵引作用。要通过决策咨询需求公开，引领聚焦智库的研究方向，增强智库研究成果的针对性，避免决策机构与智库机构的双盲选择导致的效率低下。要减少决策者与智库之间的中转环节，避免决策咨询信息经过多次中转和过滤后的失真，积极开展与智库专家的面对面对话、点对点咨询，畅通双方互动交流的渠道。

二、推动决策体制改革

随着现代决策科学性、专业性、系统性的增强，迫切需要在制度上正式将智库的"谋"作为决策体系必不可少的一环，鼓励不同智库参与竞争，形成政策咨询的"需求市场"，推进党委政府科学民主依法决策进程。在全面深化改革的进程中，要加大政府自身改革的力度，政府自身的研究机构要瘦身，逐步实行谋断分离，将决策过程中外部信息的采集等工作，交给专业的研究机构和智库去做。按照十八届四中全会全面依法治国的要求，完善决策程序立法，明确重大决策须有智库参与，先"谋"后"断"，确立智库在公共决策中的法律地位，强化政府自觉主动向智库"问策"的意识，为新型智库发挥作用提供必要的舞台。要明确专家和智库参与决策的条件、内容和形式等，确定双方的权利和义务，为智库等组织介入决策过程提供法律保障，打造智库参与决策的制度化平台。

决策者既要能够主动听取不同专家的声音，又要有自己的主见，能够在复杂的决策环境下有效降噪，把智库专家提出的政策和方案嵌入到当前的政策环境中。智库专家在提出建议方案时，一定要坚持系统思维，注重建议方案与现代社会的契合度，考虑政策和方案本身的连续性、创新性、可操作性，及其对当前环境的适应性。避免错诊误诊，避免过度治疗，避免过度超前，避免治表不治里、治标不治本。智库专家的建议，有理性的声音，有务实的建议，还有一些是没有意义的噪声。作为决策者，要处理好专家的"谋"和自己的"断"之间的关系，能够在相对复杂和多元的环境中降噪，避免部分不理性不正确的决策咨询建议对决策产生干扰、形成误导甚至造成损失。

三、完善决策咨询立法

赋予中国特色新型智库更加明确的法律地位，为智库参与决策提供法律保障。建议逐步制定中国特色新型智库发展章程、治理规范，中国共产党决策咨询工作条例、重大行政决策咨询暂行条例，推动智库组织化地参与政府决策咨询工作。

明确智库的法律定位，赋予智库一定的法律地位，特别是赋予社会智库以法律地位。从决策咨询范围上讲，既要注重体制内决策咨询，发挥政府研究机构和官方智库的作用，同时也要注重体制外的决策咨询力量，积极发挥民间和社会智库作用。要加快社会组织立法步伐，赋予社会智库以合法的身份和地位，创造有利于社会智库生成和发展的社会环境。明确智库参与党委政府决策的法制化渠道，形成党委政府认定的智库经常性参与、其他社会智库和具有智库功能的机构竞争性参与的体制机制。

明确党委政府购买决策咨询服务制度，明确双方的权利和义务。借鉴国际经验，建议出台《购买决策咨询服务制度》，进一步理顺作为决策咨询服务委托方的决策部门与作为决策咨询服务受托方的智库之间基于合同的平等契约关系。出台针对智库的税收优惠等支持政策。与一般的营利性企业相比，智库的决策咨询功能决定了其公益性和非营利性，对于以经营性为主的社会智库，国家应在税收政策等方面给予一定的支持。

明确智库参与决策的法律程序。党的十八届四中全会提出，要健全依法决策机制，把公众参与、专家论证、风险评估、合法性审查、集体讨论决定确定为重大行政决策法定程序。把专家论证作为法定程序，这里的专家，既可能是具有明确归属的智库型专家，也可以是没有明确的智库归属的智囊型专家。应当说，这两类专家都可以参与，多元参与对于提高决策的科学化程度更加有利。

探索建立党委政府聘请智库顾问制度。党委政府决策机构和实际工作部门，是否有可能像聘请法律顾问一样，聘请专业化的智库长期合作。实际工作部门与专业对口的智库建立相对稳定的合作关系，同时，引入竞争机制，面向其他智库和社会征集高质量的成果。智库研究具有长期性、积累性、跟踪性，呈螺旋式，智库机构与实际工作部门的合作，不适合一锤子买卖，也不适应频繁地变换，需要具有相对稳定性。当然，为了鼓励创新、引入竞争机制，在相对稳定的基础上，需要决策咨询服务主体的多元化。

四、创新决策咨询制度

加大元政策目标下亚政策、子政策的构建，完善决策咨询制度体系，为智库嵌入决策提供制度化保障。一是完善信息公开制度。非对称信息下做出的决策方案会有偏差，甚至会出现较大的出入或得出截然不同的结论。因此，推进政府信息的公开和共享，是提高智库产品质量的关键。信息公开，既包括决策所需信息的公开，也包括决策过程信息和结果信息的公开。二是推行决策咨询公开竞标制度。决策部门要加强与智库和课题管理部门的联系，课题管理部门要紧紧围绕党委政府的决策需求发布课题，优化和改进课题的招标方案，使研究课题的设置与决策部门的需求更贴近。对于高端重点智库，在给予集成性的政策支持、促进其基础建设的同时，逐渐向项目制过渡，建立基于市场需求的决策咨询项目竞争机制。三是建立完善决策咨询信用和绩效评价体系。在公共政策推广的过程中，适度公开决策方案的主要来源，通过政策实施的结果衡量决策咨询水平的高低，逐步建立智库信用评价体系。在对公开政策开展第三方评估的过程中，对智库的参与程度和效度同步评估。对于造成重大损失的决策，在追究决策机关责任的同时，对提出建议、提供方案的机构进行追溯，如果确属智库提供的决策咨询产品本身存在重大缺陷，就要进行相应的责任追究。

国家和省社科基金项目，对于课题申请单位一般有如下规定：在相关领域具有较雄厚的学术资源和研究实力；设有科研管理职能部门；能够提供开展研究的必要条件并承诺信誉保证。一般小型的社会智库，或者不是隶属于高校的研究机构的社会智库，往往没有承接项目的资格。这是束缚社会智库发展的一个重要的瓶颈。一方面，可以通过逐步放开项目管理制度改革，通过放宽申报资格、加强后期和结项管理来解决；另一方面，既然社会智库作为社会组织，有自己的业务主管部门，可以把这类项目申报前的资格审核和项目申报成功之后的管理监督权委托给业务主管部门。

第三节　新型智库主体的主动对接

正是由于决策制度和咨询制度在整个政府——智库体系中处于主动地位、具有牵引功能，新型智库建设本身也需要不断地优化和改革，逐步建立以党委政府决策需求为导向的新型智库发展机制。当前，新型智库需要重点强化五个意识。

一、强化角色意识。新型智库对于自己的定位和角色要有清醒的认识，处理好几个关系。第一，处理好近与远的关系。智库要与政府保持一定的距离，但并非是远离政府。智库的观点立场应当尽可能客观中立，但智库不可能完全独立。与政府保持适当的接触，了解熟悉政府的主要观点和决策流程，是智库进行决策咨询的前提条件。智库与决策机构最理想的距离，是保持一臂之遥，既能够跳出来观察公共政策，不至于"只缘身在此山中"，又能够近距离观察感受决策者的需求，在政府需要的时候能够看得到、够得着、用得上。第二，处理好谋与断的关系。将决策过程中专业性、技术性较强的论证工作（即"谋"）交由具备相应资质的智库来完成，政府的作用在于政策方案的选取（即"断"）以及决策的执行，真正做到"谋"与"断"分离①。为此，要加大政府内设智库类机构的改革力度，科学准确界定其职能，合理确定智库机构的对策研究与政府内部政策研究的界限，避免智库机构行政机关内部化带来的政智不分，智库完全站在政府的立场上说话，甚至干预公共政策的决策。因此，作为汇集民众的智慧和思想的新型智库，要科学把握自身的职责边界，把握好参与公共政策的"度"。第三，处理好被动应招与主动出招的关系。对于党委政府急需解决的问题，特别是应急的命题作文，要善于应招，依靠自身的知识积累和专家团队，在第一时间形成高质量的研究成果。对于看准的问题，要敢于善于及时出

---

① 潘华：《智库建设须完善政策支持》，载《学习时报》2014 年 10 月 27 日。

招，开展具有前瞻性、储备性的政策研究。

二、强化顾客意识。党委政府决策者是智库的顾客终端，是智库决策咨询产品的主要购买者和消费者。新型智库要着力推进供给侧结构性改革，以更加优质的产品和更加有针对性的服务，更好地满足政府的决策需要。为此，新型智库必须加强能力建设，把重点放在提高研究质量、推动内容创新上。一是打造质量过硬的决策咨询产品。智库要拓展参与公共政策的方式，更好地适应党委政府决策的需要，以适当的角色，全程关注、全程参与公共政策。从决策前的议题确定、方案论证，再到决策过程中的政策咨询，到公共政策出台后实施情况的跟踪及效果的评估，开展第三方评估活动，参与公共政策的全过程。二是树立党委政府和社会信得过的决策咨询品牌。影响力就是智库的生命力，持续的影响力是形成智库品牌的关键所在。新型智库建设不能一开始就贪大求全，要从一点一滴开始积累，有甘于坐冷板凳的精神、有抓铁有痕的意志，注重开发有影响力的原创产品，靠质量求得信誉、靠产品打造品牌，着力增强显示度和影响力。三是逐步推动思想产品市场的建立。官方智库和民间智库的社会化是新型智库发展的大势所趋，通过政府购买服务和契约合同分配智库资源是新型智库发展的必由之路，虽然决策咨询产品的公益性决定了其难以拿到市场上去销售，但在新型智库大量涌现的情况下，政府购买服务就有更大的选择空间，思想产品市场就会逐步形成。建立适度规模的思想产品市场，有助于规范决策机构与智库机构之间的关系，形成适度的竞争机制，推动优胜劣汰，激发智库发展活力。智库要善于为党委政府定制方案，把专家的深度和记者的速度结合起来，开发有针对性的高质量的产品，逐步形成自己的知识产权、供给品牌，向党委政府推销，甚至明码标价、挂牌销售。

三、强化专业意识。随着社会的发展，党委政府的决策需求越来越专业化、系统化。对于大多数智库来说，发展的方向是专业化、职业化而不是全能化，不需要也不可能建立一个万能智库。第一，要提升专业化的研究水平。要从社会科学研究和党政人才中吸取更多的研究资源，组建职业化的研究队伍，着重生产专业化、原创性、高质量的研究成果。从专家和智库参与的过程和程度看，由部分参与到全程参与，由个人参与到团队参与，由偶然参与到必然参与，由形式参与到实质参与，由选择性的动作转换为规定性的动作，在不断深化的参与中提高决策咨询的专业化水平。第二，要开发专业化的研究工具。智库的专业化还体现在科学的研究方法、规范的运作流程和客观的管理体系上①。要秉持科学精神，注重智库专家队伍的专业性，建立专业的调查机构和调查队伍，掌握专业数据资料库。建立一批社会试验室和政策观测点，开展政策试点工作，运用专业工具对政策的效果进行检验，以专业化、职业化来保障决策方案的科学化。第三，要弘扬智库职业文化精神。新型智库要注重注入先进的文化基因，加强组织文化建设，形成支撑和引领智库长期健康发展的思想文化精神内核。

　　四、强化责任意识。一方面，新型智库要对作为自己服务对象和顾客的决策机构负责，对自己的产品负责。智库专家要有知识分子情怀，对自己说过的话负责，对自己提供的决策咨询产品负责。增强决策咨询过程的严肃性、决策咨询成果的针对性、决策咨询产品的专业性、决策咨询活动的法制化。一流智库专家要像自然科学家一样，建立自己的社会实验室，创新参与公共政策的方式方法。政策建议要经过科学推演和科学实验，智库产品要经得起实践和社会检验，能够"立此为证"。要坚持党管智库，强化政治纪律和政治规矩，把握公开与保密的界限，对于不宜公开的高质量的研究成果不公开，减少功利之心，做辅助党委政府决策的"无名英雄"。另一方面，智库要对广大的民众负责。党的十八届三中全会，是把新型智库建设放在民主协商的语境中，作为民主协商的主要载体之一来强调的，新型智库建设强化群众观念，搞好社会调查，做好搜集汇集整理工作，专家决策咨询建议要最大限度地凝聚群众智慧，当好人民群众的代言人，为党委政府决策最大限度地接通"地气"。

　　五、强化对接意识。新型智库要加强自我管理，建立起与知识生产要求相适应、有利于创新和发展的内部管理体系，以工作流程的科学化促进决策咨询产品的高质量。一是与决策机构的有效对接。新型智库要加强自

　　①　李刚、丁炫凯：《习近平治国理政思想是新型智库建设的指针》，载《智库理论与实践》2016 年第 1 期。

身能力建设，突出供给产品与决策机构需求的对接，智库活动与实际工作部门的对接，智库专家与决策层的对接，建立灵活高效的决策参与机制，增强研究的针对性、实效性。在推动智库与政府对接的过程中，要注重发挥社科联、科协等机构的桥梁纽带作用。二是与政策研究部门的有效对接。能够与决策部门及其政策研究机构有效对接，畅通信息成果流动的渠道。处理好智库与智囊的关系，做好决策咨询半成品的转化与终端产品的对接工作。三是与高校研究机构的有效对接。高校注重知识生产和理论创新，智库注重知识转换和理论应用，智库在整个知识链上处于高校的下游，智库必须牢牢把握高校这一理论创新的源头，注重从中汲取营养，借力发展。四是与人大、政协有关工作的有效对接。在重大决策、重要立法的过程中，引入智库参与机制，促进审议过程与咨询过程的有机结合。引导智库研究机构增强与人大代表、政协委员的协作与互动，提高两会提案议案的科学化程度，加大对两会重要议题的决策咨询力度。五是与媒体和公众的有效对接。要注重媒体在智库发展中的重要作用，智库成果更加注重媒体发表和公开发布，扩大智库成果的受众面，搭建公共政策社会化转化的桥梁。要打通智库成果社会化转化的"最后一公里"，着眼于壮大主流舆论、凝聚社会共识，更好地发挥智库阐释党的理论、解读公共政策、研判社会舆情、引导社会热点、疏导公众情绪的积极作用。

总之，智囊咨政与智库咨政不同。决策咨询制度化，决策咨询服务也要制度化。推进决策咨询制度化的一个重要方向，就是实现由智囊咨政向智库咨政的转变。智囊团，不是一个个智囊的散装组合，而是一个有组织有分工有合作有协同的智库专家团队。党委政府决策咨询的对象，由单个智囊向智囊团和智库转变，由单一智库向智库群转变。

第十二章　社会智库发展：
智库增量的空间

关于社会的构成和发育程度，从第一部门的政府，到第二部门的市场，再到第三部门的社会，既是一个循序渐进的过程，也是一个此消彼长的过程。随着各类治理主体的不断发育和成熟，政府必然会将更多的权力让渡给社会，社会智库作为新型智库的重要组成部分，必将在经济社会发展和社会治理中发挥更大作用，在国家治理体系和治理能力现代化中扮演更加重要的角色。

第一节　从民间智库到社会智库[①]

2015年初，中办国办《意见》提出要统筹推进党政部门、社科院、党校行政学院、高校、军队、科研院所和企业、社会智库协调发展，明确提出社会智库的概念，并将其纳入中国特色新型智库体系和建设新格局。2017年5月，民政部等九部门印发《关于社会智库健康发展的若干意见》，推出了一系列有利于社会智库发展的具体举措，预示着社会智库发展的春天已经来临。

---

① 本节部分内容发表在苏州大学学报（哲学社会科学版）2015第6期，原标题为《从民间智库到社会智库：理念创新与路径重塑》。

一、我国传统智库格局中的民间智库发展

在中国特色新型智库体系语境中，探索社会智库的发展路径，必须坚持有扬弃地予以继承，首先把握传统智库视野下民间智库的发展情况。关于智库的类型，可以根据研究领域、规模大小、职能、性质和起源等多个标准进行划分。从隶属关系的角度，人们一般将智库分为官方智库、半官方智库和民间智库。通过部分专家学者对智库的研究和分类，可以大致界定民间智库的内涵和范围。薛澜、朱旭峰（2006）将智库分为四种类型：事业单位法人型智库，可简称"事业型"智库，在各级政府机构编制管理机关（即"编办"）核准登记或备案；企业型智库，在各级政府的工商行政管理部门（即"工商局"）登记注册的企业组织；民办非企业单位法人型智库，简称"民非型"智库，在各级政府的民政主管部门（即"民政局"）登记注册的社会法人团队；大学下属型智库，可简称"大学智库"，一般未在国家行政管理部门登记，因此不具备独立的法人地位①。朱有志、贺培育、刘助仁（2011）等将智库（思想库）分为国际性智库、政府官方智库、政府半官方智库、大学依附智库、党派倾向型智库和民间智库，认为民间智库大多由私人或民间团体建立，在组织上独立于其他任何机构②。谭维克（2012）将智库分为官方智库、大学智库和独立智库，认为独立智库主要是指在组织架构上独立于政府大学之外的，从事政策研究的非营利性公共政策研究机构。这类形式的智库主要包括民间智库与企业智库③。上海社科院智库研究中心把智库分为四类，即党政军智库、社科院智库、高校智库、民间智库，认为民间智库主要是由民间出资组织并且体现社会公众呼声或者对政策需求的公共政策研究机构，大多由企业、私人或民间团体创设，在组织上独立于其他任何机构，且自筹经费④。王辉耀（2014）在《大国智

---

① 薛澜、朱旭峰：《"中国智库"：涵义、分类与研究展望》，载《科学学研究》2006 年第 3 期。

② 朱有志、贺培育、刘助仁等：《思想库智囊团——社会科学院初论》，社会科学文献出版社 2011 年版。

③ 谭维克：《建设首都社会主义新智库研究》，中央文献出版社 2012 年版。

④ 上海社会科学院智库研究中心：《2013 年中国智库报告（影响力排名与政策建议）》，上海社会科学院出版社 2014 年版。

库》中，将智库分为官方、高校和民营三类，认为官方智库大而不强，高校智库曲高和寡，民营智库弱而无力，在整体上没有形成官方、高校和民间独立三种智库模式的互补机制；并将民营智库的存在形式分为三种，企业型智库、民办非企业单位法人型智库、社团性质智库，解释之所以不称民间智库而称民营智库，主要借鉴民营企业的表述，体现出这类智库在运营模式上与其他类型智库的本质不同①。

根据以上分析，在传统智库语境中，所谓的民间智库、民营智库或者独立智库，一般是指官方和半官方智库之外的智库，往往把企业智库也包括其中。对于民间智库的界定不清，特别是兼有公益性的社会智库和营利性的企业智库，导致在民间智库的管理上面临困境，难以制定有针对性的管理和鼓励政策。由于民间智库的定位与理念等方面的问题，在发展的过程中一度出现曲折，虽然取得了一定的成效，但总体发展相对滞后，难以适应新阶段党和政府科学民主决策的需要，已经成为制约中国智库整体协调发展的重要短板。民间智库存在的问题突出表现在：数量较少，目前仅占智库总数的 5%；规模较小、影响力较弱、国际知名度不高，有分量的研究成果不多；资金、人才短缺；组织形式和管理方式亟待创新，特别是双重管理体制使其在登记、税收减免等方面面临着现实困难②。

二、从民间智库到社会智库的意境升华

党的十八大首次将治理理念引入党代会报告。现代治理与传统管理相比，多元主体参与治理是显著特征。民间智库作为单向管理时期的概念，在多元主体参与治理的大背景下，也必然面临着内容与形式的改革和创新，社会智库的概念应运而生。2014 年 10 月 27 日，在中央深改组第六次会议上，习近平总书记强调改革发展需要强大的智力支持，要统筹推进包括社会智库在内的各类智库协调发展，形成定位明晰、特色鲜明、规模适度、布局合理的中国特色新型智库体系。社会智库的概念首次在官方语境中出现，并将其作为中国特色新型智库体系的重要构成。中办国办《意见》的

---

① 王辉耀、苗绿：《大国智库》，人民出版社 2014 年版。
② 迟福林：《以改革的办法建设新型社会智库》，载《光明日报》2015 年 1 月 30 日第 2 版。

出台，进一步明确了中国特色新型智库的概念、目标，将社会智库纳入中国特色新型智库发展的新格局，强调"社会智库是中国特色新型智库的组成部分"，"由民政部会同有关部门研究制定规范和引导社会力量兴办智库的若干意见"。

从民间智库到社会智库称谓的变化，我们可以从民间组织到社会组织名称转变的过程中找到依据和参照。从 2007 年开始，为了适应社会建设与管理的需要，我国正式用"社会组织"代替"民间组织"。与此相适应，作为管理机构，近年来，广东、浙江、江苏、山东等省的民间组织管理局更名为社会组织管理局。根据民政部民间组织管理局的解释，"民间组织"的"民间"是与"政府""官方"相对应的，反映了传统社会政治秩序中"官"与"民"相对应的角色关系，所体现的是自上而下的管制，而更名为社会组织，体现的是政社共治的平等伙伴关系，这样一个改变，给了社会组织更加平等的社会主体的地位，有利于纠正社会上对这类组织存在的片面认识，形成各方面重视和支持这类组织的共识。同样，在党的十八届三中全会提出完善和发展中国特色社会主义制度、推进治理体系和治理能力现代化这一全面深化改革的总目标，强调"加强中国特色新型智库建设，建立健全决策咨询制度"之际，用社会智库的概念来替换和提升民间智库的内涵，对于中国特色新型智库建设新体系、打造新格局具有重要意义。

社会智库的发展，可以充分借鉴社会组织发展的经验，鼓励各类力量参与社会智库建设。但是有一点需要强调，社会智库作为社会组织的一种，毕竟有着自身的特点和特殊性。特别是社会智库具有高智力性，其主要职责是为党委政府决策服务，同时具有宣传和引领意识形态的功能，社会智库的发展要坚持中国特色新型智库发展的四大原则，入门门槛要比一般的服务类社会组织更高。因此，对适用一般公益服务类社会组织的简化程序、降低门槛等政策，对社会智库并不适用，社会智库的发展，一定要坚持适当的门槛、较高的起点，防止一哄而上、低端重复、无序发展。

三、从传统民间智库到社会智库的理念创新

从民间智库到社会智库，不仅仅是称谓的简单改变，而是体现了一种智库发展理念的创新。

1. 从民间智库到社会智库，有利于促进中国特色新型智库体系更加完善。与国家、市场、社会三种组织形态相对应，智库也主要有三种形态，即官方或有着官方背景的智库、企业智库和社会智库。三种不同形式的智库均可服务不同的领域，但又各有侧重。需要说明的是，尽管根据智库隶属关系在表现形态上有三种类型，但在讨论中国特色新型智库建设的语境中，智库是为公共政策和党政决策服务的，社会上大量的为企业政策和企业决策服务的咨询公司，不在中国特色新型智库的范畴之内。党的十八届三中全会《决定》是将加强中国特色新型智库建设与建立健全决策咨询制度联系在一起的，因此，从这一意义上讲，尽管我们讲智库具有诸多的功能，但最主要的还是服务党委政府决策的功能，包括直接服务和间接服务。中办国办《意见》的出台，使中国传统智库的官、民两维构成，演变为中国特色新型智库的官方智库、国有企业智库和社会智库三维构成，各类智库的功能更加清晰，体系更加完整。

2. 从民间智库到社会智库，有利于凸显中国特色新型智库的鲜明特征。社会智库概念的提出，有助于我们更加清晰地把握中国特色新型智库的"新型"特征。有研究者认为，民间智库是中国特色新型智库发展的风向标，是中国特色新型智库中"新型"的重要标志，"新型"就是指民间智库。这种观点有一定道理。笔者认为，中国特色新型智库的"新型"：一是指存量的改造。主要是基于对原有智库的改造和不同智库的优化组合，重新定位其功能，使其呈现出与以往不同的特征，产生 1＋1＋1 大于 3 的效应。二是增量的拓展。新建一批不同于当前主要智库形式的新的智库形态，即社会智库，在改变社会智库与官方智库相比力量悬殊的局面、打破官方社会科学研究机构的垄断地位的同时，激活智库市场，形成鲶鱼效应，进一步促进我国思想市场的形成。

3. 从民间智库到社会智库，有利于进一步彰显中国特色新型智库在国家治理现代化进程中的决策咨询作用。习近平总书记强调，智力资源是一个国家、一个民族最宝贵的资源。我们进行治国理政，必须善于集中各方面智慧、凝聚最广泛力量。改革发展任务越是艰巨繁重，越需要强大的智力支持。我国智库多以官方、半官方为主，智库本身难以平衡体制属性与政策研究独立性之间的关系，瓶颈制约因素明显[1]。社会智库的发展壮大是社会活力的体现，更是社会发展理性化的显现。可以说，相对于官方智库、半官方智库，社会智库在国家治理现代化进程中决策咨询的功能同样重要，是服务党委政府决策的另一半大脑。由于社会智库的经费、人事相对独立，其研究更具有独立性，更能体现第三方研究的客观性，有利于党委政府的科学民主决策；社会智库往往更加注重调查研究，更加重视草根性，更加注重接地气，往往能够给党委政府分析解决问题提供一个独特的视角，更加有利于凝聚社会智慧，表达社会意志，强化社会责任；社会智库往往关注区域性、全国性甚至全球性的公共问题，注入资源或付出精力，这不仅能减轻政府的负担，而且有利于良性社会资本的培育，提升中国智库的国际影响力[2]。

第二节　社会智库发展瓶颈与经验借鉴[3]

中国特色新型智库，具有鲜明的中国特色，要坚持走自己的路，对于西方智库的独立性和旋转门等机制不必盲目相信和盲目跟从。但仔细分析西方智库发展的历程和特征，也能够给我国新型智库发展，特别是社会智库发展带来一些启示。结合笔者 2015 年 10 月参加江苏省社科院牵头组织的现代政府管理与智库建设赴英高级研修班所了解到的情况，在坚持问题导向、查找我国社会智库发展存在问题的基础上，对英国智库发展的关键词进行分析，梳理英国智库发展给中国特色新型智库建设带来的几点启示。

一、我国社会智库发展的主要瓶颈

民政部等九部门印发的《关于社会智库健康发展的若干意见》，有三个

---

[1]　李伟：《建设中国特色新型智库　推进国家治理现代化》，载《中国发展观察》2014 年第 10 期。

[2]　罗峰：《中国"智库"的三个问题》，载《学习时报》2015 年 1 月 5 日第 6 版。

[3]　本节部分内容发表在 2016 年 3 月 30 日光明日报智库版，原标题为《英国智库发展的关键词与启示录》。

关键词，即规范、引导和健康，说明社会智库发展的秩序不够好，需要在政治方向和政策上进行引导，通过政策规制使其走上正常的、健康的发展轨道。《若干意见》强调"坚持用党的理论和路线方针政策引领社会智库建设，坚持把社会责任放在首位"。随着国家意见的出台，对于规范的社会智库来说，是重大利好，发展的春天就要来临；对于不规范的、特别是有社会智库之名而无社会智库之实的，迎来的将是秋天或冬天，要么通过整顿走向正轨，要么依照有关法规关停或取缔，将违反政治纪律和法律法规、以社会智库之名开展非法活动的机构，排除在社会智库之外，以维护社会智库和新型智库队伍的纯洁性。从目前看，社会智库的发展总体趋势是好的，但也存在一些问题：

　　1. 概念不明、边界不清的问题。社会智库与民间智库、企业智库、咨询公司的概念不清，对于社会智库的概念和范围尚缺乏权威的界定，几大评价体系对智库的分类和社会智库认定的标准也各不相同。一方面，20世纪80、90年代在工商部门注册的咨询公司，有一部分实际上在发挥着社会智库的作用，但却没有社会智库的"名分"；由于登记注册的渠道尚未畅通，近年来成立的比较活跃的社会智库，也只能在工商部门注册。另一方面，部分以面向企业等私人机构为主的商业咨询公司也用社会智库来冠名，热衷于参加或组织各类智库活动，对社会智库的整体形象产生一定的影响。总之，社会智库迫切需要"正名"，国家层面意见的出台适逢其时。

　　2. 管理缺位、发展无序的问题。社会智库是新型智库体系的重要组成部分，与传统的民间智库有着根本区别。目前，由于没有明确赋予民政和社科（科技）部门对社会智库的认定和管理职能，沿袭的仍然是对社科类（科技类）社会组织管理方式，难以适应新型社会智库发展的需要。由于《若干意见》规定"未经民政部门办理社会组织登记的社会智库，不得以社会智库名义开展活动"，原来一些没有在民政部门注册但以社会智库自居的机构，包括部分商业咨询公司在内，开始淡化"社会智库"色彩，但仍然以智库或民间智库、企业智库的名义开展活动，企图避开相关部门管理。对于比较分散的社会智库，难以在意识形态等方面进行有效管理，存在着明显的管理缺位现象，对于有些智库来说甚至处于管理上的真空期。应当明确，社会智库概念的出现，本身就是对民间智库的规范提升，不是并存关系而是替代关系。要谨防社会智库规范之后"民间智库"泛滥无序，从而给新型智库体系的构建带来不利影响。

3. 产品质量、内部治理问题。智库生产的是思想产品，一旦被决策者采纳就会转化为有关政策或法规。因此，智库产品的质量至关重要，甚至是"人命关天"的事。由于社会智库获取资金和信息资源的渠道有限、人才的专业化和职业化程度所限，生产的思想产品质量不够高。由于缺乏必要的审核和把关程序，其生产的思想产品甚至存在一定的"质量"问题，迫切需要在形式上加以规范、在内容上加强引导。特别是大部分社会智库规模偏小，没有自己的核心研究队伍，或者仅靠一个或几个核心人物撑"牌子"，思想产品的供给能力不足。社会智库的自有研究力量要占有一定的比例且具有强大的战斗力和影响力，生产的有影响力的高质量思想产品在自身产品体系中占有一定的份额，没有自身的生产力和影响周边智库专家的能力作为基础，社会智库仅仅依靠购买外部专家的研究成果，是不可能走远，事实上也是走不远的。社会智库与党委政府联系相对较少，往往难以及时准确地获取政府相关数据信息，同时缺乏相应的成果上报与转化机制，政策影响力有限。个别智库为筹措经费，往往开展大量以创收为目的咨询服务，背离公共政策研究的"初心"和"主业"，难以真正发挥作为智库的职能作用。因此，要引导社会智库加强内部治理，并且通过规范管理，建立内部治理与外部引导管理的衔接机制，建立重大事项报告和报备制度，通过过程管理、终端审核等方式，确保社会智库在法律法规规定的范围内开展活动，确保社会智库的产品质量。

4. 发展资源、外部环境问题。由于内容原则性和管理主体多元性，《若干意见》关于注册、管理、党建、账务等方面的政策在地方落地，需要有一个细化转化的过程。从整体上来说，社会智库发展整体环境趋紧，特别是社会资金兴办智库、政府购买决策咨询服务、对于社会智库在税收等方面的优惠政策尚未明确，再加上国家有关部门和社会上对社会智库认知、认同的程度不够高，存在信息渠道狭窄、市场空间较小等方面的问题。大部分社会智库发展的步伐相对比较缓慢，一些社会智库尚处于探索和摸索阶段。社会智库的政策环境和社会环境迫切需要优化，其中政策环境包括：登记管理政策、资金筹集政策、人才招募政策、决策参与政策、购买服务政策和保障兜底政策等；社会环境主要包括：党政决策环境、智库群体生态和社会公众认知等。

二、英国智库发展的关键词

根据美国宾夕法尼亚大学公布的全球智库排名，2014 年英国智库总数在世界排名第三，有皇家国际事务研究所和国际战略研究所两家智库进入前十，分别列第二、第九位，2015 年 6 月李克强总理在这两家智库发表了演讲。纵观英国智库的发展，可以概括为 7 个关键词：

三次浪潮。现代智库产生于西方，英国是其最早的发源地，代表性组织是 1884 年成立的左派思想库费边社。第一次世界大战以来，英国智库发展经历了三次浪潮，其中第二次世界大战后至 20 世纪 80 年代形成的第二次浪潮更加迅猛，这一时期建立的智库，政党和意识形态色彩也最为浓厚。

慈善组织。英国智库以慈善组织形式注册登记，把服务公共政策和社会公众作为主要宗旨，不以营利为目的。这一管理模式和定位，把智库与商业性的咨询机构区别开来，更加强调智库的公共性和公益性，在资金的使用管理和免税方面也有一系列严格规定。

扁平结构。英国智库实行小核心、大外围的扁平化管理模式，规模一般较小，往往根据项目需要来组织外围的专家力量。如史密斯研究院，除了 5 个核心成员，10 多名研究员都是兼职的，运转灵活且成本较低。英国国家统计局拥有庞大的数据资料库，为智库获取统计资料提供便利，而且对于基础的数据采集等工作，智库往往采取外包的方式，这也是英国智库能够保持小型化的重要原因。

经验导向。英国智库人员组成多样，有科研部门的专家、具有实际工作经验的人员和在政府工作过（有政府背景）的前官员。特别是一些在智库工作过的专家再进入政府，对政治的影响不可估量。英国智库比较注重实际工作经验，对人才的学历不做过高要求，一般有本科学历就可以。英国智库鼓励人才流动，而且愿意保持合理水平的人员流动率，智库的研究人员与政府、企业、大学、媒体甚至国际组织有着频繁交流。

品牌形象。相对于以前关起门来在象牙塔里搞研究，英国智库越来越重视跟外部的联系和思想智力产品的营销，塑造良好品牌形象。英国智库往往比较注重宣传的作用，大型的智库有内部的新闻发布管理制度，有专门负责向外推送的新闻发布部门。在成果形式上，刻意避免长篇大论，提倡撰写短小精悍的报告，更加注重推出容易吸引眼球的短平快产品。

一臂之遥。英国智库多为"政党依附型智库"，具有明确的意识形态倾向。但与此同时，英国智库又强调独立性，与政府保持一定的距离，即一臂之遥。在英国，许多知名智库汇聚在政治中心威斯敏斯特区，与政党、政府和各利益群体、公众的联系紧密。一般而言，英国智库会与自己倾向的政党在政治上保持一致，一般不会公开批评所认同的政党，而是提出具有建设性的改进政策，有不同的观点私下交流。但这并不意味着智库要为政府的决定"背书"或是"论证"。英国欧洲改革中心外交政策部主任伊恩·邦德表示，"英国政府认识到，智库的一项重要功能就是一定要去挑战政府的计划和政策，并且积极进行测试，来发现这些政策的漏洞"。

影响有影响的人。智库的最终目的是影响公共政策，影响力就是智库的生命力。智库最重要一个角色就是建构有影响力的人物，包括有影响的政治家、舆论的塑造者、高级媒体从业人员、实际工作人员和高级文官等等，重塑他们的思维。英国皇家国际事务研究所邀请国外总理、部长等来英国访问，每年举办10多次重要人物演讲会和专题讲座，举行100多场国际会议。同时，英国智库通过媒体宣传和开展公共活动，采取放风筝、蓝天思维、路试、搭帐篷和建平台等方式进行政策推广、促进和测试，影响政党政府、公共政策和社会公众。

在调研和考察的过程中，笔者发现英国智库也面临着一些发展困境。主要表现在：一是经营和研究的双重压力。英国智库的资金来源有政府资助，欧盟资助，企业、个人和慈善机构捐赠，研究委托等；有的还有版权收入和会费资金。金融危机导致政府对智库的资助大大减少，使主要依靠政府资助的智库受到打击，特别是对左翼智库来说更加艰难。由于没有稳定的资金来源，部分智库研究人员需要到市场上去化缘，面临着经营和研究的双重压力。二是内部和外部的双重竞争。一方面，竞争来自智库内部。随着智库数量的增加，智库之间的竞争关系更加明显。再加上大量的智库越来越集中在某一个议题或者某一个政策领域，导致竞争日趋激烈，一些小型智库难以生存，智库间融合兼并的趋势比较明显。同样，竞争也来自外部。越来越多的高校研究机构、咨询公司、法律事务所和新闻网络媒体向智库靠拢，也在发挥着类似智库的功能，对现有智库形成了巨大压力。三是影响力与独立性的两难选择。英国智库在强调自身政策影响力，扩张自己知名度的时候，其中一个代价就是自己的独立性可能会遭到削弱。由于资金缺乏，更多的智库转而寻找企业和个人的资助，因此研究的领域也更加专业化和技术化，沦落到技术层面的研究或者沦为利益集团的代言，使智库的独立性和创造力大打折扣。另一方面，智库产出成果与影响力之间也存在内部张力，从单纯地强调成果的产出到更多地关注产出成果是否有影响力，资助者要加强这方面的测量和评估。而对于智库来说，所做的很多工作大都是幕后工作，这导致影响力更加难以评估。

三、英国智库发展的启示

英国智库的发展，为中国新型智库建设提供了有益的启示。

1. 坚持政治性与客观性相结合，实现发展道路的特色化。中国特色新型智库建设，要旗帜鲜明地坚持中国特色，贯彻党管智库原则，坚持以为党委政府决策搞好服务为宗旨。中国新型智库建设不能一味机械模仿，需要在借鉴西方智库经验的基础上形成自身特色。如果说英国智库更加注重独立性和个体作战的话，中国特色新型智库建设要在更加注重客观性的同时，注重体系建设，促进不同智库主体的协同，从而为国家治理提供高质量、全方位、无缝隙的决策咨询服务。

2. 坚持体制内与体制外相结合，实现发展趋势的社会化。在英国没有专门的部门管理、服务智库，其发展处于社会化、无序化的状态。中国特色新型智库发展，要在注重发挥政府智库核心作用的同时，把附属于政府和研究机构等单位的一般智库相对独立出来，逐步向专业化、实体化、社会化方面转变。要按照社会化的方向和社会组织的特点，加快事业单位改革步伐，加大改造和培育社会智库的力度，规范社会力量兴办智库，让社会智库成为政府智库的重要补充。

3. 坚持小核心与大外围相结合，实现组织架构的扁平化。无论是严格的科层制管理，还是依托高校研究机构的虚拟化发展和兼职化运行，都不适应当前形势，特别是提高中国软实力的需要。中国特色新型智库要力戒科层制、官僚制的组织形式，建立适合智库特点的组织形式和管理方式，培育自己的核心力量、精锐部队，建立既相对稳定又比较灵活，有利于知识生产、方案和思想创新的组织架构，不断提高智库管理和运行的效率。

4. 坚持服务党政与服务社会相结合，实现服务决策的全程化。智库主体、产品和服务对象具有多元化特征。智库在服务党委政府的同时，最终要为公共政策和社会公众服务。一方面，智库将社会公众的智慧吸收到公共政策中；另一方面，将党委政府的政策传递给社会公众。智库要参与公共政策的全过程，积极开展决策前的可行性论证、决策中的方案设计和决策后的绩效评估等工作。

5. 坚持自我发展与借势发展相结合，实现沟通交流的制度化。智库研究人员要从书斋和象牙塔中走出来，面向社会现实问题，加强与高校和媒体等相关力量的互动联动，建立互联网＋智库新模式。高校注重知识生产和理论创新，智库注重知识转换和理论应用，智库在整个知识链上处于高校的下游。一方面，智库必须牢牢把握高校这一理论创新的源头，注重从中汲取营养，借力发展；另一方面，智库必须保持自己的独立思维，增强专业性，突出协同创新，完善交流制度，走出一条不同于一般社科研究机构的发展道路。

6. 坚持内参转化与媒体推介相结合，实现成果转化方式的多样化。新型智库要妥善处理好保守秘密与信息公开的关系，走出传统的思维定式，将影响政府决策的方式由注重内参式、神秘性，向开放性转变，向更加注重媒体发表和公开发布，扩大智库成果的受众面，更多地通过影响公众、影响舆论等途径影响公共政策。

7. 坚持研究国内问题与国际问题相结合，实现智库影响的国际化。据统计，在全球十大智库中，有九个智库都侧重研究国际政治与军事安全，英国著名智库更是如此。加强中国特色新型智库建设，一个重要的方面就是增强中国软实力、国际影响力和话语权。国内高端智库要更多地关注国际性和全球性问题，更加广泛地参与全球性事务，建树中国形象，展示中国风采，不断提高中国在世界事务中的话语权。

第三节　推动社会智库规范健康发展①

社会智库是中国特色新型智库的组成部分。要统筹推进各类智库主体的发展，提高新型智库体系的决策咨询服务质量和总体运行效率，必须把社会智库发展作为一项重要任务。现在中国到了应该加快规范、在规范的前提下加快发展社会智库的这样一个阶段，加强对智库的管理，特别是要在法律上赋予社会智库明确的法律地位②。中办国办《意见》明确了社会智库的定位，在出台与其他智库可以同样享受的普惠政策的同时，明确提出要制定规范和引导社会智库发展的政策，为社会智库发展拓展了空间，实现了发展模式的重构和发展路径的重塑。在当前，迫切需要根据中央有关精神和中办国办《意见》要求，摆脱民间智库发展传统路径束缚，以改革创新的精神，积极探索社会智库发展的现实路径。

1. 强化社会责任，始终把握社会智库发展正确方向。中办国办《意见》明确指出，坚持把社会责任放在首位，由民政部会同有关部门研究制定规范和引导社会力量兴办智库的若干意见，确保社会智库遵守国家宪法法律法规，沿着正确方向健康发展。一是坚持正确方向。中国特色新型智库的功能，不仅仅是服务公共政策，同样具有意识形态宣传和引导功能，必须始终坚持中国特色社会主义道路，发出中国声音，谋划中国方案，建树中国形象。二是强化社会责任。社会智库，作为社会组织的一种形式，作为

---

①　本节部分内容发表在苏州大学学报（哲学社会科学版）2015 第 6 期，原标题为《从民间智库到社会智库：理念创新与路径重塑》。

②　迟福林：《社会智库要从我国智库体系的"短板"中走出来》，中国改革论坛网，http：//www. chinareform. org. cn/people/c/chifulin/media/201502/t20150213＿218938. htm。

中国特色新型智库的组成部分，必须按照中国特色新型智库的要求来建设，遵守国家宪法法律法规，把为国家发展服务、为科学决策服务、为社会公众服务的社会责任放在首位。三是加强指导管理。社会智库管理要适当从严，设立一定的进入门槛，实行智库准入制度。对社会上以智库自称的各类组织进行普查，条件合格的依法登记为智库，不合格的予以限制或取缔。对于地方社会智库，各级民政部门和社科联组织，要充分发挥党委政府与社会智库的桥梁作用，在吸纳更多的研究力量投入到社会智库建设和发展的同时，加强政治方向的引导，加强日常指导和管理，促进社会智库在法律法规范围内规范高效运行。

2. 加强制度供给，补齐社会智库这块最弱短板。中国特色新型智库建设，主要不是量的扩张，而是质量的提升，走内涵式、集约式发展的道路；主要的不是体制内智库的扩张，而是社会智库以适当的速度增量发展，走各类智库相互促进、协调发展的道路。一是加强相关立法。有学者建议，在依法治国、依法执政的大潮中，落实中央关于加强中国特色新型智库建设的战略部署，必须为中国思想市场立法，尽快出台《中国智库法》，为智库提供法律支持、法律规范、法律保障。特别是要通过立法，实现国家对于各种体制智库的一视同仁，明确民办非企业政策研究机构的法人地位。建议启动《公益法人法》的研究制定工作，将其纳入国家立法规划，对公益法人的设立与解散、业务开展、内部管理、税收政策等在法律上作出明确规定。在加强对现有社会智库进行规范和完善的同时，结合社会组织的管理，制定社会智库的管理办法，对现有社会力量举办的智库，要在组建方式、服务形式、运行模式等方面进行规范。二是对官方、半官方智库进行社会化改造。要加大资源整合力度，按照《中共中央关于全面深化改革若干重大问题的决定》的要求，加快事业单位分类改革，推动一批体制内智库转化为社会智库。可参照高等院校创办独立学院的方式，鼓励各类研究机构与企业或社会组织合作，采取混合所有制的形式，对高校与企业或者社会联合举办的各类智库进行社会化改造，培育一批高端智库，形成多方共同建设社会智库的格局。同时，可将部分有实力的以服务公共决策为主的企业智库在身份上进行横向转换，改造成社会智库。三是形成鲶鱼效应。要出台一定的优惠政策，引导社会力量兴办智库，加入中国特色新型智库建设的大潮。要提升存量、发展增量，重点建设一批导向更加明确、体制更加灵活、服务更加高效的社会智库，改变体制内智库占比过高的局面，补齐制约中国特色新型智库发展的这块最弱短板，从而激活各类智库主体竞相发展，形成中国特色新型智库发展的鲶鱼效应。

3. 探索有效途径，促进社会智库参与决策咨询服务。中办国办《意见》指出，中央政研室、中央财办、中央外办、国务院研究室、国务院发展研究中心等机构要加强与智库的沟通联系，高度重视、充分运用智库的研究成果。这就将党政机关智库和一般意义上的智库区分开来。从智库的成立要件和要求看，社会智库是更加具有实质意义的智库。一是发挥官方智库的引领作用。要在职能上进行战略调整，明确官方智库与社会智库发展的侧重点，完善决策咨询服务链的分工，形成相对明确的分工和相对稳定的领域，提高新型智库体系总体效率。党委政府的研究室，与党委政府决策机构关系密切，更多的是充当智囊的角色，在中国特色新型智库发展中主要起引导和引领作用，处在决策咨询链的两端，即决策咨询需求发布中心，决策咨询成果转化中心。二是加强官方智库与社会智库的合作。官方智库要主动加强与社会智库的联系，开展课题合作，部分调研、论证和评估的业务可以外包给社会智库。将智库发展与政府体制改革结合起来，将党委政府的专项调查和公共政策评估，通过招标等形式，委托给具有一定实力的社会智库。允许社会智库借力发展，充分借助政府部门和高校的研究资源和研究力量，实现共享共建。三是发挥社会智库的能动作用。社会智库要发挥机制相对灵活的优势，主动对接党委政府和官方智库的课题需求，形成优势互补，共同为党委政府提供高质量的决策咨询服务。社会智库之间要加强协作，形成协同攻关的力量，增强社会智库参与社会事务、服务决策机构咨询的综合能力和整体实力。

4. 规范服务市场，完善社会智库产品供给机制。中办国办《意见》指出，探索建立政府主导、社会力量参与的决策咨询服务供给体系，稳步推进提供服务主体多元化和提供方式多样化，满足政府部门多层次、多方面的决策需求。一是完善管理运行机制。智库是研发机构，研制的产品是思想产品。要建立适应现代社会发展要求、与高智力研发机构相适应、具有现代治理结构特点的管理与运行机制。社会智库是社会力量参与的重要形式，是决策咨询服务供给体系的重要主体，也是实现提供服务主体多元化和提供方式多样化的重要途径。智库既要走近党委政府，又要走向社会和市场，过分行政化的手段必将束缚智库的发展。因此，在对智库加强管理和引导、确保正确的政治方向的同时，要逐步引入市场机制，注入动力和活力，推进智库发展的社会化、产业化步伐①。二是增强社会智库参与竞争能力。可以通过公开招标、购买社会智库服务的方式，建立思想产品或政策方案的交易市场，提升社会智库参与决策咨询市场竞争的能力。社会智库要往专业化的方向发展，寻找自己的细分市场。要建立公共信息共享机制，允许社会智库有条件查阅和使用相关信息数据。三是鼓励社会智库承担各类课题。充分发挥社科基金的引导作用，允许并鼓励具有一定实力的智库参与国家和地方社科基金项目的申请，鼓励各类社会智库承担官方智库或政府有关部门招标、委托的横向课题。探索建立与官方、半官方智库有所不同的项目管理方式，强调结果和效益导向，建立更加宽松灵活的课题经费管理方式，在更大程度上对智力劳动认可，建立富有挑战性的激励机制。

5. 提升发展水平，打造社会智库发展高端品牌。社会智库要加强自身建设，增强管理机制创新的能力、筹集各类资金资源的能力、网罗各类高端人才的能力，增强服务政府决策咨询的能力。一是发挥社会智库优势。社会智库应当发挥扎根基层、扎根社会、近距离接触民众的优势，通过建立各类信息平台，最大限度地集结民间智慧、反映民间意志，在党委政府和社会民众之间架起一座沟通交流的桥梁。在重点为党委政府搞好决策咨询服务的同时，把为党委政府决策咨询服务和社会公众服务有机统一起来，在引导舆论、启迪民众方面发挥更大的作用。二是加强社会智库文化建设。成功的智库不仅要拥有体制机制、人才、资金等条件，还有一个非常重要的因素就是具备智库的文化，智库的文化是智库的灵魂，一流的社会智库

---

① 刘德海：《中国特色新型智库协调发展研究——兼论江苏新型智库体系建构》，载《南京社会科学》2014 年第 12 期。

要培育自己独特的具有核心竞争力的智库文化[①]。三是建设国际化的高端社会智库。与党政机关智库相比，社会智库参与国际事务具有独特的优势，可以参与国际公共政策制定，如应对气候变化、自然灾害和反恐等国际公共政策。要加快智库成果和智库机构走出去步伐，增强中国在世界事务发展中的话语权和影响力，培育一批能够参与国际公共事务、具有话语影响力的高端社会智库。

6. 加大支持力度，营造社会智库良好发展环境。一是加强对社会智库的培育。社会智库发展，一方面要注重发挥市场的决定性作用，通过思想市场的培育来拉动社会智库的发展，同时必须更好地发挥政府的作用，为社会智库发展创造良好的外部环境。政府有关部门或枢纽型社会智库，可以参照高科技企业、社会组织孵化器的方式，加强对具有发展潜力的社会智库的培育。二是制定相关优惠政策。赋予社会智库以法人地位，在规费和税收等方面予以减征或免税，降低社会智库的投入成本。中办国办《意见》提出要"落实公益捐赠制度，鼓励企业、社会组织、个人捐赠资助智库建设"，捐赠的对象当然应当包括社会智库而且应当向社会智库倾斜。在确保政治立场的前提下，坚持透明公开的原则，允许社会和企业向社会智库捐助公益性的发展和研究资金。推动党政机关与智库之间人才有序流动，推荐智库专家到党政部门挂职任职，允许并鼓励部分具有研究能力的退休干部到社会智库任职。三是创造良好发展环境。各类智库成果发布平台和新闻媒体要为社会智库成果的发布和转化创造条件，促进社会智库影响力的提升，为社会智库发展创造良好的舆论环境。社会各界和民众也要给予更多的理解、支持和包容，为社会智库发展创造良好的社会环境。

[①]　赵海娟、隆国强：《智库的文化是智库的灵魂》，载《中国经济时报》2014 年 9 月 15 日第 2 版。

第十三章 社科联：智库发展的纽带[①]

社科联作为党领导下的学术性群众团体，是社会科学界学术性社会团体的联合组织，也是党委政府联系广大社会科学工作者的桥梁和纽带，担负着联系社科界五路大军、建设党和政府"思想库、智囊团"的重要职责。由于在地方上社科界五路大军和智库界各类主体高度重合，使得社科联在新型智库体系中同样处于纽带地位。2017 年 5 月民政部等九部委联合印发《关于社会智库健康发展的若干意见》（以下简称《若干意见》），明确提出对社会智库实行双重管理，由省级社科联作为民办社科类研究机构（社会智库最主要的组成部分）的业务主管部门，进一步强化了社科联在新型智库体系建设中的纽带作用与枢纽地位。

第一节 理论视角与现实维度

社科联全称为社会科学界联合会（也称哲学社会科学界联合会），是党领导下的社会科学学术性群众团体，直属于各级党委，由宣传部代管，其机构性质和职能与妇联、文联、工商联和科协等机构相似，是社科类省级学会、研究会和民办社科研究机构（智库类）的业务主管部门，是党委

---

① 本章部分内容发表于《智库理论与实践》2017 年第 4 期，原标题为《社科联：新型智库体系建构的纽带》，署名：刘西忠、李启旺、刘双双。

政府联系社科界的桥梁和纽带。与其他群团组织不同，目前国家层面尚未建立社科联组织，但在省级层面实现全覆盖，绝大多数设区市都设立了社科联组织，县级社科联、高校社科联也有相当比例并在持续发展。关于社科联的职责和内部机构设置，各地不尽相同，江苏省社科联机关的主要职责包括：引导全省哲学社会科学工作者坚持正确的政治方向；负责对省级社科学术社团工作的指导和管理，对省辖市社科联工作的业务指导；组织、协调全省社会科学界的学术活动，开展国际国内学术交流；组织对政治、经济、社会发展中重大问题的研究，为省委、省政府及有关部门提供决策咨询，发挥智囊作用；宣传、普及社会科学知识，组织开展社科普及活动；受省政府委托，组织全省哲学社会科学优秀成果评奖工作；编辑出版社科刊物，管理所属事业单位；维护社科工作者的合法权益，了解、反映社科界的情况和意见等。部分省市社科联根据新型智库建设的形势，进一步明确了其智库职能，如贵州省社科联的职责包括：加强社会科学新型智库建设，建立贵州智库联盟，促进政界、商界、学界、民界等各领域智库优势合作、协调发展。结合社科联的机构特点，本部分运用3个理论视角，观察社科联在新型智库体系中的地位作用和可能扮演的角色。

1. 结构洞理论视角

根据社会网络理论，社会网络是由许多节点构成的一种社会结构，谁处于其中的关键节点，无疑将具有更加优势的地位与影响力。博特的结构洞理论认为，社会网络可以为中间人带来信息和控制两方面的收益，其中信息收益包括摄取（获取有价值的信息）、时效性（及时获取有价值的信息）和举荐（获得更多机会）；控制收益是指第三方居间协调由于所处位置的特殊性所具有的优势。如图13-1所示，网络参与者B、C、D之间没有联系，而他们分别与A联系，这样BC、BD、CD之间就出现了3个结构洞，而A则占据了这3个结构洞，能够不重复地从B、C、D那里获得信息并且在他们之间发挥居间协调的作用，从而获得竞争优势。

社科联作为党和政府联系广大社会科学工作者的桥梁和纽带，广泛联系着高等院校、党校、社科院、部队院校和党政部门研究机构等社会科学研究五路大军，特别是还担负着管理社科类社会服务组织的职能。而这

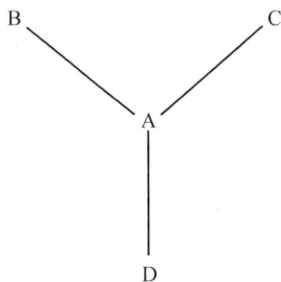

图 13－1　结构洞示意图

"五路大军"，恰恰涵盖了新型智库体系的各类主体，而社科类社会组织，则是社会智库的主要构成部分。所以从某种意义上看，社科联作为智库网络中的关键节点，与绝大部分的智库单位特别是社会智库相联结，处在结构洞的关键位置，能够掌握更多的信息，比其他智库类实体具有相对组织优势。从这个意义而言，社科联也是智库界的联合会。事实上，对于成立智库界联合会，智库界人士也多有呼吁，比如人大重阳研究院执行院长王文认为："我们智库界的人士要团结，要成为真正的知识、思想共同体，最好成立一个'全国智库联合会'。"

2. 枢纽型组织理论视角

"枢纽"一词，从字源本义上说，是指门户开合之枢与提系器物之纽，引申为事物的关键之处，事物之间联系的中心环节，常被用于交通领域。将"枢纽"一词用于组织系统中，主要意指某一组织在同类组织中的桥梁纽带作用。近年来，使用比较多的是枢纽型社会组织，其是指在同类型社会组织中发挥桥梁纽带和聚集服务功能的联合性社会组织①。从认定主体来看，枢纽型社会组织的主体主要是党领导下的群众团体。从目标定位来看，枢纽型社会组织的定位主要是国家和社会组织之间的桥梁纽带。从主要职能来看，枢纽型社会组织主要是通过项目化、社会化和专业化的运作方式对社会组织进行聚集、管理和服务。很显然，社科联在整个社科和智库系

① 王鹏：《国家与社会关系视角下的枢纽型组织构建：以共青团为例》，载《中国青年政治学院学报》2013 年第 5 期。

统中处于枢纽位置。

3. 平台经济理论视角

平台本指一种虚拟或真实的交易场所，平台本身不生产产品，但可以促成双方或多方供求之间的交易。平台经济的魅力在于凝聚资源，将传统经济链条式的上中下游组织重构成围绕平台的环形链条。平台将原本冗长的产业链弯曲成了环形，不同端口用户通过平台直接连接，节省的各个环节都提高了产业效率。与平台经济相似，社科联作为党委政府与社科界联系的桥梁和纽带，搭建了一些学术交流的平台，形成了定期沟通的优势，能够在一定程度上促成决策机构与智库之间的对接，从而弥补政策与知识之间的鸿沟。当然，与平台经济的营利性不同，社科联作为党委序列的群团部门，搭建的平台具有公益性和开放性。

二、现实维度

梳理社科联在新型智库建设中的功能和定位，需要首先理解和参照社科工作办（规划办）、社科院和科协等机构特征及其在新型智库建设中的作用。

1. 社科工作办（规划办）的智库管理功能

规划办是社会科学规划领导小组的办事机构，具体负责地方社会科学研究规划和基金项目的管理工作。在新型智库建设的大背景下，国家规划办设立了智库联络处，负责"国家高端智库建设规划和实施工作，组织高端智库申报、评估和日常管理，开展国内外智库发展动态的调查研究，为中央决策提供咨询服务"，同时还承担着"组织评审国家社科基金后期资助项目和中华学术外译项目"任务。2018 年 1 月，中央决定成立全国哲学社会科学工作领导小组，下设全国哲学社会科学工作办公室作为办事机构，负责处理领导小组日常工作。在国家社科工作办 7 项职能中，第 5 项为"负责组织开展国家高端智库建设工作，协调推动中国特色新型智库建设"，并在原有的智库联络处基础上，增强智库研究处。从全国各省的设置情况看，部分省份的规划办在承担社科规划功能的同时，增加了智库日常管理功能，负责具体统筹指导辖区内的智库建设工作。从规划办的机构设置看，大部分省份的规划办都设在省（市、区）委宣传部，但也有一些省市设在社科联，比如：广东、福建、浙江、江西、重庆、海南，而北京则是市社科联与市规划办合署。从目前看，智库管理部门一般在规划办，有的在理论处，还有的在省委研究室、深改办等。

2. 社科院的智库建设主体定位

在一般认知中，容易将社科联与社科院相混淆。社科联是直属于党委的学术性群众团体，与各类智库主体都有比较密切的联系，是社会智库（民办社科研究机构）的业务主管部门，在智库建设中更具开放性。而社科院是党委政府直属的综合性社会科学研究机构，在新型智库体系中是一个至关重要的主体，与其他智库主体没有职能性的业务联系。目前，就省级层面而言，全国绝大多数社科联与社科院分设，仅有河北省、海南省等地合署办公，但在市级层面，社科联和社科院合署的情况则比较普遍。

3. 科协在智库建设中的纽带地位

习近平总书记指出："中国科协各级组织要坚持为科技工作者服务、为创新驱动发展服务、为提高全民科学素质服务、为党和政府科学决策服务，推动开放型、枢纽型、平台型科协组织建设"①。党的十八大以来，中国科协系统积极推动所属学会有序承接政府转移职能，先后出台《中国科协关于建设高水平科技创新智库的意见》和《中国科协高水平科技创新智库建设"十三五"规划》等政策文件，提出要形成以中国科协创新战略研究院为核心，以 10 个地方科协智库、10～15 个学会智库、5 个左右高校科协智库为支撑、科技特点突出、科协特色鲜明、资源共建共享的跨学科、跨单位、跨区域、网络化的国家科技创新智库格局。在中国科协的统一推动下，各省市科协推动智库发展的热情高涨，措施有力，成效明显。科协系统建设科技智库的经验做法，能够为社科联系统参与新型智库体系建设提供借鉴。

---

① 习近平：《为建设世界科技强国而奋斗——在全国科技创新大会、两院院士大会、中国科协第九次全国代表大会上的讲话》，人民出版社 2016 年版。

第二节 各地社科联的实践探索

虽然在一定程度上，社科联自身的研究力量有限，并不一定能够称得上严格意义上的智库实体，但社科联具有智力集中、联系面广、信息量大、渠道通畅等特征，具有"联"的功能、"合"的优势，在新型智库建设中扮演着重要角色。

一、从各省市出台的实施意见，看社科联参与智库建设的格局

中办国办《意见》中，对党校、高校、社科院等在新型智库建设中的职责进行了明确定位，并要求人民团体"发挥密切联系群众的优势，拓展符合自身特点的决策咨询服务方式"。中办国办《意见》出台后，各省市陆续出台实施意见。从目前已经公布的官方文件或官方媒体报道中，可以发现社科联在地方新型智库体系建设中所扮演的重要角色。山东提出建立"1＋N"智库体系，其中"1"是指以省社科联建设的智库作为枢纽库，"N"是指以全省各高校、党校行政学院、社科院所、社科类社会组织、党政研究部门、党委宣传系统中的智库资源为单元库，努力形成各有侧重又相互协调、良性竞争又优势互补、具有高度系统性融合性的新型智库发展格局。江苏提出，省社科联要充分发挥桥梁纽带作用，组织引导全省各类社科研究组织特别是社科类学会（研究会）强化决策咨询服务导向，鼓励更多的优质社科资源向智库建设集中，把全省社科界建设成为决策咨询的强大智库①。内蒙古自治区明确提出"人民团体要发挥广泛联系群众的优势，拓展符合自身特点的决策咨询服务方式"，并要求"社科联、科协要加强对所属智库类学会、协会、研究会的日常管理"，同时把自治区社科联与内蒙古党校、内蒙古社科院、内蒙古发展研究中心等一起列为全区"先行开展高端

---

① 《关于加强江苏新型智库建设的实施意见》，载《新华日报》2015 年 11 月 6 日第6 版。

智库建设试点工作"单位①。陕西提出，由省社科联依托有关社会组织牵头组建智库联盟，促进智库跨学科、跨单位、跨领域开放合作。河南强调："社科联要积极组织对政治、经济、社会、文化等重大发展问题的研究，拓展符合自身特点的决策咨询服务方式"，打造省社科联"河南发展高层论坛"等智库品牌。河北提出，充分发挥省社会科学界联合会和省社会科学院学科门类齐全、综合性专业研究、科研人才密集的优势，从整体上发挥智库核心载体和主体平台功能，成为进入国家重点建设的 50～100 家新型智库行列的在省内外有影响力的河北中心智库②。湖南明确"人民团体要发挥密切联系群众的优势，拓展符合自身特点的决策咨询服务方式"③，广东、四川、宁夏回族自治区等省份实施意见也进一步提出了对人民团体或社科联的要求。

　　江苏的一些设区市在新型智库体系建设中赋予社科联更加重要的角色。苏州市率先出台智库建设文件，明确苏州市哲学社会科学工作领导小组统筹负责新型智库建设的组织领导工作，领导小组办公室设在市社科联，具体负责全市新型智库建设的协调指导和管理服务工作。江苏省泰州市着力构建"1＋1＋4＋6"新型智库体系，即以一个决策咨询委员会为统筹、一批市决策咨询顾问为引领、四大重点新型智库为主体、六类智库创新发展，其中市决策咨询委员会办公室与市社科联合署办公，承担日常工作。

二、从社会智库《若干意见》，看社科联的业务主管功能

　　长期以来，社科联负责对社科学术社团工作的指导和管理。2017 年 5 月，民政部、中宣部、中组部、外交部、公安部、财政部、人社部、国家新闻出版广电总局、国家统计局联合印发《关于社会智库健康发展的若干意见》，明确提出：对社会智库实行民政部门和业务主管单位双重负责的管理体制。其中，民办社科研究机构由省（自治区、直辖市）社会科学界联合会担任业务主管单位，进一步强化了省社科联在智库建设中的责任担当。

---

　　① 杭栓柱、胡益华、赵杰：《在智库建设中发挥社科联独特作用》，载《内蒙古日报》2015 年 12 月 18 日第 10 版。

　　② 《加强河北新型智库建设》，载《河北日报》2015 年 10 月 21 日第 1 版。

　　③ 《关于加强湖南新型智库建设的实施意见》，载《湖南日报》2015 年 7 月 30 日第 4 版。

就有关省市的情况看，2017 年 8 月，黑龙江在国家 9 个联合会签部门基础上，增加了省直属机关工作委员会和省社会科学界联合会两个部门，11 部门率先联合印发《关于江苏社会智库健康发展的实施方案》。随后甘肃、安徽、山东、广西、江苏等也相继出台本省关于规范和引导社会智库健康发展的实施意见。其中，山东在国家 9 个联合会签部门基础上，增加了省委统战部、省委网络安全和信息化领导小组办公室、省人民政府外事办公室和省社会科学界联合会四个部门，共 13 个部门共同发布。明确实行重点名录管理，力争到 2020 年培育发展 10 个左右的省级重点社会智库，符合条件的纳入省级重点新型智库。安徽的实施意见明确由省民政厅和省社科联联合研究制定规范和引导社会力量兴办智库的若干意见，用 5 年的时间重点培植 10 个有重要影响力的社会智库。2016 年，安徽开展智库评选，共评出 10 个重点智库，5 个重点培育智库，由安徽省社会科学界联合会主管的智库中共有 2 家分别入选重点智库和重点培育智库，分别是安徽省循环经济研究院，安徽省发展战略研究会。广西提出，建立以一个决策咨询委员会为统筹、一个智库联盟为协调、六类智库建设为主体、四种服务平台为支撑的"1＋1＋6＋4"广西特色新型智库体系，强调"发挥广西社科联对社会智库的管理、协调和服务作用""加强广西社科联东南亚经济与政治研究中心建设"。河南结合自身实际，提出落实《若干意见》的具体意见，多措并举引导社会智库献智中原。

三、全国各地社科联在新型智库体系建设中的实践探索

一是发挥渠道优势，增强智库建设的内生动力。第一，积极促进智库产品供给和需求有效对接。上海社科联搭建"官学互动"平台，建立市领导与社科工作者的对话交流机制，内容包括上海经济社会发展中的重大问题。云南社科联施行"社科专家基层行"的课题发布形式，由地方党委、政府向省社科联申报发展面临的问题，省社科联在专家库中遴选课题专家，实现政府出题与专家解题相结合[①]。第二，积极促进智库研究成果转

---

① 张瑞才：《发挥优势彰显特色：云南新型智库建设的思考》，载《知与行》2015 年第 4 期。

化。为畅通智库成果转化报送渠道，江苏省社科联以《决策参阅》的形式向省领导报送成果，福建省社科联的《成果要报》、重庆市社科联的《重庆智库》、北京市社科联的《社科视点》、江西省社科联的《内部论坛》、河北省社科联的《优秀成果专报》、四川省社科联的《专报》、湖南省社科联的《新声》、上海市社科联的《上海思想界》等，也都是接触决策层的内刊。

二是发挥联合优势，整合各类智库资源。天津市社科联借助信息化手段，建立社科界专家数据库。陕西省社科联建立了退休社科专家库、青年专家人才库和正高职称专家库，凝聚智库界力量。贵州省社科联、吉林省社科联建立智库联盟，通过智库联盟共建有关平台、共享资源、共享成果，协同创新。江苏省苏州市哲学社会科学工作领导小组统筹负责全市新型智库建设的组织领导工作，领导小组下设苏州市新型智库建设办公室，设在市社科联，根据领导小组的决策部署，具体负责全市智库建设的协调指导和管理服务工作。

三是发挥平台优势，增强智库间的交流合作。江苏省社科联成立江苏智库研究与交流中心，组织智库交流活动、开展智库研究、指导智库建设、培养智库人才等，与省委宣传部联合举办江苏智库峰会、江苏青年智库学者培训班暨"两聚一高"青年智库学者沙龙、江苏高层次智库专家研修班，成为江苏省新型智库体系"一体两翼"的重要一翼。四川省社科联和省教育厅联合建立了 59 个重点研究基地，发挥决策咨询、人才培养等功能，并积极向特色智库转型①。内蒙古自治区社科联分学科打造社会智库，建设相同或相近专业的社会智库联盟，加强社会智库信息化建设，鼓励社会智库之间、社会智库与高等院校及科研机构之间的有序竞争。

四是发挥人才培养优势，培育智库界新生力量。从 2015 年开始，河北省社科联分批分期组织社科学术骨干开展专题培训，满足新型智库建设的人才需求。贵州省社科联实施创新团队培养工程、社科名家培养工程

---

① 罗仲平、赵静：《省社科联：发挥四大优势构建我省智库新格局》，载《四川日报》2015 年 12 月 31 日第 12 版。

等，培养具有国际影响力的社科领军人才。

五是积极推动社会智库建设。内蒙古自治区举办"内蒙古社会智库建设论坛"，推动分享社会智库建设的新进展新做法新经验。黑龙江社科联充分发挥社会智库业务主管部门的作用，对社会智库的管理与服务科学规划，将社会智库分散的力量凝聚起来，探索打造适合黑龙江经济社会发展实际的、"接地气"的社会智库孵化平台①。

北京市社科联和北京市社科规划办合署办公，整合平台和资源，共同推进首都高端智库建设，促进首都哲学社会科学繁荣发展。为推动首都高端智库发展，颁布《首都高端智库试点单位奖励经费实施细则（试行）》等，并召开首都高端智库建设经验交流暨调研座谈会，推动各首都高端智库加强交流沟通，并深入研讨首都高端智库建设。

天津市社科联成为"中国智库索引"CTTI智库共同体成员，完成了本地的系统部署。在"中国智库索引"（CTTI）来源智库增补上做了大量工作。按照与南京大学、光明日报战略合作内容，天津市社科联组织开展面向全市的智库增补工作。经形式审查、修改、审定后，遴选出30家候选智库参与增补评审，并制定了详细增补评审方案，通过资质评审、量化评分、MRPAI计分三个环节，遴选总排名前21位的智库为CTTI来源智库。

浙江省社科联具有独特的优势，规划办是省社科联的内设机构，由于规划办的职能优势，在智库建设方面，一方面，可以充分利用国家课题和省级课题资源，促进成果转化运用；另一方面，在推动智库建设上，有更多的主动权。2018年，浙江省哲学社会科学规划发展领导小组将浙江大学公共政策研究院等13家智库列为浙江省新型重点专业智库，浙江大学金融研究院等8家智库列为浙江省重点培育智库。2019年，为加强浙江新型智库建设，推动国别和区域研究，更好服务"一带一路"建设，浙江社科联将中国计量大学"一带一路"区域标准化研究中心等7家研究机构作为浙江省新型智库培育单位列入培育考察对象，拓展了智库格局。

---

① 张广汇：《地方社会智库健康发展策略研究——以黑龙江省为例》，载《智库理论与实践》2019年第4期。

山东省社科联以《山东社会科学》杂志社为依托，以计算机技术为支撑，收集、整理、提炼国际国内的学术、社会、环境数据，建立山东社会科学数据库，为全省社会科学研究和普及工作奠定基础、提供服务。在此基础上，充分发挥社科联"联"的优势，与各类智库互通链接，建立山东省社会科学界智库枢纽，形成"1＋N"智库体系，实现了社科领域发展的新业态、新模式，为社会科学工作者提供了社会科学服务一体化平台。

贵州省社科联积极推进成立贵州智库联盟，涵盖政界、学界、商界和民界，有近200多个单位作为发起单位。成立智库联盟后，贵州社科联在人才培养方面，建立贵州智库联盟专家库，开发贵州智库联盟专家在线管理系统。并推动智库联盟与国内外智库机构交流合作，如与一带一路智库合作联盟、山东智库联盟、湖南智库联盟、广东智库联盟、德国智库、以色列智库、奥地利智库等智库机构进行沟通与合作，消除知识和信息壁垒，提高合作交流水平[①]。

四、社科联参与新型智库体系构建的局限性和瓶颈分析

尽管省级社科联在新型智库体系建设中发挥了重要作用，但由于国家层面尚未设立社科联，个别省市实行社科联与社科院合署，设区市以下社科联特别是县级社科联不健全，社科联自身结构不完整和联系的松散性，对省级社科联推动新型智库体系建设形成一定的挑战。第一，缺少顶层设计和上层推动。在推动智库体系建设方面大多处于自发探索的状态，没有政策文件的指导。各省市之间的交流，主要通过点对点交流和全国社科联协作会交流，具有俱乐部性质，缺乏固定的沟通机制。第二，缺少专业的内部机构推动。由于各省市社科联的职能和机构设置不一，大都没有与智库发展相对应的部门，缺少专业化的力量持续推动，特别是缺乏组织协调能力、成果转化能力和平台搭建能力。第三，缺少足够的资源支撑。推动智库发展的资源相对缺乏，发挥作用的空间相对有限，在资源杠杆使用、人才培养、品牌塑造等方面缺乏手段。

---

① 吴田：《国内智库联盟发展实践探析》，载《中国国情国力》2018年第1期。

第三节 纽带作用与平台功能

鉴于社科联在新型智库体系建设过程中的桥梁地位和纽带功能，在新形势下，需要社科联进一步找准位置，着力建设牵引型、枢纽型和平台型智库，更好地发挥以下七个方面的作用。

一、强化职能作用，找准参与新型智库体系建设的发力点

由于国家层面没有社科联，各省级社科联的职责和功能也各不相同，社科联参与新型智库体系建设的方式各有千秋。要在党委政府的统筹下，立足自身的职能，找准自己的位置，做到定准位站好位做到位，不越位不缺位不错位，为地方新型智库体系的构建尽职尽责，尽心尽力。在新型智库建设体系中，社科联要充分发挥自身优势，在做好社会智库业务主管的同时，加强社科界五路大军、各类智库力量的沟通和资源整合，把社科界建设成为决策咨询的强大智库。要向"上"联党委、政府的决策机构，作为主管智库的宣传部门或党委政府的核心智库，要更好地把握党委政府的决策需求，实现决策咨询需求的精准对接；向"下"联基层智库类研究机构和智库专家，为思想产品的生产提供精准服务；"内"联业务主管的学会、研究会和社会智库，以及基层社科联、高校社科联，提供精准支持；"外"联各实际工作部门和各兄弟单位，加强横向协作，通过共建智库联盟等多种形式，实现精准协同。

二、强化牵引作用，引导新型智库健康发展

社科联在新型智库建设中的牵引作用，主要体现在两个方面。一方面确保智库坚持正确的政治方向。引导哲学社会科学工作者坚持正确的政治方向，是社科联的重要职责。在地方新型智库建设的过程中，要按照"党管智库"的原则，牢牢把握"两个巩固"根本任务，坚持用马克思主义中国化的最新理论成果统领智库建设，确保新型智库建设始终沿着正确方向健康发展。特别是加强对社科类学会、研究会和民间社团的管理，引导社

会智库遵守国家宪法和法律法规，坚持正确的政治方向。另一方面坚持智库建设的问题导向。智库关注和研究的问题，应是实践中产生的重大理论问题和实际问题，而不是从概念出发、从范畴出发、从数据模型出发。同时，智库关注和研究的问题，应是新趋势、新动向领域中的问题，要着眼于正在做和将要做的事情，体现精准性、时效性、管用性和预见性[①]。省社科联可通过委托课题、学术研讨、优秀智库成果评选等职能，引领智库界紧紧围绕党委政府的重大决策、重要部署，强化问题导向和目标指向。

三、强化枢纽作用，密切智库与各界的联系

省级社科联作用的发挥，不仅体现在社科基础研究领域，更应体现在社科应用研究和决策咨询领域，成为党委政府与智库之间、各智库主体之间、智库与民众之间联系沟通的枢纽。强化各类智库主体横向协作，加强各类智库之间的联系，最大限度地收集完善信息、开放使用信息，促进各智库主体之间资源共享，情况互通，实现地方党委政府决策咨询服务更高层面的协同。加强智库与实际工作部门之间的联系，通过更多地了解政府决策部门的需求，指导智库有效开展研究，实现重大问题联合攻关，重要成果及时转化。做好智库思想产品向社会民众普及的桥梁，注重把智库研究成果作为社科普及的重要内容，运用现代传播手段扩大智库成果普及覆盖面。

四、强化协调作用，形成新型智库建设整体合力

智库的发展必须加强资源整合，才能使智库发展的集中度、协作性得到有效发挥，形成"1＋1＞2"的效应，更好地发挥对智库资源的整合作用。积极探索把握智库发展规律和内在要求，协调组织不同学科、不同领域的专家学者，特别是研究型、管理型、经营型学者集聚相关智库，优化完善智库功能，使智库能够独立运作、可持续发展。加强智库间的联合，推动建立智库联盟，统筹全省智库资源，充分发挥各类智库的优势和特长，分领域、分层次组织或指导，避免重复研究，资源浪费。

[①]　刘德海：《新形势下推动中国特色新型智库建设的思考》，载《知与行》2015年第4期。

五、强化平台作用，加强智库成果交流

省级社科联具有"组织、协调全省社会科学界的学术活动，开展国际国内学术交流"的功能，是打造地方新型智库平台载体、促进地方智库与国内外智库合作的重要力量。强化互联网＋智库思维，服务和推动政府各部门信息公开，创设构建大数据平台枢纽，做大做强、做久做新各类高层论坛、学术大会，通过专报通道、网站学刊、微信微博等扩大宣传，促进智库成果交流，推动智库与智库协同、智库与政府互动、智库与媒体融合，为放大智库功能提供广阔舞台、营造有利环境①。同时要坚持"引进来"和"走出去"相结合，加强与国外智库、研究机构的联系，举办高水平的国际性研讨会，推动哲学社会科学走向世界，培育一批在国际上有一定影响的地方智库。

六、强化培育作用，促进智库发育成长

民政部等九部门《关于社会智库健康发展的若干意见》明确民办社科研究机构由省（自治区、直辖市）社会科学界联合会担任业务主管单位。社科联要充分发挥枢纽性组织的优势，建立完善社会智库的培育和孵化机制。鼓励有条件的学会在国家法律政策范围内开展决策咨询活动，承担重大改革方案的论证和重大决策实施情况的第三方评估等工作。特别是要做好社会智库的管理、发展、引导等工作，着力培育一批在省内外有重要影响的社会智库，有序推进高端型、成熟型、成长型、潜力型社会智库建设，补齐社会智库发展的短板。加大优秀智库人才培育扶持力度，通过开展培训、课题资助、学术交流、社科评奖、人才计划等，积极培育能够彰显智库实力和水平的学术创新团队和学术名家。

七、强化杠杆作用，聚集优质社科资源

社科联是创新社会科学研究成果评价机制、发挥杠杆作用、撬动更多的资源要素投入智库建设的重要引导者，以建设中国特色新型智库为契机，建立和规范评价激励机制，把各类智库优秀成果和优秀人才的评选作为省

---

① 刘宗尧：《增强推进新型智库体系建设的工作定力》，载《中国经济报》2016 年 3 月 12 日第 C08 版。

级哲学社会科学优秀成果奖的重要内容。在社科评奖的基础上，建立智库优秀成果数据库，增强评奖工作的激励效应、转化效应和社会综合效益。加大决策咨询成果奖励力度，在省级优秀社科成果奖项中适当增加决策咨询类成果获奖的比重，积极推动设立省级决策咨询成果奖。建立科学的智库评价体系，开展对新型智库组织、成果、人才的评价，提高智库成果的实践应用率，提升智库研究团队的核心竞争力，提升智库服务党委政府工作的能力。

第四节　江苏省智库研究与交流中心

江苏省智库研究与交流中心成立于 2015 年，是经江苏省委宣传部批准，由江苏省社科联负责建设。其主要职能有开展智库研究、智库人才培养、智库成果交流、指导市县社科联智库建设等，旨在组织引导全省各类社科研究组织特别是社科类学会强化决策咨询服务导向，鼓励更多的优质社科资源向智库建设集中，把全省社科界建设成为决策咨询的强大智库。

一、江苏省智库研究与交流中心的平台功能

江苏省智库研究与交流中心成立以来，逐步形成了以省决策咨询研究基地为基础，以研究、培训、交流、成果转化、省市联动等为主要工作的运行机制。在推进各项工作活动中，搭建了一系列智库服务平台，逐步建立了长效性的工作机制，形成了相对完善的组织架构。

1. 智库研究平台。智库研究与交流中心成立后，积极承担智库研究课题，先后承担了江苏省中特中心"江苏新型社会智库建设研究"课题、苏州大学东吴智库"江苏新型智库体系建设与探索研究——基于苏州的实践"课题、省社科基金重大课题"江苏新型智库发展研究"等等。先后在《人民日报》《光明日报》《文汇报》等发表智库研究理论文章，参与《光明日报》组织的中国智库发展年度报告撰写，研究成果被《新华文摘》全文转载，在《智库理论与实践》杂志 2017 年第 4 期发表新型智库体系建设专题

研究文章一组 5 篇，获中宣部和江苏省委宣传部优秀理论成果奖、中国智库治理暨思想传播高峰论坛二等奖。2017 年《关于社会智库健康发展的若干意见》出台以后，省智库研究与交流中心的相关智库工作者也进一步加强社会智库研究，参与省民政厅牵头的社会智库意见征集工作，推动《关于江苏社会智库健康发展的实施意见》出台。2020 年，编撰出版《江苏新型智库发展报告 2015—2018》。

2. 智库交流平台。以江苏智库峰会和青年智库学者沙龙为两大交流平台。目前，两大交流平台已经成为全省新型智库建设的标志性品牌。智库峰会由江苏省委宣传部与江苏省社科联共同主办，有关高校或重点智库承办，省智库研究与交流中心负责具体组织工作。2016—2020 年，分别以"践行新发展理念 建设'强富美高'新江苏""学习贯彻习近平新时代中国特色社会主义思想 建设'强富美高'新江苏""推动新时代江苏高质量发展的智库担当""推进治理体系和治理能力现代化、谱写'强富美高'新篇章""江苏'十四五'现代化新征程与智库建设新使命"为主题举办五届，分别由东南大学、新华报业传媒集团、南京师范大学中国法治现代化研究院、江苏省社科院区域现代化研究院和东南大学承办。每年会议都会面向全省智库工作者征集决策咨询成果集，如 2018 年共征集到决策咨询成果 200 余篇，形成近 50 万字的成果集。会议主要邀请省新型智库理事会成员，国家高端智库建设培育单位、省重点高端智库、培育智库、决策咨询研究基地首席专家及骨干专家，各设区市社科联负责人，以及会议入选成果作者等人参加会议，由知名专家进行主旨演讲和专题研讨。《新华日报》设智库版专版对此进行报道，江苏智库网对峰会进行专题推介，智库峰会获得了广泛好评。为推广江苏优秀智库在决策咨询和建设管理方面的典型经验，提升江苏智库整体发展水平，2018 年、2019 年智库峰会评选表彰"智库实践十佳案例"，推广其典型经验和成功做法，推动智库持续健康发展。

青年智库学者沙龙自 2017 年起开始举办，每年围绕省委省政府重大决策部署，联合有关高校和研究基地举办 4—5 场系列专场。沙龙通常邀请智库专家、政府部门的实务工作者、青年智库学者参加，采取主题报告＋提问交流、实际工作部门与青年智库学者面对面等形式，让大家共聚一堂，彼此交流，实现政府与智库、智库学者之间的互通互动。2017 年，围绕党的十九大精神和省十三次党代会确立的"两聚一高"目标，分别以"聚力创新""聚焦富民""区域发展新格局"和"乡村振兴"为题，与东南大学、南京理工大学、江苏师范大学、南京农业大学联合举办 4 个专场沙龙。2018 年围绕"六个高质量"，分别与南京大学、盐城师范学院、江苏省委党校和南京邮电大学等举办 5 个专场沙龙。同时，省智库研究与交流中心也注重智库研究成果转化与宣传普及，如每场沙龙的学术成果都分别凝练成相应系列的《决策参阅》，沙龙交流的优秀成果及时转化为系列《决策参阅》36 篇，其中，17 篇获得省领导肯定性批示。沙龙主要观点也被《新华日报》《中国社会科学报》等媒体多次报道转载，《交汇点新闻》《理论之光》和江苏智库网等开辟宣传专栏，不仅在社科界、智库界产生强烈反响，也让社会民众了解了智库思想产品。

3. 智库培训平台。以青年智库学者培训班为平台，引导鼓励更多青年学者参与智库建设，培养江苏社科智库界新锐力量。自 2017 年起，省智库研究与交流中心每年在全省新型智库建设推进后，与省委宣传部联合举办江苏青年智库学者培训班，截至 2018 年底，已经举办了两期培训班。参加培训人员主要来自省重点高端智库、重点培育智库和社会智库、研究基地，设区市社科联的专家学者等。每期培训都邀请省委研究室、省政府研究室等实际工作部门负责同志作专题报告，青年智库学者代表作交流发言。培训内容通常涉及决策咨询报告撰写、实际工作部门决策需求等等，以此增强广大青年学者参与决策咨询服务的针对性和有效性，使决策咨询研究更准确有效。培训受到青年智库学者的好评，每年都有大批青年专家学者积极踊跃参与培训，两期共培训青年智库人员近 200 名。此外，针对江苏高层次智库人才，2019 年，中心在清华大学举办了为期 5 天的江苏高层次智库专家研修班。邀请中央党校、中国科学院、中国社会科学院等国家高端智库等的 13 位权威专家授课，全省各类智库首席专家或骨干专家，以及省委研究室、省政府研究室等省新型智库理事会单位职能处室负责人等近 60 人参加，旨在推动新型智库助力国家治理体系和治理能力现代化，提升江苏新型智库治理水平和决策咨询能力，更好地服务"强富美高"新江苏建设。

4. 智库成果转化平台。主要是以江苏省社科联内刊《决策参阅》为成果转化载体，已经形成成熟的报送机制，并在此基础上不断创新。江苏省智库研究与交流中心以省决策咨询研究基地为基础，积极引导专家学者开展研究，服务省委省政府重大战略决策。如每年根据省委、省政府的中心工作选题，向省决策咨询研究基地发布课题指南，采取以课题带基地的形式，推动研究基地的决策咨询工作开展。2015—2019 年，共面向决策咨询研究基地立项课题 600 项左右，共编报《决策参阅》311 期，获省领导肯定性批示 169 篇次。为提高服务领导决策的针对性，自 2018 年起，新增加了《决策参阅·专报》。在报送形式上，为切合省领导的决策咨询需求，部分《决策参阅》是在省委省政府重要会议召开之前，采取委托课题的形式，组织省内知名专家围绕会议主题联合攻关，将成果采取系列的形式报送。如2017 年为服务省委省政府主要工作会议，全年精选编辑报送"聚力创新""聚焦富民""开发区建设""乡村振兴"等系列《决策参阅》60 期，获省领导肯定性批示 48 篇次。为进一步提高《决策参阅》影响力和知名度，分别以《迈上新台阶 建设新江苏》《新理念 新江苏 新智库》《推进"两聚一高"新实践 建设强富美高新江苏》《推动江苏高质量发展走在前列》为题，先后汇编出版 2015、2016、2017、2018 年度省社科联决策咨询成果集。

5. 省市社科联智库联动平台。主要是以江苏省智库研究与交流中心为依托，根据省委省政府最新决策咨询需求，开展相应的省市联动课题研究，进一步推进设区市社科联智库建设。具体方法就是按照智库建设研讨、智库成果交流和智库人才培训三类，每个设区市资助一项课题，推动全省新型智库体系形成，更好地服务地方党委政府决策咨询需求和经济社会发展。

二、江苏省智库研究与交流中心的主要成效

自 2015 年成立以来，江苏省智库研究与交流中心紧紧围绕省委省政府中心工作和发展大局，立足自身职能，以 48 家决策咨询研究基地为基础，扎实有序地开展各项工作，为全省新型智库建设和智库功能发挥做出了有益探索和积极贡献，成效显著。

1. 提升了服务省委省政府中心工作的效能。省智库研究与交流中心立

足自身职能优势，通过构筑"智政互动、智智互动、智民互动、智媒互动"等互动体系，深度嵌入智库研究与成果传播的各个环节，整合官、学、产、媒的优势，形成推进智库建设的工作合力。通过加强与党政部门的联系与合作，及时掌握决策部门关心的重点难点问题，提高研究的针对性和及时性。通过内刊报送形式，及时将研究成果报送给省领导，为成果进入决策视野，实现成果转化打下坚实基础。利用《新华日报》等媒体和智库网等现代传播手段，扩大智库研究的受众和覆盖面，以更加简便的方式，更加直观的形式促进智库成果传播。这些做法使原本单一的点式服务有效放大扩散，将调研考察学习、成果转化报送、成果扩散传播等节点有效连接起来，形成决策咨询成果链条，使为省委省政府提供决策咨询服务成为链式的服务、全面的服务。

2. 探索了新型智库全面发展的创新路径。在推进新型智库建设过程中，加强智库主体建设处于重要地位，而组建网络化的平台载体同样不可或缺。江苏省智库研究与交流中心成立以来，通过智库峰会、智库沙龙、青年智库学者培训班、委托课题、研讨调研等各种平台，形成了智库研究、智库人才培养、智库成果交流、指导市县社科联智库建设等常态化的制度机制，规范和保障了相关智库工作的有效运行，提高了广大社科工作者从事决策咨询工作的研究能力和工作热情，加强了智库学者间、各类智库间、智库与实际工作部门间的互动交流。这不仅把分散的各自独立的智库连接起来，同时也将政府实际工作部门和智库、智库工作者连接起来，使智库在内强筋骨的同时，又能外重协同，取长补短、互通有无，拓宽了智库全面发展的路径，为各地推动智库发展平台建设提供了经验借鉴。

3. 拓展了社科联工作格局。社科联是学术性群众团体，与各类智库有比较密切的联系，在智库建设中更具开放性空间。江苏省智库研究与交流中心的成立，为江苏省社科联组织对政治、经济、社会、文化发展等重大问题的研究，为省委省政府及有关部门提供决策咨询服务，发挥智囊团作用，提供了平台及载体。尤其是以 38 家省决策咨询研究基地为依托，为省智库研究与交流中心开展决策咨询服务提供了坚强的保障。在江苏省新型智库组织架构上，省智库研究与交流中心是新型智库"一体两翼"格局中的重要一翼，拓展了江苏省社科联在江苏新型智库体系建设中的工作格局。

三、打造服务江苏高质量发展的高端智库平台①

2019 年，江苏智库研究与交流中心着力组织开展江苏高质量发展课题研究，着力优化调整研究基地布局，着力谋划高质量的智库交流培训活动，着力推出一大批高质量的智库成果，着力增强智库中心在省内外的品牌影响力，推动新型智库走内涵式发展之路，促进了江苏智库服务高质量发展能力的提升，初步形成了品牌效应。

高质量完成省考核办课题，为全省高质量发展评估提供智力支持。2019 年 8 月以来，配合省委组织部高质量考核工作，省社科联组织课题组完成省考核办 2019 年度综合考核研究课题，形成《坚持重点功能区与主题功能区相结合推进江苏县（市、区）高质量发展分类考核研究报告》，主要观点与党的十九届四中全会要求"形成主体功能明显、优势互补、高质量发展的区域经济布局"高度契合，得到省委组织部分管领导和职能处室充分肯定，获得一等奖。

优化研究基地布局，增强服务高质量发展的精准性。为更好地服务江苏高质量发展大局和省委省政府科学决策，着力调整优化研究基地布局。一方面，对原有部分研究基地的研究方向进行调整，增强研究方向与江苏高质量发展需求的匹配度；另一方面，经过公开招标、专家评审、党组研究和公示等环节，新增江苏高质量发展综合评估、江苏长江保护与高质量发展、长三角一体化等 10 家研究基地。研究基地实行高校研究机构、省级实际工作部门和京沪研究机构著名专家三方协作共建，涉及全省近 50 所高校、党校和社科院（所），40 多家省级机关单位，聚集 300 多名知名专家学者，形成了服务江苏高质量发展的强大决策咨询合力。

促进智库成果交流，增强服务高质量发展的集成性。江苏智库峰会和青年智库学者沙龙已经成为全省新型智库建设的标志性品牌。智库峰会由省委宣传部与省社科联主办，江苏智库研究与交流中心具体组织。第四届江苏智库峰会，以"推进治理体系和治理能力现代化、谱写'强富美高'

---

① 原载中国社会科学报 2019 年 12 月 22 日，署名为江苏省哲学社会科学界联合会。

新篇章"为主题，邀请国家高端智库等高层次智库专家进行主旨演讲，围绕长三角创新圈与自主可控的现代产业体系、苏北脱贫攻坚与乡村振兴等事关江苏高质量发展的重大议题进行成果发布和交流研讨，评选出2019年度江苏智库实践十佳案例、智库研究十佳成果。2019年，围绕"冲刺高水平全面建成小康社会"主题，整合智库优势资源，实现政智、智智之间"零距离"对接，举办五个专场的江苏青年智库学者沙龙，分别为苏北农村集中居住与环境改善专场、苏北脱贫攻坚与乡村振兴专场、苏北绿色发展与生态富民专场、全面小康与民营经济专场、全面小康与道德风尚专场。相关学术成果被《新华日报》《中国社会科学报》等媒体专版刊载。

重视智库成果转化，增强服务高质量发展的有效性。2019年，完成省决策咨询研究基地课题120余项。在高质量编辑报送《决策参阅》的基础上，新设立《决策参阅》专报，进一步增强服务省委省政府重大决策的针对性和有效性。2020年以来，编辑报送的31期《决策参阅》，获得省领导肯定性批示16篇次，其中获省委省政府主要领导批示4次。以"推动江苏高质量发展走在前列"为题，编辑出版《江苏省社科联决策咨询成果选编2018》。

注重智库人才培养，增强服务高质量发展的持续性。在连续三年举办江苏青年智库学者培训班培养青年智库学者的基础上，2019年首次把培训地点放在省外，在清华大学举办了为期5天的江苏高层次智库专家研修班。研修班以提升智库专家政治能力为主线，以提升"智库治理水平和智库研究能力"为重点，邀请中央党校、中国科学院、中国社会科学院、国务院发展研究中心等国家高端智库13位权威专家授课，全省各类高端智库首席专家或骨干专家、省委研究室、省政府研究室、省发改委等省新型智库理事会单位职能处室负责人等近60人参加。《新华日报》、"交汇点"新闻客户端作专题报道。

推动新型智库协同发展，增强服务高质量发展的品牌性。坚持推动新型智库内涵建设和优化智库发展外部环境并重，积极推动新型智库与党政部门、研究机构、新型媒体、社会公众之间的互动，以及智库之间的互动合作，推动建立健全江苏新型智库体系。实行省市联动，通过智库发展项目资助的形式，支持各设区市社科联推动新型智库发展。受省委宣传部委托，组织编撰《江苏新型智库发展报告 2015—2018》，全面反映江苏智库建设和研究的新成果、新探索、新思考，为社会各界提供信息性、知识性基础资料，为推进江苏新型智库建设贡献力量。

第十四章 多维良性互动：
智库作用的空间

　　智库的价值和生命在于影响力。一个地区智库建设水平，从某种意义上决定着这个地区的智商。而能否实现党委政府与智库的互动，形成便捷的对接体系和参与机制、转化机制，在一定意义上决定着这个地区发展的情商。与此同时，智库要更好地发挥作用，必须加强新型智库之间的合作，加强智库与媒体的互动，加强与社会公众的互动。

第一节 一臂之遥：政智互动的境界①

　　习近平总书记在哲学社会科学工作座谈会上，强调各级党委和政府要发挥哲学社会科学在治国理政中的重要作用。针对当前智库发展中存在的问题，总书记强调指出，"智库建设要把重点放在提高研究质量、推动内容创新上"，"要加强决策部门同智库的信息共享和互动交流，把党政部门政策研究同智库对策研究紧密结合起来，引导和推动智库建设健康发展、更好发挥作用"，指明智库建设重点，指出党政部门推动智库健康发展的着力点。

---

　　① 本节部分内容发表于 2017 年 9 月 13 日《人民日报》，原标题为《把政策研究同对策研究紧密结合起来》；2018 年 1 月 18 日《中国社会科学报》，原标题为《政策研究机构：智库对接决策的重要枢纽》。

一、党政部门政策研究与智库对策研究的关系性分析

党政部门政策研究机构，主要包括党委政府直属的政策综合研究部门和职能部门的研究室，这类机构往往集文稿起草、调查研究和决策咨询等多种职能于一体，直接为上级或领导服务，相当于决策部门的"内脑"，具有靠近决策层和调动研究资源的优势，所从事的政策研究往往具有明确的目的性、阶段性、应急性。智库机构相当于决策部门的"外脑"，一般在所研究领域有比较深厚的理论和专业知识积累，根据党政部门的委托或自选题目，以第三方的立场进行研究，所从事的对策研究应当具有前瞻性、战略性和储备性。

在新型智库体系中，政策研究机构既是体系的重要组成部分，又是其他类型智库与决策机构对接的重要平台、嵌入决策系统的重要载体，具有鲜明的双重性。这体现在中办国办《意见》中。一方面，在明确新型智库建设的总体目标时，中国特色新型智库体系把政策研究机构包括在内，并且将其放在了重要位置；另一方面，在"构建中国特色新型智库发展新格局"部分，强调增强中央和国家机关所属政策研究机构决策服务能力，指出"中央和国家机关所属政策研究机构要围绕中心任务和重点工作，定期发布决策需求信息，通过项目招标、政府采购、直接委托、课题合作等方式，引导相关智库开展政策研究、决策评估、政策解读等工作"，"中央政研室、中央财办、中央外办、国务院研究室、国务院发展研究中心等机构要加强与智库的沟通联系，高度重视、充分运用智库的研究成果"，确立了其智库发展引导者和需求方地位。与通常意义上智库是决策机构的"外脑"不同，政策研究机构往往集文稿起草、调查研究和决策咨询等多种职能于一体，直接为领导服务，在某种程度上相当于决策部门的"内脑"。

党政部门政策研究与智库对策研究之间，既存在紧密联系，又存在一定张力。对策研究的目的，使问题的解决方案更贴近问题的本质。政策研究的目的，使问题解决的方案更贴近问题的现实。对策研究是政策研究的基础，政策研究是对策研究的延伸，在目前的决策体制下，智库必须能够有效地嵌入政策研究或决策系统，才能把握需求、掌握信息、更好地发挥作用。否则，就有可能像一辆只踏油门挂不上挡的汽车，看似轰轰烈烈、

热热闹闹，实则原地踏步、徘徊不前，导致智力空投、机构空转，难以形成政策推动力。

党委政府政策研究机构，是推动智库对接党委政府决策咨询需求、嵌入决策系统的重要枢纽。一般说来，新型智库与决策机构之间的对接有两种方式，即直接对接与间接对接。当前，由于智库的发展成熟程度不够，对于大多数智库而言，与决策机构更多的是间接对接，即需要政策研究机构的传递。政策研究机构既是智库课题的发包方，也是课题成果的需求方，是智库成果进入决策者视野、进行政策性转化的重要渠道。一方面，政策研究机构通过编辑报送内参等方式，把智库的研究成果报送领导参阅，智库报告要抵达决策者需要经过筛选和认可；另一方面，智库成果被决策者认可之后，往往会通过批示的方式，批转政策研究或实际工作部门阅研、阅处、研究，对于如何研究、如何吸收、转化什么、转化多少，政策研究部门拥有较大的自由裁量空间。因此，无论是智库成果的输入还是输出，政策研究机构都发挥着重要的传感作用。从广义上说，政策研究机构也是智库，与其他智库是"智—智"关系；从狭义上说，政策研究机构是决策机构的延伸，与其他智库是"政—智"关系，在智库对接决策咨询需求的过程中发挥着重要作用。

智库与政策系统的互动，有时候是从决策辅助部门到决策者，成果首先得到辅助部门的认同认可，经过辅助部门的辅助，进入决策者的视野。另外的一种情况刚好相反，智库的成果首先是进入决策者的视野，批示给包括辅助部门和分管领导在内的人员阅研。在这种情况下，辅助部门是带着挑剔的眼光仔细研究报告的，有两种结果：认可智库报告的质量，寻找与智库专家更深层次的合作，推动建议的进一步转化；另外一种情况，智库报告经过了包装但缺少实际内容，虽然依靠光鲜的外表或者个别的观点引起了领导者的注意，但实际上并不具有可操作性，或者关键的数据或推论有错误漏洞，智库报告的转化就此搁置。

二、政智对接不畅是智库思想产品供给质量不高的重要原因

智库研究成果质量不高、针对性不强，既有自身原因，主要是内部治理机制没跟上；又有外部原因，主要是在供需对接上出了问题。政策研究与对策研究相脱节，不但导致研究资源的闲置浪费，也制约着政策质量提升和智库健康发展。

重视智库的程度不够。国家高层高度重视智库建设，但部分地方党政领导对决策咨询重要性认识不足，存在着上"热"下"冷"、内"热"外"冷"现象。部分决策者认为智库只会纸上谈兵，成果中看不中用，政策咨询往往被用来"装门面""做姿态""走形式"。在一些地方，新型智库发展，还存在剃头的挑子一头热的情况。有些智库苦于报国无门，无法与决策机构或决策辅助机构对接，在一定程度上存在着单相思、单恋的现象。至于原因，一种可能是智库产品低劣，无法对接党委政府的需求，生产的产品决策者"看不上"；另外一种可能性，就是智库能够生产出适销对路的产品，但由于决策者和智库之间的信息不对称，"没遇上"。高质量智库的形成，需要以党委政府决策者对智库发展的重视为前提，正如《君主论》作者马基雅弗利所说的一条绝对可靠的规律：一位自身不英明的王子不可能得到英明的劝告……上等的建议依赖于索求建议的王子本身的精明程度，而不是王子的精明程度依赖于好的建议①。

供需匹配的契合度不高。不少智库供给决策咨询产品的积极性普遍高涨，但由于缺乏必要的沟通渠道，与党政需求的匹配度不高，导致产品结构失衡，优质产品供给不足和低端产能严重过剩并存，迫切需要推进供给侧结构性改革。

沟通交流的频度不强。党政研究机构和智库运行相对封闭，政府依靠熟人和圈子找决策咨询专家，智库靠"猜测""揣摩"来对接党委政府的决策需求。一些智库苦于找不到产品输出接口和交流通道，只有自娱自乐，热衷于搭台子、走形式，目的在于吸引眼球，刷刷存在感，希望能够被关注。

成果转化的力度不足。相关部门尚未形成优秀智库成果转化的规范程序和跟踪机制，致使不少优秀的智库成果被一"阅"了之，束之高阁，得

---

① 潘向泷、邵元飒、周卓：《本土管理咨询业的出路》，载《企业研究》2001 年第 6 期。

不到深度应用。同时，智库成果转化的透明度不够，采纳情况的反馈渠道不畅。

三、实际工作部门与智库开展合作的主要障碍

推动实际工作部门更好地用智库。政智互动不起来的原因是什么？为什么在与智库合作的过程中实际工作部门的积极性不高？在智库服务省委省政府决策时，实际工作部门是智库研究的合作方。同时，实际工作部门也是智库的服务方。实际工作部门是否需要智库，主要取决于两个方面：第一，是否需要借助于智库的力量共同开展研究，完成上级领导交办的研究任务。第二，实际工作部门是否有具体的课题研究任务或需求，需要智库来参与研究？智库与实际工作部门合作的两种形式：建立在彼此需要基础之上的柔性软合作，实际工作部门分管领导或者处室负责人以个人的名义参与到研究中来。建立在制度约束基础之上的刚性硬合作，制度化的合作，需要实际工作部门领导层研究批准并通过签订合作协议的方式进行。实际工作部门与智库开展制度化的合作，有一定的难度和障碍：一是实际工作部门对智库的需求度。领导对智库的重视程度不够，用智库的意识不够。实际工作部门在签订合作协议或参与智库建设时态度是谨慎的。厅长需要智库还是处长需要智库？答案是，如果说从上到下领导都比较重视智库，处长可能也重视智库。如果没有形成从上到下重视智库的氛围，可能是有研究任务，厅长部署给处长，处长研究起来有难度才借力智库。二是智库研究方向与实际工作部门的匹配度。大部分智库的研究方向与实际工作部门的匹配度差，智库研究的领域和问题与实际工作部门的需求匹配不上。智库负责人与合作单位实际工作部门负责人之间的身份对等度，也是影响智库与实际单位合作的重要原因之一。三是与智库制度性合作实际工作部门操作起来比较复杂和困难。双方开展合作，首先要确定实际工作部门在合作中的权利、责任和义务。就权利而言，可以包括有权使用智库研究成果，委托智库开展课题研究。就责任而言，主要包括提供必要的信息和资金支持，包括需求信息，数据资料，调研便利，开展课题研究需要的经费。由于政府购买服务等方面的制度没有跟上，限制了智库与实际工作部门之间的合作空间。

四、构建政智良性互动机制，促进智库供给能力质量提升

引导和推动智库健康发展，提高智库供给质量，必须在智库产品的需求侧和供给侧同时发力，推动决策部门、党政研究机构与各类智库主体多维良性互动。政策研究机构要拓展获取决策信息的渠道，善于"借船出海"，通过借鉴智库研究成果，在认真比较辨别识别的基础上，去粗取精，为我所用。智库要增强专业性、客观性、系统性，善于"借梯上楼"，通过加强与政策研究机构的合作，发展自己，扩大政策影响力。通过两者的互动互促互补，产生 $1+1>2$ 的效应，形成一个有效的闭合循环，产出更多更高质量的成果，更好地满足党委政府的决策需求。在新型智库发展的进程中，应增强政策研究机构与新型智库的良性互动，把更多的精力放在智库发展引导、智库平台建设和智库成果转化上，着力搭建决策咨询供需对接对话、信息共建共享、课题协作协同、成果转化转换、人员互通互动等平台，为智库对策研究嵌入政策运行系统、实现智库产品供需有序有效精准对接提供制度化的平台保障。

1. 决策咨询信息共建共享机制。如果说传统社会往往造成信息垄断、信息不对称，现代社会则为信息共享提供了有利条件。一方面，党政部门和政策研究机构要按照政府信息公开条例的有关规定，依法主动向社会发布党务政务信息，增强信息发布的权威性和及时性，形成制度化的信息供给渠道。部分不宜公开的数据可以以合同的方式向有关智库或专家定向开放，双方签订保密协议；另一方面，在大数据时代，智库本身也是重要的信息源，可以通过一手数据信息的搜集整理，建立专门的知识库、样本库、数据库、案例库，与决策部门和政策研究机构共享。通过双方信息互通、共建共享，为精准化、科学化决策提供坚实基础数据支撑。

2. 决策咨询供需对接对话机制。借鉴国家高端智库建设经验，通过智库理事会等机构，搭建供需对接的制度化平台。政策研究机构要建立决策咨询需求信息发布平台，紧紧围绕党委政府的重大决策、重大战略、重要部署，及时发布决策需求和研究课题，通过公开招标等方式，鼓励不同智库开展规范有序竞争，逐步建立完善思想产品市场。可借鉴产品博览会的经验，通过举办"智博会"等形式，为政府部门找到最权威的专家，为智库机构匹配最精准的需求，逐步形成成熟的"思想市场"。建立健全经常性沟通协调互动机制，促进智库专家和党政部门开展对话交流，必要时建立智库与党委政府领导直通车制度，进一步推动智库与决策机构的直接对接。

3. 决策咨询课题协作协同机制。政策研究机构要通过项目招标、政府采购、直接委托、课题合作等方式，引导相关智库开展政策研究、决策评估、政策解读等工作，指导智库开展"定制化""精准化"的决策咨询服务。注重发挥资源和组织优势，重视发挥社科院、党校行政学院、高校、科技和社会智库的作用，动员、组织、协调各类智库参与研究，特别是参与重要报告和发展规划的研究，协同攻关。智库承担的重大课题，可邀请实际工作部门直接参与、共同确定重点任务，联合组建研究团队，把研究的过程变成成果转化的过程，从源头上解决对策研究与决策需求脱节的问题。

4. 决策咨询成果转化转换机制。政策研究机构要高度重视、充分运用智库研究成果。一般来说，各类智库成果进入领导的视野后，往往会批转政策研究机构和职能部门阅读、研究和参考。在促进智库高质量成果转化上，政策研究机构处于关键环节，要善于站在智库研究成果的"肩膀"上，对研究成果进行验证、提炼、升华、吸收、转化等，努力把智库的对策、文章、思想转化为政府的政策、文件、思路，把智库的思想生产力转化为社会发展生产力和区域竞争软实力。同时，加强决策咨询产品采用情况及其有效性的信息反馈，保障智库的知情权，增强智库持续跟踪研究的针对性、有效性，形成新型智库服务决策的良性循环。

智库专家在服务决策的过程中，有三种境界：公共政策的解读者，支撑决策；公共政策的参与者，影响决策；公共政策的开创者，引领决策。在服务决策、影响决策的过程中，智库专家不能仅仅对政策进行解读，做政策的副产品，边角料。而应当努力站在决策链的上游，设置议题，开展富有开创性的研究，想领导之所将想（战略型），想领导之所未想（逆向型），推动问题进入政府公共政策议程，推动解决问题方案的形成。

5. 政智机构人员互通互动机制。政策研究部门担负着引导推动各类智库协同发展职责，要发挥龙头、核心作用，牵引、推动作用，促进各类智库机构之间的互通互动，成为中国特色新型智库体系的中心枢纽。政策研究部门要与智库开展具有平等地位的合作，探索合作绩效的评价标准和方法，避免滋生官僚和形式主义。推动党政机关与智库之间人才有序流动，推荐智库专家到党政部门挂职任职，以人才的流动促进政智互动和渠道互通。在促进智库与党政研究机构互通互动的同时，要坚持各自相对独立的思考空间，保持相对清晰的职责边界，保持"一臂之遥"，避免因思维同质化影响决策质量，避免政策研究机构被智库左右或"绑架"；也避免智库成为政府部门的附庸、为政府部门打工，把本来应该由政务人员完成的讲话汇报材料起草"外包"给智库。

智库专家，要一只脚踏在智库，一只脚踏在政府，必要的时候来回走动。一方面加强理论修养不断地加强学习，掌握理论前沿；另一方面要不断地加强调研，增强对实践的认识，精通专业领域的各项政策，在二者之间的结合、融通上下功夫。谨防智库机构内化为政府的机构，谨防政府实际工作部门与智库结为利益共同体。政府实际部门和智库要结盟，结成政策创新共同体，结成创新发展共同体，而不是经济利益共同体。

总之，加强党政部门与智库机构的良性互动，实现区域智商和情商的双提升，必将促进我国各类智库健康发展，促进政策研究质量和决策质量的提升，从而在更高层次、更大程度上推进国家治理体系和治理能力现代化。

第二节　跨界融合：智智互动的新域

习近平总书记多次就科技智库建设提出明确要求，在中国国办《意见》中，把科技智库作为新型智库的重要组成部分，并且对科技智库发展作出具体部署："科研院所要围绕建设创新型国家和实施创新驱动发展战略，研究国内外科技发展趋势，提出咨询建议，开展科学评估，进行预测预判，促进科技创新与经济社会发展深度融合。发挥中国科学院、中国工程院、中国科协等在推动科技创新方面的优势，在国家科技战略、规划、布局、政策等方面发挥支撑作用，使其成为创新引领、国家倚重、社会信任、国际知名的高端科技智库"。在实践的过程中，高校研究院所一批自然科学研究力量也积极参与到新型智库建设之中。在当前形势下，打造高质量智库，构建中国特色新型智库体系，迫切需要要推动社会科学与自然科学的跨界融合与智库合作。

一、科技智库是新型智库的重要组成

2013 年 7 月，习近平总书记视察中国科学院，提出"四个率先"：率先实现科学技术跨越发展，率先建成国家创新人才高地，率先建成国家高水平科技智库，率先建设国际一流科研机构。其中就包括"率先建成国家高水平科技智库"。2016 年 5 月，习近平总书记在全国科技创新大会、两院院士大会、中国科协第九次全国代表大会上的讲话中指出："要加快建立科技咨询支撑行政决策的科技决策机制，加强科技决策咨询系统，建设高水平科技智库。要加快推进重大科技决策制度化，解决好实际存在的部门领导拍脑袋、科技专家看眼色行事等问题"①。2018 年 5 月，习近平总书记指出，"多年来，中国科学院、中国工程院围绕事关国计民生的重大战略问题，紧扣国家发展新战略新形势新需求，组织广大院士开展战略咨询工作，得到了党中央高度认可。我看过两院院士提交的很多意见和建议，都给我留下了深刻印象。要继续发挥院士群体的智力优势，开展前瞻性、针对性、储备性战略研究，提高综合研判和战略谋划能力，提出专业化、建设性、切实管用的意见和建议，为推进党和国家科学决策、民主决策、依法决策，推进国家治理体系和治理能力现代化贡献更多智慧和力量！"②

2015 年 5 月，中国科学院组建非法人实体中国科学院科技战略咨询研究院，挂靠中国科学院科技政策与管理科学研究所，统筹协调中科院科研院所、学部、教育机构相关研究资源、队伍和平台，探索建立持续开展战

①　习近平：《为建设世界科技强国而奋斗——在全国科技创新大会、两院院士大会、中国科协第九次全国代表大会上的讲话》，人民出版社 2016 年版。

②　习近平：《在中国科学院第十九次院士大会、中国工程院第十四次院士大会上的讲话》，人民出版社 2018 年版。

略研究的机制①。2015 年 11 月，中国科学院被确定为首批 25 家高端智库建设试点单位之一。2015 年 12 月，中国科学院党组决定，以中国科学院科技政策与管理科学研究所更名的方式组建事业法人机构战略咨询院。2016 年 1 月，战略咨询院正式组建，通过整合中科院文献情报中心、地理科学与资源研究所等单位的相关研究力量，推进深化改革工作。2016 年 10 月，中央编办批准中国科学院科技政策与管理科学研究所正式更名为中国科学院科技战略咨询研究院。研究院是中国科学院学部发挥国家科学技术方面最高咨询机构作用的研究和支撑机构，是中国科学院率先建成国家高水平科技智库的重要载体和综合集成平台，并集成中国科学院院内外以及国内外优势力量建设创新研究院。

中国工程院是中国工程科学技术界最高荣誉性、咨询性学术机构，组织院士开展战略咨询研究、为国家决策提供支撑服务是中国工程院的主要职能和中心工作之一，是建设国家工程科技思想库的核心。中国工程院组织开展的战略咨询研究，主要结合国民经济和社会发展规划、计划，组织研究工程科学技术领域的重大、关键性问题，接受政府、地方、行业等的委托，对重大工程科学技术发展规划、计划、方案及其实施等提供咨询意见。咨询工作委员会是中国工程院咨询研究工作的归口管理机构，负责制定咨询研究工作的发展战略、计划和规划、组织编制并发布年度咨询研究项目指南以及项目的立项、评审和评议结题等工作。咨询工作办公室承担咨询工作委员会秘书处工作。

2010 年 7 月，中国科协印发《关于加强决策咨询工作推进国家级科技思想库建设的若干意见》；2015 年 7 月，中办、国办印发《中国科协所属学会有序承接政府转移职能扩大试点工作实施方案》（厅字〔2015〕15 号）；同年 9 月，中国科协印发《中国科协关于建设高水平科技创新智库的意见》的通知（科协发调字〔2015〕73 号）；2016 年 4 月，中国科协制定高水平科技创新智库建设"十三五"规划，提出到 2020 年，按照"小中心、大外围"的模式，系统优化资源配置，建成创新引领、国家倚重、社会信任、

---

① 《中国科学院科技战略咨询研究院》，载《科技促进发展》2017 年第 6 期。

国际知名的高水平科技创新智库，为国家科技创新战略和体制改革提供决策支撑，成为集中科技界智慧、反映科技界情况的重要渠道和第三方评估的重要力量。以中国科协创新战略研究院为核心，以 10 个地方科协智库、10—15 个学会智库、5 个左右高校科协智库为支撑，一个科技特点突出、科协特色鲜明、资源共建共享的跨学科、跨单位、跨区域、网络化的国家科技创新智库格局初步形成。

二、社会科学界与自然科学界跨界融合具有广阔空间

北京市社会科学界与自然科学界协同创新。北京于 2003 年在全国率先成立了自然科学界和社会科学界联席会议机制，并设立高峰论坛。作为两界联席会议的重要标志性活动，高峰论坛自设立以来，始终坚持聚焦首都发展中全局性、战略性、前瞻性问题，先后围绕循环经济、奥运准备、创新驱动、京津冀协同等主题召集两界专家学者研讨交流、协同攻关，已成为北京自然科学界和社会科学界高端对话机制和服务市委市政府科学决策的创新型综合性智库。2012 年 12 月，为贯彻党的十八大精神，落实《中共中央关于深化文化体制改革推动社会主义文化大发展大繁荣若干重大问题的决定》和《中共北京市委关于发挥文化中心作用加快建设中国特色社会主义先进文化之都的意见》，促进北京社会科学界和自然科学界更深层次的合作、交流与融合，推动首都率先形成科技创新、文化创新"双轮驱动"的发展格局，北京市社科联和市科协创新北京两界联席会议运行机制，联合建立首批 6 个北京市社会科学与自然科学协同创新研究基地，即 1. 北京中医管理局：北京中医药文化与中医药医学发展研究基地。2. 中关村知识产权促进局：知识产权与北京科技创新、文化创新双轮驱动研究基地。3. 首都经济贸易大学：北京中国特色世界城市研究基地。4. 北京联合大学：北京旅游信息化研究基地。5. 北京工商大学：北京食品安全研究基地。6. 北京交通大学：北京人文交通、科技交通、绿色交通研究基地。

当前，推动新型智库建设需要明确一点，哲学社会科学要建智库，自然科学也需要建智库，而且在智库建设的过程中，迫切需要研究力量的整合、研究方法的融合和研究过程的协同。哲学社会科学需要借鉴自然科学的研究方法，自然科学研究需要借鉴哲学社会科学经世致用的理念。社科

智库需要运用自然科学的研究方法，突破两者之间的边界、超越自然科学与社会科学视野的更高观察。通过内部审视和外部观察，不同视角成像，得出事物的本来，找到解决问题的方案。如果智库研究一味由社会科学研究范式主导，可能会导致智库服务和智库成果的格式化、程式化、空洞化、脸谱化，让决策者产生审美疲劳。智库研究，迫切需要引进自然科学的思维和方法，特别是大数据技术，把科学家的严谨和工具思维、技术思维，与社科专家的知性和价值思维、社会思维结合起来，以社会科学和自然科学的高度有机融合促进新型智库研究质量的提升。另外，从社会发展的角度来说，如果说之前更多的是强调科学技术是第一生产力，那么除了运用科学技术的力量来推动社会发展之外，社会科学的驱动也是很重要的一个方面，建设社会主义现代化国家更需要自然科学和社会科学双轮驱动。

智库在哲学社会科学和自然科学发展过程中的重要作用。智库与哲学社会科学有没有从属关系？从总体上讲，智库作为一个群体，既不从属于社会科学，也不从属于自然科学。从智库个体上说，有的智库从属于社会科学，有的智库从属于自然科学，还有的智库是社会科学和自然科学交叉形成的。交叉复合协同协作是智库的鲜明特征。智库是哲学社会科学参与治国理政的一种形式和渠道，社会科学要在治国理政中发挥更大的作用，就要依赖智库。哲学社会科学服务治国理政，就是承担了智库的功能，不管这个机构或者这个专家是不是从属于某个智库。

如果我们可以把智库理解为社会科学和自然科学的一个组成部分，那么，在新型智库建设开始之前，这个部分可能是很小的一部分。随着新型智库建设的不断深入推进，这个部分的边界在逐渐扩大，与基础研究的融合也在不断地加深，不断地向双向融合、有机结合拓展。与自然科学研究的社会环境相对稳定不同，社会科学研究需要在特定的社会环境中进行，社会环境变化是社会科学研究和决策者决策最大的变量。可以说，没有对社会环境变量的充分把握，就没有恰当的决策。

三、推动智库建设领域自然科学与社会科学融合的主要着力点

中国呼唤战略科学家、战略知识分子，社会科学领域的智库专家要善

于运用自然科学的工具和方法。现代国家和社会的治理，或者说国家治理体系治理能力现代化，需要自然科学研究进一步强化现实问题意识和政策导向，把技术层面与政策层面、工具层面与价值层面有机结合起来，把论文写在大地上。自然科学专家要有智库意识，在关注技术层面的同时，具有政策敏感性，能够观察到政策甚至是战略层面。如果能够在提出技术方案的同时，提出基于技术的政策建议方案，成为具有智库意识和能力的战略科学家（战略科学家＝科学家＋战略思维＋工匠精神＋大国情怀）。围绕国家战略需要调整校正研究方向，发挥专业和智力优势，为国家重大战略提供决策咨询服务。推动智库建设领域自然科学与社会科学的融合，需要重点在以下几个方面着力：

1. 研究方法的合成。充分运用大数据的研究方法，把实验和调查层面采集的小数据、政府有关部门发布的中数据与通过现代信息技术获取的大数据有机结合起来，使智库研究能够更加接近事物的本质，从而找到更优的解决方案。

2. 研究内容的交叉。研究自然科学发展过程中出现的社会问题及其需要解决的公共政策问题，把自然科学的"工笔画"与社会科学的"写意画"有机结合起来。

3. 研究力量的融合。在高校研究机构，智库研究以社会科学领域的专家为主，但在自然科学领域，有一大批专家也在关注现实和政策层面的问题。要积极引导自然科学领域的专家参与到智库研究和发展中来，推动自然科学与社会科学专家的研究协作和力量的融合。

4. 研究范式的融通。智库研究，将自然科学的研究，由工具层面上升到理性层面，由技术层面上面到战略层面，由工作层面上升到政策层面，通过超越天文、地文与人文，实现各类知识的高位有机融合。伟大的科学家同时也是战略家、思想家，是具有批判性的公共知识分子与寓批评性于建设性之中"思想领袖"。

第三节　政策市场：智企互动的指向

对现有智库的体制机制改革，需要发展一批企业智库和社会智库，增强智库研究方向的专业化、智库专家队伍的职业化、智库思想产品的品牌化、智库服务决策和社会链条的一体化，逐步建立由党委政府等需求部门、智库等供给部门共同构成的思想市场，推动新型智库向产业化的方向发展。

一、企业智库的概念和定位

中办国办《意见》所指的企业智库，是指由大型企业发起、成立的研究部门，研究领域仍然聚焦到产业发展战略和政策层面的智库，"支持国有及国有控股企业兴办产学研用紧密结合的新型智库，重点面向行业产业，围绕国有企业改革、产业结构调整、产业发展规划、产业技术方向、产业政策制定、重大工程项目等开展决策咨询研究"。该提法既肯定了企业智库需要服务企业决策的内部视角，也强调了企业智库建设必须着眼国家层面、完善决策咨询体系建设的外部视角；强调企业智库的功能在于积极发出智库声音、服务党和国家的科学民主决策；研究重点在于国企改革、产业经济和工程咨询。可以看出，企业智库研究内容和服务对象不能局限于企业自身，过于关注短期的、内部的发展规划，而是站在更高的行业的角度进行研究，把企业和所在行业的发展联系在一起，调研行业发展情况，针对行业未来发展提供先进、科学、前瞻性、储备性建议，服务公共决策。

大型企业，特别是具有一定垄断性的企业，可以充分利用行业数据和大数据，具有做智库的天然优势。比如，国家建立的行业大数据中心，电力、电信、石油等部门，能够依托系统大数据开展多方面的决策咨询研究。还有就是阿里、腾讯研究院，依托集团自身业务生成的数据，可以进行多方面的政策分析。某一个领域的大数据可以用来为经济社会发展测试温度，对经济社会发展的趋势进行预测或预警。

要准确认识企业智库的含义和特征。一方面，由于智库的公益属性，没有完全意义上的思想市场。智库的思想产品属性和为党委政府决策服务的宗旨，确定了智库不宜以企业的形态存在。另一方面，由于党委政府需求的多样性和制度化，提供决策咨询服务的主体也呈现多元化，既有体制内智库，也有社会和企业智库。特别是由于企业参与智库建设的积极性增加，智库与企业的互动形式也更加多样，这有助于丰富决策咨询产品的供给形式，提高供给质量，形成更加符合形势发展需要的思想产品市场。

要增强新型智库的内聚外联和开放性，增强新型智库组织形式的灵活性。社会智库是方向，企业智库是当前重要的生长点。与社会组织发展壮大尚需一定的时日一样，在当前情景下，虽然社会智库是一个重要的发展方向，但大型的成熟的社会智库，大概率应当是从现有智库中改造形成的，或者由大型企业捐助建立的，而不是自发壮大的。相对于政府投资的官方智库，许多实力雄厚的企业投资建立的带有一定的公益性质、研究公共政策问题的研究机构，逐步形成潮流，成为新型智库建设的一支重要力量。一方面，要设立合理的接口，把这部分研究机构纳入新型智库体系当中；另一方面，要加强体制内智库与企业智库之间的联合与合作，推动智库界与企业界的融合。新型智库要向企业研究机构和咨询公司学习新理念新方法，推进智库产品的升级换代，为党委政府提供更加多样化的决策咨询产品。

当前，在重大事件和重大公共政策方面，一些企业研究院表现抢眼，形成的研究成果往往具有更大的冲击力和更加广泛的影响力。有关部门要把企业社会科学研究纳入国家和地方社科和智库研究体系，企业智库要在基于传统社科知识的智库研究与基于现代企业咨询方法的智库研究两个维度上同时发力，形成更加强大的发展合力，为经济社会和人类发展提供更加强大的智力支撑。

二、企业参与新型智库建设的几种形式

在新型智库发展的过程中，企业会扮演一个什么样的角色？企业，作为社会运行的主体，是智库发展的积极参与者。哲学社会科学研究和智库建设，需要企业参与。通过推动智库与企业互动，有利于加强思想市场建设。从目前看，企业参与哲学社会科学研究和新型智库建设主要有以下几

种形式：

一是企业捐助高校专项资金用于组建智库。中办国办《意见》指出，探索建立多元化、多渠道、多层次的投入体系，落实公益捐赠制度，鼓励企业、社会组织、个人捐赠资助智库建设。部分企业和企业家通过捐助资金的形式，推动新型智库建设。

中国人民大学重阳金融研究院（人大重阳）是上海重阳投资管理股份有限公司董事长裘国根先生向母校捐款 2 亿元的主要资助项目。研究院以"立足人大，放眼世界；把脉金融，观览全局；钻研学术，关注现实；建言国家，服务大众"为宗旨，依托中国人民大学财政金融学院丰富的学术资源，广泛吸纳全国乃至世界范围内有思想、有影响力的行业精英，对经济社会热点进行深度剖析，提出具有建设性、可操作性的政策建议。人大重阳连续多年被选入由美国宾夕法尼亚大学推出的、国际公认度最高的《全球智库报告》的"全球顶级智库 150 强"①。

2019 年 12 月，雅居乐宣布向清华大学国家治理研究院捐资人民币3000 万元，推动国家级一流智库的建设与发展。捐赠资金将设立"清华大学国家治理研究院基金——雅居乐专项"，主要用于支持研究院开展国家治理的理论及实践问题的课题及案例研究，以及社会调研，并将定期组织与国外高校、研究机构、智库开展国家治理理论和实践有关的项目合作或其他相关活动；同时还将作为奖学金用来培养国家治理和法学等相关领域人才②。

二是大型企业投资创办具有智库性质的研究机构。近年来，大型企业建设研究院形成一股热潮。搞研究院的企业基本都是千亿级别，一方面，企业到了这种规模，所面临的发展环境越来越复杂，单纯靠管理人员的经验或业务条线的专业知识已不能满足企业的决策需求；另一方面，企业到了这个规模，不仅关注经济效益，同时也关注社会效益，更加关注企业在政府、社会和公众中的影响力，担负起更多的社会责任。因此，企业建立

---

① 根据中国人民大学重阳研究院官网有关内容整理。

② 参见《雅居乐向清华大学国家治理研究院捐 3000 万支持国家级智库建设》，http://www.chinanews.com/business/2019/12-12/9032013.shtml。

研究院总体而言有四个功能：建立企业"大脑"；预警风险；战略护航；融入国家智库体系①。概括而言，企业研究机构的发展主要有两个维度，一方面是服务企业自身发展，另一个维度是服务行业、产业和社会发展，履行企业的社会责任。只有偏重于后一个维度，才能纳入新型智库的范畴。

企业内部的研究机构，有两种属性。一是内部性，以服务企业自身和内部为主的组织。二是外部性，以服务企业社会为主。企业智库，虽然建立在企业内部，但其研究指向是外部的，把公共政策研究作为主要内容的研究机构，更多的是履行社会责任，关注现实问题，研究公共政策，部分企业智库提出做一流智库的目标。企业智库，特别是行业的顶端企业、龙头企业，由于自身的规模巨大，在运行的过程中会产生大量的数据，能为这些机构开展政策类的研究提供一手资料，往往这类研究数据的支撑更有力，与社会现实的距离更接近，成果也更加接地气。

阿里研究院：成立于 2007 年 4 月，发轫于网商研究，生长于阿里巴巴生态，基于前瞻的理念与洞察、海量的数据、丰富的案例、复杂演化的生态。经过 10 多年的不懈耕耘，已经在宏观经济、新消费与新零售、新金融、互联网与高科技、涉农、物流与供应链、互联网＋制造业、生态系统与服务业、全球化与 eWPT、创新创业、就业、财税、数据经济与前沿技术、数字经济新治理等领域取得丰硕的成果，近 5 年累计产出近百份报告，大量数据、观点被国家决策部门、国内外研究机构、研究者引用。在美国宾夕法尼亚大学"智库研究项目"《全球智库报告 2019》中，阿里研究院在"2019 亚洲大国（中国、印度、日本、韩国）智库百强榜"中位列第 68 名，在榜上中国智库中排名第 18 位。

腾讯研究院：腾讯公司设立的智库，旨在依托腾讯公司多元的产品、丰富的案例和海量的数据，围绕产业发展的焦点问题，通过开放合作的研究平台，汇集各界智慧，共同推动互联网产业健康、有序的发展②。围绕互联网法律、公共政策、互联网经济、大数据等研究方向，与国内外研究机

---

① 阿里"达摩院"、"罗汉堂"、360 智库，企业中的智囊团有多厉害，https：//www. sohu. com/a/324048679＿100272654。

② 参见腾讯研究院官网，https：//www. tisi. org/about。

构、智库开展多元化的合作，不断推出面向互联网产业的数据和报告，为学术研究、产业发展和政策制定提供有力的研究支持。腾讯研究院坚守开放、包容、前瞻的研究视野，致力于成为现代科技与社会人文交叉汇聚的研究平台。主要研究方向和领域：一是产经研究，聚焦核心数字科技的产业化规模发展，对内提供智力支持，对外贡献知识价值，打造"三纵一横"的产业研究系统。二是网络社会，推动人文社科研究与行业发展的交融，将"人的视角"引入到技术、行业发展语境中探索科技对人与社会的影响。三是法律研究，关注新科技、新文化给全球经济与社会治理带来的机遇与挑战，研究互联网相关领域前沿法律，以务实、开放与前瞻的态度共同推动网络治理研究的健康发展。

恒大研究院：恒大集团设立的科学研究机构，以"立足企业恒久发展服务国家大局战略"为使命，追求成为国内顶级研究院，致力建成中国特色新型智库。研究院对内为集团领导决策提供研究咨询，为集团发展提供研究支持；对外建设成为杰出的经济金融市场专业研究领导者，建立与社会公众和公共政策沟通的桥梁，传递企业社会责任的品牌形象①。

美团研究院：美团点评设立的社会科学研究机构，旨在依托美团点评发展服务业的实践探索和海量的数据，围绕国民经济、产业经济、社会发展和改革开放中的前沿问题，构建开放合作的研究平台，深入开展学术研究、政策研究和专题研究，输出高质量研究成果，为我国改革和发展提供借鉴。美团研究院的发展愿景是成为中国一流企业智库②。

三是以企业形式注册的智库。鉴于社会智库政策此前没有出台，出台后暂时没有具体的注册办法，一些有志于公共政策研究的人士"迫不及待"地成立智库。这类智库，由于身份、名称和地位的限制，在运行中存在一些困境。比如，盘古智库，根据其官网介绍，成立于 2013 年，总部位于北京，是由中外知名学者共同组成，植根于中国的公共政策研究机构。智库秉持"天地人和、经世致用"理念，以"客观、开放、包容"的态度，深

---

① 李刚、王传奇：《企业智库：范畴、职能与发展策略》，载《智库理论与实践》2018 年第 5 期。

② 据美团研究院官网，https：//mri. meituan. com/institute。

耕"一带一路"沿线国别研究与民间外交、区域产业与新经济、老龄社会、宏观经济与金融等领域，服务国家大政方针。

四是由企业咨询公司转型形成的智库。原来的咨询公司改名为智库。部分企业咨询公司，借着新型智库的东风，把服务对象由微观的企业层面转向相对宏观的政策层面，实现组织发展的战略转型，不断地向新型智库靠近，成为实际意义上的智库。还有一种情况，仍然是营利性的咨询公司，蹭新型智库的热度，以智库的名义对外开展活动，成为当前智库发展的乱象之一。

总之，企业类智库在新型智库发展中发挥鲶鱼作用。社会智库是新型智库发展的方向。但是，无论是经济结构还是社会结构，都有一个从国有到民营再到社会化的一个过程，新型智库发展有个客观的过程，有自身的规律。新型智库发展的方向，既不是行政化，也不是市场化，目前智库发展以行政化机构为主，需要市场化力量的注入，但市场化不是新型智库发展的方向，更重要的是在适当的时候，实现新型智库发展的社会化。

三、增强智企互动，加速政策市场的形成，推动中国特色新型智库产业发展

从某种意义上说，智库是一种事业，是科技和哲学社会科学事业的重要组成部分；智库又是一种产业，是现代服务业的一种新型业态。智库，以产业化的思路来运作，"智库＋"会形成一些新的产业，形成产业化的智库集群，增强智库的影响力、影响面和影响度。

从宏观上讲，智库已成为我国社会事业和智力产业发展的一个重要门类，智力服务业已成为我国经济社会发展的重要组成部分。随着新型智库的发展，在逐步建立智库学的基础上，有望形成一个新的以智力服务为鲜明特征的产业。从中观上讲，智库建设的理念，智力众筹的观念会逐步内化到社会民众内心，内化为机关事业单位运行的内在逻辑，成为一种追求卓越的社会文化。从微观上讲，会涌现出一批智库集群、智库园区、智力小镇，有些市场化取向比较鲜明的智库，能够形成相对稳定的顾客群体和业务关系，处于核心节点的智库能够对其他智库产生孵化和催化作用，更重要的是随着智库建设的深入推进，智库全过程参与决策环节，智库产品

的链条不断拉长，形成一个较为稳健和固定的智库产业链条。

　　智论链接：2009 年首届"全球智库峰会"首次提出中国特色智库群和大力发展以"智谷"为模式的"智库园产业园区"。中国著名智库东中西部区域发展和改革研究院执行院长、中国智库发展报告课题组组长于今认为中国特色的智库建设应形成集体作业、多层分工协作的"百家争鸣"局面，为此，他提出"智库群"和"智库产业"的概念。智库群是由不同学科背景、不同的类型性质以及不同等级规模的智库组成的智囊团体，通过论坛、座谈会辩论等形式实现智库之间的联动和功能融合，最终形成"特色鲜明、功能互补、整体优化、形成合力"的体系。构建中国特色智库群，首先应允许官方与民间智库、专业智库与综合智库等各种类型、各种层级的智库并存；其次应建立智库的联动机制。目前我国的智库大多是单一型智库，仅仅将其研究重点局限于某一领域，而现实以及未来研究方向却是复合的、需要从不同角度进行解释和构建的。这就需要各专业智库通过论坛、座谈会、演讲、报告等形式，不设定底线地进行讨论和交流，以实现优势互补，为未来决策服务①。于今认为，大力发展以"智谷"为模式的智库产业园区，以地域特有优势，提升并发展相应的文化、技术和支柱性产业，以智慧产业带动全产业发展，引发区域经济结构深层调整，在探索新经济增长方式上取得实质进展，确保智慧需求方和智慧供应方都能从中受益。智库产业园区除为地方文化、经济发展提供领导性的支撑外，还将作为区域研究以至国家智库研究成果的实验区，将享有国家、地方的特殊政策。

推动智库产业化的几种路径和模式：

官办智库与地方政府合作的国研智库模式。智库可以通过注册的下属公司，与有关方面合作，共同打造以智力服务为主的具有影响力和竞争力的重要产业。比如，在国务院发展研究中心建设中国特色新型高端智库的

---

　　① 于今：《智库在经济社会发展中的地位与作用》，载《中国战略观察》2009 年第10 期。

背景下，由国研文化传媒股份有限公司会同北京经济技术开发区管委会、北京经济技术开发总公司共同打造了我国首家高端智库科学园。

国研文化传媒集团股份有限公司（国研智库，英文名 DRTT），是经国务院发展研究中心和国家工商总局批准，由国务院发展研究中心直属单位中国发展出版社等机构发起设立的国有公益性智库类企业。是国家注册商标"国研智库"品牌的运营机构，注册总资本为 1 亿元人民币。中国智库创新科学园是在国务院发展研究中心指导下，由国研文化传媒股份有限公司会同北京经济技术开发区管委会、北京经济技术开发投资总公司共同打造的以"智库""智慧""智造"和"互联网＋金融"为主要业态的全国首家智库科学园区。国研智库创新科学园投资股份有限公司成立于 2016 年 7月，负责园区的整体运营和发展。中国智库创新科学园旨在通过整合市场、资金、人才、政策四大资源的基础上，着力打造以科技智库、思想智库聚集为核心的智库业，以高端信息产业为核心的智慧业，以文化＋科技产业为核心的智造业，和以互联网＋金融产业链产业为核心的互联网金融业。公司以"三智一金"为核心，搭建政策研究、政策解读、资源对接、高科技项目孵化与投资平台，将科技、文化与金融有机结合，整合高端技术产业链有效资源，打造全球高端智库集聚，文化与科技融合发展的全国首家以智库产业为核心的"中国创新智谷"，积极推动国家软实力的繁荣发展。据《湖北日报》2019 年 8 月报道，中国智库创新高科技产业园项目近日落户汉川，该项目计划总投资 82 亿元，主要建设"国研智库"中部论坛会址、创新科学产业区和 10 大产业孵化平台。

社会智库内生咨询公司模式。社会智库的服务对象主要是政府，主要产品是公共政策，但也不排除为企业服务。为保持社会智库主业务的纯洁性，同时又能够通过市场化的方式增强发展的可持续性，可以将部分与企业和市场比较接近的业务公司化，组建专业的咨询公司对外开展业务。部分社会智库利用自身的优势办咨询公司，通过商业化的运行拓展业务领域，增强发展的可持续性。还有部分机构，以公共政策决策咨询服务为主攻方向和价值取向，迫于社会（组织）智库注册的难度，选择以咨询公司的形式注册，在研究领域和业务重点上，仍然坚持公共性、公益性，是属于准社会智库性质的以公司形式存在的智库类机构。

国经咨询有限公司成立于 2010 年，2015 年改制为国经咨询有限公司，在国经中心咨询部的基础上组建，公司的唯一股东（100％股权）为中国国际经济交流中心，是国经中心所属的唯一一家市场化运作单位，承担着把国经中心研究成果与实践、市场需求对接的重要职责，是中心咨询服务的主要提供单位，也是体现智库"创新、求实、睿智、兼容"精神的重要载体。在新的经济发展环境下，国经咨询有限公司要更加善于捕捉市场信息，根据中心及公司的人才和知识优势，在现有客户的基础上不断开拓新客户。在行业上，重点面向制造业、能源、交通物流、信息技术、金融、生态环保、医疗健康等。在客户类别上，重点面向民营、股份制和外资企业，及地方政府相关机构，以中等规模企业为主要拓展对象。在区域上，重点针对东部沿海地区、中部地区，尤其是长江三角洲、珠江三角洲、京津冀、环渤海地区开拓业务①。

咨询公司内生社会智库模式。广东亚太创新经济研究院利用咨询公司的优势办社会智库，强化决策咨询服务功能。研究院为商道咨询的下属机构，由广东省社科联主管。以商业咨询为主的咨询公司，若有志于社会智库事业，可以利用数据资源等优势，采取新独立注册或者原相近业务剥离的方式，组建社会智库，增强专业性和职业化。

智库产业园模式。2019 年 4 月 11 日，"智库产业集群园区"孵化器项目库基地"智库产业（智谷）空间孵化器"在美国旧金山湾区正式成立。该项目库基地是由东中西部区域发展和改革研究院直接出资在美设立的孵化器，主要通过硅谷地区细密完善的创新创业网络，如硅谷创业协会、科技协会，高校创业平台，各创新创业峰会、创新创业大赛等来洽谈对接中美优质项目合作。作为离岸创新综合体的重要载体，该项目库基地将积极吸引以美国硅谷为主的海外高科技项目如 AI、智能制造、先进装备、物联网、生物医药等各尖端领域人才团队来华进行创新创业，并积极推动中美科技、人文、教育、湾区发展经验等多领域、深层次交流。同时，该"智

---

① 参见 http：//www. cecc. cn. com/Leadership. html？ pageid＝2620892。

库产业集群园区"孵化器项目基地也将成为国内创新创业人才团队前往美国硅谷地区进行交流合作的重要平台。

据悉，智库产业以智库、高校、科研、金融为载体，以"智库产业集群园区"为孵化器和重要抓手，打造政策链、人才链、产业链、技术链、资金链"五链融合"，构建以"智库＋"为核心的智库产业新体系，即"智库＋政府决策""智库＋高端人才""智库＋高端产业""智库＋金融市场""智库＋科研应用"，由此形成政府政策开放带动、参政议政的高端人才聚集推动、高端产业集聚拉动、金融市场融合互动、科研应用创新驱动为核心产生的全智能产业链。目前"智库产业集群园区"已在部分省会城市和京津冀、长三角、粤港澳等国家战略区域完成布局①。

四、推进社会科学和智库发展产业化，思想市场的建立与新型智库的成熟

智库要承担社会科学研究成果二次转化的角色。社会科学家的思想和理论创新，通过论文、专著、演讲等形式，是成果固化和物化的过程，也可以说完成了第一次转化。要转化为政府的行动和社会的思想，往往需要经过大力宣传、推广和适当的改造，才能植入现实的土壤。社会科学成果转化，需要专门机构的推动，需要专门机构的提炼、加工与转化。这个专门的机构，就是智库。

促进社会科学和智库发展产业化，必须创新社会科学的发展理念。如果说自然科学更加注重经济效益的话，那么社会科学更加注重社会效益。社会科学也是生产力，社科研究成果也有转化问题，当前特别需要建立与社会发展相适应的社会科学成果转化机制。要推动形成社会科学应用研究的产业链和社会科学研究产业化，建立一套集研发、生产、销售、消费于一体的智库产业体系。政府是社会科学成果的主要购买者，政府购买社会服务，购买专家的劳动，社会公众是哲学社会科学成果的主要消费者，通过思想的"教化"为社会发展注入精神动力。

---

① 秦超：《"智库产业集群园区"孵化器项目库基地在美成立》，http：//www.gmw.cn/xu。

　　促进社会科学和智库发展产业化，必须加强政府与高校科研院所的联系。加强政府、企业、高校等融合，通过建立社会实验室等方式，架设理论与实践联系的桥梁，更加注重实证研究，为党委政府提供更有说服力和针对性的决策咨询服务。要鼓励政府与企业、高校等之间的人才流动，通过建立旋转门机制，让更多的人才能够游走在体制内和体制外，行政机关和社科研究机构之间，促进不同环节之间的合作融合，推动智库产业链的形成。

　　促进社会科学和智库发展产业化，必须创新社会应用研究管理运行机制。社会科学存在研究资源分散、研究成果低端甚至是重复立项问题。智库研究，如同产业结构，低端的产业产品质量较低，产能过剩，同时缺少高端产品，迫切需要结构调整和资源整合，增强社会科学管理部门的协调性，建立社科资源整合与协同机制。一是立项方式的创新。增强立项环节的可行性和应用性，适当合并题目，建立竞争机制，探索社会科学研究的双立项制度。部分题目可以设立两项或以上，采取前期启动经费与后期购买成果相结合的形式，鼓励从不同侧面、不同角度进行研究，鼓励不同部门之间的联合，加强研究成果的后期集成、转化和应用。二是研究方法的创新。增强社会科学研究的针对性，避免从概念到概念，从理论到理论。要推动社科研究从经验主义到实证主义、从闭门造车到田野调查、从主观臆想到科学分析转变，把研究建立在感性认知、理性思考和实践验证之上。提高社科应用研究的质量，加大调研方面的投入，建立社科应用研究基地和社会科学实验室，确保研究成果接地气、合实情。三是创新社会科学项目经费管理方法。社科应用研究成果生产，虽然不像自然科学成果生产那样，需要大量的硬件设备，但却需要进行大量的调查研究，资料搜集，有的还需要进行模型设计。同时，研究人员在成果的生产过程中要消耗大量的脑力和体力，从劳动力商品再生产理论的角度讲，需要得到一定的物质补偿，对专家学者复杂的脑力劳动进行适当的量化和物化。在建立以应用为导向的严格的质量标准之上，改变以物化为主的经费资助标准，更多地体现对专家学者脑力劳动和智慧创造的尊重。在目前有关规定的基础上，进一步提高间接费用的比例，但必须在项目经过严格的鉴定之后。减少项目资金，加大奖励力度，完善包括社科应用研究成果、决策咨询报告、人大代表、政协委员议案提案的转化和落实机制。

促进社会科学和智库发展产业化，必须建立重大社会科学研究成果发布和公告制度。社科应用研究成果重保护更重应用。各级党委、政府要像重视自然科学成果转化工作那样，重视和关心社科应用研究成果的转化工作。引入市场机制，建立完善社会科学研究成果转化的平台，政府通过招标形式，购买智库服务。建立党委政府政策咨询方面的需求与高校和社会社科资源的沟通与衔接机制，调动政府部门参与研究、参与应用、参与转化的积极性，推倒横亘在二者之间的围墙，使各类智库面向决策机构的决策咨询服务业成为重要的产业门类。

促进社会科学和智库发展产业化，必须探索应用研究产业化路径。社会科学成果的产业化，主要是抓好成果应用的产业化，拉长社科应用研究成果转化的链条。一是科研成果形成过程的市场化。产业化与市场化密切相关，充分发挥市场机制的作用，在应用研究的过程中，引进市场竞争机制，坚持以成果转化应用作为检验质量的重要标准。第二，借鉴企业管理咨询的经验，将决策过程中的信息搜集和调研工作外包给咨询公司或组织，大力发展有新型智库参与的创意产业、实证产业。第三，加快社会科学产业化进程，必须处理好社会科学成果转化公益化与产业化的关系。社会科学的产业化，要坚持公共公益导向，把政府投入作为产业化投入的主渠道，避免过度的市场化。

第四节　双向融合：智媒互动的趋势①

中办国办《意见》指出，"充分发挥中国特色新型智库咨政建言、理论创新、舆论引导、社会服务、公共外交等重要功能"，"着眼于壮大主流舆论、凝聚社会共识，发挥智库阐释党的理论、解读公共政策、研判社会舆

---

① 本节部分内容发表于 2018 年 07 月 12 日《光明日报》，原标题为《融媒体时代智库成果如何社会化传播》。

情、引导社会热点、疏导公众情绪的积极作用。鼓励智库运用大众媒体等多种手段，传播主流思想价值，集聚社会正能量"。这既强调了智库舆论引导、社会服务的重要职能，又明确了智库要善于运用大众媒体的路径，是融媒体背景下促进智库产品传播和转化的重要遵循。媒体是智库成果展示的重要平台，是智库发展的重要推动力量。要把媒体的第四权力与智库的第五权力有机结合起来，共同服务决策，助力国家治理现代化。

1. 强化新型智库的社会化传播意识，完善创新性、规范化的顶层制度设计。加强党对智库的领导，加强对智库生产的思想引导和宏观调控，牢牢把握意识形态工作的领导权和主动权。加强智库与决策部门的对接和各类相关主体的良性互动，构建政（党政部门）、学（学术研究机构）、智（智库）、媒（媒体）、社（社会公众）相贯通的发展格局。逐步建立思想产品交易市场和对接平台，把供给端与需求端有效地连接起来，增强智库思想产品生产的精准性，生产更多的有利于网络化传播的智库产品，形成多维的、适应网络社会需要的思想产品生产交换和评价体系。坚持以人民为中心的传播导向，坚持以质量为根本的传播理念，按照民政部等九部门出台的《关于社会智库健康发展的若干意见》的要求，"社会智库开展涉外交流与合作，创办发行刊物，开设网站，开立微博、微信之类的社交账户等应当依照有关规定办理审批手续"，建立相应的审核和发布制度，规范智库类成果发布的程序、形式和渠道。

2. 强化新型智库的专业化经营意识，构建去行政、扁平化的管理运行机制。一是推动智库组织形式的社会化。推动传统的科层制向现代的扁平化发展，通过更加灵活的运行机制，更加前沿的思想理念，更加浓厚的创新氛围，生产更多高质量的产品，产生更高的传播效率和更好的传播效果。要把握智库在发声方式和运营方式方面应遵循的规律，设立专门人员，比如首席媒体运营官，负责协调与媒体的关系，策划组织智库的宣传活动。二是推动智库研究方向的专业化。现代网络环境下，有智库产品传播的冲动，但却难以静心从事智库产品生产。要处理好产品质量与传播效率之间的关系，解决传播的便捷性与生产质量之间的矛盾，避免网络传播思维下智库产品的粗制滥造。要针对低端产能严重过剩、高端产能严重不足问题，建立专业化、差别化、高质量的智库产品体系。三是推动智库人员构成的多元化。作为思想生产的集中地，智库要有海纳百川的情怀，积极吸纳各类优秀人才加盟智库，特别是优秀的实际工作部门研究型人才、具有潜质的社科研究人才和新闻评论人才。相对于从事一般新闻报道的新闻记者，做深度新闻和评论的记者更容易向智库专家转型。

3. 强化新型智库的双向度驱动意识，形成全程化、立体化的产品服务体系。在新媒体时代，智库既要靠生产驱动，又要靠经营驱动，既要依靠智库产品在决策者产生内部影响力驱动，也要依靠智库产品的社会化传播产生外部影响力来驱动。智库影响公共政策，可以体现在制定前的决策咨询、制定中的方案讨论、出台后的政策解读，包括以第三方身份开展政策效果评估。要突出抓好智库生产与智库经营，把智库的经营链向两端延伸，增强前端吸引力、中端生产力、后端影响力，通过智库产品的多元化、智库运营的专业化，形成复合传播、多元发展的格局。特别是有深度的思想产品，在更多的情况下，自媒体和新媒体能够起到加速传播的作用。

媒体是智库产品社会化转化的重要平台，也是通过社会设置议题的重要方式。在西方国家，大多数智库产品是公开发布，通过媒体影响选民，进而影响公共政策。在我国，大多智库把影响的重心放在决策层上，通过影响决策者来影响公共政策。但随着决策民主化、科学化的推进，决策者会越来越多地通过媒体特别是网络媒体来观察了解民意。有些议题，会遇到进入不了决策者视野或者进入政府视野之后被阻断、内部转化窗口关闭的情况，必要时可通过社会化传播、社会舆论力量的撬动来引起决策者关注从而得以进入政策议程。

目前，智库成果报告，与新闻记者的内参有相似性，但也有明显的不同。有些特定的智库报告是涉密的，有些智库报告是半开放的，智库报告的主要和第一读者是决策者，同时也可以通过相关的媒体推向社会。因此，智库的产品也要多元化，既要有以内部报送为主要目的决策参考类产品，又要有以社会传播为主的阐释普及类产品，从而拉近社会公众与公共政策的距离感，为政策的推行和落地创造更加有益的外部环境。要避免智库产品过渡内部化、神秘化、单一化，增加智库产品的社会化、透明化、多元化，推动智库服务决策模式更多地由内参式向公开化转变。

4. 强化新型智库与媒体良性互动意识，开辟便捷式、无缝化的合作双赢通道。智库可以生产大量的思想产品，为媒体提供源源不断的原材料。媒体可以聚集大批的智库专家，围绕一些重大的问题展开专题讨论并及时转化成果。发挥媒体与智库的优势互借效应，推进第四权力与第五权力的有效有序衔接和互动，形成由传统媒体（纸质发表）到新媒体（网络、官微）到自媒体（微信、微博）的传播链条。

媒体要更多地承担起传播智库产品的职责，建立各种各样的专业化的智库产品发布平台，逐步完善有适度竞争和有限公开的决策咨询产品市场。作为传统的纸质媒体，要加大对智库产品的认同和支持力度，开辟智库成果或决策咨询专栏。部分期刊可以向智库转型，打造一批有专业影响力的智库类期刊，一方面为广大的智库专家提供一个成果转化的平台；另一方面为决策者和社会公众提供更加聚焦的智库产品搜索目的地。

新型智库发展，需要一大批具有家国情怀的专家学者从不同的领域（包括政府、高校、媒体、企业、社会）加盟到智库发展中来，智库需要多学科背景、多实践历练。随着自媒体的发展和新型传播手段速度的加快，更多的新闻记者，要由采写新闻消息向深度报道转型，由以叙述事实见长向分析事理见长转型。

光明日报率先投身智库建设与研究领域，逐步明确"智库化办报"思路，形成富有特色的光明智库品牌。光明智库是光明日报整合全报社研究力量，广泛联系全国智库机构组建的新型智库平台，主要工作包括开展资政研究、进行智库研究与评价、发布智库成果、举办相关活动。光明智库通过光明日报《智库》周刊、智库专家深度访谈专栏、《光明智库》电子期刊、光明日报内参、光明网、"两微一端"等渠道发布国内智库重要研究成果，组织论坛、研讨、智库交流等相关学术活动，致力于搭建智库成果与声音的发布平台、智库发展与建设的研究平台、智库风采与成长的展示平台、智库联系与服务公众的沟通平台①。

5. 强化智库思想产品集成的大数据意识，打造兼容传统与现代传播方式的评价体系。一是建立传统媒体与现代网络媒体相贯通的集成体系。打通自媒体与现代媒体贯通的渠道，让更多的优秀作品以更快的速度传播。在建设思想理论研究成果数据库的过程中，加强与网络平台的合作，当公共网络平台上的思想理论类文章达到一定的传播和点赞量之后，即自动推送到思想理论文章数据备选库，系统自动分配给专家进行内容把关，经平台专业工作人员审核后发布。二是打造全媒体的智库思想产品成果数据库。在目前的智库评价体系中，评价的大都是智库本身，缺少对智库产品的评价。评价智库产品，首先要对智库产品进行界定和认定。而进行评价的前提，则是建立一个大的数据公共平台，即数据库。建立数据库，要坚持公益导向，有适当的行政力量介入和一定的资金投入，需要具有引领性、龙头性作用的机构牵头。三是把评价与传播结合起来。评价不是目的，评价是为了更好地传播，让智库优秀的思想产品释放更多的正能量，在推进国家治理体系和治理能力现代化进程中发挥更大作用。

在智库思想产品评价体系建立的过程中，要坚持六个结合：第一，坚持数量与质量相结合，以质量为主的评价体系。引导智库创作高质量的产品。运用大数据，进行点击次数评价、阅读量度评价、阅读深度评价、阅读广度评价，完善思想产品大众化传播的实时监测和质量评价机制。第二，坚持第三方评价、同行评价与用户、社会评价相结合，以社会评价为主的评价体系。学术论文的传播，主要以学术影响力作为主要指标，重点看引用量；智库思想产品的传播，主要以政策影响力和思想影响力为指标，重点看对决策者和民众的影响度。因此，在智库评价中，同行评价的权重不宜太高，专家主要是对社会关注度高的文章内容进行把关。要确立以用户和读者为主的评价取向，打造思想理论界的"大众点评"。第三，坚持短期评价与长期评价相结合，更加注重长期效果的评价体系。思想理论产品的大众化传播的特点，对社会公众的影响往往是潜移默化的，数据统计和评价的难度相对更大。

---

① 光明视野智库答问聚合页，http：//topics. gmw. cn。

评价智库产品是一个长期的过程，不少智库产品的效果显现需要较长的时间。第四，坚持国内影响力评价和国际影响力评价相结合，推动更多的高端智库从事思想产品的国际传播，增强中国思想产品的境外传播力与全球软实力。第五，坚持智库评价、产品评价与区域评价相结合。可通过大数据，分析各个区域的思想理论素质指数，比如产出数、关注度、影响力、品牌化，绘制思想理论成果产出地图，进行区域思想理论创新力评价。第六，坚持评价与激励相结合，逐步实现智库产品评价体系与传统评价体系的接轨融合。例如，网络出版成果进入思想理论成果数据库，并形成一定的阅读量之后，就可以参照核心期刊论文来认定。同时，强化高校研究机构社会服务取向，把思想理论文章的网络影响力作为思想理论类职称评审的一个条件。

第五节　服务群众：智民互动的依归①

习近平总书记在党的十九大报告中强调指出，全党同志一定要永远与人民同呼吸、共命运、心连心，永远把人民对美好生活的向往作为奋斗目标。要坚持中国特色社会主义文化发展道路，坚持为人民服务、为社会主义服务。要加强理论武装，推动新时代中国特色社会主义思想深入人心。深化马克思主义理论研究和建设，加快构建中国特色哲学社会科学，加强中国特色新型智库建设。总书记的讲话，赋予中国特色新型智库建设新的内涵，进一步强化了其在服务人民群众、坚定文化自信、建设社会主义意识形态、推动习近平新时代中国特色社会主义思想深入人心等方面的重要职责。

一、服务人民群众是新型智库建设的应有之义

中国特色新型智库建设，要坚持党的领导，在进行咨政建言、理论创

---

① 本节部分内容发表于 2017 年 11 月 09 日《光明日报》，原标题为《服务人民群众是新型智库的责任担当》。

新的同时，着力发挥好舆论引导、社会服务等功能，把服务人民群众作为重要职责。

1. 从中央对新型智库的定位看，智库具有舆论引导、社会服务的重要功能。党的十九大报告，是在坚定文化自信、牢牢掌握意识形态工作领导权的语境中部署新型智库建设的，赋予其鲜明的中国特色和意识形态特征，在"建设具有强大凝聚力和引领力的社会主义意识形态，使全体人民在理想信念、价值理念、道德观念上紧紧团结在一起"的过程中担负着重要责任。中办国办《意见》明确指出，"智库以战略问题和公共政策为主要研究对象、以服务党和政府科学民主依法决策为宗旨"，"充分发挥中国特色新型智库咨政建言、理论创新、舆论引导、社会服务、公共外交等重要功能"，"着眼于壮大主流舆论、凝聚社会共识，发挥智库阐释党的理论、解读公共政策、研判社会舆情、引导社会热点、疏导公众情绪的积极作用。鼓励智库运用大众媒体等多种手段，传播主流思想价值，集聚社会正能量"。这表明，智库既要为党和政府的决策者服务，又要为社会公众服务，担当起解读阐释政策、引导社会舆论等责任，通过提高全社会的思想力来提升整个国家和全民族的思想软实力。

2. 从推动科学民主依法决策的视角看，智库在协商民主中扮演重要角色。党的十八届三中全会《关于全面深化改革若干重大问题的决定》，在"加强社会主义民主政治制度建设、推进协商民主广泛多层制度化发展"部分，提出"加强中国特色新型智库建设，建立健全决策咨询制度"，表明加强新型智库建设是推进协商民主的需要。习近平总书记指出："要拓宽中国共产党、人民代表大会、人民政府、人民政协、民主党派、人民团体、基层组织、企事业单位、社会组织、各类智库等的协商渠道……建立健全提案、会议、座谈、论证、听证、公示、评估、咨询、网络等多种协商方式，不断提高协商民主的科学性和实效性"[1]。习近平总书记列举的协商渠道涵盖各类智库，协商方式包括评估、咨询，表明了智库在协商民主中所扮演

---

① 习近平：《在庆祝中国人民政治协商会议成立 65 周年大会上的讲话》，人民出版社 2014 年版。

的重要角色。因此，智库能够有效地弥补知识与政策之间的鸿沟，使公共政策更加贴近民众需求，促进国家治理体系和治理能力现代化的提升。智库推动民主科学依法决策，不但智库自身要作为一个重要主体参与，而且更要积极引导社会公众有序有效参与，提升其参与能力。

3. 从西方智库发展演变的轨迹看，智库与政党的关系密切。2015 年 7 月，习近平总书记在中央党的群团工作会议上指出，"西方政党都有自己影响控制的外围组织，各种协会、智库、基金会、青年组织、俱乐部、媒体等就是他们吸引选民、争取选票的重要渠道"①。研究表明，西方智库，大多为政党依附性智库，具有鲜明的政党倾向，在宣传政党纲领、影响社会公众进而影响舆论、影响选民方面发挥着重要作用。比如，第一次世界大战以来，英国智库发展经历了三次浪潮，其中第二次世界大战后至 20 世纪 80 年代形成的第二次浪潮最为迅猛，这一时期建立的智库，政党和意识形态色彩也最为浓厚。特别是为在野党服务的智库，更是把主要精力放在影响社会公众上，帮助政治家通过赢得公众实现赢得未来的目标。进入 21 世纪，"政策营销师"已经压过了"研究者"的势头，愈益成为西方智库的发展主流。因此，对于欧美大多数国家来说，智库的政治土壤是多党制，社会土壤是各种利益集团，智库是政党和利益集团影响政治、影响政策制定的工具。西方政党利用智库等外围组织争取选票，"很会做群众工作"的做法值得借鉴，但中国特色新型智库服务群众，与西方智库又有着本质的不同。

4. 从当前各地新型智库建设的实践看，存在一定的脱离基层、脱离群众现象。党的十八大以来，中国特色新型智库有了很大发展，在为各级党政部门决策提供有益帮助的同时，在联系群众、服务群众、促进政策执行、提高公众政策素养方面做了大量工作。但仍有部分地方对智库功能的理解存在偏差，片面认为智库就是为领导决策服务，片面认为智库就是关起门来"出点子"，忽视了深入基层调查研究，忽视了与基层群众沟通交流对

---

① 中共中央文献研究室：《习近平关于社会主义政治建设论述摘编》，中央文献出版社 2017 年版。

话，对基层情况往往是一知半解，特别是对政策受众缺乏深入了解，提出的对策建议"上不着天、下不着地"。如何贯彻落实党的十九大部署，确立以人民为中心的研究导向，进一步密切联系群众、有效服务群众，把根扎在人民群众中间，把密切联系群众的优势转化为决策咨询服务优势，成为新型智库必须面对的一项重要课题。

二、新型智库服务人民群众的角色定位

新型智库要以服务公共政策为主线，把服务决策者和服务社会公众结合起来，在决策机构和政策受众之间搭建桥梁，成为决策方案优化、决策质量提升、政策举措落地的重要推动力量。具体可以担负这样几个角色：

1. 服务民众的延伸手臂。智库要努力促进政策的形成和执行，成为党委政府为群众提供政策服务的延伸手臂。一方面，智库知晓群众在公共政策方面的需求，但缺少与政府有效对接的管道，或者当下政府对话窗口已经关闭，可以通过影响政府决策相关方，特别是社会公众来影响公共政策，从而达到曲径通幽的效果。另一方面，当政府出台的政策，代表着社会进步和发展的方向而社会民众又一时难以接受时，智库可以担当起解释公共政策的作用，做好公共政策话语体系的转换工作，增强社会公众对公共政策的信任感。

2. 集中民智的最强大脑。智库的"智"，不仅仅是智库专家的"小智"，更是人民群众的"大智"；智库的"谋"，是对群众智慧的集中储存、梳理加工、提纯转化，高质量的决策咨询服务一定是建立在充分的调查研究和高度的人民责任感的基础之上的。特别是当发展处于困境难以找到突破口时，智库要跳出传统的圈子，开辟解决问题的新视角，运用"蓝天思维"，广泛吸收群众智慧，打造决策咨询的最强大脑。做智库研究，要善于集中人民群众的智慧。作为决策者，不但在意这个问题专家怎么看，而且更关心广大社会民众如何看。大数据和大样本、大范围的实证性调查数据都是决策者关注的重点。

3. 看护民利的火眼金睛。强调党管智库，智库为决策服务，但这并不仅仅意味着智库要为政府的决定"背书"或是"论证"，而是与政党政府保持"一臂之遥"，必要时担当政策"啄木鸟"，把隐藏在政策内部的部门或

小群体利益之虫给啄出来，成为人民群众利益的坚定代言。当政府决策存在一定的问题或缺陷，特别是与广大人民群众利益相悖、需要改进或调整，智库要及时跟进，忠实地站在政府的对面，找出问题的关键并进行谏言，提供富有建设性的完善方案。

4. 启迪民思的良朋益友。在诉求多元化的舆论环境下，智库不仅仅是作为政府智囊而存在，不能只满足于内部建言。智库作为相对独立的政策研究机构，不但要增强与决策机构的良性互动，而且要增进与普通民众的良性互动，通过研究报告、电视媒体、网络媒体等方式，向公众传播相关领域的专业知识，详细解读相关政策，将最科学中肯的见解传递给民众，为培养社会理性与思想进步做出贡献。

5. 测试民意的风筝路标。对于激进或者大幅度的改革，政府有一定意向，但担心社会民众的承受度，有时候就可以让智库"打头阵"，有意把一些观点抛出来，像放风筝一样，引发社会关注讨论，政府可以根据民意风向决定下一步的行动方案。对于创新型政策，智库可以创立自己的社会实验室、政策观察点和创新试验田，进行政策实施前的路演，探测道路是否畅通，并对政策试点情况进行跟踪研究评估。

6. 疏解民虑的缓冲平台。当政府有一定的政策倾向或者比较明确的政策方案，但各方面暂且尚难达成一致时，特别是部分群众有所顾虑时，智库可以搭建政策对话平台，把决策者、利益相关方和群众代表邀请到一个"帐篷"内，让各方充分表达各自的利益诉求，智库专家做好化解群众疑虑工作，从而增强社会共识，创造有利于政策推进的外部环境。

三、新型智库如何能够"很会做"群众工作

新型智库要认真践行以人民为中心的发展思想，把"很会做"群众工作作为主攻方向之一，鼓励带动专家深入基层，增强与民众的互动，加强与媒体的合作，提升民众参与公共政策意识，提高全社会政策对话水平，形成有利于政策制定和执行的良好社会生态。

1. 坚持党管智库原则，强化智库服务群众的政策制度基础。党校行政学院、社科院和政府部门等体制内智库，要按照隶属关系，自觉接受党的领导，把党管智库原则落实到位。对于社会智库，《关于社会智库健康发展

的若干意见》明确指出，"要督促和指导具备条件的社会智库及时建立党组织，实现党的组织和工作全覆盖"，"社会智库党组织要紧紧围绕党章赋予基层党组织的基本任务开展工作"。要按照党的十九大报告要求，以提升组织力为重点，突出政治功能，把建立在各类智库的基层党组织建设成为宣传党的主张、贯彻党的决定、领导基层治理、团结动员群众、推动改革发展的坚强战斗堡垒。在具体工作中，要把服务决策者和服务群众结合起来，建立有利于智库服务群众的决策咨询制度。针对不同类型智库，实行分类管理和引导。一般来说，高端智库更强调原创性，主要从事思想产品生产，重点影响政策制定；基层智库更强调应用性，主要从事思想产品转化，重点影响政策执行，特别是政策受众群体。官方智库，更加注重决策影响力，通过影响决策者进入政策议程而影响社会；社会智库，更加注重社会影响力，通过影响社会公众促进社会问题进入政策议程，进而影响决策者。

2. 发挥顶天立地作用，强化政策制定执行环节的有效贯通。借鉴中央对群团组织的定位，发挥智库"顶天立地"作用：顶天，就是着眼党和国家工作大局，上连天线，为国家重大战略政策的制定做好政策咨询工作；立地，就是立足职责定位、立足所服务的群众，下接地气，做好党的最新理论成果宣传普及工作，促进党和国家政策的平稳落地与有效实施，不断提升基层群众的人文素养、政策水平和理论水平，增强人民群众的精神获得感。新型智库要把服务党委决策需求和服务群众政策渴求结合起来，找到两者的平衡点、结合点，实现公共政策结果最优化、效用最大化。

3. 注重基层实践导向，强化智库密切联系群众的能力水平。智库专家要做到"看问题入木三分，提建议点石成金"，必须在提高理论水平的同时，把基层的功课做足做透。只有经常深入基层、全面把握民情，才能在政策咨询上与党和人民群众心有灵犀。不管智库专家拥有多么高深的知识，都不能脱离公共政策生成的社会土壤，都不能坐在办公室里提政策建议。智库做群众工作，要避免空洞说教，增加思想产品含金量。强化智库专家的实践取向和群众导向，做实脚底板上的功夫，更加注重相关实际工作经历，更加注重与实际工作部门的紧密合作，更加注重深入政策环境开展深度的调查研究，把决策咨询工作建立在对社会基层、国情民情的透彻掌握和深刻把握之上。

4. 拉长智库产品链条，强化新型智库运用媒体的营销意识。习近平总书记指出："我国哲学社会科学为谁著书、为谁立说，是为少数人服务还是为绝大多数人服务，是必须搞清楚的问题"①。智库处理好服务"小众"与服务"大众"的关系，不但要从事思想产品生产，为少数决策者服务，同时也要注重思想产品的转化和流通，为广大社会民众服务，促进智库产品链、价值链有效延伸，形成与公共政策链条相对应的服务体系。要摆脱传统的思维定式，将影响政府决策的方式由一味注重内参报送，向更加注重媒体发表和公开发布并重转变，扩大智库成果的受众面，更多地通过影响公众舆论等间接途径影响公共政策。在加强与媒体合作、善于借助大众媒体发声的同时，智库要善于创设微博、微信公众号等新型媒体，提升传播效率和质量，更加迅速、更加完整、更加原汁原味地传递给社会公众。

5. 推进智库社会化进程，强化智库专家社会责任、时代担当。社会智库虽然距离权力中心较远，但与社会的距离很近，甚至就是社会的一部分，从这个角度来看，社会智库可以获取更为准确的社会信息，提供更加符合基层社情特别是民众意愿的政策分析。社会智库，更多的是一种参与机制和人才培养机制，把智慧的种子在社会上播撒开来，以社会智库的大发展，促进公众政策素养的大提升。鼓励智库不但"想政府所想"，而且"想社会所想"，加强对社会热点和公共政策的研究，更好地发挥智库在政府和公众之间的沟通作用；鼓励把社会智库的理念运用到社会治理中，充分发挥社会力量在基层社会特别是社区治理中的作用，以智库的社会化推动社会治理的现代化。

6. 完善评估评价体系，强化公众影响力在总绩效中的权重。在目前的智库评价体系中，一般有决策影响力、学术影响力、社会影响力、国际影响力等指标，其中决策影响力主要指影响决策者和政策制定，社会影响力

---

① 习近平：《在哲学社会科学座谈会上的讲话》，载《人民日报》2016 年 5 月19 日。

主要从媒体影响方面来衡量，对于社会公众影响力关注度不够。今后，要把智库做群众工作的能力作为智库评价的重要内容，把公众影响力作为重要指标，建立社会影响力、群众影响力与学术影响力、政府影响力并重的评价体系，引导各类智库专家把社会责任放在首位，积极为党和人民述学立论、建言献策，更好地为人民立言、为时代发声，创造更多为群众所喜闻乐见的思想产品。

第十五章 基于柔性边界：
新型智库的质效评价

智库绩效评价，是智库发展质量的检验标尺，在新型智库发展中具有重要的引导和指挥棒作用，确立正确科学的智库考评导向十分重要。建立科学规范有序的内部考核、主管部门考核和第三方评估的考核评价体系，是促进智库质量提升和健康发展的关键。智库的考核评估，既不能过多过滥，影响智库的正常管理运行，又不能缺位缺失，让智库"自由"生长。

对新型智库进行质效评价，必须充分考虑智库的组织特征。相对于当前热度不减的第三方评估，作为智库的主管部门对智库的考核，无论是指标体系的设计，还是考核工作的具体组织实施，尚不够成熟。本章基于智库边界的柔性化和组织的液态化特征，重点研究智库的管理方考核问题，同时对第三方评估机构的评估情况作一个系统梳理和理性思考。

第一节 新型智库质效评价的主要维度

对新型智库的绩效进行考核评估，要立足于其形态特征、边界特征和价值取向，设计与新型智库发展规律相适应的指标体系和考核评价制度。

一、新型智库组织边界的柔性化①

组织边界柔性化是指组织机构变成了一个更加开放、自由的组织有机体，组织边界呈现出模糊、柔性、动态等特征，并能够快速适应外部环境，快速包容外部资源，从而打破樊篱使资源配置更有效率②。

智库建设的方兴未艾，各类智库层出不清，竞争越发激烈，而许多智库类研究机构限于自身研究人员有限，研究力量不足等问题，为适应发展需要，也出现边界柔性化的趋势。具体表现为三个方面：一是智库本身具有开放式的研究人员体系。即积极纳入外部的研究力量，员工不一定为我所有，但可以为我所用。也就是说兼职人员占有相当比例，并随智库或个人发展需要随时增加或减少。二是智库类机构除固定研究人员外，兼职专家学者通常不仅在一个智库类机构供职，而是虽有固定工作，但在一个甚至多个智库类机构兼职。三是智库类研究机构规模可大可小。即因为兼职人员占有相当数量，且兼职时间或不一致，导致智库类研究机构规模阶段性变化，边界柔性化。

正如伦敦商学院的管理发展学教授查尔斯·汉迪针对柔性组织提出的，"组织既要集中化，同时又要分散化；既是紧密的，又是松散的；他们必须既作长远计划，又保持灵活性；他们的工作人员一方面应具有自主性，另一方面更应具有集体主义精神。"③ 柔性边界的智库类研究机构也呈现出此类特征，研究人员既是分散的，又随时可以为了一个课题或者研究成果而集中；既可以长期供职于某个研究机构，也可以灵活机动；既是各自自由的，又有一个阶段内服务于某个智库。

1. 智库机构的边界柔性。一方面，以原本就是以应用研究或决策咨询为主的企事业单位成建制改造而来的智库，其边界相对来说是刚性的。随着形势的发展，在这类机构内部，会派生出一些机制和边界相对灵活的次

---

① 部分内容发表在《经济日报》2019 年 2 月 27 日，原题为《以科学化考核促智库高质量发展》。

② 韩树杰：《组织边界的柔性化趋势》，载《中国人力资源开发》2015 年第 7 期。

③ 聂清凯、夏健明：《网络经济时代企业组织架构重建研究》，载《外国经济与管理》2004 年第 11 期。

级智库机构。另一方面，依托党校高校等研究机构及内设机构建立的不具备法人身份的智库，有的是机构的职能整体划转，有的是继续保留原有职能，这类智库大多是与实体性的教学或研究机构合署，只是在原有机构上加挂一个智库的牌子，决策咨询只是其职能之一。一般来说，由于有关部门认定的要求和自身研究的需要，这类机构一般会名义或者实质上需要吸纳一定的外部力量加盟，通过扩大智库的柔性边界来弥补自身的不足。

2. 人员边界的柔性。智库研究的一个重要特点是协同，包括跨学科、跨院系、跨学校、跨领域的协同，即使是实体性的研究机构，也多采取小核心、大外围的方式，聘请一定数量的兼职专家开展协同研究。智库发展离不开标志性的领军人物和相对稳定的研究队伍，这是智库进行精品生产的最主要力量，也是智库高质量可持续发展的根本。同时，智库发展需要一定的外援，特别是实际工作部门的研究力量，通过大网络的协同扩展研究视野，整合研究资源，提高研究质量。比如，长江产经线上线下互动打造智库平台。长江产经研究院是江苏首批重点高端智库，2017 年 9 月获批中宣部国家高端智库建设培育单位。研究院搭建规模适度、梯度分明、结构合理的"小核心＋大外围"研究团队。"小核心"由 6 位首席专家、10 余名驻院专家和 4 人专业运营团队组成，"大外围"来自政产学研媒等各界人士 500 多人。需要注意的是，要把握好两者之间的"度"。但在有些地方，有操之过急之嫌，提出全院办智库、全员做智库，组建多个研究中心、多个分支机构，无限扩大智库的边界，搭建庞大的组织架构，导致智库建设流于形式、疏于管理、粗放发展，使智库建设的效率大打折扣。

3. 功能边界的柔性。新型智库"以战略问题和公共政策为主要研究对象、以服务党和政府科学民主依法决策为宗旨"，具有咨政建言、理论创新、舆论引导、社会服务、公共外交等重要功能。大部分新型智库，比如高校智库、党校智库、社科院智库，都是建立在其母体之上。由于大部分智库机构和人员尚未独立，或者大量智库人员具有双重或多重身份，在一定程度上还在承担着其母体的工作，导致大部分智库机构功能边界不清晰。在智库母体功能与智库自身功能之间，既有着高度的一致和相互促进性，也有着较大的矛盾和相互排斥性。从一个方面讲，相对于理论研究的原创性，即从 0 到 1 式的创新，智库研究更注重融创性，理论与实践相融合、1＋1 式的创新，高质量的智库成果必须建立在扎实的理论研究基础之上，理论创新也是智库的重要功能。从另一个方面讲，由于智库母体功能和原有研究机构功能往往属于智库机构的本职和主要工作，评价指标和绩效考核主要集中在原有功能和本职工作，智库研究在某种程度上成为智库的副业。如何在兼顾智库母体功能和做好智库本职工作的基础上，突出智库功能，让智库有更多时间精力来做好智库主业，加快智库专业化和职业化进程，成为当前智库建设要解决的重要问题之一。

4. 政府资助经费边界的柔性。与传统项目资助相比，为了给智库研究留下充分的自主空间，党委政府对智库的经费支持，往往不是采取点对点项目支持的方式，而是按照固定的额度予以打包支持。比如，中央财政通过国家社科基金对国家高端智库建设给予专项经费资助，每年 1000 万元；江苏省委宣传部对省重点高端智库、重点培育智库分别给予每年 200 万元和 50 万元的资助。这种形式的资助，赋予智库较大自主性，给智库开展创新型的研究留出较大的弹性空间，但由于缺乏硬性刚性的考核指标，在一定程度上增加了管理和考核难度。

5. 成果边界的柔性。智库职能和人员的柔性，决定了智库成果的边界也具有较大柔性。一方面，智库产出应当以服务决策的思想产品为主，但同时也有一定数量的理论成果；另一方面，纳入智库考核的研究成果，应当是以智库为署名，但由于进入上报和决策流程的材料要求形式简洁，部分成果可能难以用智库来署名。由于智库机构往往具有多重属性和智库专家的多重身份，特别是所谓的大外围专家，在发表成果时，往往并不一定能够标注智库名称，给智库成果的认定带来了诸多难题。有些智库，在一般性的工作汇报时成果丰富，甚至是硕果累累，但如果在考核时主要认定标注智库信息的成果，就大幅减少甚至寥寥无几。再就是智库成果是否转化、转化的程度如何，也难以非常清晰地界定。例如，同样的领导批示，批示的篇幅、内容和程度也会有所不同，其转化的程度和效果也就不同。

智库的柔性边界特征，对于智库来说是双刃剑。如果运用不好，可能使智库"四不像"，难以发挥正常的作用，无法形成核心竞争力；运用得好，则有可能使智库如虎添翼，大大拓展自身的发展空间。

二、新型智库机构形态的液态化

在现代社会，部分组织固化的边界开始变得模糊，呈现出液态化特征，涌现出一批组织形式灵活能够迅速适应外部环境变化的液态化组织。新型智库就像液态化的水，渗透在党政机关、事业单位、企业组织、各类研究机构等社会领域，导致新型智库的数量不清楚，边界不清晰。

液态化管理的理念认为，在快速发展和变幻无穷的新经济时代，优秀的公司应该像水一样，能够随山就势，与自然和谐相处；在适应环境的过程中，尽最大可能地展现自己、发展自己。市场是液态的，政府是固态的，固态的政府对于液态的市场，有时候能够起到有效的引导作用，有时候会产生隔离和阻碍作用。就新型智库来说，智库研究的资源是液态的，具有自由流动的趋势，但智库的管理体制和机制是固态的，对于智库资源的配置，会起到一定的引导或阻断作用。

智库规模的大小和调动动员资源的多少，一般与智库名义与实际负责人的行政级别、学术和社会影响力正相关。部分高校研究机构出现了与母体同样规格的智库，即智库机构负责人由母体最高负责人担任。这种组织架构，有利于推动智库组织机构的液态化，使智库资源与母体资源能够充分的交流、交换。25家高端智库负责人，从副国级、正部级到高校的处级院长和没有行政级别的著名教授，国家高端智库掌门人的地位悬殊导致了智库管理和横向合作、统一行动的协调难度。要打破智库的边界，建立更加灵活的运作机制，建立液态的智库组织。在智库内部，就像一个个边界可以自由调整组合的湖泊，可以随着智库任务、智库项目而随时变化组合，实现智库运行的高效率。在智库外部，就像连着一条条的河流，能够根据智库研究的需要，不断地为智库发展和智库项目的进展注入源头活水。液态的智库，能够适应当前形势发展的快速变化，特别是在数字化时代，各类人才液态化流动的趋势更加明显。打破智库的固态和垂直边界，建立液态的柔性的无边界组织，更好地适应时代的要求和形势的变化，为党委政府提供更加及时、更富有针对性的高质量的决策咨询服务。

新型智库和新型智库研究机构之间的力量整合与协同问题。在组织边界上，从刚性边界到柔性边界，智库是柔性组织、无边界组织，能最大限度地吸收智力能量，加以集成转化。在组织结构上，从科层制到扁平化，减少智库的管理层级，缩短智库管理的纵向链条，建立更加灵活高效的组织体系。在组织动力上，从他组织到自组织。理想的新型智库是自组织，自我管理、自我赋能的组织，充满正能量。推动智库体制机制创新，打破体制藩篱，让智库资源更加有效高效地配置，让智库人才更加有效高效地流动。

三、新型智库价值的人民性：将把论文写在大地上作为评价新型智库的 KPI

2016 年 5 月 30 日，习近平总书记在全国科技创新大会、中国科学院第十八次院士大会和中国工程院第十三次院士大会、中国科学技术协会第九次全国代表大会上提出，加强科技供给，服务经济社会发展主战场。"穷理以致其知，反躬以践其实"，科学研究既要追求知识和真理，也要服务于经济社会发展和广大人民群众。广大科技工作者要把论文写在祖国的大地上，把科技成果应用在实现现代化的伟大事业中。在智库建设中，坚持解决理论问题与解决实际问题并重，既要把论文写进顶级期刊里，不断地推进知识和理论创新，更要把论文写在祖国大地上，强化各类研究的问题导向、现实指向和智库思维，把研究重点集中到问题的解决方案上。

2016 年 11 月，中共中央办公厅、国务院办公厅印发《关于实行以增加知识价值为导向分配政策的若干意见》，强调要针对科研人员岗位特点，统筹自然科学、哲学社会科学等不同科学门类，统筹基础研究、技术开发、成果转化创新链条，明确对从事哲学社会科学研究的人员，以理论创新、决策咨询支撑和社会影响作为评价基本依据，形成合理的智力劳动补偿激励机制，对符合条件的智库项目探索采用政府购买服务制度，等等。2018 年 7 月初，中办国办印发《关于深化项目评审、人才评价、机构评估改革的意见》，提出要改进科技人才评价方式，突出品德、能力、业绩导向，克服"唯论文""唯影响因子"导向。2020 年 2 月，科技部会同财政部研究制定《关于破除科技评价中"唯论文"不良导向的若干措施（试行）》，相关措施在项目课题评审、国家科技创新基地、技术研发类机构等多个项目的评估中都突出"实用"，强调服务国家重大需求、经济社会发展的作用和效果，不把论文作为主要的评价依据和考核指标。

2020 年 2 月，教育部科技部印发《关于规范高等学校 SCI 论文相关指标使用 树立正确评价导向的若干意见》的通知，强调"鼓励定性与定量相结合的综合评价方式，探索建立科学的评价体系，引导评价工作突出科学精神、创新质量、服务贡献，推动高等学校回归学术初心"，明确提出，"对于应用研究和技术创新，评价重点是对解决生产实践中关键技术问题的实际贡献，以及带来的新技术、新产品、新工艺实现产业化应用的实际效果，不以论文作为单一评价依据。对于服务国防的科研工作和科技成果转化工作，一般不把论文作为评价指标"。

要处理好学术研究与解决实际问题之间的关系。学术专家，在实现重大突破或者有重大发现时，首先考虑发表学术论文还是咨询报告？应该说两者同样重要。每位技术专家都有发挥智库作用、提出意见建议的职责。或者技术研究专家应当加强与智库机构的合作，在扎实的实验或统计数据的基础之上，形成简要的以观点为主的咨询报告，甚至是信息类的咨询成果。

从新冠肺炎问题看研究的导向与取向。结合这次新冠疫情，对于中国疾控中心来说，不但要成为专业的技术研究机构，而且要进一步强化智库思维，把服务公共政策作为重要职责。2020 年 1 月底，科技部办公厅印发《关于加强新型冠状病毒肺炎科技攻关项目管理有关事项的通知》，强调"各项目承担单位及其科研人员要坚持国家利益和人民利益至上，把论文'写在祖国大地上'，把研究成果应用到疫情防控中，在疫情防控任务完成之前，不应该把精力放在论文发表上。"这表明，中国的科研评价导向正在发生重要转变，由强调学术价值、理论价值向注重应用价值与实践价值转变。2020 年 2 月 11 日，新冠病毒全球研究与创新论坛在瑞士日内瓦开幕，WHO 总干事谭德塞表示，当前发表期刊论文、申请专利或谋取利益都不重要，最重要的是遏制疫情，挽救生命。疫情暴发考验着各国政治、金融及科学方面的团结，需要大家集思广益，分享经验，以解决那些尚未解决的问题，并发现我们甚至还没意识到需要提出的问题①。

四、新型智库质效评价的三重维度

基于新型智库在组织形式和管理方式上边界的柔性化、形态的液态化、价值的人民性等特征，借鉴 ISO 质量认证体系，对新型智库质效评价的维度进行分析。

智库建设需要有国家标准，建立智库质量标准体系认证 ISO—TT 系统。智库绩效的评价要有国家标准，包括像学术论文一样确定智库报告的标准定义，制定智库报告的国家标准，推进智库研究的规范化。比如，智库机构的成立要符合国家标准，什么样的机构才算真正的智库机构，中办国办《意见》中的八条可以作为智库标准的基础内容。智库机构的运行要符合国家标准，一方面要在国家法律法规的框架内运行，同时符合智库的行业标准。智库产品的生产，需要有国家标准，以什么样的流程来生产，在思想生产的过程中通过什么样的渠道获取数据、开展哪些调研，智库成果生产需要什么样的内部流程，智库成果报送需要履行什么样的程序等。智库人才的认定，也要有国家标准，包括智库专家的道德品质、职业能力，可以进行智库人才的伦理道德素养和职业能力水平测试，确定较高层次智库专家的准入门槛。当然，要确立一个行业的国家标准，需要一个较长的过程。在国家标准尚未完全确立之前，一个区域内部，或者是一个智库内部，可以确立自己的质量标准，引导智库走上规范健康持续发展的道路。

在 ISO 质量标准中，有三方审核，第一方指内部质量体系审核，第二方指需方对供方质量体系的审核，第三方指专业的审核机构进行的审核。借鉴 ISO 质量审核标准体系，智库质效的评价考核，首先要建立在智库内部的自我评估基础之上，然后智库的管理部门作为管理方，对智库进行第二方考核。一些专业的评价机构，或接受第二方的委托，或者以独立的方式，对智库的绩效和影响力进行第三方评估。由于信息的不对称性，第三

---

① 世卫组织：《遏制疫情挽救生命比发论文申专利更重要》，http://www.bjnews.com.cn/wevideo/2020/02/12/688028.html。

方评估，特别是国内的智库评价机构，面对庞大的评价群体，难以深入智库内部，往往使用外部影响力的指标对智库进行评价。

第一方绩效考核：智库内部绩效考核，作为智库管理的重要组成部分，智库对内设部门、研究所、课题组和专家等绩效的考核，作为绩效发放和人才评价的重要依据。考核的单元是组成部门和智库专家个人。智库绩效考核，应更加侧重于对项目团队或者课题组的考核，形成一种鼓励团队合作的意识，不能过分强调对于每个人的业绩考核，要避免个人英雄主义可能造成的研究力量碎片化现象。

第二方绩效考核：智库有主管部门和建设方，也是代表党委政府对智库给予经费等资源支持的管理方，对于资源的投入和服务党委政府的产出，要有一个绩效的评价，以促进智库的质量提升和可持续发展。

第三方智库评价：以评促建，评估的重点在于发现问题，引导智库向正确的方向发展。第三方智库评估的意义和重点不在于排名，要避免因为过多过滥的智库排名干扰智库的发展秩序。

由于第一方的自我评价往往依据第二方的评价标准和指标体系，再加上本书上编主要是着眼于单个智库内部治理，下编主要从智库整体和智库外部进行考察，本章第二节、第三节分别围绕第二方的考核和第三方机构的评估展开。

第二节　新型智库质效的管理方考核①

当前，许多机构纷纷开展对于新型智库的第三方评估，发布种类繁多的智库排名。由于智库成果的政策性转化具有一定的秘密性、智库功能边界的柔性和智库参与的主动性有所不同，导致第三方评估存在一定程度上

---

① 本节部分内容发表在《经济日报》2019年2月27日，原题为《以科学化考核促智库高质量发展》。

的信息不对称，评估结果难免出现偏差。在全面提升智库研究质量、深入推进新型智库建设之际，作为主管智库的党委政府部门，迫切需要发挥信息对称的优势，针对智库边界的柔性特征，探索建立相应的质量考核体系，规范新型智库的发展秩序，以科学化、差别化的考核促进新型智库高质量、专业化发展。

一、党委政府面向智库质量考核的主要特征

党委政府作为新型智库的资源投入和日常管理部门，需要对智库进行定期考核，以检验智库建设成效，增进智库发展动力。从目前看，智库进行考核主要有三大难题：一是智库边界的柔性化。如前所述，智库边界的柔性化，主要包括智库机构边界的柔性化、智库人员边界的柔性化、智库功能边界的柔性化、智库经费边界的柔性化和智库成果边界的柔性化等。二是智库产品的内部化，在评价的过程中顾客参与难。从智库绩效评价的过程看，各级党委政府的决策者，作为使用智库成果的主体，在智库考核的过程中基本上是缺位的，难以参与到智库的考核评价中来。三是智库产出的隐性化。与自然科学的硬转化和比较容易产生成效、看到效益不同，社会科学的转化是软转化，潜移默化，其成效显现往往需要一个较长的过程。决策者意见的形成，是多方面的意见流，再加上决策者个人思考、决策，是集体讨论、决策辅助机构积极参与的结果。除非有明确的领导批示外，其他很难说能够有明确的证据，证明研究成果被采纳。

但从另外一个视角看，第二方考核，作为智库的管理方，一方面对于智库信息的了解是相对完整的。由于组织考核方与被考核方存在着管理与被管理的关系，在某种程度上掌握着智库资源调配权力，考核的结果影响智库能够分配到的资源数量，甚至可以根据考核的结果决定智库的去留，从主观上，智库会更加重视第二方即管理方组织的考核工作，有责任有义务同时也有动力积极主动提供考核所需的信息、资料和证明材料。并且，作为管理方，同时也往往是智库成果转化的组织方，对于智库平时的表现和成果，管理方有更多的了解，信息的对称性大大增强。与第三方机构对智库的评估相比，党委政府在面向智库的考核上具有明显优势。第

一，在主体上，评估的主体可以多元，考核的主体则相对明确和固定。第二，在内容上，评估方和被评估方存在着很大程度上的信息不对称，评估方只能根据提供的材料来认定，而提供材料的质量与重视程度相关，部分智库机构对第三方评估并不重视。智库管理部门对于智库的评估，在关键信息上是相对对称的，比如，智库成果转化的数据，作为智库的主管部门是掌握的，考核工作也更加容易得到智库的配合。第三，在结果上，第三方评估具有社会效应，主管部门的考核，则具有一定的强制激励和约束作用。因此说，第三方评估，带有一定的柔性，而党委政府的考核，则具有较强的刚性。党委政府面向智库的质量考核，应当充分发挥这一优势，充分考虑智库边界柔性的特点，建立有利于智库专业化发展、高质量产出和高效能转化的考核体系。但同时也要注意，在有些时候，部分智库为了获取更好的考核名次，有可能会在提交材料的过程中，突破智库的模糊边界，过多加入一些并不一定是智库生产的外部成果，需要考核方建立一定的规则和机制，做好参与考核智库的成果筛选和甄别工作。因此，从总体上说，在第二方考核过程中，只要考核的方法得当、组织的过程周密，所了解到的信息就是相对完整和对称的，有利于更加符合客观实际的考核结果的形成。

1. 明确考核人员和活动的边界。在考核的过程中，可以引入骨干专家的概念，主要包括首席专家、承担过智库重要课题的专家、在省级智库类内刊上发表成果的作者，以智库为署名信息发表一定数量核心论文的专家，防止智库通过购买署名权的方式装潢门面、应对考核。凡纳入考核的智库活动，均应以智库为第一主办、举办单位，联合举办的活动在认定时应降低权重。

2. 明确决策咨询成果的边界。按照智库生产的链条和深度，将智库成果区分为不同的形态，比如承担课题研究任务为初级形态，课题成果获得内刊采用是中级形态，研究成果获得领导批示和政策转化为高级形态，并且根据成果影响的层次区分不同的层级，分别赋予一定的分值。凡是标注智库名称的成果，可以累计计算，凡是没有标注智库名称的，认定的范围只限骨干专家，并且限制进入考核的数量，比如最多5项。

3. 明确承担课题和发表成果的边界。将以智库名义承担的国家级、省部级、厅局级有关实际工作部门项目，获得的省部级奖励，发表在的核心期刊、党报党刊决策咨询栏目和供决策者参考的内刊论文，根据层级分别赋予一定的分值。与实际工作部门的合作成果，可以赋予更高权重。凡是没有标注智库或智库课题信息的，认定范围只限骨干专家，并且限制进入考核的成果数量，比如最多 5 项。通过建立体现智库柔性边界的指标体系，既鼓励智库集中精力做强核心团队，又鼓励其积极开展对外合作，特别是与实际工作部门的合作。

二、关于党委政府面向基于柔性边界的智库质量考核的思考

党委政府面向智库的考核，要坚持谁主管谁考核的原则，分层分级分类考核。要确定合理频度，一般以五年为一个考核周期、第三年进行中期考核为宜。年度可通过单项考核的形式进行，并将平时考核结果纳入综合考核，避免过于频繁的考核对智库正常工作造成干扰。要突出结果导向、质量取向，坚持以考促建，注重考核结果的应用。对考核成绩优秀的智库，授予相应荣誉称号，并在项目、资金等方面给予重点扶持，凡考核成绩位居最后的，"限期整改"或末位淘汰，营造有进有退、优胜劣汰的良好发展态势。在具体过程中，要做到五个突出和兼顾：

1. 突出决策咨询导向，兼顾学术理论研究。智库类研究机构评价的重点内容是智库的决策咨询成果及影响力，要突出决策咨询成果考核、加大批示等成果转化的权重。从某种意义上说，智库主管部门对智库的考核，相对于智库真正的顾客和服务对象而言，仍然是第三方考核，在条件成熟时，可请决策者和实际工作部门直接对智库和智库成果质量进行评价评定，进一步强化智库供给的针对性，提高供需对接质量。与此同时，由于智库往往内嵌在学术研究机构中，且学术理论研究影响决策咨询研究的厚度与深度，没有学术理论研究积淀的应用研究也缺乏持续力。而且一些智库研究成果，虽然没有得到高级别的政府或其他机构的关注，却在学术和思想上影响深远，比如在智库研究方法上的创新、在意识形态上的澄清、在重大理论上的突破等，同样是优秀的智库研究成果①。因此学术理论研究成果也应当纳入智库质量考核的范围。在设置权重的同时，建议对核心指标（决策咨询成果）上不封顶，非核心指标（比如学术研究成果）实行"限高"，以引导鼓励聚焦决策咨询主业。

2. 突出质量第一标准，兼顾数量规模指标。在对智库类研究机构的科学评价上，客观数量评价与主观质量评价均不可少。一方面，智库类研究机构评估自然要重视各类指标的总量和规模大小，包括研究报告刊发数量、专家队伍层次、研究经费总额、获奖和举办学术活动次数等，都是评价智库整体实力、竞争力和发展潜力的重要方面。另一方面，智库也存在一些潜在的、难以计量的指标。比如，智库成果的质量、研究成果与智库方向的匹配度、决策咨询报告的实用性等，需要请实际工作部门的"内行"评价。特别是针对党委政府以一次性打包资助的方式拨付资金的，要对智库资金使用的绩效质量和产出成果进行考核。针对部分智库边界不清、战线太长的现象，建议引入人均产出指标，防止智库在考核中以总量和规模取胜。而对智库成果质量的评价，可以通过代表作的形式来进行。在权重上，可按照量化评价 40%、质量评价 60% 进行计算。如果在评价时，感到主观质量评价个人感情色彩较浓，往往受专家自身学术水平、偏好影响较大，客观数量虽然可能存在学术泡沫，但相对公正，在权重上，可按照量化评价、质量评价各 50% 或者前者 60%、后者 40% 进行计算。

3. 突出首席专家作用，兼顾核心外围团队。柔性边界类智库兼职人员占有相当比例的特点决定了其虽然人员规模很大，学术成果很多，但实际上真正与智库功能相符合的主体人员和成果有限，导致对其评价时容易将智库所有的人员、成果和功能纳入其中，得出不合理的评价结果。因此，在评价体系构建时，要严格界定明确智库的主体人员和核心功能，剥离其他辅助人员和功能，将智库的评价主要聚焦于主体人员完成的科研任务、学术成果、课题经费、学术活动等重要事项，提高智库评价的精准性和可

---

① 何绍辉：《智库研究成果评价要做好"三个结合"》，载《中国社会科学报》2014年 12 月 17 日第 A05 版。

比性①。具体到决策咨询研究评价上，则是突出首席专家作用，兼顾核心外围团队。

4. 突出成果结果导向，兼顾过程形式硬件。智库类研究机构研究成果的价值主要体现在应用和转化中，智库类成果只有与时代合拍、与现实需求对路、与党委政府工作衔接，才能为经济社会发展提供强大的精神生产力。考核要特别注重研究成果的政策性转化，特别注重研究成果的及时性和有效性等，即是否获得领导批示、是否转化为政策、是否对经济、社会、城市发展产生促进作用等。同时为避免过度注重成果结果导向的瞬时性行为，更好地评估智库发展潜力大小。在评价过程中，要充分考虑智库基础建设情况，包括是否纳入单位整体工作规划、运行管理制度是否健全、是否拥有专用的办公场所和必备的工作条件、专门配套经费支持、与研究方向相关的资料库与数据库建设等硬件设施。

5. 突出专业品牌打造，兼顾成果方向多元。从新型智库的实际看，除部分综合型智库外，绝大多数智库是专业化智库。每个研究基地都有自身的优势和特色，在发展过程中，要不断凝练研究方向，明确定位，整合资源，保持成果与研究方向的一致性，使课题研究更加深入，提出更加切实可行、专业的政策建议。在对专业智库考核时要突出优势和特色，把研究方向是否凝练，研究成果与研究方向是否一致作为重要标准。同时要兼顾成果多样性，除把学术论文、出版专著、研究报告、网站专题报告等一并列入评价指标体系，也要多样化研究成果宣传，即智库是否定期或不定期举办学术活动、是否主办、承办大中型学术会议，是否与实际工作部门共同开展调研、座谈、沙龙等小型活动，并向有兴趣的公众开放，宣传自己的研究成果和观点等，限量纳入考核范围并适当降低权重，以引导智库在研究方向上不断聚焦。针对不同类型智库，可通过设置个性化指标，进行差别化考核，促进智库发展专业化、特色化、品牌化。

主管部门在对智库进行考核的时候，重点考核智库的投入和产出。同

---

① 高国力：《智库评价须体现差别化原则》，载《决策探索（下半月）》2017 年第2 期。

时，要适应新型智库体系建设的要求，把智库之间的横向协作协同作为智库考核的内容，目的是推动新型智库体系的形成。作为主管部门对智库的绩效考核，目标肯定是提高区域智库的整体绩效，而不是单纯地提升某一个智库的绩效，在制定考核规则时要充分考虑到这一点。

三、江苏省决策咨询研究基地 2017 年评估案例

2011 年，根据省委省政府主要领导批示精神，江苏省社科联组建了首批 29 家决策咨询研究基地。2013 年，为贯彻落实习近平总书记关于加强中国特色新型智库建设的批示指示精神，新增 10 家研究基地。研究基地采取三个方面组成，采取三位首席专家负责制，其中省内高校科研院所专家一位，省级机关专家一位，国家机关或在京高校科研院所专家一位。中标单位的申报人为第一首席专家，对基地工作负主要责任。2017 年，作为研究基地的主管部门，省社科联对 39 家研究基地进行了综合评估。

1. 指标结构设计

评估指标是智库评估的根本和依据，本次评估主要是评估研究基地成立以来的基本工作和成果绩效以及研究基地的发展质量和发展潜力。根据 39 家决策咨询研究基地的具体特点，指标体系主要包括以下 4 个方面：基础建设、服务决策、队伍建设、科研活动与成果。

基础建设包括：纳入单位整体工作规划、拥有专用的办公场所和必备的工作条件、运行管理制度健全、单位配套科研经费支持、基地研究方向相关资料与数据库建设等 5 个二级指标。

服务决策包括：承担省社科联决策咨询研究课题、被省社科联《决策参阅》采用，《决策参阅》用稿获省领导等肯定性批示、研究成果通过其他渠道获领导批示、被实际部门采纳，或转化为文件政策等 4 个二级指标。

队伍建设包括：三方首席专家齐全，履职情况良好；有专兼结合、结构合理、相对稳定的学术团队；人才队伍（特别是青年智库学者）建设；配备专职行政人员或联络人员等 4 个二级指标。

科研活动及成果包括：组织承办省社科联主办的学术活动；主办、承办大中型学术会议；与实际工作部门共同开展的调研、座谈、沙龙等小型学术活动；承担科研项目；科研成果获奖；发表研究成果等 6 个二级指标。

2. 评估方式

（1）自查自评。由各单位科研管理部门、各研究基地逐条对照综合评估指标开展自查自评，填写研究基地评估申请表，并附相应的证明和支撑材料。

（2）客观评价。邀请有关专家和技术人员组成专门小组，根据评估细则，对各研究基地提交的评估申报材料进行核查，重点核查有关支撑材料的真实性，并计算出各项指标的得分和总分，再按照百分制折算出各研究基地的客观评价分值。

（3）专家评估。邀请省内外专家在研究基地客观评价的基础上，重点评估研究基地运行和成果质量。在对各研究基地成果等进行横向比较的基础上，按照百分制和各大类指标权重，重点从质的方面进行评分。专家评审结束后，进行汇总，计算出各研究基地的专家评估平均分值。

最后，按百分制得出各研究基地总评分数，其中，客观评价占 60%，专家评价占 40%。

3. 阶段安排

评估工作分四个阶段完成：

（1）研究基地自评和调研阶段。各承建单位组织科研管理部门和研究基地认真做好筹备工作，逐条对照综合评估细则指标开展自评，查缺补漏，制定有针对性的加强和改进措施。

（2）评估材料审核阶段。各研究基地填写评估申请表，并提供相关支撑材料，省社科联组成专门审核组（机关纪委人员参与），对提交材料中的成果部分进行汇总和审核。

（3）评价评估阶段。根据对各研究基地申报资料的审核结果，开展客观评价，计算各研究基地原始分和折算分。邀请省内外专家进行质量评估，计算出评分平均值。对客观评价和专家评估的结果进行汇总，形成最终评估结果和等次、方向调整等建议。

（4）评估总结阶段。省社科联党组根据各研究基地最终得分确定评价等次，通报评估结果。在此基础上，推动下一周期工作开展。

4. 关于指标权重和成果统计范围设计

为突出成果导向，促进研究基地发展，树立研究基地品牌，对有关指标和成果统计范围进行如下设计：

（1）关于各项分值及计分方法。在制定各项指标分值时，基础建设、服务决策、队伍建设和科研活动与成果四项作为一级指标，按照15％、55％、10％和20％的权重设计，并供专家评估打分时参考。二级指标则为一级指标的主要包含内容，共包括19项二级指标，并根据评估原则设计具体分值。考虑到成果导向和便于操作，在客观评价阶段，不对各项指标得分进行加权处理，采取各项累计总分然后按照百分制换算得出各研究基地得分的方式进行。

（2）关于有关指标统计范围的界定。① 研究成果等指标的计算周期为自研究基地成立起，至确定的结束日止。② 研究基地首席专家应为该基地研究方向领域知名专家学者，有相当的学术积淀和前期研究成果。实际工作部门的专家一般应具有厅局级及以上职务，在该研究领域有一定建树，能够为课题研究提供实践支撑。③ 研究基地骨干专家，包括研究基地首席专家、承担过研究基地课题的专家（课题负责人）、以研究基地（课题成果）为唯一或第一署名信息发表2篇以上核心论文的专家。④ 除非特别注明，作为评估支撑的课题、成果、活动，均指研究基地为第一署名或主办、举办单位。⑤ 实际工作部门参与课题研究，须真正参与研究，以立项和结项申请材料为准。⑥ 研究成果如获多名领导批示，累积计算分数。⑦ 研究基地发表的研究成果署名，有以下2种方式，在本次评估时第二类按照第一类的50％算分：以研究基地直接署名，即将研究基地名称直接放在论文或研究报告标题之下；文章标题或作者脚注中标注江苏省决策咨询研究基地课题资助或研究基地专家身份，或在文章末尾注明作者系研究基地专家等相关信息。

5. 研究基地评估指标体系。

本次综合评估指标体系，包括4个一级指标19个二级指标。指标分客观评价指标和专家评估指标两类，其中客观评价指标以定量为主，重点考察完成任务的数量；专家评估以定性为主，重点考察任务完成质量，特别是代表作的质量与分量。

表 15.1　江苏省决策咨询研究基地客观评价指标细则

一级指标	二级指标		评分标准	核验方式
基础建设	1	纳入单位整体工作规划	纳入校级、院系发展规划分别计 3 分、1 分；研究基地课题按省部级课题认定加 5 分	提供证明材料
	2	拥有专用的办公场所和必备的工作条件	有专用办公场所及设备，3 分	
	3	运行管理制度健全	管理制度，包括台账、计划、总结、简报等，3 分	
	4	单位配套科研经费支持	2016 年底前根据配套总额，按年度平均，每 5 万元计 2 分；2017 年每配套 5 万元计 2 分	
	5	基地研究方向相关资料与数据库建设	有独立网站或专题网站计 2 分，数据库计 2 分	
服务决策	6	承担省社科联决策咨询研究课题	省决策咨询研究基地课题、省社科联重大应用研究课题，每项 2 分	省社科联统计表
	7	省社科联《决策参阅》采用	每篇 5 分	
	8	《决策参阅》用稿获省领导等肯定性批示	省部级正职 15 分，省部级副职 10 分，省委省政府分管副秘书长和实际工作部门主要负责人 2 分	
	9	通过其他渠道获领导批示、被实际部门采纳，或转化为文件政策	国家级每篇 30 分，省级每篇 8 分。如署名不含研究基地，骨干专家成果按 1/3 权重计算，最多累计 3 篇	提供批示复印件或相关证明
队伍建设	10	三方首席专家齐全，履职情况良好	三方首席专家齐全得 5 分，每少一方扣 2 分。骨干专家获国家和省级人才称号（长江学者、社科名家、333 第一层次），每项 5 分	
	11	有专兼结合、结构合理、相对稳定的学术团队	研究基地课题负责人为正高级每项 1 分，副高级、博士 0.5 分	

续表

一级指标		二级指标	评分标准	核验方式
科研活动及成果	12	人才队伍建设	骨干专家获得青年长江、有突出贡献中青年专家、青年社科英才、333第二层次，每项1分	附有关证件复印件、证明材料
	13	配备专职行政人员或联络人员	有专职行政人员或联络员、工作联系畅通，1分	
	14	承办省社科联主办的学术活动	每次2分，累计不超过6分	提供照片、新闻报道、会议记录等材料
	15	主办、承办大中型学术会议	每次2分，累计不超过4分	
	16	与实际工作部门共同开展的调研、座谈、沙龙等小型学术活动	按次计分，厅局级2分，县区级1分，累计不超过5分	
	17	承担科研项目	以基地名义，承担国家级、省部级、厅局级有关实际工作部门项目，每项计8分、4分、2分；骨干专家承担非研究基地课题，国家级每项3分，省级每项1分，最多累计5项	查阅课题立项通知书、申报材料等
	18	科研成果获奖	以研究基地署名的咨询类成果，获得省部级一、二、三等奖，分别计15分、10分、6分，江苏发展优秀成果奖一、二、三等分别计5分、3分、1分；非以研究基地署名的成果，首席专家按1/3，其他骨干专家按1/6权重计算（同一奖项每家研究基地只计一次），最多累计5项	提供证书复印件
	19	发表研究成果	以研究基地直接署名，国家级（一级核心）每篇10分，省级（C刊，江苏通讯、新华日报、群众杂志）3分；标注研究基地信息，计分减半。署名不含研究基地的骨干专家成果，按1/4权重计算，最多累计5项	查阅刊物原件或复印件

表 15.2 江苏省决策咨询研究基地专家评估指标细则

一级指标	二级指标		权重	专家评估重点
基础建设	1	纳入单位整体工作规划	15%	参照客观评价得分，重点综合评价建设单位对研究基地的重视程度和研究基地发展的可持续性等。
	2	拥有专用的办公场所和必备的工作条件		
	3	运行管理制度健全		
	4	单位有配套的经费支持		
	5	基地研究方向相关研究资料与数据库建设		
服务决策	6	承担省社科联决策咨询研究课题	55%	参照客观评价得分，重点评价研究基地课题质量（与江苏发展的契合度）、批示内容（是充分肯定性批示还是一般肯定性批示）、研究基地提交代表性研究成果的质量等。
	7	被省社科联《决策参阅》采用		
	8	《决策参阅》用稿获省领导等肯定性批示		
	9	研究成果通过其他渠道获领导批示、被实际部门采纳，或转化为文件政策		
队伍建设	10	三方首席专家齐全，履职情况良好	10%	参照客观评价得分，重点综合评价首席专家的决策咨询影响力、专家团队的结构性与成长性等。
	11	有专兼结合、结构合理、相对稳定的团队		
	12	人才队伍（特别是青年智库学者）建设		
	13	配备专职行政人员，及时沟通落实研究基地事务		
科研活动及成果	14	组织承办省社科联主办的学术活动	20%	参照客观评价得分，重点评价研究基地活动的规模及社会影响力、研究基地决策咨询等成果的质量和决策、学术影响力。
	15	主办、承办大中型学术会议		
	16	与实际工作部门共同开展的调研、座谈、沙龙等小型学术活动		
	17	承担科研项目		
	18	科研成果获奖		
	19	发表研究成果		

6. 评估意义。评估结果可以对智库内部治理、外部保障政策发挥作用。一是智库管理部门可以把握智库建设与发展态势，针对性优化智库发展的外部政策环境，并根据智库成果，在研究方向和名称上进行适当调整，以利于更好地服务决策、发挥作用、树立品牌。二是智库个体可加强自身内部管理和发展建设，提升能力水平，评估将对智库个体起到指导、引导、激励、促进作用。三是社会大众可以加强对智库的了解，扩大智库在社会的宣传和影响。四是智库类研究机构，可利用智库评估来加强智库发展规律研究，促进智库发展理论创新[①]。

第三节 新型智库质效的第三方评价

近年来，随着新型智库的兴起，关于智库发展状况的第三方评价迅速兴起，一时间各类智库排名和研究报告热起来。从目前看，影响力较大的智库评价，国外有美国宾夕法尼亚大学智库与公民社会研究项目组每年发布的全球智库报告，国内评价机构主要有中国社会科学评价研究院《中国智库综合评价 AMI 研究报告（2017）》，南京大学与光明日报合作的《CTTI 智库报告》，上海社科院智库研究中心《中国智库报告》，四川省社会科学院与中国科学院成都文献情报中心《中华智库影响力报告》和《清华大学智库大数据报告》，等等。

一、全球智库评价的基本情况和指标构成

1. 麦甘《全球智库报告》的评价指标体系。全球影响力最大的第三方智库评价体系当属由麦甘教授率领的宾夕法尼亚大学智库研究项目（TTCSP）编写的《全球智库报告》。虽然该报告的研究方法主要采用了定性的专家评价法，而专家名单却并未公布，这一问题受到广泛质疑，加上

---

① 刘登、赵超阳、魏俊峰、卢胜军、齐卓砾：《新型智库评估理论及评估框架体系研究》，载《智库理论与实践》2016 年第 5 期。

北美地区以外的智库基础数据获取与排名结果也备受争议，但是作为一套完整，且覆盖范围广泛的评价体系与排名结果来说，《全球智库报告》在促进全球智库发展上起到了重要的推动作用。《全球智库报告》的评价指标体系，主要是从智库的资源指标、效用指标、产出指标与影响指标四个方面对智库进行评价，如表15.3所示①。

表 15.3　麦甘《全球智库报告》的评价指标体系

评价方面	具体特征
资源指标	招募并留住顶尖学者和分析师的能力 资金支持的水平质量和稳定性 接近和访问决策者和其他政策制定者的能力 具有进行严谨研究，并进行及时精准分析的员工 机构的市值 网络的高质量与可靠性 与政策学术界和媒体联系紧密效用指标
效用指标	被政府精英和媒体列为"goto"的组织 媒体披露和引用网站点击、立法和执行机构的前期调查中出现的质量和数量 被政府官员或政府机构邀请参与的简报会官方会议或咨询 书籍出售 报告发布扩散 在学术和流行出版物以及与会者参加会议和研讨会上被用来研究和分析的参考文献
产出指标	政策建议和产生新观点的数量与质量 出版产品（书籍、期刊文章、政策简介）的数量和质量产出指标 进行新闻采访的数量和质量 简报会会议和研讨会的数量和质量 被提为顾问或政府职位的工作人员的数量和质量
影响指标	被政策决策者或民间社会组织审议或通过的建议 发行物的网络中心性 对政党候选人、过渡团队的咨询作用 授予的奖项 在学术期刊、公众宣言和媒体上发布或引用的可以影响政策辩论和决策的出版物 邮件列表和网站的优势 成功挑战政府机构和民选官员的传统智慧和标准化操作流程

---

① 卢小宾、黎炜祎：《智库评价体系构建研究》，载《情报资料工作》2019年第3期。

2. 全球智库综合评价指标体系。中国社会科学评价中心（中国社会科学评价研究院的前身）于 2013 年底成立，并于 2014 年 2 月起正式启动全球智库评价项目。2015 年 11 月，在第二届全国人文社会科学评价高峰论坛上，中心发布《全球智库评价报告》（2015）。全球智库综合评价指标体系主要从吸引力、管理力和影响力三个层次对全球智库进行评价。其中，吸引力（Attractive Power）：指全球智库的外部环境，良好的外部环境能够吸引更多的资源，提升评价客体的吸引力。管理力（Management Power）：指全球智库的管理者管理评价客体的能力，促进评价客体发展的能力。影响力（Impact Power）：是全球智库的直接表现，是吸引力和管理力水平的最终体现[1]。中心构建的全球智库综合评价指标体系（2015 年试用版）具体内容见表 15.4。

表 15.4　全球智库综合评价指标体系（2015 年试用版）[2]

一级指标	二级指标	三级指标	四级指标	五级指标
吸引力	声誉吸引力	学术声誉	学术独立性	研究方向和研究内容独立性
				研究结论独立性
		历史	成立时间	
		同行评议	专家评估	
			第三方评估	
	人员吸引力	人员规模	工作人员总数	
		求职比		
		吸引人才能力	待遇	专职工作人员税后平均年收入
	产品/成果吸引力	研究成果吸引力	网站点击量	网站年点击量
	资金吸引力	资金值	人均年研发经费	
		资金来源	多元化	

---

[1]　荆林波等：《全球智库评价报告》，载《中国社会科学评价》2016 年第 1 期。

[2]　荆林波：《基于 AMI 评价的全球智库现状》，载《China Economist》2016 年第 4 期。

续表

一级 指标	二级指标	三级指标	四级指标	五级指标
管理力	战略	发展规划		
	组织	独立性	独立法人资格	
		客户关系管理	与政府、学术机构、媒体、企业、国外机构的关系	专职公关人员
	系统	信息化管理	独立网站	
		外包能力	翻译	
			数据处理	
			社会调查	
	人员	素质	工作人员学历	拥有学士学位的工作人员数量占工作人员总数的比例
		结构	年龄结构	30—50岁工作人员占全体工作人员的比例
			性别结构	两性专业技术人员数量差与全体专业技术人员数量的比例
	价值观	导向管理	明确的价值观和使命感	
	技术	专业技术能力	专业技术人员学历	
影响力	政策影响力	对政策制定影响力	政府委托研究项目	数量
			研究人员受邀为省部级及以上政府授课、接受省部级及以上政府咨询	人次
		与政府及决策者的关系	旋转门	曾经在省部级政府任职（包括挂职）的工作人员数量占工作人员总数的比例

续表

一级 指标	二级指标	三级指标	四级指标	五级指标
				离开机构到省部级政府任职的工作人员数量占工作人员总数比例
				在省部级政府兼职的工作人员数量占工作人员总数的比例
				曾任省部级及以上政府官员的工作人员数量占工作人员总数比例
				离开机构任省部级及以上政府官员的工作人员数量占工作人员总数的比例
			官员培训	
	学术影响力	成果发布	出版连续出版物	数量
			发布研究报告、发表学术论文、出版学术著作	专业技术人员公开发布研究报告、发表学术论文的数量
				专业技术人员提交非公开研究报告的数量
				专业技术人员出版学术著作的数量
		学术活动活跃度	举办会议	单独或联合举办公开学术研讨会、圆桌会议、论坛的次数
			学术交流	与国内其他学术机构互访总次数
	社会影响力	媒体曝光度	人员媒体曝光度	专业技术人员在国家级广播、电视、报纸和网络媒体发表政策性观点的总次数
			机构媒体曝光度	机构获得国家级广播、电视、报纸、网络媒体报道（含转载）的总次数

续表

一级 指标	二级指标	三级指标	四级指标	五级指标
		社会责任	社会公益项目	开展社会公益项目的数量
		信息公开度	研究成果开放获取	
			网站内容	丰富性
			网站更新频率	
			成果推送	
	国际影响力	国际合作	与国外机构联合举办学术研讨会、圆桌会议、论坛的总次数	
			与国外机构或个人合作发布学术成果总件数	
			派往国外进行学术访问，参与学术交流、研讨会总人次	
		注册国外分支机构	数量	
		外籍专业技术人员	外籍专业技术人员数量占专业技术人员总数的比例	
		技术人员	专业技术人员公开发布研究报告、发表学术论文使用语言	总数
		使用多语种	机构网站语言版本	数量

二、国内智库研究评价机构的评价指标体系

1. 中国社会科学研究评价院 AMI 指标体系①。中国社会科学评价研究院成立于 2017 年 7 月，是中国社会科学院直属的研究单位，"以制定标准、组织评价、检查监督、保证质量"为主要职责，以制定和完善中国哲学社会科学评价标准，承担和协调中国哲学社会科学学术评价，构建和确立中国特色哲学社会科学评价体系为主要职能。"中国智库综合评价 AMI 指标体系"主要从吸引力、管理力和影响力三个层次对智库进行评价。吸引力（Attractive Power）：指智库的外部环境，良好的外部环境能够吸引更多的资源，提升评价客体的吸引力。管理力（Management Power）：指智库的管理者管理评价客体的能力，促进评价客体发展的能力。影响力（Impact Power）：是智库的直接表现，是吸引力和管理力水平的最终体现。

表 15.5　中国智库综合评价 AMI 指标体系

一级指标（3）	二级指标（14）	三级指标（40）	四级指标（86）
吸引力	声誉吸引力	同行评议	决策声誉，学术声誉
		历史	成立时间
	人才吸引力	人员规模	工作人员总数
		领军人物	领军人物占研究人员总数的比例
		人才培养	博士后流动站或博士后科研工作站，国内进修、国际进修，地方政府部门挂职
		待遇	研究人员待遇，科研辅助人员待遇多元化
	资金吸引力	资金来源	多元化
		资金值	研发经费占比
管理力	战略	发展规划	制定长、中、短期战略规划
	组织	客户关系管理	设置人员专门负责维护与党政机关、学术机构、媒体、企业、国外机构的关系

---

① 荆林波：《基于 AMI 评价的全球智库现状》，载《China Economist》2016 年第 4 期。

一级指标（3）	二级指标（14）	三级指标（40）	四级指标（86）
	组织	规章制度	与智库建设相匹配的章程、规章制度
		组织规范	实体机构
		组织规模	国内分支机构
	系统	流程管理	规范制度
		信息化管理	独立网站，数据库，文献
	人员	素质	工作人员的学历，研究人员的学历
		结构	年龄结构，岗位结构，国际化
		研究人员产出	学术产出，政策产出
	风格	管理风格	历史传统，文化传承
	价值观	导向管理	明确的价值观和使命感
	技术	研究方法	多样性，科学性
		创新能力	对已有知识的获取，对未知领域的研发
		基础研究能力	长期投入，前瞻性
影响力	政策影响力	对政策制定的影响力	党政部门委托研究项目，咨政报告，提供政策咨询，参与政策制定，咨政类定期出版物获得批示
		成果转化	政策应用，对产业的贡献
		咨政渠道	国家级渠道，省部级渠道，其他
		与政府及决策者的关系	曾在党政部门任职的工作人员，离开智库到党政机关任职的工作人员，对外提供干部部培训
	学术影响力	学术成果	论文，专著，课题，研究报告，学术期刊，教材
		学术活动	举办国内学术会议，学术会议发表演讲
	社会影响力	传统媒体	发表观点，获得报道
		新媒体	发表观点，获得报道
		社会责任	社会公益项目，政策宣讲活动，社会宣讲或培训
		国内合作	合建机构
	国际影响力	国际会议	独立举办国际会议，联合举办国际会议，在国际会议上发表演讲，受邀出席国际会议

续表

一级 指标 （3）	二级指标 （14）	三级指标 （40）	四级指标 （86）
		国际合作	人员交流，国际合作研究成果，国际合作项目，国际合作机构
		国际媒体	发表观点，获得报道
		外文成果	公开发表
		国际化网络	国外分支机构，籍研究人员
		外语应用	研究人员使用外语公开发布研究报告、发表学术论文的语种数，出版外文期刊的语种数，发布外文专题报告的语种数，外语网站的语种数

2. 上海社科院智库研究中心指标体系①。上海社科院智库研究中心成立于 2009 年，是全国第一个专门开展智库研究的学术机构。在上海社科院智库研究中心《中国智库报告：影响力排名与政策建议》（2018）中，把智库影响力分解为决策影响力、学术影响力、社会影响力和国际影响力，再加上智库影响力实现的支撑机制，即智库的成长能力等，共同构成对于中国智库影响力的评判标准与指标体系，简称"4＋1"智库影响力评价指标体系。需要说明的是，自 2014 年初上海社科院智库研究中心发布年度报告开始直到 2019 年初的 6 年间，题目都是年份＋中国智库报告＋副标题影响力排名与政策建议。2020 年 5 月份发布的第 7 份年度报告，名称为《2019 年中国智库报告：国家治理现代化与智库建设现代化》，不再对各类智库进行排名，内容主要包括：项目背景、国家治理现代化进程中的智库建设、中国智库发展图景分析、2019 年度中国智库发展动态和中国智库现代化建设的问题与对策建议等五部分。报告同时指出，构建中国特色新型智库影响力评价指标体系，目的是更好地体现"以评促建"，以科学公开公正的评价标准为引导，全面落实中央对智库建设要求，为中国特色新型智库更好地服务党和国家工作决策提供重要参照。

---

① 上海社科院：《2018 中国智库报告：影响力排名与政策建议》，https：//max.-book118。

表 15.6　中国智库影响力评价指标体系

一级指标	二级指标	三级指标
决策影响力	领导批示	领导批示（件/年）、人均批示量
	建言采纳	政协、人大及部委厅局采纳（件/年）、人均采纳量
	规划起草	组织或参与发展规划研究、起草与评估（件/年）
	咨询活动	政策咨询会、听证会（人次/年）
学术影响力	论文著作	人均智库与学术论文发表数、转载数（篇/年），公开出版的论文集或智库报告（册/年）
	研究项目	国家社科/国家自科重大（重点）项目数（项/年）中央和地方交办的研究项目（项/年）
社会影响力	媒体报道	在国家、地方主流媒体发表评论文章（篇/年），参与主流媒体的访谈类节目（次/年），具有重大影响的媒体报道（次/年）
	网络传播	智库主页点击率（累计，次），移动公众平台（微信）关注度（累计，人次）
国际影响力	国际合作	理事会/学术委员会中聘请外籍专家的人数占比（%），在世界主要国家设立分支机构（是/否），与国际智库合作项目数（项）
	国际传播	在国际主流媒体发表评论文章（篇/年），被国际著名智库链接（是/否），智库英文名在主要搜索引擎上的搜索量
智库成长能力（参考指标）	智库属性	智库成立时间（年），行政级别（部/厅局/县处/县处级以下），研究专业领域
	资源禀赋	研究人员规模（领军人物、团队结构合理性等），研究经费规模（万元/年），研究经费来源中财政资助占比（%）

3. 南京大学与光明日报 CTTI 指标①。在"2018CTTI 来源智库发展报告"中，课题组确定了 5 个一级指标和 24 个二级指标。5 个一级指标分别是 M（治理结构，包括理事会、学术委员会、咨询/顾问委员会、管理团

---

① 南京大学中国智库研究与评价中心、光明日报智库研究与发布中心联合课题组：《2018CTTI 来源智库发展报告》，载《光明日报》2019 年 1 月 7 日第 16 版。

队/首席专家、是否国家高端智库）、R（智库资源，主要包括年度预算、科研人员、行政人员、网络资源等）、P（智库成果，主要包括内参数量、被批示内参、智库主办/承办期刊、正式出版图书、研究报告、《人民日报》、《光明日报》理论版、《求是》、其他论文、纵向项目、横向项目等）、A（智库活动，主要包括会议、培训、调研考察）、I（智库媒体影响力，主要包括报纸、电视和网络新闻报道），命名为智库 MRPAI 测评指标（见表 15.7）。

表 15.7　MRPAI 智库测评指标及其赋值

一级指标	二级指标	计分规则		分值
治理结构 M	理事会（董事会）	有则赋值		15
	学术委员会	有则赋值		10
	咨询/顾问委员会	有则赋值		10
	管理团队/首席专家	有则赋值		10
	国家高端智库	是则赋值		100
智库资源 R	年度预算	≤100 万，每增加 10 万赋值 1 分		20
	科研人员	≤10 人，每增加 1 人赋值 2 分		40
	行政人员	≤5 人，每增加 1 人赋值 2 分		20
	网络资源	有中文门户		20
		有英文门户		8
		有微信公号		8
		有官方微博		5
		有专门数据采集平台		10
智库成果 P	单篇内参	按篇赋值		2
	被批示内参	正国级/每条		30
		副国级/每条		20
		省部级/每条		10
		副省部级/每条		5
	智库主办/承办期刊	每种 CSSCI 来源刊		20
		每种普通期刊		10
		每种通讯/内参集		8

一级指标	二级指标	计分规则	分值
	图书（正式出版）	每种赋值	2
	研究报告	每份赋值	4
	《人民日报》、《求是》、《光明日报》理论版	每篇赋值	5
	论文	CSSCI 来源刊论文/每篇	1
		SSCI/A&HCI 收录/每篇	2
		CSCI/EI 收录/每篇	1
		其他普通论文/每篇	0.5
	纵向项目	纵向—国家社科重大/教育部社科重大	10
		纵向—国家社科重点/国家自科重点	6
		纵向—国家社科一般项目/青年项目	4
		纵向—省部级项目	2
		纵向—其他	0.5
	横向项目	每项基本分 2＋每 10 万赋值 1 分值	
智库活动 A	会议	主办承办全国性会议/每次	10
		省市自治区一级会议/每次	5
		国际性会议/每次	10
		其他会议/每次	3
	培训	全国性培训活动/每次	8
		其他层次培训	2
	调研考察	接受副国级领导以上调研活动/每次	15
		接受省部级领导/专家调研/每次	5
		接受其他层次领导/专家调研/每次	2
		外出调研考察	1
智库媒体影响力 I	报纸新闻报道	中央级、省部级、地方级、境外媒体和其他媒体分别计 5、4、3、2、1 分	
	电视新闻报道	中央级、省部级、地方级、境外媒体和其他媒体分别计 5、4、3、2、1 分	

一级指标	二级指标	计分规则	分值
	网络新闻报道	中央级、省部级、地方级、境外媒体和其他媒体分别计 5、4、3、2、1 分	

　　南京大学智库研究与评价中心中国智库索引（CTTI）2019 年增补智库的条件。主要参照七个方面的指标进行考量，如表 15.8，尤其注重是否实体化运行，是否有良好的政策研究咨询能力与成果。凡是被各省市和中央部委认定为省部级重点和重点培育智库（政策研究基地）者优先考虑。

表 15.8　来源智库遴选参考指标

	具体内容	量化指标
政治要求	遵守国家法律法规	
学术基础	近 2 年来，智库专职研究人员在学术刊物上发表过学术论文	近 2 年内，专职研究人员在 CSSCI 来源期刊或者《人民日报》、《光明日报》理论版发表文章人均 1 篇以上
领域要求	有特色鲜明、长期关注的决策咨询研究领域	
组织形式	相对稳定、运作规范的实体性研究机构	有机构成立批文或其他证明文件
	健全的治理结构	有组织章程，设立理事会、学术委员会等组织
资源保障	一定数量的专职和兼职研究人员与行政人员	有 1—2 名领军人物，5 人以上的全职研究员和 5 人以上的兼职研究员与研究助理
	有保障、可持续的资金来源	年度经费 30 万元以上
	固定的办公场所与基本设备	50 平方米以上独立办公室
运行与成果	正常开展研究、咨询、会议活动	每年举办的活动不少于 3 场
	提交研究成果	每年至少正式发布（或向用户提交）3 份以上研究报告和 3 篇以上报刊文章

续表

	具体内容	量化指标
	网站和新媒体	有独立的网站，微信（或者微博）等新媒体公共号
	智库连续出版物	有期刊、内参等印本或电子版简报等出版物
国际合作与交流	有开展国际合作交流的条件，有望产生一定的国际影响	

4.《中华智库影响力报告》①。四川省社会科学院与中国科学院成都文献情报中心协作研究发布。指标选择遵循四大原则，即评价目标的明确性、指标选取的全面性、指标选取的准确性和指标数据的可获得性。指标体系包括三级指标，其中一级指标 5 个，分别为决策影响力、舆论影响力、社会影响力、专业影响力和国际影响力（见表 15.9）。

表 15.9

一级指标	二、三级指标及特征
决策影响力	政策导向、政策制定和政策评估的能力
舆论影响力	传播平台：智库机构承办网站；智库专家接受媒体采访报道频度 传播内容：突发公共事件舆论导向；重要议题舆论导向 传播效果：智库官方微博；智库机构官网访问情况
社会影响力	公众影响力：智库机构或专家举办公益性讲座；智库公众知晓及认同状况 助推发展力：助力社会发展政策导向；智库出版的皮书 创新支撑力：智库专家获得的专利授权；智库获得的省部级以上奖励
专业影响力	思想启迪能力：顶级专家及精英学者 知识编码能力：国家级课题立项；智库专家在国内发表高质量论文；智库专家在国内报纸发表的文章；公开出版的学术专著 创意扩散能力：智库举办的全国性专业学术会议次数；智库自办刊物
国际影响力	成果影响：科学引文索引和社会科学引文索引收录论文；论文国际总被引 国际声誉：智库举办的国际会议；国际合作、学术交流和外脑使用

---

① 方茜：《基于系统理论的中国特色新型智库影响力评价及特征分析》，载《经济体制改革》2018 年第 2 期。

清华大学公共管理学院智库研究中心朱旭峰教授团队，从 2017 年开始，连续三年发布《中国智库大数据报告》。主要是通过对智库及专家言论在社交媒体中的大数据分析，推出智库微信公号影响力指数、智库微博专家影响力指数和智库微信引用影响力指数三个分项指标，以及智库大数据指数（TTBI）的评价结果。2020 年 4 月，清华大学公共管理学院智库研究中心和北京字节跳动公共政策研究院联合发布《清华大学智库大数据报告（2019）——今日头条版》。本次智库样本集沿袭 2018 年《清华大学智库大数据报告》中的 1065 家中国智库名录。《报告》利用国内领先的通用信息平台今日头条阅读数据资源，构建"清华大学智库头条指数"，包括"智库头条号指数"和"智库头条引用指数"，以观察中国智库的活动特点。其中，"智库头条号指数"综合了机构头条号在当年发文量、阅读数、分享数等八个分项情况；"智库头条引用指数"综合了机构在今日头条平台中的引用文章量及其点赞数、分享数等六个分项情况。报告显示，在 1065 家中国智库中，2019 年有 78 家智库通过头条号运营的方式在今日头条平台发布文章 2.2 万篇，阅读量达 3.97 亿次；有 886 家智库在今日头条平台受到创作者关注，引用文章达 79.15 万篇，阅读量达 109.06 亿次。

三、关于智库第三方评价的理性思考

新型智库发展的第三方评价，基本上与中国特色新型智库发展同步。随着评价指标体系和评价方法的改进，评价对于促进新型智库发展的正效应更加明显，对于增强中国智库评价的话语权，引导新型智库健康发展，具有一定的积极意义。

1. 充分认识第三方评价的重要意义。中国特色新型智库的评价，与生俱来，与中国新型智库共成长。从目前看，智库评价主要有两种类型，一是以南京大学和光明日报合作的"智库索引＋智库评价"，这种评价是依据数据库进行评价，比较容易量化，系统除了评价功能之外，同时具有查询和索引功能。再就是上海社科院智库研究中心"智库研究＋智库评价"模式，主要是通过主客观相结合的方式，确定评价的对象和评价的结果，其中更多依靠的是专家的主观评价。第三方智库评价兴起，一方面是智库自身发展的需要，同时也是建树中国智库形象的需

要。美国宾夕法尼亚大学麦甘每年发布全球智库报告，能够在一定程度上反映中国智库的整体面貌和地位，但不够全面和充分，推动国内权威研究机构开展中国甚至国际智库评价，也是引导人们正确认识中国新型智库的重要举措，能够通过评价的方式，更好地在国际上宣传中国智库，树立中国智库的良好形象。

2. 把握第三方评价的鲜明特征。智库评价不同于期刊等方面的评价。对于期刊的评价，在给出一定的标准后，进入评价视野的期刊数量是一定的，制定一定的标准，评价就可以了。智库评价最大的难题，是边界的不清晰，一是智库数量的不清晰。由于智库的概念不清晰，缺乏统一的认定机制，什么样的智库进入评价范围，备选池的确定就不是一件容易的事。二是智库边界的不清晰。新型智库建设，认定了一批智库，但智库机构与原有机构、母体机构之间的联系紧密，什么样的成果可以认定为智库的成果，缺乏一个统一的标准。有的智库，在评价时，把相关的成果都拿过来，如果确定一个标准，即只有标注智库信息或者智库署名的成果才能认定，一下子就会砍下去很多，符合条件的寥寥无几。这一方面说明，智库和智库专家缺乏品牌意识，还没有把智库和智库成果作为品牌来打造。另一面，说明做智库的专业性、专一性还不够，很多机构做智库看重的还是名声和支持的经费等，没有真正地把智库工作摆上重要的位置，平时做智库心不在焉，到了考核评估的时候乱了手脚和方寸，拿相关的成果来凑数。第三方机构评价，应当体现出专业性、客观性和权威性。专业性，必须有专业化的评价工具，专业化的评价方法。客观性，通过对智库经营和产出的客观评价和智库专家对智库成果质量的主观评价。权威性，是指第三方机构开展的智库评价，要排除各方面的信息和人情等因素干扰，增强评价的权威性和说服力。

3. 确立第三方评价的正确导向。第三方评价，要淡化排名，或者不能对智库机构进行简单的排名。因为由于评价标准的不同，评价机构对于各个智库情况掌握的程度不同，评价结果与客观实际相比，难免有偏差，基于不完整信息基础之上的排名就不够准确，发布出去之后就会形成误导。再就是不同评价机构的评价指标、评价结果互不相同，掌握智库情况的程度也不一，同一智库在不同评价机构中的排名大相径庭，对于智库发展秩序也是一种干扰。过多的智库排名，也让部分智库感觉到无所适从：不当回事，排名靠后会影响智库的形象；当成一回事，提供智库资料，包括协调与评价机构之间的关系，也颇费时间和精力，增加了智库的负担，影响智库的正常发展。应坚持研究与评价于一体，通过撰写详细的发展或评价报告，对新型智库发展情况把脉问诊，为智库发展开出药方、提出对策建议。评价的主要目的是总结经验，发现问题，以评促建，有关方面要正确客观看待第三方评价结果，智库管理部门在进行第二方考核的时候，可以将第三方评价的相关结果作为参考。

4. 设置第三方评价的科学指标。智库评价难题，与智库建设自身存在的问题密切相关。由于智库的非实体性以及智库边界的柔性，导致智库评价的边界难以确定。一是把智库的核心指标与相关指标结合起来。针对智库类研究机构边界的柔性和弹性，通过数量和权重来进行区别。骨干专家的概念，即承担过智库课题的，以智库为第一署名信息发表两篇文章以上的。非署名成果，骨干专家按照一定的权重进行计算，避免智库机构无边界的扩大。要合理设置智库的考核指标，避免设置的指标过多过细让智库无所适从，疲于应付。二是把以影响力为主的声望评价与以转化率为主的绩效评价结合起来。智库的绩效主要体现在智库的影响力，但由于智库的影响，特别是对最主要的服务对象决策者的影响测度起来比较困难，对于智库的评价维度和评价指标要拓展到影响力之外，即智库建设的基本情况。从另外一个角度，智库从基础架构到前期投入，再到智库的产出，这个转化需要有一个过程，智库的成长力是一个重要的指标。三是智库评价与智库数据库和索引相结合。要按照科学、严谨、规范的原则，根据评价方组织的实地调研和问卷调查采集数据进行评价，建立智库发展的数据库。把评价指标与监测指标结合起来，避免过多的标准使智库无所适从，避免设置过多的无意义的考核指标，让有些智库为了能够有一个较好的名次而搞形式主义。

5. 探索第三方评价的有效方法。第三方评价，作为非对称的外部评价，由于内部指标搜集的难度较大，在评价指标上以外部影响力为主，并且较多地依靠主观测评等专家评价法。比如，有的智库参与评价的积极性较高，会积极主动向评估方提供自己的有关情况特别是绩效。有的智库可能并不愿意被评价，也没有为参与评价做任何准备工作。由于各个智库信息透明度和用于评价的信息数量质量的不同，第三方评估难免产生一定的偏差。也就是说，假设第三方评估设定的指标是合理的，采用的方法是科学的，只要是无法保证智库参与评价信息的真实性和完整性，就难以做出准确客观的评价。因此，在实际操作的过程中，需要把定量考核与定性评价，客观评价与主观评价法结合起来。智库评价，一方面要评价产出的量，以被评价方提供数据为主的量化评价；另一方面要评价产出的质，以评价方和专家评价为主的主观评价，实行智库代表作评价制度。坚持分类评价，不同类别的智库，建设目标和产出的重点各有不同，比如党政智库、高校智库与社会智库之间的差别就比较大，可以采取差别化评价，在保持基本评价指标相同的情况下，设立一些个性的评价指标。也可以评价的指标基本相同，不同类型的智库，各个指标所占的权重有所不同。

6. 推动第三方评价与第一、二方评价的有机结合。与第三方评价相比，管理方掌握更多的信息，信息相对对称，更容易考核出客观结果。比如，对于所管理智库承担党委政府交办的任务、承担的课题和成果的转化都有一个比较清楚的了解。但作为第三方评价机构，具有自己的专业优势和第三方立场，在开展第三方评价的同时，与区域、系统或高校合作，运用专业化的工具，与第二方考核进行密切合作。鼓励主管部门与第三方开展合作，把主管部门掌握一手信息的优势与第三方评估的专业优势结合起来，双方共同制定标准，在获取各项数据之后委托第三方机构具体实施智库的考核工作，以增强智库考核的客观性。或者从另外一个角度讲，第二方在进行智库考核的时候，可以加强与第三方评估机构的合作，把部分或整体考核业务，打包交给专业的第三方评估机构，让更专业的人做专业的事，增强考核的专业性和科学性。考虑到智库成果的内部性和信息数据安全等问题，第二方作为管理部门，也可以借助第三方的数据库和评价指标体系，建设相对独立的考核评价系统。比如，天津市社科联建设中国智库索引（CTTI）天津版，在对本辖区的智库管理和考核中发挥重要作用。在推进第三方评价与第二方考核的有机结合的过程中，智库管理部门可预先设定部分目标，有针对性的目标管理，在设定的诸多目标中，有核心目标，突出核心指标，有些数据可以委托第三方采集。

第十六章　推动国家治理现代化：
　　　　新型智库的新时代使命

　　2013 年 11 月，党的十八届三中全会通过《中共中央关于全面深化改革若干重大问题的决定》，首次在党的全会决定中提出"国家治理体系和治理能力现代化"，首次强调"加强中国特色新型智库建设，建立健全决策咨询制度"。两个首次，把国家治理现代化与新型智库紧密联系在一起。2015 年 1 月，中办国办《意见》强调，"中国特色新型智库是国家治理体系和治理能力现代化的重要内容"，赋予新型智库在国家治理现代化进程中更加明确的定位。

第一节　哲学社会科学与国家治理现代化

　　新型智库与哲学社会科学什么关系？是从属关系，还是并列关系，还是交叉关系，还是上下游关系？2016 年 5 月 17 日，习近平总书记在哲学社会科学工作座谈会上发表重要讲话，在讲话的第四部分强调，加强和改善党对哲学社会科学工作的领导，各级党委和政府要发挥哲学社会科学在治国理政中的重要作用，并就新型智库建设提出明确要求。从这个意义上说，新型智库是哲学社会科学在治国理政中发挥重要作用的一个载体和媒介，或者说链接在哲学社会科学理论与治国理政实践之间的一个重要的桥梁和纽带。因此，在分析新型智库与国家治理现代化之间的关系之前，我们先来分析哲学社会科学在国家治理现代化进程中的重要作用。

　　党的十九届四中全会将坚持马克思主义在意识形态领域的指导地位确立为根本制度，强调"把坚持以马克思主义为指导全面落实到思想理论建设、哲学社会科学研究、教育教学各方面"，"加强制度理论研究和宣传教育，引导全党全社会充分认识中国特色社会主义制度的本质特征和优越性，坚定制度自信"。联想起习近平总书记在哲学社会科学工作座谈会上所指出的，推进国家治理体系和治理能力现代化，是我们提出的具有原创性、时代性的概念和理论，在这个过程中，我国哲学社会科学界作出了重大贡献；面对改革进入攻坚期和深水区、各种深层次矛盾和问题不断呈现、各类风险和挑战不断增多的新形势，如何提高改革决策水平、推进国家治理体系和治理能力现代化，迫切需要哲学社会科学更好发挥作用；各级党委政府要把哲学社会科学工作纳入重要议事日程，发挥哲学社会科学在治国理政中的重要作用。党的十九届四中全会和习近平总书记的重要讲话，深刻阐明了哲学社会科学创新发展对于国家治理现代化的重要意义，对各级领导干部和哲学社会科学工作者提出了新的更高要求。

　　哲学社会科学的发达程度和发育质量，深深地影响着国家治理现代化的理论支撑力。一个民族的成熟最终表现为理论上的成熟。一个国家的发展水平，既取决于自然科学发展水平，也取决于哲学社会科学发展水平。科学技术作为第一生产力，主要通过科学技术的进步，解决生产力层面的问题、提高物质生产的能力；社会科学也是重要的生产力，主要是通过改造人们的思想世界，解决生产关系层面的问题、提高社会再生产的能力。中国特色哲学社会科学涵盖历史、经济、政治、文化、社会、生态、军事等各领域，囊括传统学科、新兴学科、前沿学科、交叉学科、冷门学科等诸多学科，是提高我们国家治理水平和治理能力的有效工具。要大力推进马克思主义中国化、时代化、大众化，体现时代性，把握规律性，富有创造性，在揭示共产党执政规律、社会主义建设规律、人类社会发展规律上不断有所发展、有所创造。要坚持马克思主义的指导地位，将马克思主义的基本原理及其立场、观点、方法转化为清醒的理论自觉、坚定的政治信念、科学的思维方法，贯穿国家治理体系建构和治理能力提升全过程，提出适用于中国治理体系和治理能力现代化的新概念、新范畴、新表述。要坚持古为今用、洋为中用，善于融通古今中外各种资源，把握好马克思主义资源这个最大增量，运用好中华优秀传统文化这一不可多得的资源，吸收好国外哲学社会科学资源的有益滋养，不断推进知识创新、理论创新、方法创新，增强中国特色哲学社会科学对国家治理体系和治理能力现代化的理论支撑。

哲学社会科学理论和思想产品的供给程度，深深地影响着国家治理现代化的体系构建力。为经济社会发展服务，是哲学社会科学研究的主要品质和重要价值所在。国家治理体系是在党领导下管理国家的制度体系，包括经济、政治、文化、社会、生态文明和党的建设等各领域的体制机制、法律法规安排，是一整套紧密相连、相互协调的国家制度①。国家治理体系现代化能否实现，在很大程度上依赖于哲学社会科学能否供给相应的知识产品和思想产品。各类哲学社会科学研究机构和智库要坚持问题导向，准确把握世情、国情、党情，科学回答时代和实践提出的问题，将自己的研究方向、研究任务、研究课题与党和国家面临的一系列亟待回答和解决的重大理论和现实问题，以及干部群众普遍关注的热点焦点难点问题相结合，出思想、出战略、出对策，不断提高研究质量、推动内容创新，更好地为党委政府决策服务。要进一步明确问题导向和评价指向，通过创新改革哲学社会科学的评价体系，确立重大理论研究成果的实践取向和质量标准，引导社科界广大专家学者更多地关注我国推进治理体系和治理能力现代化的伟大实践，加强重大理论问题、重大实践问题研究和重大实践经验总结，增加更有针对性、更富时代性、更具实效性的理论供给，为国家治理现代化提供思想引领和学理支撑。

领导干部对哲学社会科学的掌握和重视程度，深深地影响着国家治理现代化的科学决策力。习近平总书记强调提出，"各级领导干部特别是主要负责同志，既要有比较丰富的自然科学知识，又要有比较丰富的社会科

---

① 习近平：《在党的十八届三中全会第二次全体会议上的讲话》，http：//www. disc. - gov. cn/special/sjjzyjw4cqh/yw_sjj4cqh/201910/t20191029_203207. html，2013 - 11 - 12。

学知识，不断提升决策和领导水平"①。以系统的哲学社会科学知识为支撑的科学决策机制，是国家治理体系的重要构成部分，也是提高决策能力的制度保证。领导干部对于哲学社会科学的重视程度、掌握程度和运用程度，在很大程度上决定着治国理政的科学性和有效性。这就需要领导干部注重加强哲学社会科学知识的学习，优化知识结构，加快知识更新，增强知识储备，站在现代科技和时代发展的前沿谋划和决策，使哲学社会科学成为领导干部科学民主依法决策的理论支撑和知识支柱。当前，我们面对的改革发展稳定任务之重前所未有，矛盾风险挑战之多前所未有，要通过理论界的解读阐释和宣传宣讲，把哲学社会科学知识移植到领导干部头脑中，能使其增强问题意识，提高按制度规章办事、依法办事的自觉，善于运用法律和制度治理国家，把各方面制度优势转化为国家治理的效能。要按照习近平总书记"加强决策部门同智库的信息共享和互动交流，把党政部门政策研究同智库对策研究紧密结合起来②"的要求，进一步畅通机关与智库之间的人才流通渠道，选派专家学者到各级党政部门挂职锻炼，引导卸任官员到智库从事政策研究，促进理论研究与政治实践之间有机转换、智库研究成果与社会实践的密切结合，提升智库服务党委政府科学决策的针对性和有效性。在大力发展新型智库的同时，提高领导干部的哲学社会科学素养，提高决策者分析研判能力，增强决策者既能够从智库的思想产品中充分吸收营养，又能够用火眼金睛识别智库成果真伪的能力，避免被不切实际的智库成果所误导。

哲学社会科学知识的转化和社会普及程度，深深地影响着国家治理现代化的社会执行力。哲学社会科学具有认识世界、传承文明、创新理论、资政育人、服务社会的重要作用，是人们认识世界、改造世界的重要工具，是推动历史发展和社会进步的重要力量，其发展水平反映了一个民族的思维能力、精神品格、文明素质，体现了一个国家的综合国力和国际竞争

---

① 习近平：《在哲学社会科学工作座谈会上的讲话》，载《人民日报》2016 年 5 月 19 日第 2 版。

② 同上。

力①，也影响甚至决定着我国治理体系和治理能力现代化的制度执行力。国家治理体系和治理能力现代化，在很大程度上是人的现代化，要将中国特色社会主义制度内化于心，外化于形。哲学社会科学研究机构和各类智库，是智慧和思想的集散场所，最重要的是要产生出符合社会发展趋势的新思想、新观点、新理论和新知识，引导公众舆论和社会走向。广大社科工作者要强化社会责任意识，担负起社会公共责任，坚持以人民为中心的研究导向，树立为人民做学问的理想，尊重人民主体地位，聚焦人民实践创造，加强对人民群众的舆论引导和思想启蒙，把哲学社会科学的发展优势转化为人民群众参与国家治理的思想优势、理论优势和能力优势。把哲学社会科学知识熔铸到民众的血液中，增强其正确运用哲学社会科学知识的主动性，引导其更加自觉地敬畏与遵守程序、制度、法律，践行社会主义核心价值观，推动国家发展和社会进步。

哲学社会科学发展的创新开放程度，深深地影响着国家治理现代化的世界竞争力。哲学社会科学不是风花雪月，不是自娱自乐，应该是一个服务社会、创新开放的知识体系。一方面，建立人才旋转门机制和资金的多元投入机制，注入更多的外部资源，激发哲学社会科学的内在活力，让专家学者走出书斋，走出象牙塔，更多地接地气。推进体制机制创新，注重社会组织在社科发展中的重要作用，推动各类学会、研究会去行政化，引导、规范社会力量参与哲学社会科学事业发展。另一方面，推进高校和研究机构社科资源开放，建立"互联网＋"哲学社会科学成果传播体系，办没有围墙的大学，让大学的精神产品走向民间、走进群众、走入社会，更好地提升市民的思想内涵和城市的文化品位。与此同时，要从民族国家竞争与发展的全球历史逻辑中，从不同文明的对话、交锋与合作中，透过国际和国内两个视野，思考中国的哲学和社会科学问题，促进中国问题与全球理论的对话、对接、理解乃至认同。如果说，在哲学社会科学领域，过去开放的重点是"引进来"，着重强调引进西方的人才、理论、教材，那

---

① 习近平：《在哲学社会科学工作座谈会上的讲话》，载《人民日报》2016 年 5 月 19 日第 2 版。

么，在新时代治理体系和治理能力现代化的背景下，哲学社会科学的开放不仅强调"引进来"，更要注重"走出去"，把中国优秀的传统文化和哲学社会科学研究最新成果展示给世界，促进我国在全球经济治理中的制度性话语权进一步提升。要按照习近平总书记在哲学社会科学工作座谈会上的要求，围绕我国和世界发展面临的重大问题，着力提出能够体现中国立场、中国智慧、中国价值的理念、主张、方案，不仅要让世界知道"舌尖上的中国"，还要让世界知道"学术中的中国""理论中的中国""哲学社会科学中的中国"，不断增强中国软实力，推动构建人类命运共同体。

第二节　新型智库是国家治理现代化的重要组成①

智库是现代社会的产物。现代社会管理的复杂性，对智库的产生发出强烈的呼唤，决定了智库在决策链中的重要地位。随着现代社会的发展，由于公众参与公共政策的意识明显增强，公众在实施公共政策的过程中发挥着越来越重要的作用，智库的角色也越来越重要。新型智库在决策网络中的地位作用，不但能弥补知识与政策之间的鸿沟，而且能弥补政策与现实、政府与公众之间的鸿沟。智库成为公众参与公共政策的重要形式，是推进决策科学化、民主化和法制化的重要力量。

一、从传统智囊到新型智库：现代社会决策咨询进入智库时代

从传统社会到现代社会，从管理到治理，外脑一直在发挥着重要作用。从传统智囊到现代智库，外脑发挥作用的形式和载体也在不断变化。在统治时代，外脑是军师；在管理时代，外脑是智囊；在治理时代，能够担当主要外脑功能的只能是智库。传统社会决策条件相对单一，决策咨询的需求层次不高。传统社会的组织形式和管理方式，不适合智库的生长。现代

---

① 本节部分内容发表在《中国国情国力》2018 年第 1 期，原题为《社会智库参与国家治理的路径创新》。

决策条件的复杂性，决定了单一智囊难以解决，而现代科技的发展为智库的产生提供了必要的技术条件。现代的智库与传统的智囊相比，最根本的区别在于科学化、系统化、规模化、集成化。智库是知识的集成、方案的集成，智库应当给决策者更多的选择空间。如果说，传统的智囊更多依赖专家的智力和经验，现代智库在依赖专家经验的同时，更多地依赖复杂数据和信息分析工具，特别是数据工具，基于大数据形成的智库研究报告更有说服力。

从科学化的维度看，智库通过加强对复杂政策问题的研究，或提出解决问题的框架思路，或提出解决问题的具体方案，能够使公共政策与事实更加贴近，从而提高决策的科学化程度。从民主化维度看，新型智库是协商民主的重要形式，在推动决策民主进程中发挥着重要作用。公共政策和法律问题，无论是政策精英来确定，还是民众来决定，都需要知识精英的参与。知识精英在政治精英和社会民众之间起到一个链接的作用，智库精英一方面要为决策者贡献自己的智慧，另一方面，一个很重要的角色和作用就是把人民群众的智慧进行概括和提炼，更加精准地提供给决策者参考。这就是为什么基于基层调研，特别是大面积的抽样调查或者大数据形成的结果，领导更加关注或者更加容易让领导相信。从这个意义上说，智库在一定意义上是反映群众诉求的代理人。有观点认为，智库要对政治经济社会等重大问题的决策和实践发挥作用，成为立法、行政、司法、媒体之外的"第五种权力"。中国与全球化智库理事长王辉耀则提出，作为公众表达利益诉求的一种重要形式，智库的发展有利于推动中国的协商民主建设，使中国政府的决策机制更加民主，在某种意义上，完全可以把智库看作中国的"第九大民主党"。

智库服务决策者，智库要为党委政府决策服务，在这里，这个党委政府是广义的，包括人大、政协等机构。人大是智库专家服务的重要对象和领域，政协是智库成果转化的重要阵地。一方面，人大立法要更多听取专家的意见建议，吸收智库专家参与调研和论证，人大代表中本身就有一部分智库专家；另一方面，政协委员做提案，要充分运用智库研究的理念和方法，充分吸收智库研究的成果，实现智库研究成果的有效嫁接和整合。

　　智库主要职责是为党委政府提供决策咨询服务，做好决策咨询工作。但为党委政府提供决策咨询服务的专家和机构，不仅仅是面向智库，还面向智囊和具有智库功能的组织的决策咨询。随着新型智库建设的推进，决策咨询工作，理应由智囊时代进入智库时代，即由以个人为主的智囊进入以团队为主的智库时代，由专家的个人影响力和权威到智库合同的约定与信用关系，进入一个常态化、规范化、制度化状态，形成智库之间可竞争、研究课题可跟踪、研究成果可追溯的决策咨询互动体系。智库作为决策咨询机构，要对自己产出的思想产品负责，建立质量控制监测机制，为党委政府提供售后服务，并能够随时回答党委政府在智库成果转化过程中遇到的问题和困惑。从目前部分地方的实践看，决策咨询仍然停留在智囊时代，由于在新型智库建设的过程中，只有部分决策咨询专家进入智库，在党委政府的决策咨询顾问中，有不少专家并非来自智库。同时，由于智库的松散性和非实体性，有些专家参与党委政府的决策咨询工作，也是以个人的名义而不是代表智库。

　　对于智库工作有着较高热情，由于多种原因未有能够进入智库从事决策咨询研究的"个体户"。第一，对智库力量进行整合，把真正优秀的决策咨询专家，特别是高校研究机构专家，吸收到智库的阵营中，推动这些智库专家可以依托智库的资源优势，更好地在制度框架内发挥作用。第二，对决策咨询委员会、决策咨询顾问委员会等机构进行改组。决策咨询委员会不能定位为智库，定位为智库定位就低了，决策咨询委员会应该是智库专家和智库的结合体，应该能够充分把智库的优质研究力量整合起来，担当起智库集成平台的角色，在组织智库研究和对接党委政府决策咨询需求方面发挥更大的作用。随着智库研究质量的逐步提升和智库发展的成熟，智库与决策机构的嵌入方式也需要发生重大变化，即由非正式、非制度化的嵌入，转变为正式的、制度化的嵌入，真正形成决策链条上的重要一环。当然，这种嵌入，既具有相对稳定性，也具有动态调整性，智库是否具有制度化嵌入决策链条的资格，需要进行竞争性筛选和评估。

　　新型智库的连锁经营和因地制宜。大型咨询公司，通过连锁化经营，促进信息共享，来降低生产成本，提高生产效率。从某种意义上说，建立新型智库的连锁店，或者智库在承接不同地区同质化的项目时，把智库为甲地研究的政策方案，转移到乙地，几乎是零成本，但需要十分注意的是，政策问题的解决方案绝对不可以复制，因为政策问题面临的环境有着极大的不同，在转移政策方案时，重中之重是考虑到不同地区之间的个性特征，根据当地情况做出调整和修正，甚至是有着方向性不同的根本性修正，但运用的理论和基础的逻辑是一致的。

二、从治理主体到重要动力：新型智库参与国家治理现代化的两个视角

新型智库嵌入国家治理现代化，需要具备一定的前提条件，即智库研究方式方法和智库产品与国家治理体系的对接，将新型智库接入到国家治理的大系统中。

1. 新型智库与国家治理现代化的内在关联

2015 年 10 月，习近平总书记强调，"我国发展领域不断拓宽、分工日趋复杂、形态更加高级、国际国内联动更加紧密，对党领导发展的能力和水平提出了更高要求。无论是分析形势还是作出决策，无论是破解发展难题还是解决涉及群众利益的问题，都需要专业思维、专业素养、专业方法。那种习惯于拍脑袋决策、靠行政命令或超越法律法规制定特殊政策的做法，已经很难适应新形势新任务的需要。要更加注重对国内外经济形势的分析和预判，完善决策机制，注重发挥智库和专业研究机构作用，提高科学决策能力，确保制定的重大战略、出台的重要政策措施符合客观规律"①。2016 年 5 月 17 日，在哲学社会科学工作座谈会上，习近平总书记指出，面对改革进入攻坚期和深水区、各种深层次矛盾和问题不断呈现、各类风险和挑战不断增多的新形势，如何提高改革决策水平、推进国家治理体系和治理能力现代化，迫切需要哲学社会科学更好发挥作用；各级党委政府要把哲学社会科学工作纳入重要议事日程，发挥哲学社会科学在治国理政中的重要作用。智库建设要把重点放在提高研究质量、推动内容创新上。

党的十八大以来多次重要会议，都对新型智库建设提出明确要求，为

---

① 《十八大以来重要文献选编》（中），中央文献出版社 2016 年版，第 835 页。

我们认识中国特色新型智库提供了多维视角。党的十八届三中全会首次将中国特色新型智库建设写进党的全会决定，"加强中国特色新型智库建设，建立健全决策咨询制度"。党的十八届四中全会强调，健全依法决策机制，把公众参与、专家论证、风险评估、合法性审查、集体讨论决定确定为重大行政决策法定程序。党的十八届五中全会强调，"实施哲学社会科学创新工程，建设中国特色新型智库"。党的十九大强调，"加快构建中国特色哲学社会科学，加强中国特色新型智库建设"。从十八届三中全会到十九大，中央从多个维度强调智库参与国家治理的重要性。新型智库既是国家治理现代化的重要内容和内在要求，又是推动国家治理现代化的重要动力和智力支撑。

2. 新型智库参与国家治理的现实需求

社会智库参与国家治理，既是社会智库存在的应有之义，也是现代社会发展的必然选择，更是加强基层社会治理的迫切需要。

政府、企业、社会关系重塑为社会智库发展留下了更大的空间。国家、市场、社会三者关系在不断重塑中实现新的平衡。从计划经济体制下政府包揽一切到民营企业的快速发展，再到社会组织的快速发育，社会组织在国家与社会治理过程中的作用日益重要。特别是随着治理体系和治理能力现代化的不断推进，各类治理主体的不断发育和成熟，政府必然会将更多的权力让渡给企业和社会，在政府、企业、社会三者关系重塑和边界重构过程中，既具有决策咨询功能，又具有社会组织属性的社会智库作用必然得到进一步强化。

现代社会治理的复杂性为社会智库参与提供了更广阔的舞台。国家治理现代化的过程是一个多元主体参与的过程，需要包括社会智库在内的各类智库广泛参与。一方面，社会智库能够为国家治理提供科学支撑。智库的思想库功能能够为国家治理体系现代化的建立，提供思想、理论、制度和政策支撑，形成更加完备和成熟的治理体系。如果说智库能弥补知识与政策之间的鸿沟，社会智库更能弥补政府与公众之间的政策鸿沟，使公共政策更加贴近民众的需求。另一方面，社会智库是参与社会治理的重要主体，能促进协商民主，促进各类治理主体合作，形成有机的治理结构、治理网络，在全球治理、国家治理、政府治理、企业治理和社会治理等各个层面发挥重要作用。

现代网络社会结构的扁平化为社会智库参与国家和社会治理提供了重要契机。传统的由行政主导的官僚体系和社会的圈层结构，导致社会智库往往处于智库圈层结构的最外层和最边缘，与决策层的距离较远。随着现代社会的网络化，平台经济和各类平台组织的兴起，经济社会组织逐渐从圈层结构向扁平结构演化，从金字塔结构向橄榄型结构演化，长期以来处于边缘地位的社会智库，具有了更多接近决策层和权力中心的可能性。网络社会、自媒体社会和现代社会的扁平结构，导致决策层有更多的渠道了解各类信息，各类智库与决策者距离发生改变，实现了新型智库与决策者关系的重构。

加强社会基层治理、打造共建共治共享格局，赋予了包括社会智库在内的社会组织更多责任。党的十九大报告强调"打造共建共治共享的社会治理格局"，"加强社区治理体系建设，推动社会治理重心向基层下移，发挥社会组织作用，实现政府治理和社会调节、居民自治良性互动"。在这一进程中，一方面，社会智库作为社会组织的一种，根源于社会、成长于社会，能够在社会基层治理中发挥重要主体作用；另一方面，相对于官方智库，社会智库往往在基层拥有更大的影响力。如果说官方的智库，更多地着眼于通过影响决策者影响政策制定，通过决策影响力来实现和放大社会影响力的话，社会智库则更多地着眼于通过影响社会公众促进社会问题进入决策议程，影响政策制定，通过社会影响力来实现政策影响力，对社会基层治理的影响更加直接。

3. 治理现代化的两大维度及其智库参与的视角

党的十九届四中全会强调指出，我国国家治理体系和治理能力是中国特色社会主义制度及其执行能力的集中体现。其中，国家治理体系是在党领导下管理国家的制度体系，包括经济、政治、文化、社会、生态文明和党的建设等各领域体制机制、法律法规安排，也就是一整套紧密相连、相互协调的国家制度；国家治理能力则是运用国家制度管理社会各方面事务的能力，包括改革发展稳定、内政外交国防、治党治国治军等各个方面。

国家治理体系和治理能力两者相辅相成。可以说，治理体系现代化的过程，就是中国特色社会主义制度不断发展和完善的过程，主要包括制度设计、制度制定、制度创新和制度完善改进等，在这一过程中，智库主要发挥五大功能中的理论创新、咨政建言功能，为治理体系现代化提供理论滋养，为科学制度体系的建立提供理论和智力支撑；治理能力现代化的过程，也是中国特色社会主义制度的执行能力和执行效能不断提升的过程，在这一过程中，智库主要发挥五大功能中的舆论引导、社会服务功能，通过政策和制度解读、阐释、宣讲和评估等，推动政策实施，在某种程度上发挥党委政府政策的"传声筒"和"扩音器"作用，成为人民群众了解国家政策的"望远镜"，党委政府观察政策制度实施效果和社情民意百态的"显微镜"。在制度制定环节，国家高端智库肩负的责任更重；在制度执行环节，地方一般智库发挥作用的空间更大。

新型智库，既是参与现代治理的重要主体，又是推动现代治理的重要动力。智库发展质量、智库服务决策的能力在很大程度上影响着治理现代化的质量和水平，智库发展质量指数与国家治理现代化的程度正相关。当前，新型智库既面临着难得的发展机遇，也面临着能力不足的严峻挑战，迫切需要加强智库内部组织运行的治理和智库发展外部环境的治理，通过完善智库的组织形式和管理方式，推动智库与相关主体的良性多维互动，以新型智库发展的高质量和现代化，提升参与和推动国家治理现代化的能力和水平。在智库内部，需要按照高质量的思想产品生产的要求进行流程再造，按照产品定制的要求进行精细化生产，解决智库的实体化及合法身份问题，完善内部治理结构，加强智库文化和职业伦理建设等。在智库外部，党委政府要加强智库发展的政策供给，强化供需对接和思想产品市场建设，完善决策咨询制度，为智库嵌入政府治理提供制度化的接口。同时，确立鲜明的质量导向，促进智库与政府互动、智库与学术互动，智库与智库互动、智库与媒体互动、智库与社会互动，跨界协同、优势互借，在多维互动中打造智库发展共同体。

智库在现代决策体系中扮演重要角色。智库推动各方参与到公共政策制定的过程中，使相对封闭的决策体系变得相对开放，推动决策质量的提升。智库推动社会公众参与决策的意识增强。智库专家的参与，使决策的暗箱变得透明。更重要的是，智库的理念内化到社会中，如果智库工作者能够激发社会公众以智库专家的精神参与社会事务的管理，将推动整个社会发展智商的提升。从某种意义上说，智库专家的智是"小智"，人民群众的智是"大智"，智库专家一个很重要的责任，就是集中人民群众的智慧。新型智库发展的指向，与国家治理现代化的指向高度一致。智库推动国家治理现代化，首先智库自身的治理需要现代化。强国重在强智。中国特色新型智库作用的发挥程度，是衡量国家治理体系与治理能力现代化水平的重要指标；智库所提供的对策建议与方案规划，是党和政府科学民主依法决策的重要参考，是推进中国特色社会主义现代化建设的有效路径。加强中国特色新型智库建设的过程，就是不断促进国家治理现代化水平提升的过程，就是努力完善现代化国家治理体系的过程[①]。

总之，智库质量影响国家的智商。现代化的智库为决胜全面建成小康社会和现代化两步走目标提供智力支撑。在制度建设的过程中，在全面建成小康社会的进程中，在现代化两步走的过程中，智库应当发挥重要的作用。

三、从发展社会智库到推动智库社会化：新型智库深度参与国家治理现代化

纵观当今世界各国现代化发展历程，智库在国家治理中发挥着越来越重要的作用，日益成为国家治理体系中不可或缺的组成部分，是国家治理能力的重要体现。中国特色新型智库是国家治理体系和治理能力现代化的重要内容。社会智库是新型智库的重要组成部分，是决策咨询链条上的重要一环，在参与全球事务、推进国家治理及辅助政府治理等方面担负重要角色，在推动社会治理特别是基层治理和社会自治方面具有独特优势。

1. 新型智库发展的社会化趋势。在新型智库体系中，社会智库是重要构成。加强中国特色新型智库建设，要遵循智库发展规律，在做好存量优

---

① 徐晓明：《新时代新型智库建设须正确认识五大关系》，载《光明日报》2019 年 4 月 1 日第 16 版。

化的同时，把社会智库作为重要的增长点，形成更具活力的智库体系。

社会化是新型智库发展的重要趋势。新型智库发展的趋势，不是行政化，智库不能成为政府的内设机构。果真如此，必然偏离智库建设的本意。因为用行政化的手段和思维进行知识管理，智库会成为政府的内设或下级机构，成为决策者的附庸，成为决策者根据自身偏好决策的一个辅助工具，容易导致产品的失真和低效率。特别是行政色彩浓重的智库，社会化的要求更加迫切。新型智库发展的趋势，也不是完全的市场化，不能完全用市场交换的思路驱动智库发展。过分依赖市场化，容易形成思想与利益之间的交换，即思想生产的过程有可能被利益集团左右或俘获，成为政策游说的工具。过分官僚化便失去了社会智库的活力，过分市场化又可能会偏离智库的社会责任。智库的非营利性，决定了智库的社会性。因此，智库改革的方向是在去行政化、趋市场化之间找到一个平衡点，也就是介于行政化和市场化之间的社会化。社会化是个体在特定的社会文化环境中，学习和掌握知识、技能、语言、规范、价值观等社会行为方式和人格特征，适应社会并积极作用于社会、创造新文化的过程，它是人和社会相互作用的结果。这里主要是借用社会化这个概念，强调智库的社会化运行，强调把智库理念内化到社会中。

加快新型智库和各类准智库的社会化改革步伐。新型智库不能追求粗放式的单纯数量增长，而是需要有质量有内涵有秩序的发展，主要途径是通过改革创新的办法，对存量进行优化组合，推动其他智库形态向社会智库形态转化。推动国家部门或高校的二级研究机构进行重新组合，或者成建制转型，建立具有一定隶属或依附关系又相对独立的社会智库机构。当前，对于20世纪80、90年代在工商部门注册的咨询公司，以及近年来因门槛和政策限制不得不以公司的方式来运行的"准智库"亟须进行分类管理，推动有服务决策功能的咨询公司向社会智库转型。随着新型智库体系的不断完善和社会智库发展制度的日趋健全，社会智库在智库格局中的比重会有所增加，成为最具成长性的部分、最接地气的部分，成为新型智库发展最具有活力的增长点、生长点和理想形态、主体形式。

走出社会智库资金来源单一化的误区。社会智库"以战略问题和公共政策为主要研究对象，以服务党和政府科学民主依法决策为宗旨"，为党委政府决策提供咨询服务，主要资金来源应当是政府部门，但资金是否来源于政府部门不应成为社会智库的主要标准。政府购买决策咨询服务有两种方式，一是以财政拨款、预付费的方式，成建制购买体制内智库的主要思想产品；二是通过引入多种主体参与、适度竞争机制，以质论价，按照项目和产品质量购买包括社会智库在内的各类智库提供的服务。为保持社会智库主业务的纯洁性，同时又能够通过市场化的方式增强发展的可持续性，对于规模比较大的社会智库，可以将其部分与企业和市场比较接近的业务公司化，组建专业的咨询公司对外开展业务。总之，要走出社会智库资金不能够来源于政府的误区，不能一味地要求社会智库自筹资金，特别是不能把社会智库逼进为生存而转向主要服务企业的死胡同。

2. 社会智库参与国家治理的创新路径。社会智库作为一种新生事物，特别是在其产生发展的前期阶段，需要通过体制的力量加以推动，以形成牵引和示范作用。2017年5月，民政部等九部门印发《关于社会智库健康发展的若干意见》，明确提出保障社会智库依法参与智库产品供给、拓展社会智库参与决策咨询服务的有效途径、支持社会智库开展国际交流等举措，为社会智库参与国家和社会治理提供了制度保障。

一是优化社会智库参与治理的制度环境。各有关部门要高度重视社会智库的发展和管理工作，将社会智库建设作为推进科学决策、加强社会组织协商民主建设的重要内容，为社会智库参与治理营造良好氛围。要畅通注册渠道，引导符合条件的社会组织依法注册为社会智库。要结合事业单位改革，对部分智库的组织形式和存在形态进行改造，推动组织方式和运营模式创新。在坚持新建和改造并举，实现社会智库来源多样化、购买社会智库优质产品的同时，打造有利于社会智库发展的制度平台，包括支持引导各类基金会等为社会智库发展提供资金支持平台，支持引导社会智库参与政府搭建的人才与成果等交流平台，让社会智库与官方智库同等参与各类智库平台活动。

二是放大社会智库参与治理的组织优势。春江水暖鸭先知。社会智库由于其社会性，对于公共政策制定过程可能不能参与过多，但对于政策的评估和政策改进方面的研究更有优势。政策实施，社会的反应如何，社会公众很快就会有回应，作为处在社会之中的智库，要有对周围环境变化识别的敏感，及时捕捉政策信息，做出相应的研究和回答。如果说官方智库是党委政府决策的大脑，那么处于外围的数量众多的社会智库，就相当于分布在全身的神经末梢，对于周围环境的变化非常敏锐。社会智库要发挥这种优势。社会智库要推动和参与智库与政府、智库与研究机构、智库与智库、智库与媒体、智库与社会之间的合作，以开放的姿态吸纳各种资源并加以利用，在各类社会治理主体中发挥结构洞作用。大力推动社会智库理念，积极推动智库专家与人大代表、政协委员等合作，增进参政议政能力的提升。进一步规范社会智库专家兼职行为，避免出现只挂名、不做事、空壳化现象，增加社会智库的透明度和公信力。积极促进社会智库专职兼职专家身份角色的转换，充分发挥其在社会协商治理中的引领和带动作用。

三是突出社会智库参与治理的重点领域。坚持以人民为中心的研究导向，增强顾客意识，确定重点领域，在参与国家治理中发挥比较优势。第一，在国际层面开展二轨外交，提升我国的思想软实力。社会智库是我国参与国际事务的重要力量，可依据有关法律法规召开和参加国际会议，发起和参与国际组织，应邀参与境外交流培训，邀请外方参与境内活动，开展国际合作等。第二，聚焦社会问题，提出社会治理的改进方案。社会智库要关注重大社会问题，动员社会力量，服务社会发展，为党委政府推动社会治理提供方案。积极开展政策宣传阐释，为不同群体的利益诉求和价值观念提供交流平台，提高社会民众参与社会治理的政策水平。第三，积极开展第三方评估，对公共政策的适应性和绩效进行评价。充分发挥相对独立和专业化的优势，积极参与有关部门组织或委托的第三方评估活动，重点考察公共政策与基层实际匹配度，当好看护人民群众利益的"火眼金睛"。

四是创新社会智库参与治理的体制机制。在推动社会智库发展过程中，需要处理好若干关系，如"管"与"放"的关系，独立法人组织与挂靠单位之间的关系，社会智库与决策部门、民众及媒体等之间的关系，以形成有利于社会智库发挥作用的体制机制。智库以基础研究为基础，但并不等于智库要专门从事基础研究，造成重复投入和资源的浪费。要促进自然科学和社会科学的合作，促进社会科学的分野、分工，实现基础理论研究、应用研究和对策研究的有机结合，增强社会智库参与治理的战略协同、战略合作，提升社会智库在整个知识生产链中的地位和作用。完善社会智库人才政策，鼓励社会智库的高端人才通过各级人大、政协积极参政议政，贡献才智。要加强思想产品价值链视角下的社会智库成果转化研究，探索优秀智库成果转化的社会通道，探讨发展智库产业、建设智库科技园的可行性。

五是提升社会智库参与治理的能力水平。智库重要与否取决于智库服务对象——决策者和人民群众的认可。社会智库不能靠所谓的活动和曝光率来刷存在感，要有自己的拳头产品、品牌实力和参与思想产品市场的核心竞争力。可以说，规范化的内部治理，专业化的研究方向，职业化的研究力量，多元化的发展资源，品牌化的研究机构，是社会智库的优势和生命所在。要通过社会智库管理机制改革，加强社会智库内部机制和能力建设，推动组织架构科学化和内部治理规范化。完善社会智库的孵化与促进机制，创建社会智库产业园或智创园。社会智库，更多的是一种参与机制和人才培养机制，要将智库理念运用到社会治理领域，把智慧的种子在社会上播撒开来，通过智力众筹解决社会的自我治理问题，促进社会公众政策素养和自我治理能力的大幅提升。

第三节　以新型智库多维互动助推国家治理现代化①

大国崛起，必须有思想引领，实现中华民族伟大复兴的中国梦，必须有中国特色新型智库的强大智力支撑。新型智库作为参与国家治理的重要

---

① 本节部分内容发表于 2019 年 12 月 09 日《光明日报》，原标题为《新型智库推动国家治理现代化的多重维度》。

主体之一，在整个国家治理体系形成和能力形成的过程中，更多的是依赖和通过其他主体发挥作用。因此，在新型智库通过加强内部治理、具备参与国家治理现代化的能力之后，必须确立鲜明的质量导向，加强与相关主体的良性互动，才能充分发挥作用，放大综合优势，形成新型智库参与国家治理现代化的整体效能。

1. 推动智库体系与决策体系的互动，提升新型智库参与国家治理的科学咨政力。智库专家不能躲在象牙塔里做研究，不能坐在办公室里写对策建议。智库必须能够有效嵌入政策研究或决策系统，才能把握需求、掌握信息、更好地发挥作用。没有实际工作部门支持的智库研究、参与的智库研讨、主导的成果转化，都是空转、空谈、空文。要成为优秀的智库专家，至少需要具备以下三个条件中的一个：有实际工作部门的经历，与实际工作部门有着比较密切的联系，多到基层搞调查研究。具体来说，一是推动智库与参政议政机构的链接。引导人大代表、政协委员，民主党派借鉴新型智库的研究理念、研究方法和研究成果，提高参与民主决策的科学化程度。推荐优秀的智库专家通过法定程序成为人大代表、政协委员、政府参事，注重发挥各民主党派智库类专家学者的作用。二是推动智库机构与政策研究机构的链接。党政部门研究机构角色的双重性，既是智智关系，又是智政关系，政策研究是内脑，对策研究是外脑，内脑与外脑之间的合作，提升决策的科学化程度。党政政策研究机构作为政府的内脑，在智库对接党委政府和智库成果转化的过程中具有重要的枢纽作用。三是推动智库机构与决策机构的链接。要推动形成知识对权力的强力支撑和有效监督，权力对知识资源的充分汲取和有效利用。党委政府要加强智库研究项目的供给力度，强化供需对接和思想产品市场建设，完善政府购买决策咨询服务制度等，为智库嵌入政府治理提供制度化的接口。党委政府要增加对新型智库发展的政策供给。要坚持党管智库，坚持党的领导，在确保智库发展的政治方向的同时，研究立场上要客观，表达的观点要客观，能够以第三方的视角来观察分析问题，提出问题的解决方案。智库与实际工作部门之间，距离既不能太远，彼此割裂开来，又不能太近，相互融为一体，二者之间关系的理想境界是一臂之遥，呈现出若即若离、若离若即状态。

2. 推动智库研究与学术研究之间的良性互动，提升新型智库参与国家治理的理论创新力。针对基础的学术理论成果，决策者看不到、看不惯、看不下去的实际，从某种程度上说，智库专家就是在学术话语（知识）和政策话语（权力）之间充当一个桥梁（翻译）的角色，把深奥的学术思想用政策化的话语表达出来。有专家认为，智库研究是学术发展的最高阶段，智库成果是学术研究的最高境界。推动高校研究机构内部建立旋转门制度，引导高校部分有相关工作经历和实践经验的专家向智库研究转型。在研究内容上，要推动智库专家走出象牙塔，走进社会，探下身子，放眼四方，做与当下情况紧密相关、政策层面急需解决的问题研究。在研究方式上，要实现由以单干为主向协调研究转变，新型智库资政模式与传统的专家学者个人资政模式最大的不同，在于智库背后扎实的基础研究、网络支撑和团队协同。在成果表达形式上，要把学术思维转化为智库思维，把复杂的问题简单化，问题在哪里，如何解决，谁来解决，拿出方案来，推动学术话语向智库话语的转换。在研究成果评价上，要推动由同行评议为主、从注重学术影响力，以学术系统内的内循环为主，到以决策者评价为主，增强现实影响力、政策影响力，以智库与政府社会的外循环为主。

3. 推动不同智库机构之间的互动和智库体系的形成，提升新型智库参与国家治理的整体适应力。根据中办国办《意见》，建设中国特色新型智库体系，在时间节点上，应该是 2020 年；在指导思想上，应当是"面向现代化、面向世界、面向未来"；在总体目标上，统筹推进各类智库协调发展，"形成定位明晰、特色鲜明、规模适度、布局合理的中国特色新型智库体系"。从智库的整体推进看，存在着管理主体多元化、智库主体孤岛化、智库资源碎片化、纵向上不贯通、横向上不连通的问题，迫切需要加强统筹，增强联系，打造智库发展共同体，形成新型智库体系。一是坚持点与面并重。当前，国家哲学社会科学工作办公室重点抓国家高端智库，各省规划办也相继命名一批智库，但对于区域面上智库的发展，总体指导和统筹推进力量不足、力度不够，区域内对智库的认定边界尚不清晰，管理尚未全面覆盖，发展合力尚未完全形成。特别是《关于社会智库健康发展的若干意见》虽然已经出台两年多，但大部分省市对社会智库的认定工作还没有真正破题。要明确各级各类智库的定位，加强统筹管理，采取专业分工、错位发展、有序竞争，加强区域内、行业内智库联盟组织建设，形成和放大智库的集群效应。二是坚持自科智库与社科智库并重。如果智库研究一味以社会科学为主导，就有可能陷入智库报告格式化、程式化、空洞化、脸谱化的困境。智库研究要坚持自然科学维度与社会科学维度并重，超越天文、地文与人文，把科学家的严谨和工具思维、技术思维与社科专家的知性和价值思维、社会思维结合起来，以社会科学和自然科学的高度有机融合促进新型智库研究质量的大幅提升。科技智库建设，要逐步提升智库参与决策的人文含量。社会科学迫切需要引进自然科学的思维和方法，特别是模型搭建、沙盘推演和大数据技术。三是坚持中心智库与外围智库并重。要优化智库竞争生态，推动智库专业化分工、职业化推进、集群化发展。在智库的圈层结构中，加强不同层面智库机构的合作，发挥政府智库的枢纽作用，增强中心智库与外围智库的互动。同时，通过组建智库行业协会、智库发展联盟等形式，增强行业智库之间互动、区域智库之间的互动。四是坚持国家高端智库与区域地方智库并重。高端智库要重点围绕国家重大战略需求，开展前瞻性、针对性、储备性政策研究。地方智库要重点围绕地方发展需要，开展区域性、专业性、对策性研究。

4. 推动新型智库与各类媒体之间的互动，提升新型智库参与国家治理的舆论引导力。媒体参与治理与智库参与的视角和重点不同。媒体作为第四种权力，从西方兴起的"扒粪运动"，到以揭示问题为目的的深度报道，着眼于揭疮疤、找真相，通过揭示不为人知的黑幕产生的新闻效应来引起社会的关注，从而推动问题的解决。新型智库作为第五种权力，更多的职责是找到问题的根源，接近问题的本源，为党委政府决策提供有价值、有建设性的对策建议。作为推进国家治理体系与治理能力现代化的重要机构，智库要为公共政策提供高质量服务，不但要有强大的思想生产能力，还要有强大的传播发声能力，包括研究成果和思想观点的政策性转化和社会化传播。思想生产和思想传播如同新型智库发展的两翼，共同对智库核心竞争力的形成与强化发挥作用。在当今传播格局发生重大变化、媒体融合发展不断深化的大背景下，以深度见长的智库与以速度见长的媒体之间有了紧密结合、良性互动的良好契机，有利于更好地实现智库成果的思想价值。从某种程度上说，现代社会更像是一个智治社会，一方面人工智能在技术层面越来越发挥着重要的作用；另一方面，智库在价值层面越来越发挥重要的作用，由工具治理走向价值治理，推动现代社会治理格局的有序形成。

5. 推动新型智库与社会民众之间的良性互动，提升新型智库参与国家治理的社会服务力。推动智库与社会民众的互动。从某种意义上说，智库专家的智是"小智"，人民群众的智是"大智"，人民群众既是智库思想的重要来源，又是智库机构服务的重要对象。对于人民群体来说，智库专家的责任就是：开展政策咨询，做服务民众的延伸手臂；开展政策提取，做集中民智的最强大脑；开展政策监督，做看护民利的火眼金睛；开展政策阐释，做启迪民思的良朋益友；开展政策试验，做测试民意的风筝路标；开展政策答疑，做疏解民虑的缓冲平台。美国布鲁金斯学会提出，在未来的100年，要把主要精力由过去的帮助政府制定决策转变到帮助社会改进治理上来。大力发展社会智库，以组织形式的社会化、运行方式的社会化、研究成果的社会化，推动智库内化到社会组织，更加深入地参与国家社会治理，运用社会智库建设的理念提升整个社会基层组织的自我治理能力，形成自下而上与自上而下治理路径的融合。

6. 推动新型智库与国际智库的良性互动，提升新型智库参与世界治理的话语影响力。要深入贯彻落实习近平总书记关于"建设有国际影响力的高端智库""智库是共建'一带一路'的重要力量""打造智库交流合作网络"等重要论述，在积极扩大对外交流合作的实践中深化完善智库的公共外交功能。要坚持开门办智库、开放办智库，在加强与世界著名智库交流合作的同时，鼓励推动更多的智库和智库产品走出去，建设一批具有国际影响力的高端智库。在国际舞台上积极发声、善于发声，生产出更多不受西方理论左右、具有中国特色的理论和智力产品，实现由重引入、机械模仿到重输出、增强话语权的历史性转变，促进中国软实力持续提升，为建设人类命运共同体贡献更多的中国话语、中国思想和中国价值。

结语：以善治善用善待为新型智库发展赋能

2020 年 2 月 14 日，习近平总书记主持中央全面深化改革委员会第十二次会议，审议通过《关于深入推进国家高端智库建设试点工作的意见》，强调"建设中国特色新型智库是党中央立足党和国家事业全局作出的重要部署，要精益求精、注重科学、讲求质量，切实提高服务决策的能力水平。"此前，习近平总书记强调指出，要"建设高质量智库""智库建设要把重点放在提高研究质量、推动内容创新上"。2015 年 1 月，中办国办印发《关于加强中国特色新型智库建设的意见》以来，新型智库发展迅速。经过五年来的激荡和沉淀，新型智库发展在取得显著成效的同时，一些潜在问题开始浮出水面，迫切需要对新型智库组织形式和管理方式再思考再谋划再部署，推动新型智库由数量式增长向内涵式提升跨越，由运动式、超常规发展到理性化、规范化发展转变。推动新型智库高质量发展，需要高质量的智库产品，需要高质量的智库生产流程，需要高质量的智库生产资源，更需要高质量的智库发展环境，包括政策环境和社会环境。作为智库管理服务方，在推进智库参与国家治理体系和治理能力现代化进程中，要担当起新型智库建设谋划者、新型智库发展推进者、新型智库成长呵护者的责任，不但要为新型智库发展输血，提供资金和管理方面的支持，更要为新型智库发展赋能，推动智库内外部治理现代化，培育新型智库造血功能，成为党委政府想得起、看得见、用得上、信得过的新型智库。智库管理部门要善治智库，通过科学的管理制度，完善有序发展机制，增强新型智库发展驱动力；推动党委政府善用智库，通过需求端巨大需求能力的释放，增强新型智库发展牵引力；推动社会各界善待智库，为新型智库发展营造宽松包容的良好环境，最大限度地释放新型智库助力治理现代化的巨大能量。

制度赋能，推动党委政府加大政策制度供给力度。党委政府在新型智库建设中具有重要职责。党的十八届三中全会，关于新型智库的表述，在"加强中国特色新型智库建设"之后，紧跟一句话是"建立完善决策咨询制度"。如果说2015年初中办国办《意见》出台，奠定了中国特色新型智库发展的基调和元政策，但此后有关部门和地方出台的可操作的具体政策不多，政策缺位现象还比较明显，迫切需要新的具体政策为智库发展赋能。要按照中央"建立完善决策咨询制度"要求和中办国办《意见》有关部署，加大新型智库发展政策供给力度，推动新型智库政策和制度结构性创新、过程性创新和赋能型创新。一是完善政府购买决策咨询服务制度，建立完善思想产品的以质定价和有偿转让、使用制度，通过市场机制增强新型智库发展内生动力，增强新型智库发展可持续性。二是推动新型智库发展多元化。在坚持党管智库原则和把握智库发展方向前提下，坚持开门办智库，鼓励高校和研究机构引入社会资金，建立资金来源多样化、组织形式科学化、管理方式现代化的新型智库。在前期出台《关于社会智库健康发展的实施意见》、提出社会智库发展的若干原则举措基础上，制定社会智库认定准入具体办法，加大培育力度，形成智库发展鲶鱼效应，建立更加完善、更具活力的新型智库体系。三是建立完整统一、统筹推进的智库管理体系。处理好重点智库与一般智库之间的关系，智库与智库类机构之间的关系，改变新型智库管理条块化、发展碎片化格局，加强智库之间项目联合和柔性合作，通过组建新型智库联盟和智库发展共同体等途径，建立完善中国特色新型智库体系。

用户赋能，推动新型智库与党政部门的对接互动。习近平总书记指出，"要加强决策部门同智库的信息共享和互动交流，把党政部门政策研究同智库对策研究紧密结合起来，引导和推动智库建设健康发展、更好发挥作用"①。这既是对新型智库提出的明确要求，更是对各级党委政府提出的迫

---

① 习近平：《在哲学社会科学工作座谈会上的讲话》，载《人民日报》2016年5月19日。

切要求。作为党委政府，要坚持智库以用为本，注重发挥智库在治国理政中的重要作用。作为智库管理服务部门，要积极推动新型智库与党政机构在四个层面和维度上对接互动：一是与决策机构和决策者对接互动。高层次智库专家与党委政府决策者面对面，建立信息和思想直通车，这是智库对接党委政府的最高和理想境界。二是与人大、政协等参政议政机构对接互动。智库发展有一条经验，就是"影响有影响的人"。推动智库问题进入政策议程的路径，不仅仅是影响党委政府直接决策者，还有更重要、更广泛的路径，就是影响人大代表政协委员，通过建议和提案等建言渠道把智库专家方案代入，参加高层次的参政议政，实现智库专家队伍与人大、政协力量的有机结合。三是与政策研究机构对接互动。把党政部门政策研究同智库对策研究紧密结合起来，政策研究机构发挥"内脑"作用，善于吸收智库成果、借船出海，智库研究机构发挥"外脑"作用，善于对接政策研究、借梯上楼。四是与实际工作部门对接互动。建立实际工作部门出题、智库机构领题的工作模式，形成智库专家和实际工作部门协同研究的工作机制。

资源赋能，推动各类优质研究资源向新型智库集聚。习近平总书记在哲学社会科学工作座谈会上的讲话，是从重视哲学社会科学在治国理政中的重要作用的角度，对新型智库建设提出明确要求的。要坚持智库研究与学术研究同样重要的原则，推动形成项目、人才、机构和评价等方面的对等机制。一是项目对等。设立社科基金项目智库专项。对获得省领导指示的决策咨询成果，采取后立项的方式深化课题研究，形成更有深度、更有针对性的决策咨询成果。二是人才对等。推动建立智库研究员职称系列，完善智库人才评价体系。推动政智旋转门机制，推动高校聘请一批以政策和实践见长的实战派教授，与学院派形成优势互补、强强联合。推动形成高校内部旋转门机制，引导有扎实的学术研究基础、政策研究兴趣和潜力的学术专家向智库学者转型，向新型智库聚集。三是机构对等。推动智库去行政化进程，建立与智库发展规律相适应的现代科研院所制度。在新型智库建设过程中，坚持社会科学与自然科学的有机结合、高位贯通，进一步丰富智库研究方法，提高智库研究质量。四是评价体系对等。坚持智库成果与学术成果同等重要、同样认可，探索领导批示、部门转化等智库成果的科学认定机制。着力推动一批学术期刊向应用类期刊转型，为智库成果发表和学术性转化搭建载体平台。

机制赋能，推动新型智库适度竞争优胜劣汰良性发展。推动新型智库治理现代化，是实现智库高质量发展的重要前提和保障。一是推动传统学术机构向专业化智库机构转型。一些高校和研究机构智库，从传统学术研究机构演变而来，往往是新旧机构并存，双轨运行，仍然在用传统的学科思维在做智库。要高校智库把关注重点由学科导向转变到问题导向上来，强化新型智库发展理念，建立与新型智库发展要求相适应的工作体制机制。推动承建单位进行智库管理体制改革，鼓励高校研究机构以建立学术研究特区的气魄建设新型智库。二是创新支持资助智库发展形式。新型智库以服务党委政府决策为宗旨，是非营利组织，需要党委政府为新型智库正常运行提供基本的经费保障。如果说在智库建设的前期和起步阶段，需要按照一定额度持续加以支持，以夯实新型智库发展的基础的话，那么，为避免部分智库对政府资金的过度依赖和提高资金使用效率，在第二个建设周期之后，可以在一定额度固定资助的基础上，引入适度竞争机制，把资助重点由资助智库机构为主向以支持竞争性项目和项目绩效为主转变。三是建立基于智库柔性边界特征的考核机制。针对智库功能边界、人员边界、资助边界、成果边界等方面的柔性特征，探索建立相应的质量考核体系，规范新型智库发展秩序，以科学化、差别化考核促进新型智库高质量、专业化发展。四是推动新型智库加强合作有序竞争。一方面，推动智库与智库之间在重大项目研究上加强合作，形成联合攻关、协同创新合力，打造新型智库发展共同体。另一方面，鼓励智库围绕重大战略问题开展平行研究，围绕不同的政策方案开展辩论，为党委政府提供更逼近真理、更有说服力的科学方案，通过适度的重复生产提升新型智库服务决策咨询的整体水平。

培训赋能，推动新型智库自身治理和研究能力提升。当前，新型智库建设最稀缺的不是资金、不是人员、不是市场，而是能力，智库运营和研究能力是当前智库发展最稀缺的资源。部分决策者对智库和智库专家视而不见、见而不用、用而不信的根本原因，在很大程度上在于智库专家研究能力不足导致供给质量不高。培养一批专业化、职业化的智库专家，是推动新型智库可持续高质量发展的重中之重。《智库理论与实践》每年举办智库专家能力培训班，江苏省委宣传部、省社科联在清华大学举办高层次智库专家研修班，同济大学文科办实施决策咨询研究能力提升计划，在智库能力提升方面做了有益探索。一是提高智库机构运营能力。新型智库是需要运营的。作为新型智库，即便有稳定的财政支持、没有筹划资金的压力，但智库研究资源的获取需要谋划，智库产品的转化需要"营销"，智库发展的品牌更需要用心精心打造，需要培养专门的新型智库运营和管理人才。二是提高智库产品生产能力。对于大多数智库专家来说，受过多年的学术训练，其思维方式和话语体系已经基本定型，迫切需要进行更新、加载甚至重塑。要通过制度化的培训平台、专业化的智库培训，引导社科专家把学术思维转化成智库思维，把学术话语转换为智库话语，把学术成果转化为智库成果，把优秀的青年学者培养成优秀的智库专家。三是推动新型智库高质量成果的广泛传播。推动智库成果进入党委政府内部刊物，打通智库成果转化通道，推动更多智库成果进入决策者视野。在推动智库成果政策性转化的同时，加强与各类媒体平台的合作，促进智库专家成果多途径转化和多媒体传播，提升新型智库服务人民群众的舆论引导能力和相关政策问题在社会公众中的影响力。

参考文献

一、图书

1. 陈功. 信息分析的核心. 新星出版社，2010

2. 黄宪起. 新型智库基本问题研究. 中共中央党校出版社，2018

3. 黄譊. 大国智库·智者的江湖. 中州古籍出版社，2016

4. 荆林波. 中国智库综合评价 AMI 研究报告（2017）. 中国社会科学出版社，2018

5. 柯银斌，吕晓莉. 智库是怎样炼成的？——国外智库国际化案例研究. 江苏人民出版社，2016

6. 李刚，王斯敏. CTTI 智库报告（2017）. 南京大学出版社，2018

7. 李刚，王斯敏. 智库评价理论与方法. 南京大学出版社，2019

8. 李曜坤. 建设现代化智库强国 新时代中国特色新型智库高质量发展方略. 中国发展出版社，2019

9. 刘德海. 江苏新型智库体系建设研究. 江苏人民出版社，2014

10. 刘德海. 江苏新型智库发展报告 2015—2018. 江苏人民出版社，2020

11. 苗绿，王辉耀. 全球智库. 人民出版社，2018

12. 潘教峰. 智库 DIIS 理论方法. 科学出版社，2019

13. 任晓. 第五种权力论智库. 北京大学出版社，2015

14. 谭维克. 建设首都社会主义新智库研究. 中央文献出版社，2012

15. 王辉耀，苗绿. 大国背后的"第四力量". 中信出版社，2017

16. 王辉耀，苗绿. 大国智库. 人民出版社，2014

17. 王莉丽. 智力资本——中国智库核心竞争力. 中国人民大学出版社，2015

18. 王斯敏. 2016 中国智库年度发展报告. 人民出版社，2017

19. 王文. 伐谋：中国智库影响世界之道. 人民出版社，2016

20. 魏礼群. 建设智库之路. 人民出版社，2014

21. 魏礼群. 新型智库——知与行. 人民出版社，2019

22. 杨雪冬. 制度运行的逻辑. 社会科学出版社，2017

23. 于今. 中国智库发展报告. 国家行政学院出版社，2011

24. 张伟. 智库研究与管理方法，中共中央党校出版社，2018

25. 郑念. 政策研究：从理论到实践. 社会科学文献出版社，1994

26. 朱有志，贺培育，刘助仁等. 思想库智囊团——社会科学院初论. 社会科学文献出版社，2011

27. 朱有志，贺培育，刘助仁等. 智库学概论. 中共中央党校出版社，2015

28. ［美］里奇著，潘羽辉等译. 智库、公共政策和专家治策的政治学. 上海社会科学院出版社，2010

29. ［美］詹姆斯·艾伦·史密斯. 思想的掮客：智库与新政策精英的崛起. 南京大学出版社，2017

30. ［美］詹姆斯·麦甘，安娜·威登，吉莉恩·拉弗蒂. 智库的力量. 社会科学文献出版社，2016

31. ［美］詹姆斯·麦甘. 第五阶层：智库·公共政策·治理. 中国青年出版社，2018

二、报纸文章

1. 蔡昉. 智囊的作用绝不仅是附和.《北京日报》2014 年 9 月 22 日

2. 迟福林. 以改革的办法建设新型社会智库.《光明日报》2015 年 1 月 30 日

3. 董幼鸿. 怎样写好决策咨询报告.《学习时报》2015 年 6 月 29 日

4. 杭栓柱. 在智库建设中发挥社科联独特作用.《内蒙古日报（汉）》2015 年 12 月 18 日

5. 何龙. "智库"都听领导的将会变成"智障". 《羊城晚报》2014 年 4 月 1 日

6. 何绍辉. 智库研究成果评价要做好"三个结合". 《中国社会科学报》2014 年 12 月 17 日

7. 李晨阳. 智库研究三大短板亟待补齐. 《中国科学报》2016 年 5 月 25 日

8. 李刚. 重视专业伦理在智库治理中的价值. 《学习时报》2016 年 8 月 8 日

9. 李伟. 建设中国特色新型智库,推进国家治理现代化. 《中国经济时报》2014 年 9 月 16 日

10. 李扬. 新型智库建设:不忘初心远离浮华扎扎实实求质量. 《光明日报》2018 年 12 月 13 日

11. 刘宗尧. 增强推进新型智库体系建设的工作定力. 《中国经济导报》2016 年 3 月 12 日

12. 隆国强:智库的文化是智库的灵魂. 《中国经济时报》2014 年 9 月 15 日

13. 南京大学中国智库研究与评价中心,光明日报智库研究与发布中心联合课题组. 2018CTTI 来源智库发展报告. 《光明日报》2019 年 1 月 7 日

14. 沈国麟. 智库评价:催生新型智库行业自觉. 《光明日报》2016 年 2 月 24 日

15. 王继承. 兰德公司的成功奥秘(上). 《中国经济时报》2012 年 9 月 21 日

16. 王琪. 创新文化建设是驱动智库发展的主要抓手. 《新华日报》2018 年 1 月 17 日

17. 王斯敏. 智库建设,抓住制度创新这个"牛鼻子". 《光明日报》2015 年 5 月 20 日

18. 王斯敏. 智库建设如何"去虚火,强筋骨". 《光明日报》2016 年 6 月 1 日

19. 吴传毅. 做超越柏拉图的亚里士多德——谈如何做好决策咨询工

作.《学习时报》2015 年 1 月 12 日

20. 徐晓明. 新时代新型智库建设须正确认识五大关系.《光明日报》2019 年 4 月 1 日

21. 颜云霞. 突出新型智库机制之新.《新华日报》2015 年 12 月 4 日

22. 尹继武. 智库报告应该更严肃些.《环球时报》2011 年 12 月 15 日

23. 余敏江. 新型智库建设应注重专业性与公共性的统一.《中国社会科学报》2016 年 8 月 25 日

24. 张伟，林祥柽. 如何实现对智库人才的激励.《学习时报》2018 年 2 月 26 日

25. 张燕."决策应用研究"者应具备的五种素质.《北京日报》2012 年 2 月 6 日

26. 郑秉文. 智库的全球"连锁店".《中国社会科学报》2012 年 5 月 2 日

27. 郑传贵. 调查研究应注意的十个问题.《学习时报》2017 年 4 月 21 日

28. 周湘智. 加紧培养中国特色新型智库合格人才.《湖南日报》2018 年 1 月 24 日

29. 周志强. 智库要致力于话语场的构建与引导.《社会科学报》2018 年 11 月 1 日

30. 不负使命奋发有为以高端成果服务国家决策——国家高端智库建设经验交流会发言摘登.《光明日报》2019 年 7 月 1 日

31. 关于加强湖南新型智库建设的实施意见.《湖南日报》2015 年 7 月 30 日

32. 加强河北新型智库建设.《河北日报》2015 年 10 月 21 日

33. 中办·国办印发《意见》：加强中国特色新型智库建设.《人民日报》2015 年 1 月 21 日

34. 钟南山获中国工程界最高奖"成就奖"为何两度空缺?.《新京报》2016 年 6 月 2 日

三、期刊文章

1. 成思危. 中国智库的素质和责任. 《中国智库》2013 年第 3 期

2. 邓曙光. 国家高端智库建设中的使命与担当. 《中国发展观察》2019 年第 15 期

3. 方茜. 基于系统理论的中国特色新型智库影响力评价及特征分析. 《经济体制改革》2018 年第 2 期

4. 高国力. 智库评价须体现差别化原则. 《决策探索（下半月）》2017 年第 2 期

5. 光明日报智库研究与发布中心课题组. 中国智库从数量式增长到内涵式提升. 《智库时代》2017 年第 4 期

6. 郭晋晖，王羚，王子约. 蔡昉：乐观的预警者. 《党政论坛（干部文摘）》2014 年第 11 期

7. 韩树杰. 组织边界的柔性化趋势. 《中国人力资源开发》2015 年第 7 期

8. 何继善，徐长山，王青娥，郭峰. 工程管理方法论. 《中国工程科学》2014 年第 10 期

9. 洪银兴. 立足基础，发挥优势，顶天立地，释放活力——关于高校新型智库建设的思考和建议. 《智库理论与实践》2016 年第 1 期

10. 姜奇平. 因意义而智慧——《删除——大数据取舍之道》序. 《互联网周刊》2012 年第 24 期

11. 荆林波. 基于 AMI 评价的全球智库现状. 《China Economist》2016 年第 4 期

12. 荆林波等. 全球智库评价报告. 《中国社会科学评价》2016 年第 1 期

13. 李刚，王传奇. 企业智库：范畴、职能与发展策略. 《智库理论与实践》2018 年第 5 期

14. 刘德海. 新型智库体系的内涵特征与建构思路. 《智库理论与实践》2017 年第 4 期

15. 刘德海. 新形势下推动中国特色新型智库建设的思考. 《知与行》2015 年第 4 期

16. 刘德海. 中国特色新型智库协调发展研究——兼论江苏新型智库体系建构.《南京社会科学》2014 年第 12 期

17. 刘登，赵超阳，魏俊峰，卢胜军，齐卓砾. 新型智库评估理论及评估框架体系研究.《智库理论与实践》2016 年第 5 期

18. 卢小宾，黎炜祎. 智库评价体系构建研究.《情报资料工作》2019 年第 3 期

19. 聂清凯，夏健明. 网络经济时代企业组织架构重建研究.《外国经济与管理》2004 年第 11 期

20. 欧阳康. 社会复杂性、智库使命与咨政智慧——新时代国家治理现代化与智库建设的多维思考.《决策探索（上）》2019 年第 11 期

21. 潘向泷，邵元飒，周卓和. 本土管理咨询业的出路.《企业研究》2001 年第 6 期

22. 彭玉生. "洋八股"与社会科学规范.《社会学研究》2010 年第 2 期

23. 沈国麟. 中国新型高校智库建设的 3 个矛盾.《智库理论与实践》2018 年第 2 期

24. 王传奇，李刚，丁炫凯. 智库政策影响力评价中的"唯批示论"迷思——基于政策过程理论视角的研究.《图书与情报》2019 年第 3 期

25. 王春法. 关于好智库的 12 条标准.《智库理论与实践》2017 年第 1 期

26. 王潞. 旅游客户服务管理的绿色流程分析.《中国商贸》2011 年第 17 期

27. 王鹏. 国家与社会关系视角下的枢纽型组织构建——以共青团为例.《中国青年政治学院学报》2013 年第 5 期

28. 王善迈. 教育经济研究的价值.《教育经济评论》2016 年第 1 期

29. 温勇，赵晨伊. 为中华民族伟大复兴提供强大智力支持——学习习近平关于加强中国特色新型智库建设的重要论述.《党的文献》2018 年第 4 期

30. 吴田. 国内智库联盟发展实践探析.《中国国情国力》2018 年第 1 期

31. 薛澜，朱旭峰."中国智库"：涵义、分类与研究展望.《科学学研究》2006 年第 3 期

32. 袁振国. 深化教育政策研究 加强两种文化交流.《教育发展研究》2000 年第 9 期

33. 张广汇. 地方社会智库健康发展策略研究——以黑龙江省为例.《智库理论与实践》2019 年第 3 期

34. 张宏宝."中国模式"新型大学智库话语权的建构与发展.《中国高教研究》2015 年第 10 期

35. 张会恒，石旭斋，刘士栋. 地方智库与政府沟通不畅的原因及对策.《智库理论与实践》2018 年第 5 期

36. 张瑞才. 发挥优势 彰显特色——云南新型智库建设的思考.《知与行》2015 年第 4 期

37. 张宇燕. 智库在"一带一路"建设中的角色.《中国投资》2016 年第 4 期

38. 赵恒煜. 政府智库成果的社会化传播问题研究.《智库理论与实践》2018 年第 4 期

39. 赵炬明. 为决策者服务——如何在高等教育领域做政策咨询.《高等工程教育研究》2014 年第 2 期

40. 周九常. 三个层次的信息预测.《现代情报》2004 年第 10 期

41. 周湘智. 论内参型智库报告的撰写策略.《图书情报工作》2019 年第 18 期

42. 周湘智. 智库运营应向咨询公司学什么.《决策探索（下半月）》2017 年第 3 期

43. 朱锋. 学术性的政策研究：路径与方法.《国际政治研究》2009 年第 3 期

44. 2013 年中国智库报告——影响力排名与政策建议.《中国科技信息》2014 年第 11 期

45. 袁振国. 政策型研究者和研究型决策.《教育研究》2002 年第 11 期

附录：近年来发表的智库研究成果目录

1. 刘西忠. 规范和引导社会智库健康发展. 人民日报内部参阅，2015年第18期

2. 刘西忠. 强化社科联独特职能建设地方新型智库. 中国社会科学报，2015年5月20日

3. 刘西忠. 新型智库建设迫切需要良好环境支撑. 新华日报，2015年9月11日

4. 刘西忠. 从民间智库到社会智库：理念创新与路径重塑. 苏州大学学报，2015年第6期

5. 刘西忠. 英国智库发展的关键词与启示录. 光明日报，2016年3月30日

6. 刘西忠. 以改革创新推动智库转型升级. 光明日报，2016年5月18日

7. 刘西忠. 论决策咨询制度的牵引与链接功能——基于政智良性互动视角. 智库理论与实践，2016年第4期

8. 刘西忠，李刚. 从数量增长到质量提升——2016年度中国智库发展报告（主报告下）. 光明日报，2017年3月2日；《红旗文摘》2017第6期转载

9. 刘西忠. 构建与新型智库发展相适应的人才机制. 群众，2017年第15期

10. 刘西忠. 规范引导江苏社会智库健康发展的对策建议. 江苏宣传工作动态社科基金成果专刊，2017年第15期

11. 刘德海，刘西忠. 新型智库体系建设专题研究. 智库理论与实践，2017 年第 4 期

12. 刘西忠等. 社科联：新型智库体系建构的纽带. 智库理论与实践，2017 年第 4 期

13. 刘西忠. 把政策研究同对策研究紧密结合起来. 人民日报，2017 年 9 月 13 日理论版

14. 刘西忠. 服务人民群众是新型智库的责任担当. 光明日报，2017 年 11 月 9 日

15. 刘西忠. 社会智库参与国家治理的路径创新. 中国国情国力，2018 年第 1 期

16. 刘西忠. 政策研究机构：智库对接决策的重要枢纽. 中国社会科学报，2018 年 1 月 18 日

17. 刘西忠. 在规范引导中推动社会智库健康发展. 经济日报，2018 年 5 月 24 日

18. 刘西忠. 融媒体时代智库成果如何社会化传播. 光明日报，2018 年 7 月 12 日

19. 刘西忠. 以开放理念引领哲学社会科学繁荣发展. 中国社会科学网，2019 年 2 月 13 日

20. 刘西忠. 以科学化考核促智库高质量发展. 经济日报，2019 年 2 月 27 日

21. 刘西忠. 新型智库推动国家治理现代化的多重维度. 光明日报，2019 年 12 月 9 日

22. 刘西忠. 以善治善用善待为新型智库发展赋能. 中国发展观察，2020 第 7、8 期合刊

后记

——努力探索新型智库高质量发展的规律

新型智库具有鲜明的新时代特征，肩负新时代赋予的使命，其发展要适应新时代要求、体现新时代特色、服务新时代实践。作为江苏省社科联的一名智库工作者，多年来，我一直在关注智库、研究智库、推动智库，一直致力于探索新型智库建设发展规律，参与中国和江苏新型智库高质量发展的实践，旨在促进新型智库在国家治理现代化、实现两个一百年奋斗目标的进程中有所作为、有更大作为。在近年来推动新型智库发展、探索新型智库发展规律的进程中，我既是中国特色新型智库发展的观察者、思考者，又是中国特色新型智库发展的参与者和推动者，着力发挥好三个方面的作用。

新型智库建设的助推者。近年来，我作为江苏省社科联研究室负责人，为充分发挥省社科联职能优势，以一种强烈的责任感和使命感，大力推动一基地、一中心和一通道建设。一基地，即成立于 2011 年的江苏省决策咨询研究基地，研究方向根据省委省政府重点工作设立，实行高校科研院所、省级实际工作部门和国家部委或在京研究机构的相关专家三方联合共建，实行以课题带基地，逐步建立基于柔性边界的管理评价模式，成为江苏新型智库梯次布局的重要组成部分、省重点高端智库和培育智库生长的土壤和后备军。一中心，即江苏省智库研究与交流中心，主要职能包括开展智库理论研究、组织智库成果交流、开展智库人才培育、进行新型智库孵化和推动各设区市社科联智库建设等，每年参与省委宣传部、省社科联共同主办的江苏智库峰会的具体组织工作，举办江苏青年智库学者沙龙、江苏青年智库学者培训班、江苏高层次智库专家研修班，着力推动智库与政府、智库与学术、智库与智库、智库与媒体、智库与社会等多方面的互动，与江苏新型智库理事会、南京大学中国智库研究与评价中心共同构成江苏省新型智库管理服务"一体两翼"格局。一通道，即负责组织编辑省社科联内刊《决策参阅》，成为链接智库专家研究成果与党委政府决策需求的重要通道。近年来，围绕省委省政府重大战略、重要会议和中心工作，每年编辑报送60期左右，获得省领导肯定性批示的篇次平均在50%以上，部分成果转化为省委省政府和有关部门的政策，转化为推动江苏经济社会发展的现实生产力，全省社科界成为"强富美高"新江苏建设始终可以倚重的"最强大脑"，省社科联成为党委政府始终可以信赖的"思想库""智囊团"。

新型智库理论的研究者。近年来，我积极开展智库理论研究，根据有关部门的要求，积极参与江苏省智库建设文件的调研和起草等工作。在中央级报纸和核心期刊等发表智库类研究文章20多篇，有10篇发表在《人民日报》《人民日报内部参阅》《光明日报》《经济日报》上，部分研究成果获得奖励和表彰：《从"民间智库"到"社会智库"：理念创新与路径重塑》发表在《苏州大学学报（哲社版）》2015年第6期，入选2015年度智库研究重要成果，系从该年度发表的1000余篇智库相关文献中筛选出的5篇论文之一；《以改革创新推动智库转型升级》发表在2016年5月18日《光明日报》智库版头条，入选2016年度中宣部理论局优秀理论成果；2017年初，作为第一执笔人，撰写2016年度中国智库发展报告总报告（下篇），发表在2017年3月2日《光明日报》，篇幅超6000字；2017年底，《融媒体背景下智库思想产品社会化传播机制研究》获中国智库治理暨思想理论传播高峰论坛有奖征文二等奖（在908篇征文中选出获奖成果45项）；截至2020年，共有6篇研究智库的论文获得江苏优秀理论成果。

新型智库实践的参与者。近年来，我主要围绕区域协调发展和省域一体化等江苏发展的热点难题问题开展决策咨询研究，撰写并发表决策咨询报告和论文30多篇，其中人民日报内部参阅5篇，涉及领域主要包括：跨区域协调发展与治理、轴带引领战略与城市群、长江中下游城市群比较研究、江苏1+3重点功能区战略、现代化都市圈建设等。同时，致力于研究江苏人才特别是文化人才发展，相关研究成果分别发表在《中国组织人事报》和《中国教育报》等。近年来，有多项研究成果获江苏省哲学社会科学优秀成果、省发展优秀成果奖，获得省部级领导肯定性批示 10 多篇次。

近年来，我坚持用习近平新时代中国特色社会主义思想武装头脑，深入系统学习习近平总书记关于哲学社会科学和新型智库建设重要论述，根据中央和江苏省关于新型智库发展的重要部署，坚持理论与实践相结合，把工作当成学问做，边工作边思考、以思考促工作，并充分利用休息时间和节假日，把思考转化成文字，把思路转化为文章，通过点点滴滴的积累形成了这部著作。本书基于江苏省社科联参与和推动智库建设的实践，基于本人长期以来对新型智库的跟踪研究和观察思考，基于对江苏人才和区域发展等重大实践命题研究的感悟，同时也基于曾经十年的县级党委研究室工作经历和对党委政府运行的认知，基于在中国人民大学和南京大学系统习得的管理学知识和素养，分别从微观和宏观两个层面，对新型智库发展的规律做了一些研究性探索。其中，上篇重点聚焦新型智库的内部治理与质量提升，主要包括新型智库的价值取向，智库研究的规律特征、范式变革，智库产品的生产创作、智库成果的传播转化、智库人才的素质能力、智库机构的管理运行和智库组织的文化塑造；下篇重点聚焦新型智库的外部治理与健康发展，主要包括新型智库发展的总体态势、新型智库建设的目标、新型智库发展的动力、新型智库的增量空间、新型智库发展的纽带、新型智库的多维互动、新型智库的质效评价和新型智库推动国家治理现代化等内容。为增强可读性，书中穿插了部分案例和链接。

在本书即将付梓之际，涌现在心头更多的还是感谢。感谢所在单位江苏省社科联领导和同事给予的关心支持，感谢省委组织部、省委宣传部和省委研究室、省政府研究室等省级部门给予的指导帮助，感谢江苏省各智库和决策咨询研究基地的丰富实践给予的灵感启迪，感谢人民日报、光明日报、经济日报和中国社会科学报等给予的刊载传播，感谢光明智库和中国社会科学评价研究院、中国科学院文献情报中心、南京大学中国智库研究与评价中心、上海社科院智库研究中心等各类智库研究机构给予的研讨交流平台，所有这些都使我学习了许多、感悟了许多、收获了许多。需要说明的是，本书系江苏省 333 高层次人才工程课题成果，特别感谢省人才办给予的关心支持。同时，感谢各位师长朋友和家人对我工作和研究的支持，感谢研究室各位同仁协助校对书稿，感谢江苏人民出版社副总编戴亦梁、编辑薛耀华在编辑过程中付出的辛勤劳动。本书部分内容参考了国内外专家学者的相关研究成果，在此一并表示真诚的感谢！

　　由于作者水平和时间所限，书中难免有疏漏和不当之处，恳请智库界各位同仁和广大读者批评指正。

刘西忠
2021 年 6 月